GUERRE D'ORIENT

LES

VICTOIRES ET CONQUÊTES

DES ARMÉES ALLIÉES

1re Livraison. — 12 JANVIER 1856.

PARIS
161 — RUE MONTMARTRE — 161

C'est à M. E. PAUTON, ingénieur, qu'est due la pensée si éminemment nationale de publier l'HISTOIRE COMPLÈTE DE LA GUERRE D'ORIENT à un bon marché, tel que le livre devienne accessible à la bourse du soldat et de l'ouvrier.

Malgré les sérieuses préoccupations que les problèmes de l'éclairage et du chauffage à bon marché lui donnent, M. PAUTON a poursuivi la réalisation de son idée, et, grâce à son impulsion intelligente et à son concours, l'ouvrage a pris un corps, et les livraisons vont se succéder de semaine en semaine chaque samedi.

Sommaire de la 1re Livraison.

Gravures de la 1re Livraison.

SCEAUX. — IMPRIMERIE DE MUNZEL FRÈRES.

LES

VICTOIRES ET CONQUÊTES

DES ARMÉES ALLIÉES.

a guerre d'Orient a déjà donné naissance à plu-rs ouvrages qui, tous, ont reçu du lecteur un rable accueil. Nous tenons d'autant plus à con-r le fait, qu'aucune de ces publications n'éma-d'une pensée vraiment patriotique et ne répon-aux justes exigences de l'intérêt général.

n effet, chacun de ces livres, enfanté par une itieuse spéculation, s'est produit avec les vices rents à son origine : subdivisions multipliées s raison, renseignements incomplets, bon marché soire, si bien, que pour posséder l'ensemble des rations, on est obligé d'acheter plusieurs bro-res grossies de pages oiseuses et où l'on cherche vain certains détails indispensables.

tien de pareil avec *les Victoires et Conquêtes des mées Alliées.*

ans nulle arrière-pensée de mercantilisme, les eurs de la publication ne se sont proposé qu'un l but, celui de populariser, de la mansarde à l'ate-, du bivouac à la chaumière, les scènes diverses la gigantesque épopée qui, nous vengeant des astres de 1812, est digne des plus belles années premier Empire.

ous remontons à l'origine du débat, et après un umé rapide de toutes les tentatives faites par la ssie contre l'intégrité du territoire turc, la guerre actuelle se déroule et religieusement suivie pas à pas, depuis le cabinet du diplomate jusqu'à la tente du soldat. Aussi, n'ayons pas crainte de le dire, notre livre aura sur ceux qui l'ont précédé un double avantage : l'unité dans la pensée et la conscience dans l'exécution.

Soigneusement relevé sur les documents du *Moniteur Universel*, le précis historique que nous offrons au public contiendra la liste nominative de toutes les promotions effectuées dans les divers corps, l'état complet des décorations accordées à ceux de nos officiers et de nos soldats qui se sont particulièrement distingués, et enfin tous les faits particuliers de nature à glorifier les héroïques Croisés de la civilisation et de la justice.

Grâce à ce double travail, notre livre sera le véritable Armorial de l'armée d'Orient et a sa place marquée d'avance dans les archives de la famille.

Quant à la partie matérielle de notre œuvre, elle a été l'objet des soins le plus minutieux. Illustrée de portraits, de batailles et de scènes militaires, chacune de nos livraisons sera imprimée sur beau papier, en caractères nets et lisibles.

La sollicitude apportée à tous les détails de notre œuvre eut cependant manqué son but en partie, si nous ne nous étions, en même temps, sérieusement préoccupés d'établir *les Victoires et Conquêtes des Armées Alliées* au meilleur marché possible, mais nous n'avions garde d'oublier ce point important, et la Librairie à *vingt* centimes qui, lors de son apparition, fut regardée comme le dernier terme du bon marché, se trouve aujourd'hui largement distancée par nous, puisqu'en dépit des améliorations que nous offrons sur elle, nous abaissons de moitié son prix.

Nous ne pousserons pas plus loin l'énumération de nos efforts pour mériter le suffrage du public ; nos livraisons plaideront plus éloquemment notre cause que nous ne saurions le faire.

—

Les Victoires et Conquêtes des Armées Alliées, embrassant tous les détails de l'expédition, jusques et y compris l'affaire de Kimburn, formeront TRENTE livraisons de 16 pages in-quarto à deux colonnes, soit la matière de cinquante volumes in-8° ; l'Administration s'engage à délivrer *gratis* tout ce qui excéderait ce chiffre.

CONDITIONS DE LA SOUSCRIPTION.

PRIX DE LA LIVRAISON :

Paris, 10 centimes. *Province*, 15 centimes.

L'OUVRAGE COMPLET.

Paris, 3 francs. *Province*, 4 francs 50 centimes.

Les Souscripteurs à la publication complète recevront les livraisons à domicile, et ont droit, comme prime, à un exemplaire de LES SOLDATS DE DIEU, cantate de M. PHILOXÈNE BOYER, mise en musique par M. HERVÉ, qui leur sera délivré au bureau, ave leur quittance d'abonnement.

Cette cantate, chez les marchands de musique, coûte seule 2 francs.

Souscriptions acquises aux VICTOIRES ET CONQUETES DES ARMÉES ALLIÉES :

SA MAJESTÉ L'EMPEREUR NAPOLÉON III.

INTRODUCTION.

La Russie et la Turquie. — Testament de Pierre-le-Grand. — Invasion de la Crimée en 1736. — Campagne de 1771. — Indépendance de la Crimée sous le protectorat de la Russie. — Cession faite à Catherine II par le Khan Saheb Ghèraï des trois villes de Kertch, Kilbouroun et Ienikalé. — Protestations de la Turquie. — Traité de Kaïdnardji. — Nouvelle invasion en Crimée. — Intervention de la France. — Nouvelles prétentions de Catherine. — Conquête de la Crimée — Manifeste de Catherine. — Ambassade de M. de Ségur. — Reprise des hostilités. — Médiation de la France. — Etrange proposition de Potemkin. — Intrigues de M. de Bulgokoff contre la France. — Projet d'un nouvel empire Grec. — Mr de Ségur conseille à la Porte la prévoyance. — Voyage de Catherine en Crimée. Opinions de Joseph II et de Napoléon Ier sur Constantinople. — Agressions contre les consulats russes. — Projet de traité. — Déclaration de guerre de la Russie. — Manifeste de Catherine. — Incendie de la flotte ottoman. — Prise d'Oczakoff. Traité d'Yassy. — Tentations d'Alexandre auprès de Napoléon. — Traité d'Andrinople. — Nicolas et Charles X.

Le 28 janvier 1725, Pierre-le-Grand mourait dans toute la force de l'âge et du génie, laissant à ses successeurs ce testament alors tenu secret, mais depuis si célèbre :

« Entretenir la nation russienne dans un état de guerre continuelle, pour tenir le soldat aguerri et toujours en haleine; » ne le laisser reposer que pour améliorer les finances de » l'État, refaire les armées et choisir les moments opportuns » pour l'attaque; faire ainsi servir la paix à la guerre, et la » guerre à la paix, dans l'intérêt de l'agrandissement et de la » prospérité croissante de la Russie.

» Appeler par tous les moyens possibles, de chez les peuples » les plus instruits de l'Europe, des capitaines pendant la » guerre et des savants pendant la paix, pour faire profiter la » nation russe des avantages des autres pays, sans lui faire » rien perdre des siens propres.

» Prendre part, en toute occasion, aux affaires et démêlés » quelconques de l'Europe, et surtout à ceux de l'Allemagne, » qui, plus rapprochée, intéresse plus directement.

» Diviser la Pologne en y entretenant le trouble et les jalousies continuelles; gagner les puissances à prix d'or, influencer » les diètes, les corrompre, afin d'avoir action sur les élections » des rois; y faire nommer ses partisans, les protéger, y faire » entrer les troupes russiennes et y séjourner jusqu'à l'occasion d'y demeurer tout-à-fait. Si les puissances voisines opposent des difficultés, les apaiser momentanément en morcelant le pays, jusqu'à ce qu'on puisse reprendre ce qui aura » été donné.

» Prendre le plus qu'on pourra à la Suède, et savoir se faire » attaquer par elle pour avoir prétexte de la subjuguer. Pour » cela l'isoler du Danemarck, et le Danemarck de la Suède, et » entretenir avec soin leurs rivalités.

» Prendre toujours les épouses des princes russes parmi les » princesses d'Allemagne, pour multiplier les alliances de famille, rapprocher les intérêts, et unir d'elle-même l'Allemagne à notre cause en y multipliant notre influence.

» Rechercher de préférence l'alliance de l'Angleterre pour » le commerce, comme étant la puissance qui a le plus besoin » de nous pour sa marine, et qui peut être la plus utile au développement de la nôtre. Echanger nos bois et autres productions contre son or et établir entre ses marchands, ses » matelots et les nôtres, des rapports continuels qui formeront » ceux de ce pays à la navigation et au commerce.

» S'étendre sans relâche vers le nord, le long de la Baltique, » ainsi que vers le sud, le long de la Mer-Noire.

» Approcher le plus possible de Constantinople et des Indes. » CELUI QUI Y RÉGNERA SERA LE VRAI SOUVERAIN DU MONDE. En » conséquence, susciter des guerres continuelles tantôt aux » Turcs, tantôt à la Perse; établir des chantiers sur la Mer-Noire; s'emparer peu à peu de cette mer, ainsi que de la Bal-

» tique, ce qui est un double point nécessaire à la réussite du » projet; hâter la décadence de la Perse; pénétrer jusqu'au » golfe Persique; rétablir, si c'est possible, par la Syrie, l'an- » cien commerce du Levant, et avancer jusqu'aux Indes qui » sont l'entrepôt du monde.

» Une fois là, on pourra se passer de l'or de l'Angleterre.

» Rechercher et entretenir avec soin l'alliance de l'Autriche; » appuyer *en apparence* ses idées de royauté future sur l'Alle- » magne et exciter contre elle, *par dessous main*, la jalousie » des princes. Tâcher de faire réclamer des secours de la » Russie par les uns ou par les autres, et exercer sur le pays » une espèce de protection qui prépare la domination future.

» Intéresser la maison d'Autriche à chasser le Turc de l'Eu- » rope et neutraliser ses jalousies, *lors de la conquête de* » *Constantinople*, soit en lui suscitant une guerre avec les an- » ciens Etats de l'Europe, soit en lui donnant une portion de la » conquête *qu'on lui reprendra plus tard*.

» S'attacher à réunir autour de soi tous les Grecs schisma- » tiques qui sont répandus, soit dans la Hongrie, soit dans le » midi de la Pologne; se faire leur centre, leur appui, et éta- » blir d'avance une prédominance universelle par une sorte de » royauté ou de suprématie sacerdotale : ce seront autant d'a- » mis qu'on aura chez chacun des ennemis.

» La Suède démembrée, la Perse vaincue, la Pologne sub- » juguée, la Turquie conquise, nos armées réunies, la mer » Noire et la mer Baltique gardées par nos vaisseaux, il faut » alors proposer séparément et très-secrètement, d'abord à la » cour de Versailles, puis à celle de Vienne, de partager avec » elles l'empire de l'univers.

» Si l'une des deux accepte, *ce qui est immanquable*, en » flattant leur ambition et leur amour-propre, *se servir de l'une* » *pour écraser l'autre;* PUIS ÉCRASER A SON TOUR CELLE QUI DE- » MEURERA, en engageant avec elle une lutte qui ne saurait être » douteuse, la Russie possédant déjà en propre tout l'Orient et » une grande partie de l'Europe.

» Si, ce qui n'est pas probable, chacune d'elles refuse l'offre » de la Russie, il faudrait savoir leur susciter des querelles et » les faire s'épuiser l'une par l'autre. Alors profitant d'un mo- » ment décisif, la Russie ferait fondre ses troupes, rassemblées » d'avance, sur l'Allemagne, en même temps que deux flottes » considérables partiraient, l'une, de la mer d'Azof, et l'autre » du port d'Archangel, chargées des hordes asiatiques, sous le » convoi des flottes armées de la mer Noire et de la mer Bal- » tique. S'avançant par la Méditerranée et l'Océan, elles inon- » deraient d'un côté la France, tandis que l'Allemagne serait » envahie de l'autre; et, ces deux contrées vaincues, *le reste* » *de l'Europe passerait facilement, et sans coup férir, sous* » *le joug*.

» Ainsi *peut* et DOIT être subjuguée l'Europe. »

Si l'on remonte le cours des âges écoulés, il est facile de reconnaître que la politique de ce testament a toujours été suivie par les souverains qui se sont succédés sur le trône de Pierre Ier. Des bords de la Néva, l'œil des tzars convoite les rives du Bosphore et Pétersbourg n'est pour eux qu'une halte sur la route de Constantinople, ainsi que va nous le démontrer l'examen rapide de l'histoire depuis un siècle et plus.

S'autorisant de quelques incursions des Khans de Crimée sur le territoire russe, l'impératrice Anne déclara en 1736 la guerre à la Porte dont la Crimée relevait, et le maréchal Munich, franchissant l'isthme de Pérécop, envahit l'ancienne Chersonnèse où ses hordes promenèrent la ruine et la désolation. Le maréchal de Lasci, son successeur au commandement général des troupes, après avoir brûlé Karazoubazar et quelques autres villes de moindre importance, revint prendre ses quartiers d'hiver en Russie, se proposant de rentrer en Crimée au printemps, mais à cette époque il arriva qu'en raison des ravages de la précédente campagne, tous moyens d'existence manquèrent aux soldats, et que, hors d'état d'affronter ces misères et ces privations, Lasci se vit contraint de renoncer à la poursuite de l'expédition.

Les choses restèrent en cet état jusqu'au jour où le sultan déposa le Khan de Crimée, Selim Ghéraï. Ce dernier se refugia en Russie, et Catherine II, dont il invoquait la protection, saisissant le prétexte qui lui était offert, envoya en 1771 une armée commandée par Dolgorouky, avec mission de soustraire la Crimée au joug de la Porte. Docile aux ordres qu'il avait reçus, Dolgorouky occupa bientôt toutes les positions importantes du pays, et Catherine ne se jugeant pas encore en mesure de démasquer ses batteries, joua la magnanimité, assembla les Tartares et soumit à leur sanction le choix qu'elle avait fait de Saheb-Ghéraï pour arborer l'étendard aux cinq queues des Khans de Crimée. Les Tartares acceptèrent le protégé de l'Impératrice, et à la suite de cette élection, l'indépendance de la province fut proclamée sous le protectorat de la Russie. Seulement un article secret du marché conclu entre le nouveau souverain et la Sémiramis du nord stipulait, au profit de cette dernière, l'abandon de trois villes sur le Dniéper : Kertch, Kilbouroun et Iénikalé, abandon effectué l'année suivante.

Une armée de cinq cent mille Turcs vint alors attaquer la Russie, mais les généraux Romanzoff et Repnin en détruisirent la moitié, et pendant que la flotte russe incendiait la flotte ottomane dans la baie de Tchesmé, Romanzoff ayant cerné à Schumla le grand vizir, le sultan se vit obligé de subir le traité de Kaïnardji conclu le 10 juillet 1774 entre la Porte et la Russie, traité dont voici les principales dispositions :

« Les Tartares de Crimée sont indépendants et ont le droit de choisir leur souverain parmi les descendants de Gengis-Kan. Toutefois l'investiture de ce chef et la suprématie spirituelle sont réservées au Sultan.

« Le Khan peut battre monnaie, mais seulement au coin du Grand-Seigneur.

« *A l'exemple des autres puissances*, ON PERMET à la haute cour de Russie, outre la chapelle bâtie dans la maison de son ministre, de construire dans le quartier de Galata et dans la rue Bey-Oglou une église du rite grec, laquelle sera toujours sous la protection des ministres de cet empire et à l'abri de toute gêne et de toute avanie.

« La sublime Porte promet de protéger constamment la religion CHRÉTIENNE et ses églises; et aussi ELLE PERMET aux ministres de la cour impériale de Russie de faire dans toutes les occasions des représentations, tant en faveur de la nouvelle église à Constantinople que pour ceux qui la desservent, promettant de les prendre en considération, comme faites par une personne de confiance d'une puissance voisine et sincèrement amie.

« La Turquie abandonne à la Russie la Nouvelle-Servie, Azoff et Taganrock.

« La Russie conserve sur le Dniéper la possession des trois villes cédées par Saheb, et la libre navigation de la mer Noire et des autres mers dépendantes de l'Empire Ottoman lui est assurée. »

Ces derniers avantages ne pouvaient assouvir l'insatiable ambition de Catherine qui, profitant des dissensions élevées entre le Khan et ses sujets, envoya bientôt une armée sur la frontière, alléguant pour prétexte qu'elle voulait faire respecter le traité de Kaïdnardji. Les Tartares ayant assiégé Caffa, résidence du Khan, l'armée envahit la Crimée sous les ordres de Potemkin et apaisa la révolte.

C'est à cette époque (année 1779), que la France intervint pour la première fois dans le débat, en obtenant de Catherine-le-Grand, ainsi que l'appelait le Prince de Ligne, l'évacuation de l'ancienne Tauride.

Mais, en dépit du cabinet de Versailles, l'Impératrice renforçait les garnisons de la Pologne et de l'Ukraine, et par l'organe de son ambassadeur à Constantinople, réclamait de plus solides avantages que ceux qui lui avaient été concédés. Au nombre de ses prétentions figurait la neutralité absolue de la Porte en ce qui touchait la Crimée, quoi qu'il pût arriver dans l'avenir. D'un autre côté et toujours à son instigation le Khan de Crimée demandait au divan la cession d'Oczakoff. Pour toute réponse, un bacha s'établit dans l'île de Taman, et comme le Khan le sommait d'évacuer cette possession, il fit décapiter son envoyé. Aussitôt Catherine avertie exigea de son allié qu'il autorisât le passage d'une armée russe sur son territoire; cette armée devait, disait-elle, soutenir ses droits et venger son insulte, mais à peine entrée, elle s'éparpilla dans la presqu'île, prenant toutes les villes de gré ou de force et requérant des habitants le serment d'obéissance à Catherine II. Souvaroff et Potemkin avaient chacun de leur côté contribué à cette audacieuse conquête que leur souveraine annonça à l'Europe par ce manifeste où l'impudence le dispute au mensonge :

« Notre dernière guerre contre l'empire ottoman ayant été » suivie des succès les plus signalés, nous avions certainement » le droit de réunir la Crimée à notre empire. Mais nous n'hésitâmes pas à sacrifier cette conquête et beaucoup d'autres » à l'ardent désir de rétablir la tranquillité publique et d'assurer » la bonne intelligence et l'amitié entre notre cour et la Porte-» Ottomane. Ce fut ce motif qui nous détermina à stipuler la » liberté et l'indépendance des Tartares que nos armes avaient » soumis, espérant par ce moyen écarter pour jamais toute » cause de dissension et de froideur entre la Russie et la Porte. » Mais quels qu'aient été nos sacrifices et nos espérances pour » atteindre ce but, nous avons vu bientôt, à notre grand regret, » notre attente trompée.....

» L'amour de la paix nous faisait trouver dans notre con-» duite une suffisante récompense des grandes dépenses que » nous avions faites. Mais nous avons été bientôt dissuadée » par la révolte qui a eu lieu en Crimée l'année dernière et les » encouragements qu'elle a reçus de la même source que les » premiers.

» Nous avons, en conséquence, été forcée d'avoir recours à » des armements considérables, et nous avons fait entrer nos » troupes dans la Crimée et le Kouban, où leur présence était » devenue indispensable pour maintenir la tranquillité et le » bon ordre dans la contrée voisine.

» La nécessité où nous sommes de rester toujours armée » nous a occasionné de grandes dépenses et a exposé nos » troupes à d'inévitables et continuelles fatigues. La perte des » hommes ne peut être appréciée et nous n'entreprendrons » pas de l'estimer, mais la perte en argent doit, suivant les » calculs les plus modestes, être évaluée à plus de douze » millions de roubles.

» Animée par un désir sincère de confirmer et de maintenir » la dernière paix signée avec la Porte, en supprimant les » disputes continuelles que produisent les affaires de Crimée, » nous croyons que ce que nous devons à nous-même, et à la » sûreté de notre empire exige également que nous prenions » une fois pour toutes la ferme résolution de mettre fin aux » troubles de la Crimée. Aussi, nous réunissons à notre empire » la Péninsule de Crimée, l'île de Taman et tout le Kouban, » comme une juste indemnité des pertes que nous avons souf-» fertes et des dépenses que nous avons faites pour maintenir » la paix et le bonheur. »

Cette usurpation fut acceptée par les gouvernements d'Europe, sans autre protestation qu'une réclamation d'indemnité, faite par la France, en faveur des négociants de Marseille auxquels les corsaires russes avaient brûlé plusieurs bâtiments, dans le courant de la guerre. Assurément, *la Lumière du Nord*, comme disaient emphatiquement les grands prêtres de l'*Encyclopédie*, Voltaire et d'Alembert, devait s'estimer heureuse d'en être quitte pour quelques milliers de roubles, et cependant la négociation, entamée à ce sujet, traînait tellement en longueur que le ministère français se vit obligé d'envoyer à Saint-Pétersbourg un nouvel agent, M. le comte de Ségur. Grâce à la persistance de ce dernier, la question fut résolue le 6 septembre 1785, et les négociants marseillais reçurent les deux tiers environ de ce qu'ils avaient demandé.

Vers la fin du mois d'avril de cette même année 1785, divers mouvements des Turcs du côté de l'Ukraine et de Silistrie avaient inquiété la Russie que la Sublime Porte, de son côté, accusait de vouloir franchir le Caucase et envahir l'empire turc par la Géorgie. La France, mise au fait de ces incriminations réciproques, chargea alors un ingénieur, M. Lafite, et des officiers français de se rendre à Constantinople pour y organiser la défense. L'orage qui grondait depuis longtemps, éclata au commencement de décembre ; pendant que le pacha d'Achalzick attaquait les Géorgiens, un nouveau prophète, nommé Mansoura, prêchait la guerre sainte aux tribus du Caucase, les Tartares du Kuban se joignaient aux Lesghis et aux Turcs pour envahir les États du roi d'Imirette, et la garnison musulmane d'Oczacoff se livrait à des brigandages sur le territoire de l'Empire Russe. En réponse à ces provocations, Potemkin renvoya à leurs corps les officiers en congé, renforça les lignes d'observation du Caucase, et annonça une prochaine expédition dans le Kuban. La guerre, on

S. M. Victoria Ire, reine d'Angleterre.

S. M. Victor-Emmanuel, roi de Sardaigne.

S. M. Napoléon III, passant une revue.

Le sultan Abdul-Medjid.

S. M. l'empereur Nicolas.

Gervaise, la vivandière du 2ᵉ régiment des zouaves.

le voit, était imminente lorsque la France intervint et obtint du divan les promesses suivantes, moyennant quoi la Russie s'engageait à renoncer à sa prise d'armes :

1° Ne plus favoriser les Lesghis et les Circassiens.

2° Défendre au pacha d'Achalzich d'encourager les brigandages des Tartares du Kuban, et d'envahir les États du roi de Géorgie, Héraclius, vassal de l'Impératrice.

La médiation de la France contrariait les vues de la cour de Russie, et Potemkin essaya de détacher cette puissance de la Turquie en lui offrant un appât, conformément aux instructions de Pierre-le-Grand, c'est du moins ce qu'affirme dans ses Mémoires M. de Ségur auquel le favori de Catherine aurait dit un jour :

— Pourquoi les grandes nations européennes ne s'entendraient-elles pas à l'effet de refouler les Turcs en Asie. Les intérêts de la chrétienté y gagneraient et chaque partie coopérante y trouverait son avantage. Ainsi la France aurait Candie ou l'Égypte..... Qu'en pensez-vous?

L'artifice était grossier et la réponse évasive de notre ambassadeur dût convaincre le favori de Catherine que la France, en dépit des *réclames* de l'Encyclopédie, savait le mot des énigmes politiques et diplomatiques de la cour du Nord. Ayant échoué de ce côté, Potemkin ne se tint pas pour battu et de nouvelles instructions envoyées à son agent de Constantinople et réveillèrent bientôt la querelle moins éteinte qu'assoupie et que la première étincelle devait ranimer sous les cendres où elle couvait. Au mois de juillet 1786, M. de Choiseul, notre chargé d'affaires près la Porte-Ottomane, avertit par une lettre M. de Ségur que l'ambassadeur russe, M. de Bulgakoff, s'attachait à inspirer aux Turcs une injuste méfiance contre nous, les empêchait d'accorder à notre pavillon l'entrée de la mer Noire et donnait une active impulsion aux intrigues des agents de sa nation dans l'Archipel, tandis qu'au nom de son gouvernement il notifiait les exigences les plus injurieuses dans la forme et les plus menaçantes quant au fond. Des pourparlers eurent lieu à ce sujet et M. de Ségur obtint la promesse qu'à l'avenir le ministre de Russie à Constantinople resterait dans les limites de sa mission.

Promettre n'engage à rien! toujours est-il que M. de Bulgakoff, sans avoir égard aux observations de M. de Choiseul, continua ses sourdes menées. Prévenu par son collègue, M. de Ségur vint alors déclarer au comte Bezborodko, ministre des affaires étrangères, que Louis XVI ne pouvait tolérer qu'après avoir obtenu par ses bons offices le redressement des torts dont elle se plaignait, la cour de Russie semblât regarder comme nulle une convention si récente et si formelle. Le ministre répondit que la conduite du Divan avait manqué de franchise et que les ordres de Catherine à M. de Bulgakof ne comportaient rien au delà d'un rappel pur et simple des termes du traité de Kaïdnardji. Mais cette modération de l'Impératrice s'alliait mal aux ambitieux calculs de Potemkin qui voulait la guerre pour commander une armée et obtenir le grand cordon de saint Georges, et M. de Bulgakoff redoutant la colère du favori, avait parlé plutôt dans le sens des instructions de ce dernier que conformément aux vues, apparentes du moins, de la Sémiramis du nord.

L'Angleterre et la Prusse, mécontentes d'un traité de com merce conclu entre la France et la Russie, encourageaient le hostiles dispositions du ministère ottoman, dispositions qu'a vaient justement excitées, il faut le dire, l'immense rassemble ment des troupes ordonné par Potemkin sur la mer Noire, sous prétexte d'honorer l'Impératrice à son passage en Crimée. E effet, infanterie, cavalerie, artillerie, munitions, approvisionne ments, rien ne manquait pour commencer le siége d'Oczacoff, jour où Catherine en donnerait l'ordre. Ce n'était point encore conquête de Constantinople que rêvait la veuve de Pierre II mais si nous en croyons les diplomates européens alors ras semblés autour d'elle, elle voulait annexer la Moldavie et Valachie à ses récentes conquêtes et établir un nouvel empir grec au profit du jeune Constantin.

M. de Ségur s'explique fort catégoriquement sur ces soupçon du corps diplomatique; on en peut juger par cette citation ex traite du second volume de ses *Mémoires :*

« Catherine, bien qu'elle ajourne son plan d'invasion de
« Turquie, veut pourtant poser la première pierre d'un nouv
« empire et, possédant déjà quelques parties de l'ancien empi
« grec, telles que la Tauride, la Géorgie, le Bosphore Cimmé
« rien, etc., elle doit faire couronner à Kherson, empereur de
« Grecs, son petit-fils Constantin, avec l'espoir que cette pro
« clamation rallumant dans toute la Grèce le désir de secoue
« le joug ottoman, le colosse turc se trouvera tôt ou tard min
« et ruiné par les désastres d'une longue guerre civile. »

Achevons maintenant l'esquisse de la situation que cet extra nous a forcé d'interrompre :

L'empereur d'Autriche, tout en voulant s'opposer à l'expul sion totale des Turcs et à la conquête de Constantinople, s montrait moins éloigné de laisser la Russie s'emparer d'Ocza coff et d'Akermann afin qu'elle demeurât ainsi maîtresse d commerce de la mer Noire, ainsi que des débouchés du Borys thène et du Dniester.

Comme on le voit, l'horizon n'avait rien de rassurant pou les amis de la paix et les défenseurs de l'équilibre européen.

Les plaintes de M. de Ségur à Catherine II provoquaien d'assez maladroites dénégations de Potemkin, ce que voyan notre ambassadeur écrivit à M. de Choiseul en lui dénon çant l'activité des armements russes à Kherson et à Sébas topol.

« Malgré les dispositions pacifiques dont on me donne l'as
« surance, ajoutait-il en finissant, les périls qui menacent l'em
« pire ottoman grossissent ; on ne peut probablement lui pré
« dire plus d'un an de tranquillité. De part et d'autre les grief
« s'amassent, et les matériaux des manifestes s'accumulent. L
« politique et la bonne foi veulent que, pour ne point donner d
« réalité aux soupçons inspirés aux Turcs contre nous par l
« malveillance, loin de les endormir au moment où les Russes
« dans leur voisinage, font des armements si formidables su
« la mer Noire, nous leur conseillions de se mettre à leur tou
« sur un pied de défense respectable et imposant. »

Conformément à ces instructions, M. de Choiseul reproch aux ministres de la Porte leur léthargie, et leur conseilla d'armer leurs vaisseaux, de fortifier leurs garnisons et d'envoye des troupes au bord du Danube.

Nous avons parlé du voyage de l'Impératrice en Crimée, mais par incidence seulement, voici l'heure d'entrer dans quelques détails au sujet de cette pérégrination qui fut un événement politique bien que ne réalisant pas, dans leur entier, les espérances des uns et les appréhensions des autres.

Le cortége partit de Saint-Pétersbourg le 18 janvier 1787. L'Impératrice rencontra successivement sur sa route, le roi de Pologne, Stanislas Poniatowski auquel elle rêvait déjà d'enlever son fantôme de couronne, et Joseph II, empereur d'Autriche, qu'elle regardait comme le complice dévoué de ses projets de conquête. C'était se bercer d'une illusion, car Joseph ne voulait pas pousser les choses aussi loin que Catherine, à preuve ces paroles adressées à M. de Ségur, pendant le séjour de la cour à Kherson :

— Constantinople serait un objet de jalousie et un sujet de discorde, qui rendra toujours impossible l'accord des grandes puissances pour un partage de la Turquie. Pour mon compte, je ne souffrirai pas que les Russes s'établissent à Constantinople; *le voisinage des turbans sera toujours moins dangereux pour Vienne que celui des chapeaux.*

Il est curieux de rapprocher ce jugement de l'Empereur d'Autriche de l'opinion formulée plus tard par l'Empereur Napoléon Ier.

A diverses reprises, le czar Alexandre lui avait proposé une alliance ayant pour but de se partager la domination du monde, et dont le premier acte devait être le partage de la Turquie. Napoléon, racontant les glorieuses phases de son existence à Sainte-Hélène, revint plusieurs fois sur ce chapitre et dit cette parole :

— Il était impossible de nous entendre. Alexandre désirait Constantinople et je ne pouvais la lui céder. Constantinople est la clef du monde; celui qui y règnera sera le vrai souverain.

En partant de Kherson, il fut un moment question d'aller à Kilbourn, vis-à-vis d'Oczakoff, en quelque sorte sous le canon des batteries ottomanes; mais il fallut renoncer à cette bravade quand on vit arriver dans le Liman une escadre turque, composée de quatre vaisseaux et de dix frégates. La Porte suivait les conseils de MM. de Ségur et de Choiseul et se tenait sur la défensive, attitude raisonnable dont la modération n'était pas toujours imitée par ses sujets; ainsi, la populace de Candie s'étant ameutée contre le consul russe à la Canée, le contraignit, après avoir arraché son pavillon, de chercher un asile au consulat français, et la nouvelle arriva, qu'à Rhodes, le chargé d'affaires russe avait perdu la vie dans un soulèvement populaire. Ces faits étaient graves, ils offraient à la Russie le prétexte si ardemment désiré; le corps diplomatique s'émut, intervint et des conférences s'ouvrirent entre MM. de Bulgakoff, de Ségur et de Herbert, internonce d'Autriche. Telles furent les propositions arrêtées entre les plénipotentiaires :

« La Porte enverra le firman convenu.

« On gardera réciproquement le silence sur la suzeraineté de la Géorgie.

« La Turquie forcera les Algériens à restituer les navires russes pris par eux.

« Elle laissera châtier les Tartares du Kuban qui viennent de faire mille prisonniers russes.

« Elle contiendra au-delà du Bug les Zaporaviens retirés chez elle.

« Elle ne prendra désormais en Crimée que la quantité de sel convenu.

« Elle n'insistera plus, sur la demande faite, de lui livrer l'hospodar Maurocordato, réfugié en Russie.

« Enfin, elle punira les séditieux qui viennent d'outrager les consuls de l'Impératrice, dans les îles de Rhodes et de Candie. »

On croyait ce projet accepté par la Sublime Porte, lorsque, le 12 septembre 1787, on apprit à Saint-Pétersbourg que le Grand-Seigneur avait fait enfermer l'ambassadeur russe aux Sept-Tours, et menaçait de déclarer la guerre à la Czarine, si elle ne lui restituait, sans coup férir, la Crimée et ses dépendances. Bien des causes avaient poussé le Sultan à cette aggression, causes qu'il est urgent d'énumérer pour la parfaite intelligence de la question.

1° L'attitude hautaine et les exigences provocatrices de M. de Bulgakoff.

2° L'insolente inscription, placée au-dessus d'une des portes de la ville de Kherson : ICI EST LE CHEMIN QUI CONDUIT A BYSANCE.

3° Le rassemblement des troupes russes sur la mer Noire.

4° Le spectacle belliqueux de Sébastopol.

5° Les sourdes incitations de l'Angleterre, qui cherchait à brouiller la France et la Russie, et de la Prusse qui, convoitant Dantzick, espérait s'en emparer à l'aide d'une conflagration européenne.

Continuant les hostilités, la flotte ottomane attaqua dans le Liman la frégate russe, *la Scorey* qui, après lui avoir dégréé plusieurs bâtiments sans éprouver elle-même d'avaries, se refugia dans la rade de Sébastopol. L'heure était passée des conventions diplomatiques, et pendant que Catherine publiait son manifeste de guerre, Potemkin et Romanzoff s'occupaient de rassembler les troupes, de les échelonner, et le dernier de ces généraux engageait les hostilités.

Les notables événements de la campagne de 1787 furent la victoire de Kilbourn remportée par Suwaroff qui tua quatre mille hommes aux Turcs (1), et la mise en état de défense d'Oczakoff. Au rapport de l'ingénieur français, Lafite, cette place ne pouvait résister à un coup de main, mais les lenteurs de Potemkin à rassembler son corps d'attaque permirent aux Turcs de la fortifier sur une grande échelle.

L'année suivante, le prince de Nassau et l'Américain Paul Jones incendièrent la flotte turque dans le Liman. L'armée russe passa le Bug et se porta sur Oczakoff qui fut pris d'assaut après une héroïque résistance. Sept mille Ottomans y périrent, et les vainqueurs s'y signalèrent par d'effroyables atrocités. Ainsi le fait suivant est historiquement attesté par le prince d'Anhalt, témoin dont nul ne discutera la véracité puisqu'il combattait sous les ordres de Potemkin :

« Deux jours après l'assaut, des centaines d'enfants turcs « chassés par la faim des retraites où ils s'étaient blottis, se « hasardèrent à sortir; les soldats russes se mirent à leur

(1) Au nombre des morts, figuraient trois officiers français envoyés par le cabinet de Versailles à la défense d'Oczakoff.

« poursuite, les saisirent, et *pendant plusieurs heures* se ré-
« créèrent à les jeter en l'air et à les recevoir sur la pointe de
« leurs baïonnettes en hurlant :

« — Mourez, chiens maudits ! Vous, du moins, vous ne ferez
« jamais de mal aux chrétiens. »

La campagne de 1788 donna les résultats suivants :

1° Expulsion des Turcs de la Crimée.

2° Destruction de la flotte du Capitan-Pacha.

3° Perte d'Oczakoff et de son territoire, de l'île de Bérésan, de Choczim et de la Moldavie.

4° Evacuation de la Valachie et du Bannat.

5° Dispersion des Tartares du Kuban.

En 1789, les armées russes ne furent pas moins heureuses. Kaminski battit à Galatz Ibrahim-Pacha et le fit prisonnier. Suwaroff et le prince de Cobourg défirent trente mille Turcs, s'emparèrent de Foczany, de douze étendards et du camp des musulmans, puis, dans une seconde affaire, battirent le grand vizir et lui enlevèrent quatre-vingts canons et cinquante étendards. Le général Rebas chassa les Turcs du fort Atgibey. Repnin vainquit le Capitan-Pacha et le contraignit de s'enfermer dans Ismaïl Potemkin défit le beglier-bey de Romélie, et enfin les Autrichiens prirent Belgrade.

Pendant deux ans encore les Turcs luttèrent avec héroïsme pour reprendre à la Russie les provinces que cette puissance lui avait enlevées, mais ses efforts furent inutiles, et après avoir épuisé le sang de ses enfants et l'or de ses coffres, elle se vit obligée de subir le traité de Yassy conclu en 1792 entre le grand vizir et le prince Repnin. Ce traité tout à l'ava
la Russie, confirmait la spoliation de la Crimée.

Alexandre, comme nous l'avons dit plus haut, vou
la politique de son aïeule, et sans l'opposition qu'il
chez Napoléon, le siège du gouvernement russe eut
féré de St-Pétersbourg à Constantinople. Nicolas, so
seur, fut comme lui fidèle à cette sacro-sainte traditio
du traité d'Andrinople, à l'heure où le massacre des j
laissait Mahmoud sans défense, il fit proposer, par M.
de la Ferronays, à Charles X, l'arrangement suivant :

La Russie marcherait sur Bysance où elle entrera
sûr. Loin de s'opposer à son mouvement, la France
au moyen d'une démonstration armée et en échange
office elle recouvrerait sa frontière du Rhin échancr
traités de la Sainte-Alliance.

Mais la lucidité providentielle qui avait éclairé Jos
Napoléon Ier ne fit pas défaut au dernier roi de la br
Bourbon, et il répondit :

— Cologne, Mayence, Anvers même entre mes mai
lanceraient pas Constantinople dans celles de l'
Nicolas.

Plus tard quand Méhémet-Ali voulut affranchir l'Eg
suzeraineté de la Porte, le Czar vint imposer son
Mahmoud, et en 1833 le désastreux traité d'Unkia
étendit le cercle de l'influence moscovite en Turquie.

Cet aperçu rapide du passé nous a conduits jusqu'à
de la guerre actuelle dont nous commençons sans pl
l'émouvant récit.

CHAPITRE PREMIER.

Question des Lieux-Saints. — François Ier et Soliman. — Traité de 1740. — Discussions de 1844 et de 1847 — Intervention de la France. — Commission nommée — Résolution prise. — Opposition des chrétiens du rite grec. — Ambassade du prince Menschikoff — Retraite de Fuad-Effendi. — Première note du prince Menschikoff. — Réponse de Rifaat-Pacha. — Firmans du Sultan.

Les Lieux Saints, c'est-à-dire l'église du Saint-Sépulcre à Jérusalem, a chapelle de Nazareth et la grotte de la Nativité à Bethléem sont depuis longtemps un incessant prétexte de contestations entre les Grecs et les Latins ; ces derniers n'étant pas sujets du gouvernement ottoman ont, à diverses reprises, invoqué la protection de la France, et un traité passé entre François Ier et Soliman disposa que les Latins avaient droit à la possession de ces sanctuaires, en vertu d'une occupation séculaire En 1740, une nouvelle convention diplomatique entre Constantinople et Versailles ratifia cette disposition, mais nonobstant ces deux traités, les deux rites continuèrent de vivre en mésintelligence.

En 1844, la Russie obtint du Sultan un firman q
aux Grecs l'entretien du Saint-Sépulcre, et tandis que
réclamaient près du gouvernement de Louis-Philippe, l
du czar pressèrent tellement l'édification d'une nouve
grecque sur ces emplacements vénérés, que l'inaugura
basilique eut lieu au moment même où s'entamaien
gociations. Les terreurs du clergé romain étaient gran
gitimes, car cette atteinte à l'œuvre de Godefroi de
devait se renouveler, et en effet un nouvel acte d'into
produisit bientôt, et c'est là pour ainsi dire le point
de la guerre que nous avons à raconter.

S'autorisant de leur occupation, les Latins avaient
étoile d'argent avec une inscription latine dans la gr
Nativité à Bethléem, bien que l'entretien de ce sanc
dévolu aux chrétiens du rite grec. En 1847, cette éto
rut et, après de vaines démarches auprès du patri
clergé romain recourut à la France qui demanda sati
la Porte par l'entremise de son ambassadeur, M.
queney.

La réclamation comportait deux points nettement f

1° La réinstallation de l'étoile symbolique dans la gr
Nativité.

2° La réintégration du clergé latin dans les sa

l'avait iniquement dépossédé, et au nombre desquels on it le tombeau de la Vierge, l'église de Bethléem et la du Saint-Sépulcre.

ne résolution n'avait encore été prise quand s'accomplit lution de 1848, mais, loin d'abandonner la question, ouveau gouvernement s'adressa à toutes les puissances ques de l'Europe intéressées comme la France elle-même respecter les droits des catholiques d'Orient et à répri- empiètements de la Russie. Notre nouvel ambassadeur tantinople, M. le général Aupick, désirant une solution te, proposa de confier à une commission mixte le soin de l'affaire et cette transaction fut immédiatement acceptée. les membres nommés figurait M. Aristarchi, conseiller du rche grec, choix incompatible sans doute avec les règles rigoureuse équité, puisque nul ne peut être juge en sa cause, mais n'oublions pas que les chrétiens du rite grec ujets du sultan pour excuser la partialité de cette élection. Czar, en apprenant ce qui venait d'être décidé, écrivit ltan pour se plaindre de la reconnaissance faite par nistres Reschid-Pacha et Ali-Pacha du traité de 1740; -Medjid voulant lui donner satisfaction, substitua à la ssion mixte une nouvelle commission exclusivement com- le fonctionnaires turcs et d'ulémas. Ce n'était point assez empereur Nicolas, qui, en se constituant aux yeux du comme chef et protecteur de l'Eglise grecque, songeait à sa foi religieuse qu'à son ambition politique; aussi, vi- même but avec d'autres armes, offrit-il alors au gou- nent français de régler à eux deux l'affaire avec pure et notification de leur décision au Sultan; la France répon- elle s'en tenait à la médiation de la Porte, et le Czar dût songer à un changement de batteries. Pendant ces arlers, Abdul-Medjid avait proposé d'étendre aux deux communauté de tous les sanctuaires disputés par chacun, out sage qu'il était, cet accommodement fut rejeté de part itre et la seconde commission ouvrit ses délibérations; fut le résultat :

La grande coupole du Saint-Sépulcre est déclarée com- aux diverses communions;

La petite coupole demeure exclusivement affectée aux ;

L'église de Bethléem leur est également conservée, mais e la grotte de la Nativité s'ouvre sous l'autel de cette les Latins auront une clef de l'édifice et deux clefs de ;

Les Latins pourront officier dans la chapelle du tombeau Vierge, à la condition de ne rien changer à la décoration ure du temple et d'enlever les insignes de leur culte, ôt l'achèvement des cérémonies.

décisions soumises au conseil des ministres furent accep- uis validées par un firman du Sultan qu'on remit au vice- elier du divan avec injonction de partir pour Jérusalem levait en presser l'exécution. Nicolas, pendant ce temps, tait pas inactif, et ses agents dépêchés en Terre-Sainte ent si violemment agité les esprits que, devant la résis- des Grecs, forcé fût au fonctionnaire d'Abdul-Medjid crire à Constantinople et d'attendre de nouvelles instruc- Une délibération du conseil des ministres l'autorisa à outre, sans tenir compte du mauvais vouloir des chré- grecs; à cette délibération l'empereur de Russie répondit envoi du prince Menschikoff comme ambassadeur à Cons- ople.

ui-ci, véritable représentant du vieux parti moscovite, la tradition de mise en scène de Potemkin, lors du voyage therine II en Crimée; voulant effrayer le Sultan et son l afin de ne trouver chez eux aucune résistance aux vo- de son maître, il inspecta solennellement sur sa route la et le corps d'armée de Sébastopol, et se fit acclamer, lors débarquement à Constantinople, par tous les Grecs rési- qui le suivirent jusqu'à son hôtel en poussant des cris ousiasme. Cette réception avait lieu le 28 février 1853, ours après le départ de notre ambassadeur M. de la Va- Cet éloignement du représentant officiel de la France t trop bien les vues secrètes de l'amiral Menschikoff pour dernier ne mit pas le temps à profit; aussi, dès le 2 mars, il une conférence avec le grand vizir et trouvait-il le moyen de se défaire, par une réponse brutale et gros- sière, de Fuad-Effendi, ministre des affaires étrangères qui, dans la question des Lieux-Saints avait toujours démasqué les empiètements de la Russie. Accusé de plusieurs manques de foi par le prince Menschikoff s'énonçant à haute voix au milieu d'une assemblée nombreuse, Fuad-Effendi envoya immédiate- ment sa démission au Sultan qui le remplaça par Rifaat-Pacha.

Fier de ce premier succès qui éloignait des conférences un censeur important, l'ambassadeur russe déploya alors toutes ses coquetteries vis-à-vis de l'ambassade anglaise afin de dé- tacher dans cette affaire la Grande-Bretagne de la France, et faut le reconnaître, le 6 avril, à l'arrivée de M. de Lacour nommé en remplacement de M. de La Valette, la méfiance semée par le vieux diplomate russe avait si bien fructifié que, quelques jours plus tard, il ne craignait pas d'aborder résolu- ment la question en adressant la note suivante à Rifaat-Pacha :

« Péra, 19 avril 1853.

» Son Excellence le ministre des relations extérieures, en prenant connaissance, à son entrée aux affaires, des négociations qui ont eu lieu, a vu la *duplicité* de ses prédécesseurs : il doit s'être persuadé combien on a manqué aux égards dus à l'Empereur de Russie, et com- bien est grande sa magnanimité, en offrant à la Porte les moyens de sortir des embarras que lui a créés la *mauvaise foi* de ses ministres. Ils ont *abusé de la religion de leur souverain* en le mettant en op- position avec ses propres paroles, et le plaçant envers son allié et son ami dans une position que ne peuvent admettre ni de hautes conve- nances ni la dignité souveraine.

» Tout en voulant être oublieux du passé, et n'exigeant pour répa- ration que le renvoi d'un *ministre fallacieux* et l'exécution patente de promesses solennelles, l'Empereur se trouvait obligé de demander des garanties solides pour l'avenir.

» Il les veut formelles, positives, et assurant l'inviolabilité du culte professé par la majorité des sujets chrétiens, tant de la Sublime Porte que de la Russie, et enfin par l'Empereur lui-même.

» Il ne peut en vouloir d'autres que celles qu'il trouvera désormais dans un acte équivalent à un traité, ou un traité, et à l'abri des inter- prétations d'un mandataire mal avisé et peu consciencieux.

» Les délais qu'on a apportés jusqu'ici à prendre une décision finale sur les propositions de l'Empereur de Russie l'obligent à demander à la Porte une réponse catégorique et qu'il ne pourrait attendre plus longtemps. Il demande par conséquent :

» 1° Un firman explicatif, et dont la rédaction serait convenue, concernant la clef de l'église de Bethléem, l'étoile en argent placée sur l'autel de la Nativité, dans le souterrain de ce même sanctuaire;

» La possession de la grotte de Gethsémani par les Grecs, avec l'ad- mission des Latins à y exercer leur culte, mais tout en conservant la présence des orthodoxes et leur priorité pour la célébration du ser- vice divin dans ce sanctuaire;

» Et enfin, concernant la possession commune des Grecs avec les Latins des jardins de Bethléem;

» Le tout d'après les bases discutées entre Son Excellence Rifaat- Pacha et l'ambassadeur;

» 2° Un ordre suprême pour la réparation immédiate, par le gou- vernement ottoman, de la coupole du temple du Saint-Sépulcre, avec la participation du patriarche grec, sans ingérence d'un délégué d'un autre culte;

» Pour la clôture murée des lucarnes ayant vue dans ce sanctuaire, et pour la démolition des harems attenant à la coupole, si la possi- bilité de cette démolition était prouvée;

» L'ambassadeur est chargé d'obtenir sur ces points une assurance et une notification formelles;

» 3° Un *sened*, ou convention, pour la garantie du *statu quo strict* des priviléges du culte catholique gréco-russe de l'Eglise d'Occident et des sanctuaires qui se trouvent en possession de ce culte exclusi- vement ou en participation avec d'autres rites à Jérusalem.

» L'ambassadeur doit répéter ici à M. le ministre des relations ex- térieures ce qu'il a déjà été dans le cas de lui exprimer plusieurs fois, que la Russie ne demande pas à la Porte des concessions politiques; son désir est de calmer les consciences religieuses par la certitude du maintien de ce qui est et de ce qui a toujours été pratiqué jusqu'à nos temps.

» C'est donc à la suite des tendances hostiles qui se sont manifes- tées depuis quelques années envers tout ce qui touche à la Russie, qu'elle requiert, dans l'intérêt des communautés religieuses du culte orthodoxe, un acte explicatif et positif des garanties, acte qui n'af- fecterait en rien ni les autres cultes ni les relations de la Porte avec d'autres puissances.

» Le cabinet ottoman voudra bien aussi peser dans sa sagesse la gravité de l'OFFENSE commise, en la comparant à la modération des de- mandes de réparation et de garantie que le sentiment de légitime défense aurait pu poser dans un sens plus étendu et plus péremptoire.

« La réponse de M. le ministre des relations extérieures indiquera à l'ambassadeur les devoirs ultérieurs qu'il aura à remplir, et qui ne pourront être que conformes au maintien de la dignité du gouvernement qu'il représente et de la religion que professe son Empereur.

« *Signé* Menschikoff. »

Neuf jours après, le ministre des affaires étrangères répondait en ces termes à l'insolent ultimatum qu'on vient de lire :

« Sublime Porte, 28 avril 1853.

« La Porte est constamment animée du désir de fortifier les liens de paix et de bonne harmonie qui existent entre elle et la Russie, et le Sultan n'a pas de plus grand désir que de fortifier les liens d'amitié et d'alliance qui l'attachent personnellement à l'Empereur de Russie. Disposée qu'elle est à accueillir favorablement les demandes du prince Menschikoff qui ne mettent pas en péril sa dignité et son indépendance, la Porte est prête à accorder, après négociation complète à ce sujet avec l'ambassadeur russe, l'érection à Jérusalem d'une église et d'un hospice russes, se réservant le privilége de donner plus tard, s'il est nécessaire, une réponse définitive au prince Menschikoff sur les propositions contenues dans la note annexée.

» La Porte prie, en attendant, le prince de prêter son attention aux considérations suivantes : les priviléges religieux accordés par les Sultans à toutes les communautés chrétiennes sont et demeurent en pleine vigueur, et il n'est jamais entré dans l'esprit du Sultan de les changer en la moindre des choses. La Russie cependant paraît avoir conçu des doutes à cet égard.

» La Porte s'empresse de lui donner toute assurance, en déclarant solennellement, en face du monde entier, que les priviléges religieux des sujets ottomans chrétiens, et particulièrement de ceux appartenant à l'Église grecque, seront à jamais scrupuleusement observés et garantis de toute injure. Quant à conclure avec la Russie un traité à ce sujet, la Porte ne pourrait jamais y consentir sans compromettre les principes fondamentaux de son indépendance et de sa souveraineté. Et quels que soient les liens d'amitié qui existent entre les deux gouvernements, cette amitié ne peut jamais lui imposer un aussi grand sacrifice. Elle se trouve ainsi obligée à décliner la proposition qui lui a été faite par l'Empereur de Russie de conclure avec lui une convention qui la lierait de cette manière.

» La Porte s'en remet à l'opinion publique du monde entier qui ne pourrait jamais permettre une telle violation de son indépendance et de ses droits nationaux, et en appelle à la justice et à la loyauté de l'Empereur lui-même.

« *Signé* Rifaat-Pacha. »

Cette note dont la rédaction ferme, quoique polie, écartait ouvertement les prétentions de la Russie à une suzeraineté spirituelle qui lui donnerait droit de s'immiscer dans les affaires intérieures de la Porte, fut suivie de deux firmans relatifs aux Lieux-Saints. Notifiés le 5 mai, ces firmans annonçaient la clôture de tous débats sur cette affaire.

RÉSUMÉ DU CHAPITRE PREMIER.

En 1844, à l'aide d'un firman arraché au Sultan, la Russie élève une église grecque sur les dépendances du Saint-Sépulcre; les Latins appellent de cet empiètement auprès de la cour de France; des négociations sont entamées et se poursuivent lorsque la disparition de la croix latine placée par les catholiques dans le sanctuaire de Bethléem vient fournir à ces derniers un nouveau grief et donner occasion à M. de Bourqueney, notre ambassadeur à Constantinople, de formuler cette double réclamation :

Rétablissement de la croix enlevée; restitution aux Latins de divers Lieux-Saints, successivement envahis par les Grecs.

La révolution de 1848 substitue le général Aupick à M. de Bourqueney; tandis que le gouvernement provisoire fait un appel à toutes les puissances catholiques de l'Europe en faveur du clergé latin de Jérusalem, notre nouvel ambassadeur près la Sublime-Porte, propose de remettre à une commission mixte le soin de régler le différend, ce qui est accepté par le Sultan Abdul-Medjid; mais, bientôt sur les représentations de l'empereur Nicolas, le Sultan casse la commission mixte et la remplace par des ulémas et des fonctionnaires turcs, offrant d'étendre aux deux rites la communauté des sanctuaires disputés par chacun. Cet accommodement est refusé de part et d'autre et la commission, après plusieurs réunions, décide que les Grecs en conservant la petite coupole du Saint-Sépulcre, partageront la grande avec les Latins auxquels il sera permis d'officier dans la chapelle du tombeau de la Vierge, à la condition de ne rien modifier de la décoration intérieure; quant à l'église de Bethléem, elle demeurera affectée aux Grecs qui devront seulement remettre à leurs rivaux une clef du sanctuaire et deux de la grotte de la Nativité.

Acceptée par les ministres, validée par un firman, cette décision est expédiée à Jérusalem où les Grecs empêchent son exécution, à l'instigation des agents du Czarr, et comme le Sultan ordonne à son représentant de passer outre, le prince Menschikoff est député extraordinairement de Saint-Pétersbourg à Constantinople. Le premier acte du diplomate russe est de pousser par une grossièreté le ministre des affaires étrangères, Fuad-Effendi, à se démettre de son emploi. Fuad-Effendi a vécu en Russie, il connaît les tendances moscovites, ce serait un dangereux adversaire, tandis que son successeur Rifaat-Pacha pourra se laisser abuser par le vieil ambassadeur. Après cette première victoire, l'amiral Menschikoff profite du départ de M. de Lavalette, notre représentant, pour intriguer sourdement auprès de l'ambassade anglaise et prévenir, s'il se peut, toute alliance même défensive. Le remplaçant de M. de Lavalette, M. de Lacour, est à peine installé que le prince croit avoir atteint ce résultat et, le 19 avril, il adresse à Rifaat-Pacha la demande formelle d'un traité entre la Porte et la Russie garantissant les droits et immunités des chrétiens du culte gréco-russe. Sa note très-injurieuse dans la forme se termine par une menace, au cas où le Sultan ne déférerait pas à la volonté du Czarr. Neuf jours après, Rifaat-Pacha refusant d'accorder à la Russie une suzeraineté spirituelle qui amènerait infailliblement son ingérence dans les affaires intérieures de la Porte, répond au prince Menschikoff qu'on suspecte à tort les intentions de la Turquie et que cette puissance prend à la face du monde entier l'engagement de respecter et de faire respecter les priviléges religieux des chrétiens du rite grec. Deux firmans du Sultan succèdent à cette réponse et viennent clore le débat relatif aux Lieux-Saints.

LA VIE A BON MARCHÉ.

vie à bon marché est la sérieuse préoccupation du moment. L'Empereur, auquel la Providence fait une lourde tâche, pour nous r tout ce qu'il y a de grand et de généreux en lui, combat tout à la fois le despotisme en Crimée et la misère en France. Si difficiles oient pour l'instant les circonstances, la poule au pot, cette gasconnade d'Henri IV, deviendra une réalité, grâce aux sages or- ances qui se succèdent sans relâche et désarment l'égoïsme individuel, la cupidité privée, au profit des intérêts sacrés des masses. d, du haut de vingt victoires, l'Élu du peuple français dictera au Czar une paix solide et durable, chacune de ces précieuses se- es mûrira et fructifiera pour le bonheur de tous et pour la gloire de l'auguste souverain qui a si noblement compris sa mission de et de père d'une grande nation.

e les bons esprits suivent dans cette voie ce généreux initiateur, que le problème soit travaillé sous toutes ses faces, étudié dans ses ls les plus minimes, poursuivi dans ses fractions les plus infinitésimales et la réalisation en avancera d'autant. Déjà de louables efforts liquent à cette tâche : M. Delamarre, membre du Corps-Législatif et directeur de la *Patrie*, va ouvrir les docks de la vie à bon marché, l doute que le commerce honnête ne réponde à son appel et ne peuple avec empressement les locaux de son bazar. L'annexe des uits économiques du palais de l'Exposition reste en permanence, comme enseignement à l'industrie qui veut trop gagner et au ommateur qui se laisse abuser.

est dans ce même but d'utilité que nous consacrons cette page de notre couverture à l'étude des questions économiques qui peuvent onner les masses. La nourriture, le vêtement, l'habitation, le chauffage, les meubles seront tour à tour soumis à une patiente se ; et à côté du mal, nous indiquerons le remède, heureux dans notre humble sphère, de pouvoir concourir à la plus précieuse uête, à la plus glorieuse victoire qui intéressent l'humanité : l'anéantissement de la misère et le bonheur du peuple.

PANIFICATION RATIONNELLE.

Ch. de Waet, ingénieur civil, vient de publier un exposé indus- administratif et commercial, d'un système de panification nelle, sur lequel nous sommes heureux d'appeler l'attention que. C'est incontestablement, le travail le plus intelligent et le omplet qui ait paru sur la matière.

xiguïté du cadre qui nous est imposé, ne nous permet pas de er autant que nous le voudrions, les divers chapitres du livre de Waet, mais nous allons nous efforcer d'en présenter l'en- e.

c l'organisation actuelle de la boulangerie, le blé passe par les édiaires suivants, avant d'arriver au consommateur : 1° le r ; 2° le courtier en blé ; 3° le meunier ; 4° le négociant en ; 5° le boulanger. M. de Waet supprime la plupart de ces s parasites, et n'admet, entre le producteur et le consommateur, e *meunier-boulanger*. Il résulte de cette suppression, un total nomies dont bénéficie l'acheteur ; la proposition est élémen- ; il serait superflu de s'y arrêter.

outre, M. de Waet a inventé des machines, il en a perfectionné es, si bien que le travail se trouve simplifié, comme suit :

panificateur de Waet, est basé sur la production d'une force ce gratuite, par le moyen d'un four à cuire le pain, à chauffage our et continu, produisant la vapeur nécessaire au service des s appareils.

blé, amené au pied de l'usine, est immédiatement déversé dans servoir, de la capacité d'une charge de voiture ordinaire ; des s transportent les céréales dans un *conservateur*, où le blé est samment remué et, où un aérage bien entendu, empêche qu'en auffant, il ne facilite l'éclosion des larves d'insectes, qui en ab- nt la partie la plus nutritive. Ce *conservateur* fournit, suivant xigences du service, le blé nécessaire à la manipulation ; au able, le blé a été soumis à l'action d'un épurateur perfectionné 'a débarrassé de ses impuretés. Graines étrangères et criblures, ent dans des réservoirs et sont converties en un pain salubre, re à l'usage des chevaux, des bestiaux et des chiens.

s blés et céréales sont soumis à la mouture, au moyen d'un sys- de moulin, qui exige une force motrice, moindre que celle du me actuellement en usage. Aussitôt que le blé est converti en e, cette dernière est transportée dans un blutoir, où les pelli- et les sons sont séparés ; les différentes qualités de farines, ainsi les sons, descendent dans des magasins spéciaux pour y être ervés jusqu'au moment du service.

farine mélangée, qui est destinée à la panification, est trans- ée dans un compteur mécanique qui détermine, au moyen d'un an indicateur, la quantité exacte de farine mise en manipulation ; ystème empêche la dilapidation des denrées.

e pompe, desservie par le moteur, fournit l'eau nécessaire au service de la production de vapeur et du travail de la manutention. Soumise à l'action d'un filtre, l'eau passe dans une chaudière placée au-dessus du foyer, afin d'acquérir le degré de calorique nécessaire au mélange de la panification. Un réservoir, destiné au mélange des eaux à la température convenable, est disposé à portée du pétrisseur ; un indicateur-flotteur y désigne la quantité de liquide, dont un thermomètre annonce la température. A la partie supérieure de ce réservoir, se trouve un saleur, destiné à contenir le sel liquéfié nécessaire à la panification ; un pèse-sel détermine le degré de cette dissolution.

Le pétrisseur mécanique, employé par M. de Waet, se compose de plusieurs bras métalliques disposés en section d'hélice ; il est d'une grande puissance de travail et d'un effet merveilleux. En peu de minutes, une masse de pâte, égale à une fournée de pain, y reçoit la manipulation convenable, avec une sûreté d'exécution que n'atteindrait pas le geindre le plus vigoureux et le plus habile.

Aussitôt que la pâte a été convenablement manipulée, un des côtés du pétrisseur est soulevé, et, par un léger mouvement de rotation imprimé à l'axe du pétrisseur, la pâte est précipitée dans un appareil de forme cylindrique, ayant à l'une de ses extrémités une ouverture graduée ; un plateau d'un diamètre égal à celui du cylindre, muni d'un plan dentelé, reçoit un mouvement horizontal ; ce même mouvement est transmis par un engrenage conique à un plateau horizontal fixé sur un arbre à pivot. Ce plateau, divisé en plusieurs compartiments, reçoit des pannetons vides ; au-dessus de chaque compartiment, des lames triangulaires, fixées à l'axe pivotal du plateau, viennent effleurer successivement l'ouverture graduée du cylindre, et font tomber ainsi, dans chaque panneton, une quantité de pâte déterminée, suivant la densité de ce corps, de manière à obtenir, après cuisson, des pains de 2, 3 ou 4 kilogrammes.

« Ainsi, le blé entre dans la manutention au moyen de la machine, et en sort panifié, sans avoir subi aucun contact humain. »

Enfin, M. de Waet conseille l'emploi des blés durs de l'Algérie et de l'Orient et se fait fort de réaliser vingt pour cent d'économie, sur les prix actuels de la boulangerie, économie dont le public profiterait seul, puisque, d'après son système, le pain est livré au consommateur au prix de revient, augmenté d'un centime par kilogramme pour le bénéfice du manutentionnaire.

A la fin de sa brochure, M de Waet démontre que, si l'on réorganisait les manutentions militaires d'après son système, la ration du soldat, qui coûte aujourd'hui à l'Etat 27 centimes, ne reviendrait qu'à 19, tout en se composant d'un pain plus blanc et plus nutritif.

M. de Waet fait un appel à toutes les communes de France, nous souhaitons de grand cœur qu'il réussisse et si, à ce succès, notre publicité peut concourir, nous en serons doublement heureux pour le public et pour lui.

Pour paraître le 1er Février 1856.

150 volumes par An. — 10 cent. le Numéro.

LE MONITEUR DES VILLES ET CAMPAGNES

JOURNAL UNIVERSEL

— PARAISSANT TOUS LES JEUDIS. —

ABONNEMENT :		PRIX DU NUMÉRO :	
PARIS : Un an.	5 fr.	PARIS : Le Numéro.	10 cent.
PROVINCE : Un an.	7 fr.	PROVINCE : Le Numéro	15 cent.

Chaque numéro du *Moniteur des Villes et Campagnes* se compose de 16 pages grand in-4 à trois colonnes, imprimées en beaux caractères, et contenant la valeur de deux volumes et demi du format in-8. Neuf à dix gravures illustrant le texte.

DIVISION DES MATIÈRES :

Revue générale des Tribunaux : cours d'assises et police correctionnelle. — Chronique universelle : accidents, événements tragiques, belles actions. — Feuilletons de Théâtre. — Revue biographique. — Romans. — Biographies des Notabilités du jour : poëtes, hommes d'État, artistes, financiers, comédiens, etc. — Voyages. — Traduction de la Littérature étrangère. — Causeries. — Bulletin des sciences. — Chronique de la Mode. — Recettes utiles. — Revue de l'Agriculture. — Tablettes de l'Industrie.

Le *Moniteur des Villes et Campagnes* paraît avec le concours littéraire de MM. A. DUMAS père et fils, ROGER DE BEAUVOIR, LÉON GOZLAN, EUGÈNE SUE, MARCO DE SAINT-HILAIRE, EUGÈNE WOESTYN, HENRI MONNIER, THÉODORE DE BANVILLE, PHILOXÈNE BOYER, PAUL FÉVAL, AUGUSTE MAQUET, ÉMILE DURANDEAU, ÉLIE BERTHET, MÉRY, EUGÈNE DE MIRECOURT, etc., etc.

Les illustrations sont confiées aux crayons de MM. GAVARNI, DAUMIER, HENRI MONNIER, G. DORÉ, E. DURANDEAU, E. LORSAY, E. SAIN, BERTALL, NADAR, etc., etc.

PREMIER ROMAN PUBLIÉ PAR LE MONITEUR DES VILLES ET CAMPAGNES :

NOUVEAUX SOUVENIRS INTIMES D'UN PAGE DU PALAIS IMPÉRIAL

PAR

E. MARCO DE SAINT-HILAIRE

(On n'a pas oublié l'immense succès qui accueillit la publication des premiers *Souvenirs* du spirituel chroniqueur ; nous sommes à même de déclarer que les seconds sont dignes de leurs prédécesseurs.)

PARAITRONT SUCCESSIVEMENT :

BRUMMEL LE BEAU, par ROGER DE BEAUVOIR.
ENTRE DEUX ABIMES, par PAUL FÉVAL.
LA PARTIE DE CAMPAGNE, par HENRY MONNIER.
LES AVENTURES DU BEAU TYRONNEL, par EUGÈNE WOESTYN.
TROUPIERS, BOURGEOIS ET PETIT-MONDE. Scènes populaires, par ÉMILE DURANDEAU.
UNE NOUVELLE de MÉRY.
L'EXAMEN DE CONSCIENCE, par PHILOXÈNE BOYER.
UN ROMAN, par M. THÉODORE DE BANVILLE.
ETC., ETC., ETC.

Le *Moniteur des Villes et Campagnes* publiera tous les mois une CHRONIQUE PARISIENNE PAR UN CAMPAGNARD, due à la plume d'une de nos célébrités littéraires. C'est la finesse de Montesquieu sous la plume de Georges Sand.

On s'abonne rue Montmartre, 161, au bureau des VICTOIRES ET CONQUÊTES.

PRIME OFFERTE aux premiers Souscripteurs jusqu'au 1er Février : un magnifique **ALBUM** de 40 planches in-8 ; scènes de genre, de bivouac, caricatures, etc., par nos premiers artistes.

JOURNAL UNIVERSEL

PARAISSANT TOUS LES JEUDIS. —

NNEMENT :	PRIX DU NUMÉRO :
. . . . 5 fr.	PARIS : Le Numéro. . . . . . . 10 cent.
. . . . 7 fr.	PROVINCE : Le Numéro . . . . . 15 cent.

Moniteur des Villes et Campagnes se compose de 16 pages grand in-4 à trois co-
beaux caractères, et contenant la valeur de deux volumes et demi du format in-8.
lustrant le texte.

DIVISION DES MATIÈRES :

Tribunaux : cours d'assises et — Chronique universelle : acci- ques, belles actions. — Feuille- vue biographique. — Romans. bilités du jour : poëtes, hommes d'État, artistes, financiers, comédiens, etc. — Voyages. — Traduction de la Littérature étrangère. — Causeries. — Bulletin des sciences. — Chronique de la Mode. — Recettes utiles. — Revue de l'Agriculture. — Tablettes de l'Industrie.

s et Campagnes paraît avec le concours littéraire de MM. A. DUMAS père et fils, ROGER de LAN, EUGÈNE SUE, MARCO DE SAINT-HILAIRE, EUGÈNE WOESTYN, HENRI MONNIER, LE, PHILOXÈNE BOYER, PAUL FÉVAL, AUGUSTE MAQUET, ÉMILE DURANDEAU, ÉLIE ÈNE DE MIRECOURT, etc., etc.

t confiées aux crayons de MM. GAVARNI, DAUMIER, HENRI MONNIER, G. DORÉ, LORSAY, E. SAIN, BERTALL, NADAR, etc., etc.

ROMAN PUBLIÉ PAR LE MONITEUR DES VILLES ET CAMPAGNES :

OUVENIRS INTIMES D'UN PAGE DU PALAIS IMPÉRIAL

PAR

E. MARCO DE SAINT-HILAIRE

nense succès qui accueillit la publication des premiers *Souvenirs* du spirituel chroniqueur ; nous rer que les seconds sont dignes de leurs prédécesseurs.)

PARAITRONT SUCCESSIVEMENT :

par ROGER DE
S, par PAUL
PAGNE, par

LES AVENTURES DU BEAU TYRONNEL, par EUGÈNE WŒSTYN.
TROUPIERS, BOURGEOIS ET PETIT-MONDE. Scènes populaires, par ÉMILE DURANDEAU.

UNE NOUVELLE de MÉRY.
L'EXAMEN DE CONSCIENCE, par PHILOXÈNE BOYER.
UN ROMAN, par M. THÉODORE DE BANVILLE.
ETC., ETC., ETC.

: et Campagnes publiera tous les mois une CHRONIQUE PARISIENNE PAR UN CAMPAGNARD, due à la plume éraires. C'est la finesse de Montesquieu sous la plume de Georges Sand.

onne rue Montmartre, 161, au bureau des VICTOIRES ET CONQUÊTES.

premiers Souscripteurs jusqu'au 1er Février : un magnifique **ALBUM** de 40 planches in-8 ; ac, caricatures, etc., par nos premiers artistes.

Administration, 28, rue de Paradis-Poissonnière.

VICTOIRES ET CONQUÊTES

DES

ARMÉES ALLIÉES

PAR

M. EUGÈNE WOESTYN.

Parmi les œuvres littéraires qui inondent Paris et charment les loisirs du peuple français, il en est une dont la place est marquée sur l'humble rayon de la mansarde et de l'atelier, du bivouac et de la chaumière, et qui en même temps doit figurer dans les bibliothèques des palais, comme elle est déjà dans celle de Sa Majesté l'Empereur.

Nous voulons parler des *Victoires et Conquêtes des Armées alliées.* Nous avons lu ce livre, nous l'avons médité attentivement, et nous n'avons pu qu'applaudir à la patriotique idée de son auteur, car parler de l'armée française, citer ses vertus, faire l'histoire de sa gloire, c'est faire acte d'un noble patriotisme, c'est prouver à l'univers que le pays qui a créé de pareils soldats, que la patrie qui a vu naître et formé de pareils enfants, n'a pas cessé d'être un seul instant la reine du monde. Il nous a semblé que la Providence étendait son aile protectrice sur cette famille napoléonienne qui la première a dit : DIEU PROTÉGE LA FRANCE.

La paix régnait sur le monde, quand tout à coup un cri de détresse partit de l'Orient; la France, généreuse par nature, s'empresse d'accourir ; elle s'unit à toutes les nations généreuses comme elle; l'Angleterre, le Piémont lui prêtent leur concours; et bientôt, sous le coup de ces trois armées protectrices et de celle de l'opprimé, Bomarsund, Alma, Sébastopol, etc., etc., tombent par la force de nos armes et par la loi de cette puissance vengeresse qui a dit aux peuples envahisseurs : *Vous n'irez pas plus loin!*

Placez dans votre bibliothèque l'histoire des *Victoires et Conquêtes des Armées alliées*, et vous aurez un monument de la grandeur impérissable de la France et de son peuple.

Les *Victoires et Conquêtes* forment deux grands volumes in-8° jésus, l'un de 360 pages, l'autre de 384.

Le Prix des deux volumes : 9 Francs

soit **4** fr. **50** le volume.

SE VEND:

28, RUE DE PARADIS-POISSONNIÈRE

Paris.—Typ. Morris et comp., rue Amelot, 64.

GUERRE D'ORIENT.

LES VICTOIRES ET CONQUÊTES DES ARMÉES ALLIÉES

Ouvrage honoré de la Souscription de S. M. l'Empereur Napoléon III.

PARIS
RUE MAZAGRAN, 16.

1856

PRÉFACE

La guerre d'Orient a déjà donné naissance à plusieurs ouvrages qui, tous, ont reçu du lecteur un favorable accueil. Nous tenons d'autant plus à constater le fait, qu'aucune de ces publications n'émanait d'une pensée vraiment patriotique et ne répondait aux justes exigences de l'intérêt général.

En effet, chacun de ces livres enfantés par une ambitieuse spéculation s'est produit avec les vices inhérents à son origine : subdivisions multipliées sans raison, renseignements incomplets, bon marché illusoire ; si bien que, pour posséder l'ensemble des opérations, on est obligé d'acheter plusieurs brochures grossies de pages oiseuses et où l'on cherche en vain certains détails indispensables.

Rien de pareil avec *les Victoires et Conquêtes des Armées Alliées.*

Sans nulle arrière-pensée de mercantilisme, les auteurs de la publication ne se sont proposé qu'un seul but, celui de populariser de la mansarde à l'atelier, du bivouac à la chaumière, les scènes diverses de la gigantesque épopée qui, nous vengeant des désastres de **1812**, est digne des plus belles années du premier Empire.

Nous remontons à l'origine du débat, et, après un résumé rapide de toutes les tentatives faites par la Russie contre l'intégrité du territoire turc, la guerre actuelle se déroule et est religieusement suivie pas à pas, depuis le cabinet du diplomate jusqu'à la tente du soldat. Aussi, n'ayons pas crainte de le dire, notre livre aura sur ceux qui l'ont précédé un double avantage : l'unité dans la pensée et la conscience dans l'exécution.

Le précis historique que nous offrons au public renferme des renseignements particuliers d'un haut intérêt, et dont nous garantissons l'exactitude. Il contient la liste nominative de toutes les promotions effectuées dans les divers corps, l'état complet des décorations accordées à ceux de nos officiers et soldats qui se sont particulièrement distingués, et enfin tous les faits individuels de nature à glorifier les héroïques Croisés de la civilisation et de la justice.

Grâce à cette ordonnance du travail, notre livre est le véritable Armorial de l'armée d'Orient, et a sa place marquée d'avance dans les archives de la famille.

La sollicitude apportée aux divers détails de l'œuvre eût cependant manqué son but en partie, si nous ne nous étions, en même temps, sérieusement préoccupés d'établir *les Victoires et Conquêtes des Armées*

Alliées au meilleur marché possible ; mais nous n'avions garde d'oublier ce point important; et si l'on considère que nous donnons pour SIX francs DEUX volumes in-8° jésus, de 400 pages chacun, illustrés de *trente* grands dessins tirés à part du texte, et pouvant rivaliser comme exécution matérielle avec les belles éditions du *Mémorial de Sainte-Hélène* et du *Napoléon en Égypte*, on reconnaîtra que de ce côté encore nous n'avons aucune concurrence à redouter.

Nous ne pousserons pas plus loin l'énumération de nos efforts pour mériter le suffrage du public; nos livraisons plaideront plus éloquemment notre cause que nous ne saurions le faire.

—

Les Victoires et Conquêtes des Armées Alliées, embrassant tous les détails de l'expédition, jusques et y compris la décision du congrès actuel, formeront TRENTE livraisons de 24 pages in-octavo jésus, soit deux beaux volumes de 400 pages; chaque livraison est accompagnée d'un grand dessin imprimé à part chez M. Best, le meilleur de nos imprimeurs xylographes.

Parmi les premiers dessins publiés, on trouvera les portraits en pied de S. M. l'Empereur Napoléon III, du maréchal Saint-Arnaud, de lord Raglan, etc., la mort du général de Lourmel, une séance des Conférences de Paris, et les costumes de campagne des armées française, anglaise, sarde, ottomane et russe, etc., etc.

CONDITIONS DE LA SOUSCRIPTION

PRIX DE LA LIVRAISON :

Paris, 20 centimes. *Province*, 25 centimes.

L'OUVRAGE COMPLET :

Paris, 6 francs. *Province*, 7 francs 50 centimes.

Les souscripteurs à la publication complète reçoivent les livraisons à domicile, et ont droit, comme prime, à un exemplaire de LES SOLDATS DE DIEU, cantate de M. PHILOXÈNE BOYER, mise en musique par M. HERVÉ; cette prime leur sera délivrée au bureau, avec leur quittance d'abonnement.

Cette cantate, chez les marchands de musique, coûte seule 2 francs.

Paris. — Typ. Morris et comp., rue Amelot, 64.

M

J'ai l'honneur de vous adresser le prospectus-spécimen des *Victoires et Conquêtes des Armées Alliées*, relation complète de la Guerre d'Orient, jusques et y compris la décision du Congrès actuel.

Cet ouvrage a obtenu l'auguste suffrage de S. M. l'Empereur Napoléon III, qui a daigné s'inscrire pour cent exemplaires en tête de notre liste de souscription.

Me sera-t-il permis de vous compter au nombre des abonnés à cette publication populaire et patriotique? Vos sentiments bien connus m'en donnent l'espoir, ce qui m'encourage à solliciter cette faveur insigne.

Les *Victoires et Conquêtes* formeront trente livraisons de 24 pages grand in-8° jésus, à 20 centimes la livraison, soit 6 fr. l'ouvrage complet (deux beaux volumes de 400 pages chacun, illustrés de 30 grands dessins tirés à part du texte).

La première livraison paraîtra du 1er au 15 avril; une livraison par semaine.

J'ai l'honneur d'être, avec la plus respectueuse considération,

Votre très-humble serviteur,

Le Directeur de la publication,

F. Franquenet.

P. S. Les souscripteurs reçoivent gratuitement, et à titre de prime, un exemplaire de *les Soldats de Dieu*, cantate de Philoxène Boyer, musique d'Hervé. Cette cantate est vendue chez les marchands 2 fr.

Il suffit, pour être souscripteur, de remplir, signer et retourner *franco* à l'administration, rue Mazagran, 16, l'engagement ci-contre.

LES VICTOIRES ET CONQUÊTES DES ARMÉES ALLIÉES.

Rue Mazagran, 46, à Paris.

Je paierai à présentation la somme de francs, pour exemplaire des *Victoires et Conquêtes des Armées alliées*.

Paris, le 1856.

SIGNÉ :

METTRE L'ADRESSE :

Paris. — Typ. Morris et comp.

LES

VICTOIRES ET CONQUÊTES

DES

ARMÉES ALLIÉES

Paris. — Typographie MORRIS et Comp., rue Amelot, 64.

GUERRE D'ORIENT
LES
VICTOIRES ET CONQUETES
DES
ARMEES ALLIEES
PAR
EUGENE WOESTYN
Paris
16, RUE MAZAGRAN
1856

PREMIERS SOUSCRIPTEURS

AUX

VICTOIRES ET CONQUÊTES

DES

ARMÉES ALLIÉES

Sa Majesté l'Empereur NAPOLÉON III.

Son Altesse Impériale le Prince NAPOLÉON.

Son Altesse Impériale la Princesse MATHILDE.

L'ex-Commandant en chef de l'armée de Crimée, CANROBERT, Maréchal de France.

A SON ALTESSE IMPÉRIALE

LOUIS-EUGÈNE-JEAN-JOSEPH-NAPOLÉON

PRINCE IMPÉRIAL.

Le jour où Jésus, ange frêle,
Naquit à la terre et sur elle
Versa l'amour, Verbe nouveau,
Cette Cybèle émerveillée
Apparut soudain réveillée,
Comme la naissante feuillée
Aux effluves du renouveau.

Quand, sur l'ouragan de colères
Qui, du tropique aux mers polaires,
Gronde, plane votre berceau,
Tendre alcyon, douce espérance,
Le monde respire! et la France
Burine un traité d'alliance
Dont votre sourire est le sceau.

Comme la colombe de l'arche,
Au monde égaré dans sa marche,
Vous avez porté l'olivier;
Et, vers le rivage où l'idée
S'élève par Dieu fécondée,
La nef des nations guidée
Cingle aujourd'hui sans dévier.

Ces guerres seront les dernières,
Dormez en paix sur leurs bannières!
Puis, humbles échos du présent,
Lorsque s'apaisent nos tempêtes,
Laissez-nous entrevoir, poëtes,
Dans ses pacifiques conquêtes,
Votre avenir resplendissant.

S'il faut sa part à l'Allemagne
De la gloire de Charlemagne,
Si François premier et Léon
Ont baptisé les mêmes âges,
Nul siècle — j'en crois les présages —
N'égalera, devant les sages,
Le siècle des Napoléon!

EUGÈNE WOESTYN.

20 mars 1856.

INTRODUCTION

La Russie et la Turquie. — Testament de Pierre le Grand. — Invasion de la Crimée en 1736. — Campagne de 1771. — Indépendance de la Crimée sous le protectorat de la Russie. — Cession faite à Catherine II par le khan Saheb-Ghéraï des trois villes de Kertz, Kilbouroun et Ienikalé. — Protestation de la Turquie. — Traité de Kaïnaragig. — Seconde irruption en Crimée. — Intervention de la France. — Nouvelles prétentions de Catherine. — Conquête de la Crimée. — Manifeste de Catherine. — Ambassade de M. de Ségur. — Reprise des hostilités. — Médiation de la France. — Étrange proposition de Potemkin. — Intrigues de M. de Bulgakoff contre la France. — Projet d'un nouvel empire Grec. — M. de Ségur conseille à la Porte la prévoyance. — Voyage de Catherine en Crimée. — Opinions de Joseph II et de Napoléon Ier sur Constantinople. — Agressions contre les consulats russes. — Projet de traité. — Déclaration de guerre de la Russie. — Manifeste de Catherine. — Incendie de la flotte ottomane. — Prise d'Oczakoff. — Traité d'Yassy. — Tentatives d'Alexandre auprès de Napoléon. — Traité d'Andrinople. — Nicolas et Charles X. — L'empereur Alexandre II.

Le 28 janvier 1725, Pierre le Grand mourait dans toute la force de l'âge et du génie, laissant à ses successeurs ce testament alors tenu secret, mais depuis si célèbre :

« Entretenir la nation russienne dans un état de guerre continuelle » pour tenir le soldat aguerri et toujours en haleine ; ne le laisser » reposer que pour améliorer les finances de l'État, refaire les armées » et choisir les moments opportuns pour l'attaque ; faire ainsi servir la » paix à la guerre, et la guerre à la paix, dans l'intérêt de l'agrandis- » sement et de la prospérité croissante de la Russie.

» Appeler, par tous les moyens possibles, de chez les peuples les » plus instruits de l'Europe, des capitaines pendant la guerre et des » savants pendant la paix, pour faire profiter la nation russe des avan- » tages des autres pays, sans lui faire rien perdre des siens propres.

» Prendre part, en toute occasion, aux affaires et démêlés quel-
» conques de l'Europe, et surtout à ceux de l'Allemagne, qui, plus rap-
» prochée, intéresse plus directement.

» Diviser la Pologne en y entretenant le trouble et des jalousies
» continuelles; gagner les puissances à prix d'or, influencer les diètes,
» les corrompre, afin d'avoir action sur les élections des rois; y faire
» nommer ses partisans, les protéger, y faire entrer les troupes rus-
» siennes et y séjourner jusqu'à l'occasion d'y demeurer tout à fait.
» Si les puissances voisines opposent des difficultés, les apaiser mo-
» mentanément en morcelant le pays, jusqu'à ce qu'on puisse repren-
» dre ce qui aura été donné.

» Prendre le plus qu'on pourra à la Suède, et savoir se faire atta-
» quer par elle pour avoir prétexte de la subjuguer. Pour cela l'isoler
» du Danemark, et le Danemark de la Suède, et entretenir avec soin
» leurs rivalités.

» Prendre toujours les épouses des princes russes parmi les prin-
» cesses d'Allemagne pour multiplier les alliances de famille, rappro-
» cher les intérêts et unir d'elle-même l'Allemagne à notre cause en y
» multipliant notre influence.

» Rechercher de préférence l'alliance de l'Angleterre pour le com-
» merce, comme étant la puissance qui a le plus besoin de nous pour sa
» marine, et qui peut être la plus utile au développement de la nôtre.
» Échanger nos bois et autres productions contre son or, et établir entre
» ses marchands, ses matelots et les nôtres, des rapports continuels qui
» formeront ceux de ce pays à la navigation et au commerce.

» S'étendre sans relâche vers le nord, le long de la Baltique, ainsi
» que vers le sud, le long de la mer Noire.

» Approcher le plus possible de Constantinople et des Indes. CELUI
» QUI Y RÉGNERA SERA LE VRAI SOUVERAIN DU MONDE. En conséquence,
» susciter des guerres continuelles, tantôt aux Turcs, tantôt à la Perse;
» établir des chantiers sur la mer Noire; s'emparer peu à peu de cette
» mer, ainsi que de la Baltique, ce qui est un double point nécessaire
» à la réussite du projet; hâter la décadence de la Perse; pénétrer
» jusqu'au golfe Persique; rétablir, si c'est possible, par la Syrie,

» l'ancien commerce du Levant, et avancer jusqu'aux Indes, qui sont » l'entrepôt du monde.

» Une fois là, on pourra se passer de l'or de l'Angleterre.

» Rechercher et entretenir avec soin l'alliance de l'Autriche; » appuyer *en apparence* ses idées de royauté future sur l'Allemagne, » et exciter contre elle, *par dessous main*, la jalousie des princes. » Tâcher de faire réclamer des secours de la Russie par les uns ou par » les autres, et exercer sur le pays une espèce de protection qui prépare » la domination future.

» Intéresser la maison d'Autriche à chasser le Turc de l'Europe et » neutraliser ses jalousies, *lors de la conquête de Constantinople*, soit en » lui suscitant une guerre avec les anciens États de l'Europe, soit en » lui donnant une portion de la conquête *qu'on lui reprendra plus tard*.

» S'attacher à réunir autour de soi tous les grecs schismatiques qui » sont répandus, soit dans la Hongrie, soit dans le midi de la Pologne; » se faire leur centre, leur appui, et établir d'avance une prédominance » universelle par une sorte de royauté ou de suprématie sacerdotale: » ce seront autant d'amis qu'on aura chez chacun des ennemis.

» La Suède démembrée, la Perse vaincue, la Pologne subjuguée, la » Turquie conquise, nos armées réunies, la mer Noire et la mer Bal- » tique gardées par nos vaisseaux, il faut alors proposer séparément et » très-secrètement d'abord à la cour de Versailles, puis à celle de » Vienne, de partager avec elles l'empire de l'univers.

» Si l'une des deux accepte, *ce qui est immanquable*, en flattant leur » ambition et leur amour-propre, *se servir de l'une pour écraser l'au-* » *tre;* PUIS ÉCRASER A SON TOUR CELLE QUI DEMEURERA, en engageant avec » elle une lutte qui ne saurait être douteuse, la Russie possédant déjà » en propre tout l'Orient et une grande partie de l'Europe.

» Si, ce qui n'est pas probable, chacune d'elles refuse l'offre de la » Russie, il faudrait savoir leur susciter des querelles et les faire » s'épuiser l'une par l'autre. Alors, profitant d'un moment décisif, la » Russie ferait fondre ses troupes, rassemblées d'avance, sur l'Alle- » magne, en même temps que deux flottes considérables partiraient, » l'une de la mer d'Azof, et l'autre du port d'Archangel, chargées des

» hordes asiatiques, sous le convoi des flottes armées de la mer Noire
» et de la mer Baltique. S'avançant par la Méditerranée et l'Océan, elles
» inonderaient d'un côté la France, tandis que l'Allemagne serait
» envahie de l'autre; et, ces deux contrées vaincues, *le reste de l'Eu-*
» *rope passerait facilement, et sans coup férir, sous le joug.*

» Ainsi *peut* et DOIT être subjuguée l'Europe.

Si l'on remonte le cours des âges écoulés, il est facile de reconnaître que la politique de ce testament a toujours été suivie par les souverains qui se sont succédé sur le trône de Pierre Ier. Des bords de la Néva, l'œil des tzars convoite les rives du Bosphore, et Pétersbourg n'est pour eux qu'une halte sur la route de Constantinople, ainsi que va nous le démontrer l'examen rapide de l'histoire depuis un siècle et plus.

S'autorisant de quelques incursions des khans de Crimée sur le territoire russe, l'impératrice Anne déclara, en 1736, la guerre à la Porte, dont la Crimée relevait, et le maréchal Munich, franchissant l'isthme de Pérécop, envahit l'ancienne Chersonnèse, où ses hordes promenèrent la ruine et la désolation. Le maréchal de Lasci, son successeur au commandement général des troupes, après avoir brûlé Karassubar et quelques autres villes de moindre importance, revint prendre ses quartiers d'hiver en Russie, se proposant de rentrer en Crimée au printemps; mais, à cette époque, il arriva qu'en raison des ravages de la précédente campagne, tous moyens d'existence manquèrent aux soldats, et que, hors d'état d'affronter ces misères et ces privations, Lasci se vit contraint de renoncer à la poursuite de l'expédition.

Les choses restèrent en cet état jusqu'au moment où le sultan déposa le khan de Crimée, Selim Ghéraï. Ce dernier se réfugia en Russie, et Catherine II, dont il invoquait la protection, saisissant le prétexte qui lui était offert, envoya en 1771 une armée commandée par Dolgorouky, avec mission de soustraire la Crimée au joug de la Porte. Docile aux ordres qu'il avait reçus, Dolgorouky occupa bientôt toutes les positions importantes du pays, et Catherine ne se jugeant pas encore en mesure de démasquer ses batteries, joua la magnanimité, assembla les tartares, et soumit à leur sanction le choix qu'elle avait fait de Saheb-Ghéraï pour arborer l'étendard aux cinq queues des khans de Crimée.

Les tartares acceptèrent le protégé de l'impératrice, et, à la suite de cette élection, l'indépendance de la province fut proclamée sous le protectorat de la Russie; seulement un article secret du marché conclu entre le nouveau souverain et la Sémiramis du Nord stipulait, au profit de cette dernière, l'abandon de trois villes sur le Dnieper : Kertz, Kilbouroun et Iénikalé, — abandon effectué l'année suivante.

Une armée de cinq cent mille turcs vint alors attaquer la Russie; mais les généraux Romanzoff et Repnin en détruisirent la moitié, et, pendant que la flotte russe incendiait en trois heures de temps la flotte ottomane dans la baie de Tschesmé, Romanzoff, ayant cerné à Schumla le grand vizir, le sultan se vit obligé de subir le traité de Kaïnaragig, conclu le 10 juillet 1774 entre la Porte et la Russie, traité dont voici les principales dispositions :

« Les tartares de Crimée sont indépendants et ont le droit de choisir leur souverain parmi les descendants de Gengis-khan. Toutefois, l'investiture de ce chef et la suprématie spirituelle sont réservées au sultan.

» Le khan peut battre monnaie, mais seulement au coin du Grand-Seigneur.

» *A l'exemple des autres puissances*, ON PERMET à la haute cour de Russie, outre la chapelle bâtie dans la maison de son ministre, de construire dans le quartier de Galata et dans la rue Bey-Oglou une église du rite grec, laquelle sera toujours sous la protection des ministres de cet empire et à l'abri de toute gêne et de toute avanie.

» La Sublime-Porte promet de protéger constamment la religion CHRÉTIENNE et ses églises; et aussi ELLE PERMET aux ministres de la cour impériale de Russie de faire dans toutes les occasions des représentations, tant en faveur de la nouvelle église à Constantinople que pour ceux qui la desservent, promettant de les prendre en considération, comme faites par une personne de confiance d'une puissance voisine et sincèrement amie.

» La Turquie abandonne à la Russie la nouvelle Servie, Azow et Taganrock.

» La Russie conserve sur le Dniéper la possession des trois villes cédées par Saheb, et la libre navigation de la mer Noire et des autres mers dépendantes de l'empire ottoman lui est assurée. »

Ces derniers avantages ne pouvaient assouvir l'insatiable ambition de Catherine, qui, pofitant des dissensions élevées entre le khan et ses sujets, envoya bientôt une armée sur la frontière, alléguant pour prétexte qu'elle voulait faire respecter le traité de Kaïnaragig. Les tartares ayant assiégé Caffat résidence du khan, l'armée envahit la Crimée sous les ordres de Potemkin (*Patiomekine*) et apaisa la révolte.

C'est à cette époque (année 1779) que la France intervint pour la première fois dans le débat, en obtenant de Catherine le Grand, ainsi que l'appelait le prince de Ligne, l'évacuation de l'ancienne Tauride.

Mais, en dépit du cabinet de Versailles, l'impératrice renforçait les garnisons de la Pologne et de l'Ukraine, et par l'organe de son ambassadeur à Constantinople, réclamait de plus solides avantages que ceux qui lui avaient été concédés. Au nombre de ces prétentions figurait la neutralité absolue de la Porte en ce qui touchait la Crimée, quoi qu'il pût arriver dans l'avenir. D'un autre côté, et toujours à son instigation, le khan de Crimée demandait au divan la cession d'Oczakoff. Pour toute réponse, un bacha s'établit dans l'île de Taman, et comme le khan le sommait d'évacuer cette possession, il fit décapiter son envoyé. Aussitôt Catherine avertie exigea de son allié qu'il autorisât le passage d'une armée russe sur son territoire; cette armée devait, disait-elle, soutenir ses droits et venger son insulte, mais à peine entrée, elle s'éparpilla dans la presqu'île, prenant toutes les villes de gré ou de force et requérant des habitants le serment d'obéissance à Catherine II. Suwarow et Potemkin avaient, chacun de son côté, contribué à cette audacieuse conquête que leur souveraine annonça à l'Europe par le manifeste suivant :

« Notre dernière guerre contre l'empire ottoman ayant été suivie » des succès les plus signalés, nous avions certainement le droit de » réunir la Crimée à notre empire. Mais nous n'hésitâmes pas à sacri- » fier cette conquête et beaucoup d'autres à l'ardent désir de rétablir » la tranquillité publique et d'assurer la bonne intelligence et l'amitié » entre notre cour et la Porte. Ce fut ce motif qui nous déter-

» mina à stipuler la liberté et l'indépendance des tartares que nos » armes avaient soumis, espérant par ce moyen écarter pour jamais » toute cause de dissension et de froideur entre la Russie et la Porte. » Mais, quels qu'aient été nos sacrifices et nos espérances pour atteindre » ce but, nous avons vu bientôt, à notre grand regret, notre attente » trompée...

» L'amour de la paix nous faisait trouver dans notre conduite une » suffisante récompense des grandes dépenses que nous avions faites. » Mais nous avons été bientôt dissuadée par la révolte qui a eu lieu en » Crimée l'année dernière et les encouragements qu'elle a reçus de la » même source que les premiers.

» Nous avons, en conséquence, été forcée d'avoir recours à des » armements considérables, et nous avons fait entrer nos troupes dans » la Crimée et le Kouban, où leur présence était devenue indispen- » sable pour maintenir la tranquillité et le bon ordre dans la contrée » voisine.

» La nécessité où nous sommes de rester toujours armée nous a » occasionné de grandes dépenses et a exposé nos troupes à d'inévi- » tables et continuelles fatigues. La perte des hommes ne peut être » appréciée, et nous n'entreprendrons pas de l'estimer, mais la perte » en argent doit, suivant les calculs les plus modestes, être évaluée à » plus de douze millions de roubles.

» Animée par un désir sincère de confirmer et de maintenir la der- » nière paix signée avec la Porte, en supprimant les disputes conti- » nuelles que produisent les affaires de Crimée, nous croyons que ce » que nous devons à nous-même et à la sûreté de notre empire exige » également que nous prenions une fois pour toutes la ferme résolu- » tion de mettre fin aux troubles de la Crimée. Aussi, nous réunis- » sons à notre empire la péninsule de Crimée, l'île de Taman et tout » le Kouban, comme une juste indemnité des pertes que nous avons » faites pour maintenir la paix et le bonheur. »

Cette usurpation, sanctionnée par le traité du 8 janvier 1784, fut acceptée par l'Europe, sans autre protestation qu'une réclamation d'indemnité, faite par la France, en faveur de négociants de Marseille auxquels les corsaires russes avaient brûlé plusieurs bâtiments. Assurément, *la Lumière du Nord*, comme disaient emphatiquement les grands prêtres de l'*Encyclopédie*, Voltaire et d'Alembert, devait s'estimer heureuse d'en être quitte pour quelques milliers de roubles, et cependant la négociation entamée à ce sujet traînait tellement en longueur que le ministère français se vit obligé d'envoyer à Saint-Pétersbourg un nouvel agent, M. le comte de Ségur. Grâce à la persistance de ce dernier, la question fut résolue le 6 septembre 1785, et les négociants marseillais reçurent les deux tiers environ de ce qu'ils avaient demandé.

Vers la fin du mois d'avril de cette même année 1785, divers mouvements des turcs du côté de l'Ukraine et de Silistrie avaient inquiété la Russie que la Sublime Porte, de son côté, accusait de vouloir franchir le Caucase et envahir l'empire turc par la Géorgie. La France, mise au fait de ces incriminations réciproques, chargea alors un ingénieur, M. Lafite, et des officiers français, de se rendre à Constantinople pour y organiser la défense. L'orage qui grondait depuis longtemps, éclata au commencement de décembre; pendant que le pacha d'Acalzike attaquait les géorgiens, un nouveau prophète, nommé Mansourah, prêchait la guerre sainte aux tribus du Caucase, les tartares du Kouban se joignaient aux lesghis et aux turcs pour envahir les états du roi d'Imerette, et la garnison musulmane d'Oczacoff se livrait à des brigandages sur le territoire de l'empire russe. En réponse à ces provocations, Potemkin renvoya à leurs corps les officiers en congé, renforça les lignes d'observation du Caucase, et annonça une prochaine expédition dans le Kouban. La guerre, on le voit, était imminente, lorsque la France intervint et obtint du Divan les promesses suivantes, moyennant quoi la Russie s'engageait à renoncer à sa prise d'armes :

1° Ne plus favoriser les lesghis et les circassiens;

2° Défendre au pacha d'Acalzike d'encourager les brigandages des tartares du Kouban, et d'envahir les états du roi de Géorgie, Héraclius, vassal de l'impératrice.

La médiation de la France contrariait les vues de la cour de Russie, et Potemkin essaya de détacher cette puissance de la Turquie en lui offrant un appât, conformément aux instructions de Pierre-le-Grand, c'est du moins ce qu'affirme dans ses *Memoires* M. de Ségur auquel le favori de Catherine aurait dit un jour :

— Pourquoi les grandes nations européennes ne s'entendraient-elles pas à l'effet de refouler les turcs en Asie. Les intérêts de la chrétienté y gagneraient et chaque partie coopérante y trouverait son avantage. Ainsi la France aurait Candie ou l'Égypte..... Qu'en pensez-vous?

L'artifice était grossier, et la réponse évasive de notre ambassadeur dût convaincre le ministre russe que la France, en dépit des *réclames* de l'Encyclopédie, savait le mot des énigmes politiques et diplomatiques de la cour du Nord. Ayant échoué de ce côté, Potemkin ne se tint pas pour battu et de nouvelles instructions envoyées à son agent de Constantinople réveillèrent bientôt une querelle mal éteinte que la première étincelle devait ranimer sous les cendres où elle couvait. Au mois de juillet 1786, M. de Choiseul, notre chargé d'affaires près la Porte-Ottomane, avertit par une lettre M. de Ségur que l'ambassadeur russe, M. de Bulgakoff, s'attachait à inspirer aux turcs une injuste méfiance contre nous, les empêchait d'accorder à notre pavillon l'entrée de la mer Noire et donnait une active impulsion aux intrigues des agents de sa nation dans l'Archipel, tandis qu'au nom de son gouvernement il notifiait les exigences les plus injurieuses dans la forme et les plus menaçantes quant au fond. Des pourparlers eurent lieu à ce sujet, et M. de Ségur obtint la promesse qu'à l'avenir le ministre de Russie à Constantinople resterait dans les limites de sa mission.

Promettre n'engage à rien ! toujours est-il que M. de Bulgakoff, sans avoir égard aux observations de M. de Choiseul, continua ses sourdes menées. Prévenu par son collègue, M. de Ségur vint alors déclarer au comte Bezborodko, ministre des affaires étrangères, que Louis XVI ne pouvait tolérer qu'après avoir obtenu par ses bons offices le redressement des torts dont elle se plaignait, la cour de Russie semblât regarder comme nulle une convention si récente et si formelle. Le ministre répondit que la conduite du Divan avait manqué de franchise et que les ordres de Catherine à M. de Bulgakoff ne comportaient rien au delà d'un rappel pur et simple des termes du traité de Kaïnaragig. Mais cette modération de l'impératrice s'alliait mal aux ambitieux calculs de Potemkin qui voulait la guerre pour commander une armée et obtenir le grand cordon de Saint-Georges, et M. de Bulgakoff, redoutant la colère du favori, avait parlé plutôt dans le sens des instructions de ce dernier que conformément aux vues, apparentes du moins, de sa souveraine.

L'Angleterre et la Prusse, mécontentes d'un traité de commerce conclu entre la France et la Russie, encourageaient les hostiles dispositions du ministère ottoman, dispositions qu'avaient justement excitées, il faut le dire, l'immense rassemblement de troupes ordonné par Potemkin sur la mer Noire, sous le prétexte d'honorer l'impératrice à son passage en Crimée. En effet, infanterie, cavalerie, artillerie, munitions, approvisionnements, rien ne manquait pour commencer le siége d'Oczacoff, le jour où Catherine en donnerait l'ordre. Ce n'était point encore la conquête de Constantinople que rêvait la veuve de Pierre III, mais si nous en croyons les diplomates européens alors rassemblés autour d'elle, elle voulait annexer la Moldavie et la Valachie à ses récentes conquêtes et établir un nouvel empire grec au profit du jeune Constantin.

M. de Ségur s'explique fort catégoriquement sur ces soupçons du corps diplomatique; on en peut juger par cet extrait du second volume de ses *Mémoires :*

« Catherine, bien qu'elle ajourne son plan d'invasion de la Tur-
» quie, veut pourtant poser la première pierre d'un nouvel empire
» et, possédant déjà quelques parties de l'ancien empire grec, telles que
» la Tauride, la Géorgie, le Bosphore cimmérien, etc., elle doit faire
» couronner à Kherson, empereur des grecs, son petit-fils Constantin,
» avec l'espoir que cette proclamation rallumant dans toute la Grèce
» le désir de secouer le joug ottoman, le colosse turc se trouvera tôt
» ou tard miné et ruiné par les désastres d'une longue guerre civile. »

Achevons maintenant l'esquisse de la situation interrompue par la citation qui précède :

L'empereur d'Autriche, tout en voulant s'opposer à l'expulsion totale des turcs et à la conquête de Constantinople, se montrait moins éloigné de laisser la Russie s'emparer d'Oczacoff et d'Inkermann, afin qu'elle demeurât ainsi maîtresse du commerce de la mer Noire, ainsi que des débouchés du Borysthène et du Dniester.

Comme on le voit, l'horizon n'avait rien de rassurant pour les amis de la paix et les défenseurs de l'équilibre européen.

Les plaintes de M. de Ségur à Catherine II provoquaient d'assez maladroites dénégations de Potemkin, ce que voyant, notre ambassadeur écrivit à M. de Choiseul et lui dénonça l'activité des armements russes à Kherson et à Sévastopol.

« Malgré les dispositions pacifiques dont on me donne l'assurance, » ajoutait-il en finissant, les périls qui menacent l'empire ottoman » grossissent ; on ne peut probablement lui prédire plus d'un an de » tranquillité. De part et d'autre les griefs s'amassent et les matériaux » des manifestes s'accumulent. La politique et la bonne foi veulent » que, pour ne point donner de réalité aux soupçons inspirés aux » turcs contre nous par la malveillance, loin de les endormir au » moment où les russes, dans leur voisinage, font des armements si » formidables sur la mer Noire, nous leur conseillions de se mettre à » leur tour sur un pied de défense respectable et imposant. »

Conformément à ces instructions, M. de Choiseul reprocha au gouvernement de la Porte sa léthargie, et lui conseilla d'armer ses vaisseaux, de fortifier ses garnisons et d'envoyer des troupes au bord du Danube.

Nous avons parlé du voyage de l'impératrice en Crimée, mais par incidence seulement; voici l'heure de donner quelques détails sur cette pérégrination qui fut un événement politique bien que ne réalisant dans leur entier, ni les espérances des uns ni les appréhensions des autres.

Le cortége partit de Saint-Pétersbourg le 18 janvier 1787. L'impératrice rencontra successivement sur sa route le roi de Pologne, Stanislas Poniatowski, auquel elle rêvait déjà d'enlever son fantôme de couronne, et Joseph II, empereur d'Autriche, qu'elle regardait comme le complice dévoué de ses projets de conquête. C'était se bercer d'une illusion, car Joseph ne voulait pas pousser les choses aussi loin que Catherine, à preuve ces paroles adressées par lui à M. de Ségur, pendant le séjour de la cour à Kherson :

— Constantinople serait un objet de jalousie et un sujet de discorde qui rendra toujours impossible l'accord des grandes puissances pour un partage de la Turquie. Pour mon compte, je ne souffrirai pas que les russes s'établissent à Constantinople ; *le voisinage des turbans sera toujours moins dangereux pour Vienne que celui des chapeaux.*

Il est curieux de rapprocher ce jugement de l'empereur d'Autriche de l'opinion formulée plus tard par l'empereur Napoléon 1er.

Le czar Alexandre lui avait proposé, à diverses reprises, une alliance ayant pour but de se partager la domination du monde et dont le premier acte devait être le partage de la Turquie. Napoléon, racontant les glorieuses phases de son existence à Sainte-Hélène, revint plusieurs fois sur ce chapitre et dit cette parole :

— Il était impossible de nous entendre. Alexandre désirait Constantinople et je ne pouvais lui céder sur ce point. Constantinople est la clef du monde ; celui qui y régnera sera le vrai souverain.

En partant de Kherson, il fut un moment question d'aller à Kilbourn, vis-à-vis d'Oczakoff, en quelque sorte sous le canon des batteries ottomanes ; mais il fallut renoncer à cette bravade quand on vit arriver dans le Liman une escadre turque composée de quatre vaisseaux et de dix frégates. La Porte suivait les conseils de MM. de Ségur et de Choiseul et se tenait sur la défensive, attitude raisonnable dont la modération n'était pas toujours imitée par ses sujets ; ainsi, la populace de Candie s'étant ameutée contre le consul russe à la Canée, le contraignit, après avoir arraché son pavillon, de chercher un asile au consulat français, et la nouvelle arriva qu'à Rhodes le chargé d'affaires russe avait perdu la vie dans un soulèvement populaire. Ces faits étaient graves, ils offraient à la Russie le prétexte si ardemment désiré ; le corps diplomatique s'émut, intervint et des conférences s'ouvrirent entre MM. de Bulgakoff, Ségur et de Herbert, internonce d'Autriche. Telles furent les propositions arrêtées entre les plénipotentiaires :

« La Porte enverra le firman convenu.

« On gardera réciproquement le silence sur la suzeraineté de la Géorgie.

« La Turquie forcera les algériens à restituer les navires russes pris par eux.

« Elle laissera châtier les tartares du Kouban qui viennent de faire mille prisonniers russes.

« Elle contiendra au-delà du Bug les zaporaviens retirés chez elle.

« Elle ne prendra désormais en Crimée que la quantité de sel convenu.

« Elle n'insistera plus, sur la demande faite, de lui livrer l'hospodar Maurocordato, refugié en Russie.

« Enfin, elle punira les séditieux qui viennent d'outrager les consuls de l'impératrice, dans les iles de Rhodes et de Candie. »

On croyait ce projet accepté par la Sublime Porte, lorsque, le 12 septembre 1787, on apprit à Saint-Pétersbourg que le Grand-Seigneur avait fait enfermer le 18 août l'ambassadeur russe aux Sept-Tours, et menaçait de déclarer la guerre à la czarine, si elle ne lui restituait, sans coup férir, la Crimée et ses dépendances. Bien des causes avaient poussé le sultan à cette agression, causes qu'il est urgent d'énumérer pour la parfaite intelligence de la question :

1° L'attitude hautaine et les exigences provocatrices de M. de Bulgakoff.

2° L'insolente inscription, placée au-dessus d'une des portes de la ville de Kherson : ICI EST LE CHEMIN QUI CONDUIT A BYSANCE.

3° Le rassemblement des troupes russes sur la mer Noire.

4° Le spectacle belliqueux de Sévastopol.

5° Les sourdes incitations de l'Angleterre, qui cherchait à brouiller la France et la Russie, et de la Prusse qui, convoitant Dantzick, espérait s'en emparer à l'aide d'une conflagration européenne.

Continuant les hostilités, la flotte ottomane attaqua dans le Liman la frégate russe *la Scorcy* qui, après lui avoir dégréé plusieurs bâtiments sans éprouver elle-même d'avaries, se refugia dans la rade de Sévastopol. L'heure était passée des conventions diplomatiques, et pendant que Catherine publiait son manifeste de guerre, Potemkin et Romanzoff s'occupaient de rassembler les troupes, de les échelonner, et le dernier de ces généraux engageait les hostilités.

Les notables événements de la campagne de 1787 furent la victoire de Kilbourn remportée par Suwarow qui tua quatre mille hommes aux turcs (1), et la mise en état de défense d'Oczakoff. Au rapport de l'ingénieur français Lafite, cette place ne pouvait résister à un coup de main, mais les lenteurs de Potemkin à rassembler son corps d'attaque permirent aux turcs de la fortifier sur une grande échelle.

L'année suivante, le prince de Nassau et l'américain Paul Jones incendièrent la flotte turque dans le Liman. L'armée russe passa le Bug et se porta sur Oczakoff qui fut pris d'assaut après une héroïque résistance. Sept mille ottomans y périrent, et les vainqueurs s'y signalèrent par d'effroyables atrocités. Ainsi le fait suivant est historiquement attesté par le prince d'Anhalt, témoin dont nul ne discutera la véracité puisqu'il combattait sous les ordres de Potemkin :

« Deux jours après l'assaut, des centaines d'enfants turcs chassés « par la faim des retraites où ils s'étaient blottis se hasardèrent à sortir ; « les soldats russes se mirent à leur poursuite, les saisirent et, *pendant « plusieurs heures*, se récréèrent à les jeter en l'air et à les recevoir « sur la pointe de leurs baïonnettes en hurlant :

« — Mourez, chiens maudits! Vous, du moins, vous ne ferez jamais « de mal aux chrétiens. »

La campagne de 1788 donna les résultats suivants :

1° Expulsion des turcs de la Crimée.

2° Destruction de la flotte du capitan-pacha.

3° Perte d'Oczakoff et de son territoire, de l'île de Bérésan, de Choczim et de la Moldavie.

4° Evacuation de la Valachie et du Bannat.

5° Dispersion des tartares du Kouban.

---

(1) Au nombre des morts, figuraient trois officiers français envoyés par le cabinet de Versailles à la défense d'Oczakoff.

En 1789, les armées russes ne furent pas moins heureuses. Kamniski battit à Galatz Ibrahim Pacha et le fit prisonnier. Suwarow et le prince de Cobourg défirent trente mille turcs, s'emparèrent de Foczany, de douze étendards et du camp des musulmans, puis, dans une seconde affaire, battirent le grand vizir et lui enlevèrent quatre-vingts canons et cinquante étendards. Le général Rebas chassa les turcs du fort Atgibey. Repnin vainquit le capitan-pacha et le contraignit de s'enfermer dans Ismaïl. Potemkin défit le beglier-bey de Romélie, et enfin les Autrichiens prirent Belgrade.

Pendant deux ans encore la Turquie lutta avec héroïsme pour reprendre à la Russie les provinces que cette puissance lui avait enlevées, mais ses efforts furent inutiles, et après avoir épuisé le sang de ses enfants et l'or de ses coffres, elle se vit obligée de subir le traité de Yassy conclu en 1792 entre le grand vizir et le prince Repnin. Ce traité, tout à l'avantage de la Russie, confirmait la spoliation de la Crimée.

Alexandre, comme nous l'avons dit plus haut, voulut suivre la politique de son aïeule, et sans l'opposition qu'il rencontra chez Napoléon garantissant l'intégralité des possessions européennes de la Turquie dans le traité du 24 mars 1812, le siège du gouvernement russe eut été transféré de Saint-Pétersbourg à Constantinople. N'était-ce pas le mystique ami de madame de Krüdner qui, le 23 février 1821, à Yassi, conviait, par l'entremise du major-général russe Ypsilanti, les hellènes à briser le joug musulman? Nicolas Ier fut comme Alexandre fidèle à cette sacro-sainte tradition et, lors du traité d'Andrinople, à l'heure où le massacre des janissaires laissait Mahmoud sans défense, il fit proposer à Charles X, par M. le comte de la Ferronays, l'arrangement suivant :

La Russie marcherait sur Bysance où elle entrerait à coup sûr. Loin de s'opposer à son mouvement, la France y aiderait au moyen d'une démonstration armée, et, en échange de ce bon office, elle recouvrerait sa frontière du Rhin échancrée par les traités de la Sainte-Alliance.

Mais la lucidité providentielle qui avait éclairé Joseph II et Napoléon Ier ne fit pas défaut au dernier roi de la branche de Bourbon, et il répondit :

— Cologne, Mayence, Anvers même entre mes mains ne balanceraient pas Constantinople dans celles de l'empereur Nicolas.

Plus tard, quand Méhémet-Ali voulut affranchir l'Egypte de la suzeraineté de la Porte, le czar vint imposer son alliance à Mahmoud, et en 1833 le désastreux traité d'Unkiar-Skélessi étendit le cercle de l'influence moscovite en Turquie.

Cet aperçu rapide du passé nous a conduits jusqu'à l'origine de la guerre actuelle dont nous allons commencer l'émouvant récit, après toutefois un mot encore :

Le czar Nicolas aura été le dernier représentant de la politique égoïste suivie par la Russie depuis Pierre-le-Grand ; son successeur, l'empereur Alexandre, en acceptant son héritage, a compris qu'entre le passé et l'avenir c'était ce dernier qui représentait la cause vraiment grande, vraiment sainte, et, il faut le dire à son éternelle louange, il n'a pas hésité à lui donner des gages. Grâce à ses dispositions conciliantes, le progrès et la civilisation ont conquis une paix qui sera forte et durable, tout nous l'assure. La guerre a brûlé sa dernière cartouche, le travail va reprendre ses fécondes assises, et, s'associant à ses frères d'Europe, le grand empire slave verra bientôt que son isolement lui était fatal et que la sublime parole du Christ : *ut unum omnes sint!* est bonne et vraie pour les gouvernements comme pour les hommes.

CHAPITRE PREMIER

Question des Lieux-Saints. — François Ier et Soliman. — Traité de 1740. — Discussions de 1844 et de 1847. — Intervention de la France. — Commission nommée. — Résolution prise. — Opposition des chrétiens du rite grec. — Ambassade du prince Menschikoff. — Retraite de Fuad-Effendi. — Première note du prince Menschikoff. — Firmans du Sultan. — Seconde note du prince Menschikoff. — Projet de traité. — Changement du ministère ottoman. — Lettre de Réchid-Pacha. — Ultimatum du prince Menschikoff. — Un article du *Moniteur universel*. — Coup d'œil rétrospectif sur les intrigues de l'ambassadeur russe. — Espoir d'une rupture entre la France et l'Angleterre. — Faits à l'appui. — Les prétentions de la Russie repoussées par le cabinet ottoman. — Dernier projet du traité envoyé par l'amiral Menschikoff. — Rejet par le cabinet ottoman. — Inconvenance de l'ambassadeur. — Fermeté du Sultan. — Départ du prince russe. — Les menaces de son adieu.

Les Lieux-Saints, c'est-à-dire l'église du Saint-Sépulcre à Jérusalem, la chapelle de Nazareth et la grotte de la Nativité à Bethléem sont depuis longtemps un incessant prétexte de contestations entre les grecs et les latins ; ces derniers n'étant pas sujets du gouvernement ottoman ont, à diverses reprises, invoqué la protection de la France, et un traité passé entre François Ier et Soliman disposa que les latins avaient droit à la possession de ces sanctuaires, en vertu d'une occupation séculaire. En 1740, une nouvelle convention diplomatique entre Constantinople et Versailles ratifia cette disposition mais, nonobstant ces traités, les deux rites continuèrent de vivre en mésintelligence.

En 1844, la Russie obtint du sultan un firman qui confiait aux grecs l'entretien du Saint-Sépulcre, et tandis que les latins réclamaient près du gouvernement de Louis-Philippe, les agents du czar pressèrent tellement l'édification d'une nouvelle église grecque sur ces emplacements vénérés, que l'inauguration de la basilique eut lieu au moment où s'entamaient les négociations. Les terreurs du clergé romain étaient grandes et légitimes, car cette atteinte à l'œuvre de Godefroi de Bouillon devait se renouveler, et en effet un nouvel acte d'intolérance se produisit bientôt, et c'est là pour ainsi dire le point de départ de la guerre que nous avons à raconter.

S'autorisant de leur occupation, les latins avaient placé une étoile d'argent avec une inscription latine dans la grotte de la Nativité à Bethléem, bien que l'entretien de ce sanctuaire fût dévolu aux chrétiens du rite grec. En 1847, cette étoile disparut et, après de vaines démarches auprès du patriarche, le clergé romain recourut à la France qui demanda satisfaction à la Porte par l'entremise de son ambassadeur, M. de Bourqueney.

La réclamation comportait deux points nettement formulés :

1° La réinstallation de l'étoile symbolique dans la grotte de la Nativité.

2° La réintégration du clergé latin dans les sanctuaires dont on l'avait iniquement dépossédé, et au nombre desquels on comptait le tombeau de la Vierge, l'église de Bethléem et la coupole du Saint-Sépulcre.

Aucune résolution n'avait encore été prise quand s'accomplit la révolution de 1848, mais, loin d'abandonner la question, notre nouveau gouvernement s'adressa à toutes les puissances catholiques de l'Europe intéressées comme la France elle-même à faire respecter les droits des catholiques d'Orient et à réprimer les empiétements de la Russie. Notre nouvel ambassadeur à Constantinople, M. le général Aupick, désirant une solution prompte, proposa de confier à une commission mixte le soin de régler l'affaire et cette transaction fut immédiatement acceptée. Parmi les membres nommés figurait M. Aristarchi, conseiller du patriarche grec, choix incompatible sans doute avec les règles d'une rigoureuse équité, puisque nul ne peut être juge en sa propre cause, mais n'oublions pas que les chrétiens du rite grec sont sujets du sultan, pour excuser la partialité de cette élection.

Le czar, en apprenant ce qui venait d'être décidé, écrivit au sultan pour se plaindre de la reconnaissance faite par ses ministres Reschid-Pacha et Ali-Pacha du traité de 1740; Abdul-Medjid voulant lui donner satisfaction, substitua à la commission mixte une nouvelle commission exclusivement composée de fonctionnaires turcs et d'ulémas. Ce n'était point assez pour l'empereur Nicolas, qui, en se constituant aux yeux du monde comme chef et protecteur de l'Eglise grecque, songeait moins à sa foi religieuse qu'à son ambition politique; aussi, visant le même but avec d'autres armes, offrit-il alors au gouvernement français de régler à eux deux l'affaire, avec pure et simple notification de leur décision au sultan; la France répondit qu'elle s'en tenait à la médiation de la Porte, et le czar dût encore songer à un changement de batteries. Pendant ces pourparlers, Abdul-Medjid avait proposé d'étendre aux deux rites la communauté de tous les sanctuaires disputés par chacun, mais tout sage qu'il était, cet accommodement fut rejeté de part et d'autre et la seconde commission ouvrit ses délibérations; tel en fut le résultat :

1° La grande coupole du Saint-Sépulcre est déclarée commune aux diverses communions;

2° La petite coupole demeure exclusivement affectée aux grecs;

3° L'église de Bethléem leur est également conservée, mais comme la grotte de la Nativité s'ouvre sous l'autel de cette église, les latins auront une clef de l'édifice et deux clefs de l'autel;

4° Les latins pourront officier dans la chapelle du tombeau de la Vierge, à la condition de ne rien changer à la décoration intérieure du temple et d'enlever les insignes de leur culte, aussitôt l'achèvement des cérémonies.

Ces décisions soumises au conseil des ministres furent acceptées, puis validées par un firman du sultan qu'on remit au vice-chancelier du divan avec injonction de partir pour Jérusalem où il devait en presser l'exécution. Nicolas, pendant ce temps, ne restait pas inactif, et ses agents dépêchés en Terre-Sainte y avaient si violemment agité les esprits que, devant la résistance des grecs, force fût au fonctionnaire d'Abdul-Medjid d'en écrire à Constantinople et d'attendre de nouvelles instructions. Une délibération du conseil des ministres l'autorisa à passer outre, sans tenir compte du mauvais vouloir des chrétiens grecs ; à cette délibération l'empereur de Russie répondit par l'envoi du prince Menschikoff comme ambassadeur à Constantinople.

Celui-ci, véritable représentant du vieux parti moscovite, suivit la tradition de mise en scène de Potemkin, lors du voyage de Catherine II en Crimée ; voulant effrayer le sultan et son conseil afin de ne trouver chez eux aucune résistance aux volontés de son maître, il inspecta solennellement sur sa route la flotte et le corps d'armée de Sébastopol, et se fit acclamer, lors de son débarquement à Constantinople, par tous les grecs résidents qui le suivirent jusqu'à son hôtel en poussant des cris d'enthousiasme. Cette réception avait lieu le 28 février 1853, trois jours après le départ de notre ambassadeur M. de La Valette. Cet éloignement du représentant officiel de la France servait trop bien les vues secrètes de l'amiral Menschikoff pour que ce dernier ne mît pas le temps à profit ; aussi, dès le 2 mars, avait-il une conférence avec le grand vizir et trouvait-il le moyen de se défaire, par une réponse brutale et grossière, de Fuad-Effendi, ministre des affaires étrangères qui, dans la question des Lieux-Saints, avait toujours démasqué les empiètements de la Russie. Accusé de plusieurs manques de foi par le prince Menschikoff s'énonçant à haute voix au milieu d'une assemblée nombreuse, Fuad-Effendi envoya immédiatement sa démission au sultan qui le remplaça par Rifaat-Pacha.

Fier de ce premier succès qui éloignait des conférences un censeur importun, l'ambassadeur russe déploya alors toutes ses coquetteries vis-à-vis de l'ambassade anglaise afin de détacher dans cette affaire la Grande-Bretagne de la France, et il faut le reconnaître, le 6 avril, à l'arrivée de M. de Lacour, nommé en remplacement de M. de La Valette, la méfiance semée par le vieux diplomate russe avait si bien fructifié que, quelques jours plus tard, il ne craignait pas d'aborder résolument la question en adressant la note suivante à Rifaat-Pacha :

« Péra, 19 avril 1853.

» Son Excellence le ministre des relations extérieures, en prenant connaissance, à son entrée aux affaires, des négociations qui ont eu lieu, a vu la *duplicité* de ses prédécesseurs : il doit s'être persuadé combien on a manqué aux égards dus à l'Empereur de Russie, et combien est grande sa magnanimité, en offrant à la Porte les moyens de sortir des embarras que lui a créés la *mauvaise foi* de ses ministres. Ils ont *abusé de la religion de leur souverain* en le mettant en opposition avec ses propres paroles, et le plaçant envers son allié et son ami dans une position que ne peuvent admettre ni de hautes convenances ni la dignité souveraine.

» Tout en voulant être oublieux du passé, et n'exigeant pour réparation que le renvoi d'un *ministre fallacieux* et l'exécution patente de promesses solennelles, l'Empereur se trouvait obligé de demander des garanties solides pour l'avenir.

» Il les veut formelles, positives, et assurant l'inviolabilité du culte professé par la majorité des sujets chrétiens, tant de la Sublime Porte que de la Russie, et enfin par l'Empereur lui-même.

» Il ne peut en vouloir d'autres que celles qu'il trouvera désormais dans un acte équivalent à un traité, ou un traité, et à l'abri des interprétations d'un mandataire mal avisé et peu consciencieux.

» Les délais qu'on a apportés jusqu'ici à prendre une décision finale sur les propositions de l'Empereur de Russie l'obligent à demander à la Porte une réponse catégorique et qu'il ne pourrait attendre plus longtemps. Il demande par conséquent :

» 1° Un firman explicatif, et dont la rédaction serait convenue, concernant la clef de l'église de Bethléem, et l'étoile en argent placée sur l'autel de la Nativité, dans le souterrain de ce même sanctuaire;

» La possession de la grotte de Gethsémani par les grecs, avec l'admission des latins à y exercer leur culte, mais tout en conservant la préséance des orthodoxes et leur priorité pour la célébration du service divin dans ce sanctuaire ;

» Et enfin, concernant la possession commune des grecs avec les latins des jardins de Bethléem ;

» Le tout d'après les bases discutées entre Son Excellence Rifaat-Pacha et l'ambassadeur ;

» 2° Un ordre suprême pour la réparation immédiate, par le gouvernement ottoman, de la coupole du temple du Saint-Sépulcre, avec la participation du patriarche grec, sans ingérence d'un délégué d'un autre culte ;

» Pour la clôture murée des lucarnes ayant vue dans ce sanctuaire, et pour la démolition des harems attenant à la coupole, si la possibilité de cette démolition était prouvée ;

» L'ambassadeur est chargé d'obtenir sur ces points une assurance et une notification formelles ;

» 3° Un *sened*, ou convention, pour la garantie du *statu quo strict* des privilèges du culte catholique gréco-russe de l'Eglise d'Occident et des sanctuaires qui se trouvent en possession de ce culte exclusivement ou en participation avec d'autres rites à Jérusalem.

» L'ambassadeur doit répéter ici à M. le ministre des relations extérieures ce qu'il a déjà été dans le cas de lui exprimer plusieurs fois, que la Russie ne demande pas à la Porte des concessions politiques; son désir est de calmer les consciences religieuses par la certitude du maintien de ce qui est et de ce qui a toujours été pratiqué jusqu'à nos temps.

» C'est donc à la suite des tendances hostiles qui se sont manifestées depuis quelques années envers tout ce qui touche à la Russie, qu'elle requiert, dans l'intérêt des communautés religieuses du culte orthodoxe, un acte explicatif et positif des garanties, acte qui n'affecterait en rien ni les autres cultes ni les relations de la Porte avec d'autres puissances.

» Le cabinet ottoman voudra bien aussi peser dans sa sagesse la gravité de l'OFFENSE commise, en la comparant à la modération des demandes de réparation et de garantie que le sentiment de légitime défense aurait pu poser dans un sens plus étendu et plus péremptoire.

» La réponse de M. le ministre des relations extérieures indiquera à l'ambassadeur les devoirs ultérieurs qu'il aura à remplir, et qui ne pourront être que conformes au maintien de la dignité du gouvernement qu'il représente et de la religion que professe son Empereur.

» *Signé* MENSCHIKOFF. »

Neuf jours après, le ministre des affaires étrangères répondit en ces termes à l'insolent ultimatum qu'on vient de lire :

« Sublime Porte, 28 avril 1853.

» La Porte est constamment animée du désir de fortifier les liens de paix et de bonne harmonie qui existent entre elle et la Russie, et le Sultan n'a pas de plus grand désir que de fortifier les liens d'amitié et d'alliance qui l'attachent personnellement à l'Empereur de Russie. Disposée qu'elle est à accueillir favorablement les demandes du prince Menschikoff qui ne mettent pas en péril sa dignité et son indépendance, la Porte est prête à accorder, après négociation complète à ce sujet avec l'ambassadeur russe, l'érection à Jérusalem d'une église et d'un hospice russes, se réservant le privilége de donner plus tard, s'il est nécessaire, une réponse définitive au prince Menschikoff sur les propositions contenues dans la note annexée.

» La Porte prie, en attendant, le prince de prêter son attention aux considérations suivantes : les priviléges religieux accordés par les sultans à toutes les communautés chrétiennes sont et demeurent en pleine vigueur, et il n'est jamais entré dans l'esprit du sultan de les changer en la moindre des choses. La Russie cependant paraît avoir conçu des doutes à cet égard.

» La Porte s'empresse de lui donner toute assurance, en déclarant solennellement, en face du monde entier, que les priviléges religieux des sujets ottomans chrétiens, et particulièrement de ceux appartenant à l'Eglise grecque, seront à jamais scrupuleusement observés et garantis de toute injure. Quant à conclure avec la Russie un traité à ce sujet, la Porte ne pourrait jamais y consentir sans compromettre les principes fondamentaux de son indépendance et de sa souveraineté. Et quels que soient les liens d'amitié qui existent entre les deux gouvernements, cette amitié ne peut jamais lui imposer un aussi grand sacrifice. Elle se trouve ainsi obligée à décliner la proposition qui lui a été faite par l'Empereur de Russie de conclure avec lui une convention qui la lierait de cette manière.

» La Porte s'en remet à l'opinion publique du monde entier qui ne pourrait jamais permettre une telle violation de son indépendance et de ses droits nationaux, et en appelle à la justice et à la loyauté de l'Empereur lui-même.

» *Signé* Rifaat-Pacha. »

Cette note dont la rédaction ferme, quoique polie, écartait ouvertement les prétentions de la Russie à une suzeraineté spirituelle qui lui donnerait droit de s'immiscer dans les affaires intérieures de la Porte, fut suivie de deux firmans relatifs aux Lieux-Saints.

Notifiés le 5 mai, ces firmans annonçaient la clôture de tous débats sur cette affaire.

La solution trouvée par le sultan ne faisait pas le compte de l'amiral russe qui, le jour même de la notification, envoyait à Rifaat-Pacha une nouvelle note et un projet de traité qu'il faut lire et relire pour apprécier comme il convient l'aveugle audace des agents de la Russie.

Voici ces documents acquis à l'histoire :

Note adressée par l'ambassadeur de Russie au ministère des affaires étrangères de la Sublime Porte.

« Le soussigné, ambassadeur de Russie, a eu l'honneur de remettre à S. Excel. le ministre des affaires étrangères de la Sublime Porte communication confidentielle d'un projet d'acte devant offrir au gouvernement de S. M. l'empereur des garanties solides et inviolables pour l'avenir, dans l'intérêt de l'Eglise orthodoxe d'Orient.

» L'ambassadeur croyait pouvoir s'attendre à rencontrer de la part du gouvernement de la Sublime Porte un désir empressé de renouer sur cette base des relations de bonne et franche amitié avec la Russie. Il doit l'avouer avec un profond regret, il a été ébranlé dans cette conviction qui, dès son début, lui avait été inspirée par l'accueil gracieux de S. H. le sultan.

» Animé néanmoins de cet esprit de conciliation et de bienveillance qui forme le fond de la politique de son auguste maître, l'ambassadeur ne rejeta point les observations préalables qui lui furent faites par Rifaat-Pacha, tant sur la forme de l'acte précité que sur la teneur de quelques articles qui devaient en faire partie.

» Quant à la forme, l'ambassadeur maintient la déclaration qu'une longue et pénible expérience du passé exige, pour prévenir toute froideur et méfiance entre les deux gouvernements dans l'avenir, un engagement solennel ayant force de traité.

» Pour le contenu et la rédaction des articles de cet acte, il demandait une entente préalable, et, voyant avec une peine profonde les retards qu'y apportait le cabinet ottoman et son désir évident d'éluder la discussion, il se crut obligé, par sa note verbale du 17-19 avril, de récapituler ses demandes et de les formuler de la manière la plus pressante.

» Ce n'est qu'aujourd'hui que la note de S. Exc. le ministre des affaires étrangères, accompagnant les copies des deux ordres souverains sur les sanctuaires de Jérusalem et les coupoles du Saint-Sépulcre, est parvenue à l'ambassadeur. Il considère cette communication comme une suite donnée aux deux premières demandes contenues dans sa note du 17-19 avril, il se fera un devoir de placer ces documents sous les yeux de son gouvernement.

» Mais n'ayant obtenu jusqu'ici aucune réponse au troisième et plus important point qui réclame des garanties pour l'avenir, et ayant tout récemment reçu l'ordre de redoubler d'insistance pour arriver à la solution immédiate de la question qui forme le principal objet de la sollicitude de S. M. l'Empereur, l'ambassadeur se voit dans l'obligation de s'adresser aujourd'hui à S. Exc. le ministre des affaires étrangères, en renfermant cette fois-ci ses réclamations dans les dernières limites des directions supérieures.

» Les bases de l'arrangement qu'il est chargé d'obtenir restent dans le fond les mêmes.

» Le culte orthodoxe d'Orient, son clergé et ses possessions jouiront dans l'avenir, sans aucune atteinte, sous l'égide de S. H. le sultan, des priviléges et immunités qui leur sont assurés *ab antiquo*, et, dans un principe de haute équité, participeront aux avantages accordés aux rites chrétiens.

» Le nouveau firman explicatif sur les lieux saints de Jérusalem aura la valeur d'un engagement formel envers le gouvernement impérial.

» A Jérusalem, les religieux et les pèlerins russes seront assimilés, quant aux prérogatives, aux autres nations étrangères.

» Ces points, indiqués ici sommairement, formeront l'objet d'un *sened* qui attestera de la confiance réciproque des deux gouvernements.

» Dans cet acte, les objections et difficultés exprimées à plusieurs reprises par S. Exc. Rifaat-Pacha et quelques-uns de ses collègues ont été prises en considération, comme S. Exc. le verra par la minute d'un *sened* que l'ambassadeur a l'honneur de joindre à la présente note.

» L'ambassadeur se flatte de l'espoir que désormais la juste attente de son auguste maître ne sera pas trompée, et, que, mettant de côté toute hésitation et toute défiance dont sa dignité et ses sentiments généreux auraient à souffrir, la Sublime Porte ne tardera pas à transmettre à l'ambassadenr impérial les décisions souveraines de S. H. le sultan en réponse à la présente notification.

» C'est dans cette espérance que l'ambassadeur prie S. Exc. Rifaat-Pacha de vouloir bien lui faire parvenir cette réponse jusqu'à mardi prochain, 28 avril (10 mai). *Il ne pourrait considérer un plus long délai que comme un* MANQUE DE PROCÉDÉS *envers son gouvernement, ce qui lui imposerait les* PLUS PÉNIBLES OBLIGATIONS.

» L'ambassadeur de Russie offre à S. Exc. l'assurance réitérée et sincère de sa haute considération.

» *Signé* MENSCHIKOFF. »

Péra, 5 mai 1853.

Projet de sened (traité.)

« S. M. l'empereur et padischa des Ottomans, et S. M. l'empereur de toutes les Russies, dans le désir commun de maintenir la stabilité du culte orthodoxe gréco-russe, professé par la majorité de leurs sujets chrétiens, et de garantir ce culte de tout empiétement à l'avenir, ont désigné :

» S. M. l'empereur des Ottomans... et S. M. l'empereur de toutes les Russies... lesquels, après s'être expliqués, sont convenus de ce qui suit :

» I. — Il ne sera apporté aucun changement aux droits, priviléges et immunités dont ont joui ou sont en possession *ab antiquo* les églises, les institutions pieuses et le clergé orthodoxe dans les États de la Sublime Porte Ottomane, qui se plaît à les leur assurer, à tout jamais, sur la base du *statu quo* strict existant aujourd'hui.

» II. — Les droits et avantages concédés par le gouvernement ottoman, qui le seront à l'avenir aux autres cultes chrétiens par traités, conventions ou dispositions particulières, seront considérés comme appartenant aussi au culte orthodoxe.

» III. — Étant reconnu et constaté par les traditions historiques et par de nombreux documents, que l'Église grecque orthodoxe de Jérusalem, que son patriarcat et les laïques qui lui sont subordonnés ont été, de tout temps, depuis l'époque des califes, et sous les règnes successifs de tous les empereurs ottomans, particulièrement protégés, honorés et confirmés dans leurs anciens droits et leurs immunités, la Sublime Porte, dans sa sollicitude pour la conscience et les convictions religieuses de ses sujets de ce culte, ainsi que de tous les chrétiens qui le professent, et dont la piété a été alarmée par divers événements, promet de maintenir et de faire respecter ces droits et ces immunités, tant dans la ville de Jérusalem qu'au dehors, sans préjudice aucun pour les autres communautés chrétiennes d'indigènes, raïas ou étrangers, admis à l'adoration du Saint-Sépulcre et des autres sanctuaires, soit en commun avec les Grecs, soit dans leurs oratoires séparés.

» IV. — S. H. le sultan aujourd'hui glorieusement régnant, ayant jugé nécessaire et équitable de corroborer et d'expliquer son firman souverain revêtu du hatti-humayum, au milieu de la lune de rebiul-akhir 1268 (fin de janvier v. l. 1852), par son firman souverain de....., et d'ordonner en sus, par un autre firman en date..... la réparation de la grande coupole du temple du Saint-Sépulcre, ces deux firmans seront textuellement exécutés et fidèlement observés pour maintenir à jamais le *statu quo* strict des sanctuaires possédés par les Grecs exclusivement ou en commun avec d'autres cultes.

» Il est convenu que l'on s'entendra ultérieurement sur la régularisation de quelques points de détail qui n'ont pas trouvé place dans les firmans précités.

» V. — Les sujets de l'empire de Russie, tant séculiers qu'ecclésiastiques, auxquels il est permis, suivant les traités, de visiter la sainte ville de Jérusalem et autres lieux de dévotion, devant être traités et considérés à l'égal des sujets des nations les plus favorisées, et celles-ci, tant catholiques que protestantes, ayant leurs prélats et leurs établissements ecclésiastiques particuliers, la Sublime Porte s'engage, pour le cas où la cour impériale de Russie lui en fera la demande, d'assigner une localité convenable dans la ville de Jérusalem ou dans les environs pour la construction d'une église consacrée à la célébration du service divin, par les ecclésiastiques russes, et d'un hospice pour les pèlerins indigents ou malades, lesquelles fondations seront sous la surveillance du consul général de Russie en Syrie et en Palestine.

» VI. — Il est entendu que, par le présent acte motivé par des circonstances exceptionnelles, il n'est dérogé à aucune des stipulations existantes entre les deux cours, et que tous les traités antérieurs, corroborés par l'acte séparé du traité d'Andrinople, conservent toute leur force et valeur.

» Les cinq articles qui précèdent ayant été arrêtés et conclus, notre signature et le cachet de nos armes ont été apposés au présent acte, qui est remis à la Sublime Porte Ottomane en échange de celui qui nous est remis par..... précités.

» Fait à....., le..... 1853 et de l'hégire.....

» *Signé*.....

» Ambassadeur extraordinaire et plénipotentiaire de S. M. l'empereur de toutes les Russies près la Sublime Porte Ottomane. »

Évidemment le prince Menschikoff oubliait que nous venons d'entrer dans la seconde moitié du dix-neuvième siècle ; il oubliait surtout les grandes leçons qui, depuis soixante ans, ont mûri la raison des gouvernements et perfectionné l'éducation politique des peuples ; car, dans l'hypothèse contraire, il y aurait eu plus qu'une orgueilleuse aberration à venir sommer un souverain d'abandonner, dans un délai de cinq jours, ses droits sur douze ou treize millions de sujets pour les déléguer à une puissance voisine dont le protectorat ne dissimulait même pas ses visées ambitieuses.

A la réception des documents rapportés plus haut, le sultan pressentit l'imminence de la crise et changea son ministère ; par suite de ce remaniement, le grand vizirat passa, le 13 mai, de Méhémet-Ali-Pacha, nommé ministre de la guerre, à Mustapha-Pacha, tandis que Réchid-Pacha prenait la direction des affaires étrangères en remplacement de Rifaat-Pacha. Cette révolution ministérielle avait sa signification ; elle opposait à la Russie des hommes énergiques, habiles, dévoués à leur pays ; sur de tels hommes, les finesses diplomatiques, la fantasmagorie du sabre devaient rester également impuissantes, et leur choix répondait dignement et péremptoirement aux despotiques prétentions de l'ambassadeur russe.

La fermeté de Mahmoud venait de se révéler dans son successeur ; ce n'était point Boabdil pleurant comme une femme l'Alhambra conquis, le Généralife envahi, Grenade perdue, mais le digne héritier d'un grand cœur s'apprêtant à défendre en homme ses droits méconnus et son pouvoir menacé, — noble rôle, tâche providentielle auxquels ne devaient faillir ni son esprit ni son âme.

A cet imprudent écho de Navarin et de Missolonghi, le monde allait encore tressaillir, mais cette fois la justice était du côté des Turcs, et la Russie, qui, dans la guerre hellénique, avait compté parmi les champions de la civilisation, se trouvait amenée à combattre ce qu'elle avait défendu. L'histoire est pleine de ces variations; nul pays où la bascule politique n'ait multiplié ces réactions; jugeons-en par le nôtre.

Les Francs se présentent-ils? le christianisme réagit sur eux et saint Rémy baptise le sicambre. A la tentative toute orientale des Sarrasins succède l'empire d'Occident de Charlemagne. Les croisades exagèrent l'empire du clergé; une réaction se prépare d'où sortira la Réformation. A cette dernière, Louis XIV répond par les dragonnades et la révocation de l'Édit de Nantes, intolérance bientôt châtiée par les philosophes du dix-huitième siècle qui sèment l'incrédulité et récoltent l'athéisme.

Le temps qui s'écoule, emportant toutes choses, ressemble à un vaste fleuve dont les eaux ne se peuvent calmer; aujourd'hui les flots battent une rive, demain ils frapperont la rive opposée. Vienne bientôt le jour où, calmée et paisible, l'onde emportera dans son cours régulier l'humanité vers les heureuses destinées que Dieu lui garde.

Par sa note, l'envoyé russe avait assigné le 10 mai comme dernier délai pour la réponse ; le nouveau ministère n'ayant été installé que le 13, Réchid-Pacha écrivit deux jours après la lettre suivante au prince Menschikoff :

» La Sublime Porte a pris connaissance de la dernière note de S. A. le prince Menschikoff. Ainsi que S. A. le prince Menschikoff en a été déjà informé, tant en personne que par intermédiaire, il est impossible, par suite des changements survenus dans le ministère, de donner une réponse explicite sur une question aussi délicate que celle des privilèges religieux avant de les examiner avec soin.

» Mais comme le maintien des relations amicales avec l'auguste cour de Russie est l'objet de la plus vive sollicitude de S. M. le sultan, il s'ensuit que la Sublime Porte désire sincèrement trouver un moyen de garantie de nature à satisfaire les deux parties.

» En informant S. A. le prince Menschikoff qu'un délai de cinq jours suffira et que l'on s'efforcera d'arriver, s'il est possible, à une prompte solution dans la question, j'ai l'honneur d'être, etc.

» *Signé* RÉCHID-PACHA. »

C'était un bien modeste délai que demandait là le cabinet, mais obéissant aux instructions qu'il avait reçues ou à l'arrogance de sa nature, peut-être même à ces deux mobiles réunis, l'ambassadeur russe répondit, dès le 18, par cette déclaration que nous rapporterons *in extenso* comme, au reste, toutes les pièces officielles de ce grand procès ; notre ambition ne tend pas à mieux faire qu'un mémorial sincère et complet des phases diverses de la guerre d'Orient, et le meilleur moyen d'atteindre ce but est assurément celui que nous adoptons. D'ailleurs, quand les événements sont si près de nous, l'historien reste pâle malgré tout son talent, à côté des documents authentiques, et certes c'est surtout à la traduction des faits contemporains qu'on serait en droit d'appliquer le mot italien : *traduttore traditore* (traduction trahison).

Notification de l'ambassadeur de Russie au ministre des affaires étrangères Réchid-Pacha.

« Buyukdéré, 18 mai 1853.

» Le soussigné, ambassadeur extraordinaire de S. M. l'empereur de toutes les Russies, a eu l'honneur de recevoir la notification de la Sublime Porte en date du 15 mai. Elle est loin de répondre aux espérances que lui avaient fait concevoir la gracieuse réception et le langage de S. M. le sultan.

» En réponse aux notes consécutives que le soussigné a eu l'honneur d'adrésser au cabinet ottoman, et qui, appuyées par ses explications verbales données aux ministres de la Sublime Porte, n'ont pas dû laisser de doute sur les vues désintéressées de son auguste maître, il n'a reçu que des assurances évasives et illusoires.

» Les deux firmans destinés à clore la discussion sur les lieux saints de Jérusalem ne pouvaient pas, en présence des anciens, offrir les garanties désirées par l'empereur.

» La promesse isolée d'étendre à nos sujets les priviléges dont jouissent à Jérusalem les pèlerins et établissements d'autres nations ne fait que confirmer un droit incontestable, qui, pour être exercé, n'avait besoin que de la sanction souveraine.

» La Sublime Porte, en rejetant avec suspicion les vœux de l'empereur en faveur de la foi gréco-russe orthodoxe, a manqué de considération vis-à-vis d'un auguste et ancien allié.

» Elle n'a fait qu'ajouter un nouveau grief à ceux dont le soussigné a l'ordre de demander la réparation, et elle justifie les sérieuses appréhensions du gouvernement russe pour la sûreté et le maintien des anciens droits de l'Église d'Orient. L'identité du culte, le lien séculier cimenté par les besoins et les intérêts réciproques des deux pays et par leur position géographique, au lieu d'être des gages de solide amitié, deviennent ainsi, par un déplorable égarement des pensées du gouvernement ottoman, la cause permanente d'une attitude insultante pour la Russie.

» S. E. le ministre des affaires étrangères s'est encore fait l'organe vis-à-vis le soussigné de propositions que celui-ci peut d'autant moins accepter, avec les réserves y annexées, qu'elles sont simplement la reproduction de celles précédemment rejetées, et que le projet de séparer et de classer dans leur forme les actes qui les contiendront impliquerait évidemment l'idée de ne rendre obligatoire que celle concernant l'établissement d'un hôpital russe à Jérusalem.

» S. Exc. Réchid-Pacha donnant à entendre qu'une note en réponse devra être discutée en conseil sur la base des mêmes propositions, et déclinant en même temps de préciser les termes, le soussigné ne voit là qu'un nouveau moyen dilatoire qui ne peut en aucune manière modifier sa détermination. L'ensemble des communications de la Sublime Porte ayant ainsi convaincu le soussigné de la futilité de ses efforts pour atteindre une solution satisfaisante de ses réclamations conforme à la dignité de son auguste maître, il se trouve appelé à déclarer qu'il considère sa mission comme terminée ;

» Que la cour impériale de Russie ne pourrait pas, sans déroger à sa dignité et sans s'exposer à de nouvelles insultes, continuer à conserver une légation à Constantinople et maintenir sur l'ancien pied des relations politiques avec le gouvernement turc ;

» Qu'en conséquence, et en vertu des pleins pouvoirs dont le soussigné est porteur, il quittera Constantinople, emmenant avec lui tout le personnel de la légation impériale, à l'exception du directeur de la chancellerie commerciale, qui, avec ses employés, continuera d'administrer les affaires de commerce et de navigation et de protéger les intérêts des sujets russes et leur marine marchande ;

» Qu'il regrette profondément d'être contraint à prendre cette détermination ; mais qu'après avoir fidèlement exécuté les ordres de l'empereur en soumettant à la délibération de la Sublime Porte les propositions les plus conciliantes, les plus équitables et les plus conformes aux vrais intérêts de l'empire ottoman, et ayant acquis la pénible conviction que le cabinet de S. M. le sultan n'est pas disposé à le reconnaître et à y répondre, il s'acquitte d'un dernier devoir en repoussant toute la responsabilité des conséquences qui pourraient résulter pour le cabinet ottoman, qui paraît avoir pour objet de créer une sérieuse mésintelligence entre les deux empires ;

» Que le refus de garantie pour le culte gréco-russe orthodoxe doit à l'avenir imposer au gouvernement impérial la nécessité de chercher cette garantie dans son propre pouvoir ;

» Qu'ainsi toute tentative contre le *statu quo* de l'Église d'Orient et son intégrité sera regardée par l'empereur comme équivalant à une infraction à l'esprit et à la lettre des stipulations existantes, et comme un acte d'hostilité vis-à-vis de la Russie, imposant à S. M. I. l'obligation d'avoir recours à des moyens que, dans sa constante sollicitude pour la stabilité de l'empire ottoman, et par suite de sa sincère amitié pour S. M. le sultan et de celle qu'elle portait à son auguste frère, l'empereur a toujours eu à cœur d'éviter.

» Le soussigné a l'honneur, etc.

» *Signé* MENSCHIKOFF. »

Sans même avoir attendu cet ultimatum menaçant, le gouvernement français avait répondu aux prétentions inqualifiables de la Russie, et la veille du jour où l'ambassadeur russe plaçait la Porte sous le coup d'une rupture ouverte, le *Moniteur Universel* contenait la note qui suit :

« Paris, le 17 mai 1853.

» On avait pu craindre, au moment où M. le prince Menschikoff se rendait à Constantinople en qualité d'ambassadeur extraordinaire de S. M. l'empereur de toutes les Russies, que l'un des effets de sa mission ne fût d'annuler en partie les concessions obtenues par M. de la Valette au profit des pères latins de la Terre-Sainte dans le courant de 1852. On se rappelle que, sur la demande de la légation de France, le gouvernement de Sa Hautesse avait consenti à restituer au patriarche de Jérusalem, délégué du saint-siége, *la clef de la grande porte de l'église de Bethléem*, à donner l'ordre de replacer dans la grotte de la Nativité une étoile ornée d'une inscription latine et qui avait disparu en 1847, et enfin à accorder à la communion catholique le droit de célébrer son culte dans un sanctuaire vénéré, l'église dite du Tombeau de la Vierge.

» Le gouvernement de S. M. I. ne pouvait admettre qu'aucun de ces avantages fût retiré aux latins. Le cabinet de Saint-Pétersbourg, du reste, transmit bientôt au cabinet des Tuileries l'assurance que son intention n'était pas de contraindre la Porte à revenir sur les concessions qui nous avaient été faites.

» Les dernières nouvelles de Constantinople apportées par l'aviso à vapeur *le Chaptal*, en date du 7 mai, nous permettent d'affirmer que le maintien du *statu quo* à Jérusalem, réclamé par M. le prince Menschikoff, n'implique, dans l'état de possession des latins, aucune modification susceptible d'affecter l'arrangement convenu avec M. le marquis de la Valette. C'était là, pour nous, le point essentiel, celui qui ne pouvait être, de notre part, l'objet d'aucune transaction. Quant à nos anciens traités avec la Turquie, nul acte diplomatique, nulle résolution de la Porte ne saurait les invalider sans le consentement de la France.

» M. le prince Menschikoff demande encore au divan la conclusion d'un traité qui placerait sous la garantie de la Russie les droits et les immunités de l'Église et du clergé du rite grec. Cette question, complétement différente de celle des Lieux-Saints, touche à des intérêts dont la Turquie doit, la première, apprécier la valeur. Si elle amenait quelques complications, elle deviendrait une question de politique européenne, dans laquelle la France se trouverait engagée au même titre que les autres puissances signataires du traité du 13 juillet 1841. »

Ce langage, digne tout à la fois de la France et du souverain qui dirige ses destinées, aurait-il influé sur les déterminations du prince Menschikoff? Il est permis d'en douter, vu la croyance où il était que ses intrigues auprès de l'ambassade anglaise avaient déjoué toute combinaison d'alliance entre la Grande-Bretagne et la France, croyance qu'au reste certains actes de lord Aberdeen, chef du cabinet anglais, étaient de nature à fortifier, comme l'approbation du refus fait par l'amiral Dundas de venir mouiller avec sa flotte dans les eaux de la Turquie, alors qu'il y était invité par le colonel Rose, chargé d'affaires anglais, auquel le divan l'avait demandé en l'absence de l'ambassadeur, lord

Strafford de Redcliffe. Tandis que, le 20 mars, l'escadre française de la Méditerranée s'ébranlait pour aller jeter l'ancre dans l'archipel grec, la flotte anglaise restait à Malte, et certes le prince Menschikoff n'était pas alors le seul à penser que cette scission entre les deux grandes nations serait sérieuse et durable.

La veille du jour où l'ambassadeur russe lui adressait l'épître menaçante ci-dessus consignée, le cabinet ottoman décidait qu'il était impossible d'obtempérer aux conditions posées par le czar, et, le lendemain, Réchid-Pacha se rendait en personne auprès de l'amiral Menschikoff, auquel il apportait les regrets de ses collègues et l'assurance du vif désir qu'avait le sultan de conserver d'amicales relations avec la Russie, fût-ce au prix de mainte et mainte concession de détail. Cette démarche resta infructueuse, et le prince renouvela ses prétentions dans un nouveau factum dont il laissait aux ministres turcs la faculté de varier la forme sans rien modifier du fond.

Voici cette dernière édition :

Projet de note.

« La Sublime Porte, après l'examen le plus attentif et le plus sérieux des demandes qui forment l'objet de la mission extraordinaire confiée à l'ambassadeur de Russie prince Menschikoff, et après avoir soumis le résultat de cet examen à S. M. le sultan, se fait un devoir empressé de notifier par la présente à S. A. l'ambassadeur la décision impériale émanée à ce sujet par un iradé suprême en date du... (date musulmane et chrétienne).

» S. M. le sultan, voulant donner à son auguste allié et ami l'empereur de Russie un nouveau témoignage de son amitié la plus sincère et de son désir intime de consolider les anciennes relations de bon voisinage et parfaite entente qui existent entre les deux États; plaçant en même temps une entière confiance dans les intentions constamment bienveillantes de S. M. I. pour le maintien de l'intégrité et de l'indépendance de l'empire ottoman, a daigné apprécier et prendre en considération les représentations franches et cordiales dont l'ambassadeur de Russie s'est rendu l'organe en faveur du culte orthodoxe d'Orient professé par son auguste allié, ainsi que par la majorité de leurs sujets respectifs.

» Le soussigné a reçu en conséquence l'ordre de donner, par la présente note, l'assurance la plus solennelle au gouvernement impérial de Russie, que représente, auprès de S. M. le sultan, S. A. le prince Menschikoff, sur la sollicitude invariable et les sentiments généreux et tolérants qui animent S. M. le sultan pour la sécurité et la prospérité dans ses États du clergé, des églises et des établissements religieux du culte chrétien d'Orient.

» Afin de rendre ces assurances plus explicites, préciser d'une manière formelle les objets principaux de cette haute sollicitude; corroborer, par des éclaircissements supplémentaires que nécessite la marche du temps, le sens des articles qui, dans les traités antérieurs conclus entre les deux puissances, ont trait aux questions religieuses, et prévenir enfin à jamais toute nuance de mésentendu et de désaccord à ce sujet entre les deux gouvernements, le soussigné est autorisé par S. M. le sultan à faire les déclarations suivantes :

» 1° Le culte orthodoxe d'Orient, son clergé, ses églises, ses possessions, ainsi que ses établissements religieux, jouiront dans l'avenir, sans aucune atteinte, sous l'égide de S. M. le sultan, des priviléges et immunités qui leur sont assurés *ab antiquo*, ou qui leur ont été accordés à différentes reprises par la faveur impériale, et, — dans un principe de haute équité, — participeront *aux avantages accordés aux autres rites chrétiens, ainsi qu'aux légations étrangères accréditées, par la Sublime Porte par convention ou disposition particulière.*

» 2° S. M. le sultan ayant jugé nécessaire et équitable de corroborer et d'expliquer son firman souverain revêtu du hatti-humayum, le 15 de la lune de rébiul-akhir 1268 (16 février 1852), par son firman souverain du....... et d'ordonner en sus, par un autre firman en date du........ la réparation de la coupole du Saint-Sépulcre, ces deux firmans seront textuellement exécutés et fidèlement observés, pour maintenir à jamais le *statu quo* actuel des sanctuaires possédés par les Grecs exclusivement ou en commun avec d'autres cultes.

» Il est entendu que cette promesse s'étend également au maintien de tous les droits et immunités dont jouissent *ab antiquo* l'Église orthodoxe et son clergé, tant dans la ville de Jérusalem qu'en dehors, sans préjudice aucun pour les autres communautés chrétiennes.

» 3° Pour le cas où la cour impériale de Russie en ferait la demande, il sera assigné une localité convenable, dans la ville de Jérusalem ou dans les environs, pour la construction d'une église consacrée à la célébration du service divin par des ecclésiastiques russes, et d'un hospice pour les pèlerins indigents ou malades, lesquelles fondations seront sous la surveillance du consulat général de Russie en Syrie et en Palestine.

» 4° On donnera les firmans et les ordres nécessaires à qui de droit et aux patriarches grecs pour l'exécution de ces décisions souveraines, et on s'entendra ultérieurement sur la régularisation des points de détail qui n'auront pas trouvé place tant dans les firmans concernant les lieux saints de Jérusalem que dans la présente notification.

» Le soussigné, etc., etc. »

Bien que ce nouveau projet ne méritât pas un examen sérieux, puisqu'il n'était qu'une reproduction des notes précédentes, avec l'inconvénient en plus de ressusciter le débat des Lieux-Saints clos par les firmans du 5 mai, les ministres, les ulémas et les principaux fonctionnaires de l'empire ottoman se réunirent en conférence, et, après une longue délibération, décidèrent *à l'unanimité*, que les dernières propositions du prince Menschikoff étaient de tous points inacceptables. Averti de cette décision par sa créature, le logothète Aristarchi, l'ambassadeur força en quelque sorte l'entrée du palais du sultan; mais cette inconvenance tourna à sa honte, car avec beaucoup de sang-froid et de dignité Abdul-Medjid lui déclara que ses ministres n'avaient été que les fidèles interprètes de sa volonté, qu'il réclamait l'initiative de leurs actes et en assumait toute la responsabilité. Furieux de ce dernier échec, le prince Menschikoff quitta Constantinople le même jour (21 mai) en laissant pour adieu à la Sublime Porte cette inqualifiable déclaration :

« Buyukdéré, 21 mai 1853.

» Au moment de quitter Constantinople, le soussigné, ambassadeur extraordinaire de S. M. l'empereur de toutes les Russies, a appris que la Sublime Porte manifestait l'intention de proclamer une garantie pour l'exercice des droits spirituels dont se trouve investi le clergé de l'église d'Orient, ce qui de fait rendait douteux le maintien des autres priviléges dont il jouit.

» Quel que puisse être le motif de cette détermination, le soussigné se trouve dans l'obligation de faire connaître à S. Exc. le ministre des affaires étrangères qu'une déclaration ou tel autre acte qui tendrait, tout en maintenant l'intégrité des droits purement spirituels de l'église orthodoxe d'Orient, à invalider les autres droits, priviléges et immunités accordés au culte orthodoxe et à son clergé depuis les temps les plus anciens et dont ils jouissent encore actuellement, serait considérée par le cabinet impérial comme un acte hostile à la Russie et à sa religion.

» *Signé*, MENSCHIKOFF. »

Cinq jours plus tard, le 26 mai, Réchid-Pacha expliquait ainsi la situation respective de la Turquie et de la Russie aux ambassadeurs ottomans en France, en Angleterre, en Prusse et en Autriche :

« Bien que la question des Lieux-Saints, qui formait un des objets de la mission de S. A. le prince Menschikoff, ambassadeur extraordinaire de Russie, ait été résolue à la satisfaction de toutes les parties, le prince a mis en avant, relativement au culte et au clergé grecs, des prétentions qui sont d'une tout autre nature.

» Il est de l'honneur de la Sublime Porte de préserver, dans le présent et dans l'avenir, de toute atteinte les immunités religieuses, ainsi que les droits et priviléges accordés sous les règnes précédents et confirmés par S. M. le sultan régnant, au clergé, aux églises et aux monastères des sujets ottomans qui professent la religion grecque, et de même que l'on n'a jamais songé à y apporter la moindre restriction, l'on n'a jamais, non plus, mis en doute les intentions amicales et loyales de S. M. l'empereur de Russie envers la Sublime Porte. Mais stipuler avec un gouvernement étranger par un *sened* (acte obligatoire), sous forme de convention, ou par une note ou déclaration ayant la même force et valeur, les droits, priviléges et immunités (quand même ce ne serait que pour la religion, le culte et l'église), en faveur d'une communauté nombreuse sujette du gouvernement, cela touche aux droits d'indépendance et aux bases gouvernementales de la puissance qui s'engage, et cela n'est nullement à comparer à quelques concessions faites par d'anciens traités.

» Cependant les faits ont été exposés au prince Menschikoff avec toute franchise et loyauté, et, en outre, on s'est parfaitement disposé à donner les assurances propres à dissiper les craintes conçues à l'égard des immunités de toutes sortes du culte que professe personnellement S. M. l'empereur de toutes les Russies. Mais malheureusement cela n'a pas mené à une entente entre les deux parties, et la Sublime Porte regrette vivement que le prince ait poussé les choses jusqu'à rompre les rapports officiels et quitter son poste.

» La Sublime Porte ne nourrit aucune intention hostile envers l'auguste cour de Russie ; son vœu le plus ardent, au contraire, est de resserrer encore plus que par le passé des liens d'amitié qui lui sont chers et précieux, par la reprise des rapports officiels. Elle espère donc que S. M. l'empereur, vu son caractère d'équité bien connu, ne voudra pas ouvrir, sans motif, la voie des hostilités, et que les principes constants de S. M. Impériale, dont l'univers entier est témoin, ne lui permettront pas des démarches en opposition avec les assurances positives qu'elle a données aux augustes cours de l'Europe.

» Mais comme il est de fait que le prince a rompu ses rapports et quitté son poste ; comme, dans cet intervalle, la Sublime Porte n'a nullement été assurée que la guerre n'aurait pas lieu, tandis que l'on voit les grands préparatifs militaires, de terre et de mer, faits par la Russie dans des endroits rapprochés de l'empire ottoman, la Sublime Porte, tout en n'ayant aucune intention hostile, se voit obligée, cependant, par prudence et par précaution, d'aviser aussi à quelques préparatifs, et il a été résolu qu'à partir de ce jour des dispositions militaires et de défense seront prises, et le gouvernement ottoman espère que les hautes cours, signataires du traité de 1841, lui donneront raison à cet égard.

» En m'acquittant par ordre souverain de cette communication, je saisis, etc.

» *Signé* RÉCHID. »

L'espoir, implicitement compris dans cette adresse, que l'amiral Menschikoff aurait outre-passé ses pouvoirs et que le czar le désavouerait fut bientôt détruit par la dépêche suivante émanée de M. de Nesselrode, chancelier de l'empire de Russie, et envoyée à Réchid-Pacha, le 31 mai, dix jours après le départ de l'ambassadeur :

Lettre adressée par le comte de Nesselrode à Réchid-Pacha, ministre des affaires étrangères.

« Saint-Pétersbourg, le 19 mai 1853.

» MONSIEUR,

» L'empereur, mon auguste maître, vient d'être informé que son ambassadeur a dû quitter Constantinople à la suite du refus péremptoire de la Porte de prendre vis-à-vis de la cour impériale de Russie le moindre engagement propre à la rassurer sur les intentions protectrices du gouvernement ottoman à l'égard du culte et des Églises orthodoxes en Turquie.

» C'est après un séjour infructueux de trois mois, après avoir épuisé de vive voix et par écrit tout ce que la vérité, la bienveillance et l'esprit de conciliation pouvaient lui dicter, c'est enfin après avoir cherché à ménager tous les scrupules de la Porte par les modifications successives auxquelles il avait consenti, dans les termes et la forme des garanties qu'il était chargé de demander, que le prince Menschikoff a dû prendre la détermination que l'empereur apprend avec peine, *mais que Sa Majesté n'a pu qu'approuver pleinement.*

» Votre Excellence est trop éclairée pour ne pas prévoir les conséquences de l'interruption de nos relations avec le gouvernement de Sa Hautesse. Elle est trop dévouée aux intérêts véritables et permanents de son souverain et de son empire pour ne pas éprouver un profond regret en prévision des événements qui peuvent éclater, et dont la responsabilité pèsera tout entière sur ceux qui les provoquent.

» Aussi, en adressant aujourd'hui cette lettre à Votre Excellence, je n'ai d'autre but que de la mettre à même, tant qu'elle le peut encore, de rendre un très-important service à son souverain. Mettez encore une fois, monsieur, sous les yeux de S. H. la situation réelle des choses, la modération et la justice des demandes de la Russie, la très-grande offense que l'on fait à l'empereur en opposant à ses intentions si constamment amicales et généreuses une méfiance sans motif et des refus sans excuses.

» La dignité de S. M., les intérêts de son empire, la voix de sa conscience, ne lui permettent pas d'accepter des procédés pareils en retour de tous ceux qu'elle a eus et qu'elle désire encore avoir pour la Turquie. Elle doit chercher à en obtenir la réparation et à se prémunir contre leur renouvellement à l'avenir.

» Dans quelques semaines, les troupes recevront l'ordre de passer les frontières de l'empire, non pas pour faire la guerre, qu'il répugne à S. M. d'entreprendre contre un souverain qu'elle s'est toujours plu à considérer comme un allié sincère, mais pour avoir des garanties matérielles jusqu'au moment où, ramené à des sentiments plus équitables, le gouvernement ottoman donnera à la Russie les sûretés morales qu'elle a demandées en vain depuis deux ans par ses représentants à Constantinople, et en dernier lieu par son ambassadeur. Le projet de note que le prince Menschikoff vous a remis se trouve entre vos mains ; que Votre Excellence se hâte, après avoir obtenu l'assentiment de S. H. le sultan, de signer cette note *sans variantes*, et de la transmettre, au plus tôt, à notre ambassadeur à Odessa, où il doit se trouver encore.

» Je souhaite vivement que, dans ce moment décisif, le conseil que j'adresse à Votre Excellence avec la confiance que ses lumières et son patriotisme m'inspirent, soit apprécié par elle comme par ses collègues du divan, et que dans l'intérêt de la paix, que nous devons être tous également désireux de conserver, il soit suivi sans hésitation ni retard.

» Je prie Votre Excellence, etc., etc.,

» *Signé* NESSELRODE. »

A cette dépêche sur le sens de laquelle il n'était pas permis de se méprendre, il y eut deux réponses : un firman du sultan du 5 juin et une lettre de Réchid-Pacha du 15 du même mois. Nous les citons dans leur ordre :

Nouveau firman accordé par le sultan Abdul-Medjid au patriarche de l'Église grecque orthodoxe.

« Ceci est le commandement adressé au moine Germanos, le patriarche grec de Constantinople, et à ceux qui dépendent de lui.

» Le Dieu tout-puissant, souverain dispensateur des grâces, après avoir par sa divine assistance et sa volonté éternelle, élevé ma personne impériale au rang suprême de sultan et à la glorieuse dignité de prince et de calife, a placé sous la juste autorité de mon califat, comme un dépôt particulier et sacré, un grand nombre de pays et de contrées et beaucoup de nations et de populations diverses.

» Depuis mon heureux avénement au trône, mon gouvernement impérial se ralliant à mes intentions sincèrement bienveillantes et à mes vœux réels, et remplissant les devoirs impérieux de la royauté et de la souveraineté, aussi bien que les saintes obligations du califat, n'a pas cessé, avec la faveur divine et les grâces du Tout-Puissant, d'appliquer ses soins les plus actifs et ses efforts les plus persistants à assurer aux sujets de toutes les classes une protection entièrement efficace, et à leur garantir avant tout la jouissance complète des priviléges dont ils ont été investis de tous les temps pour l'exercice de leur culte et l'administration de leurs intérêts ecclésiastiques. Aussi les heureux effets et les résultats salutaires de cette ligne de conduite ne cessent-ils de se manifester au monde.

» Le plus cher de mes vœux étant de faire disparaître complétement certains abus que la négligence et la paresse ont peu à peu enracinés et d'en éviter le retour pour l'avenir, je veux et je désire vivement préserver dans toutes les circonstances de toute atteinte les priviléges particuliers que nos glorieux prédécesseurs ont octroyés aux ecclésiastiques de ceux de mes fidèles sujets qui professent la religion grecque, priviléges qui leur ont été conservés et sanctionnés par ma personne impériale; conserver intacts les églises et couvents grecs situés dans mes États, avec les biens, immeubles et institutions ecclésiastiques qui en dépendent; garantir le maintien des droits et des immunités dont jouissent ces objets sacrés et leur clergé; en un mot, maintenir les priviléges et les concessions de ce genre formulés dans les *berats* des patriarches et des métropolitains qui contiennent les anciennes conditions de leur investiture.

» C'est pourquoi est publié un ordre péremptoire et souverain, aux termes duquel doivent être répétées et proclamées de nouveau mes intentions impériales à cet égard. Qu'on se garde de porter la moindre atteinte à l'état de choses défini plus haut, et qu'on sache que ceux qui contreviendraient à mon commandement s'exposeraient à ressentir les effets de ma colère impériale.

» Cet ordre est porté à la connaissance des autorités compétentes afin de leur enlever tout moyen d'excuses pour le cas où la moindre négligence à cet égard pourrait leur être reprochée.

» Et c'est pour manifester de nouveau ma haute volonté impériale, en ce qui touche la complète et efficace exécution des ordres qui précèdent, que le présent firman est délivré par mon divan impérial.

» Toi donc, qui es le patriarche susmentionné, quand tu en auras eu connaissance, tu agiras constamment conformément aux prescriptions de ce firman; tu éviteras de l'enfreindre, et si quelque chose arrive de contraire aux résolutions catégoriques qui y sont exprimées, tu t'empresseras de le porter à la connaissance de la Sublime Porte. Sache-le, et aie foi dans cet auguste seing.

» Donné dans la dernière décade du mois de scheban 1269 (fin de mai et commencement de juin 1853). »

Par l'assurance qu'il donnait aux fidèles du rite grec, que leurs priviléges seraient respectés, ce firman répondait aux appréhensions feintes de la Russie; mais la situation exigeait une réplique plus directe, et bien que, dès le 4 juin, les flottes combinées de l'Angleterre et de la France eussent reçu l'ordre d'aller s'embosser à l'entrée des Dardanelles, dans la baie de Besika, Réchid-Pacha ne crut pas devoir s'écarter dans sa dépêche de la voie de modération suivie jusqu'alors par le gouvernement ottoman, et tels furent les termes par lesquels il accusa à M. le comte de Nesselrode réception de son étrange cartel :

« Sublime Porte, 15 juin.

» MONSIEUR,

» Je me suis empressé de mettre sous les yeux de S. M. le sultan, mon auguste maître, la dépêche que Votre Excellence m'a fait l'honneur de m'adresser le 19 mai dernier.

» S. M. le sultan a toujours montré en toute occasion les plus grands égards pour S. M. l'empereur de Russie, qu'il considère comme son allié sincère et comme un voisin bien intentionné ; la Sublime Porte, ne mettant nullement en doute les intentions généreuses de l'empereur, a ressenti un profond chagrin de l'interruption des relations survenue malheureusement parce qu'on n'a pas bien compris peut-être l'impossibilité réelle où elle se trouvait, à propos de la question soulevée par M. le prince Menschikoff, de consigner dans un engagement diplomatique les priviléges religieux accordés au rite grec. Toutefois, elle éprouve la consolation de voir que, pour sa part, elle n'a nullement contribué à amener un semblable état de choses.

» En effet, le gouvernement ottoman a montré, dès le principe, les meilleures dispositions et offert toutes les facilités relativement à toutes les questions que M. le prince Menschikoff était chargé de régler d'après les ordres de l'empereur, et même, dans une question aussi délicate que celle des priviléges religieux de l'Église grecque, s'inspirant encore de ses sentiments pacifiques, et ne refusant pas les assurances qui pouvaient faire disparaître et réduire à néant tous les doutes qui auraient pu s'élever à cet égard, la Porte espérait surtout de la sagesse reconnue du prince Menschikoff que cet ambassadeur se montrerait satisfait du projet de note qui lui avait été transmis en dernier lieu, et qui contenait toutes les assurances demandées ; quoiqu'il en soit, un fait regrettable s'est produit.

» Il est vrai que S. A. le prince Menschikoff a, la seconde fois, abrégé la minute du *sened* qu'il avait donné d'abord, et, en donnant à la fin un projet de note, il a fait quelques changements, soit dans les termes, soit dans la rédaction et le titre de la pièce. Mais le sens d'un engagement s'y trouvait toujours, et comme cet engagement diplomatique ne peut s'accorder ni avec l'indépendance du gouvernement ottoman, ni avec les droits de son autorité souveraine, on ne pouvait donner aux motifs d'impossibilité réelle présentés sur ce point par la Porte le nom de refus, et faire de cela une question d'honneur pour S. M. l'empereur de Russie.

» De plus, si on se plaint de cette impossibilité, en l'attribuant à un sentiment de défiance, la Russie, en ne tenant aucun compte de toutes les assurances offertes de la manière la plus solennelle par la Sublime Porte, et en déclarant qu'il était indispensable de les consigner dans un acte ayant force d'engagement, ne donne-t-elle pas plutôt une preuve patente de son manque de confiance envers le gouvernement ottoman, et celui-ci n'a-t-il pas, à son tour, le droit de s'en plaindre?

» Toutefois, il s'en remet, pour répondre sur ces deux points, à la haute justice si connue de l'empereur de Russie, ainsi qu'à la haute raison et aux sentiments éminemment pacifiques de Votre Excellence, que chacun, d'ailleurs, a pu reconnaître et apprécier.

» S. M. le sultan, par un firman impérial revêtu de son auguste *hatti-schérif*, vient de confirmer de nouveau les priviléges, droits et immunités dont les religieux et les églises du rite grec jouissent *ab antiquo*.

» La Sublime Porte n'hésitera jamais à maintenir et à donner les assurances contenues et promises dans le projet de note remis au prince Menschikoff peu avant son départ. La dépêche reçue de la part de Votre Excellence parle de faire passer les frontières aux troupes russes. Cette déclaration est incompatible avec les assurances de paix et de bon vouloir de S. M. l'empereur. Elle est, en vérité, si contraire à ce que l'on est en droit d'attendre de la part d'une puissance amie, que la Porte ne saurait comment l'accepter. Les préparatifs militaires et les travaux de défense ordonnés par la Porte, ainsi qu'elle l'a déclaré officiellement aux puissances, ne sont donc nécessités que par les armements considérables de la Russie.

» Ils ne constituent qu'une mesure purement défensive. Le gouvernement du sultan, n'ayant aucune intention hostile contre la Russie, exprime le désir que les anciennes relations, que Sa Majesté regarde d'ailleurs comme si précieuses, et dont les nombreux avantages sont manifestes pour les deux parties, soient rétablies dans leur état primitif.

» J'espère que la cour de Russie appréciera avec un sentiment de confiante considération les intentions sincères et loyales de la Sublime Porte, et tiendra compte de l'impossibilité réelle où elle se trouve de déférer aux désirs qui lui ont été exprimés. Que cette impossibilité soit appréciée comme elle mérite de l'être, et la Sublime Porte, je puis l'assurer à Votre Excellence, n'hésitera pas à charger un ambassadeur extraordinaire de se rendre à Pétersbourg pour y renouer les négociations, et chercher, de concert avec le gouvernement de S. M. l'empereur de Russie, un accommodement qui, tout en étant agréable à Sa Majesté, serait tel que la Porte pourrait l'accepter sans porter aucune atteinte soit aux bases de son indépendance, soit à l'autorité souveraine de S. M. le sultan.

» Votre Excellence peut tenir pour certain que, pour ma part, j'appelle ce résultat de tous mes vœux, j'aime à croire que de son côté il en est de même.

» Je prie Votre Excellence, etc.

» *Signé* RÉCHID. »

L'arrivée imminente des flottes française et anglaise dans les eaux des châteaux des Dardanelles entraînait une trop grave complication des intérêts engagés pour que la cour de Russie ne cherchât pas à abuser l'Europe sur ses intentions. La note suivante de M. de Nesselrode adressée aux gouvernements étrangers tendait à ce but. Nous engageons le lecteur à vouloir bien se reporter aux extraits que nous avons donnés du traité de Kaïnaragig dans notre introduction pour apprécier comme il mérite de l'être ce factum :

Première circulaire de M. le comte de Nesselrode.

« Saint-Pétersbourg, le 30 mai (11 juin) 1853.

» M...

» La mission de M. le prince Menschikoff en Turquie ayant déjà donné lieu aux rumeurs les plus exagérées, rumeurs auxquelles son départ et l'interruption des rapports qui s'en est suivie ne feront sans doute qu'ajouter encore, je crois devoir vous transmettre à ce sujet quelques renseignements généraux pour vous servir à rectifier les fausses données qui pourraient s'être répandues dans le pays où vous résidez.

» Je crois superflu de vous dire qu'il n'y a pas un mot de vrai dans la prétention que les journaux nous ont prêtée de réclamer soit un nouvel agrandissement de territoire, soit un règlement plus avantageux de notre frontière asiatique, soit le droit de nomination ou de révocation des patriarches de Constantinople, soit enfin tout autre protectorat religieux tendant à déplacer celui que nous exerçons traditionnellement de fait et de droit en Turquie en vertu de nos traités antérieurs.

» Vous connaissez assez la politique de l'empereur pour savoir que Sa Majesté ne veut pas la ruine et la destruction de l'empire ottoman, sauvé par elle-même à deux reprises; qu'au contraire, elle a toujours regardé et regarde encore le *statu quo* actuel comme la meilleure combinaison possible à interposer entre tous les intérêts européens, qui ne manqueraient pas de se heurter de front en Orient si le vide venait à s'y faire; et que, quant à la protection du culte gréco-russe en Turquie, nous n'avons pas besoin, pour en surveiller les intérêts, d'autres que ceux que nous assurent nos traités, notre position, l'influence résultant de la sympathie religieuse qui existe entre cinquante millions de russes du rite grec et la grande majorité des sujets chrétiens du sultan; influence séculaire, influence inévitable, parce qu'elle est dans les faits et non dans les mots; influence que l'empereur a trouvée toute faite en montant sur le trône, et à laquelle il ne saurait, par déférence pour les injustes soupçons qu'elle éveille, renoncer sans abandonner le glorieux héritage de ses illustres prédécesseurs.

» C'est vous dire combien ont peu de fondement tous les bruits semés au sujet de la mission du prince Menschikoff, laquelle n'a jamais eu d'autre objet que l'arrangement de l'affaire des Lieux-Saints.

» Il serait, monsieur, trop long de vous retracer en détail l'historique de toutes les plaintes par lesquelles elle a passé depuis l'année 1850. Cette question, nous avons la conscience de ne l'avoir point soulevée les premiers; nous savions trop combien elle était grosse de conséquences pour la paix d'Orient, peut-être même pour la paix du monde.

» Nous n'avons cessé, dès son origine, d'appeler l'attention sérieuse des grands cabinets sur la position qu'elle nous ferait, sur les graves éventualités qui en devaient naître; et le développement successif qu'elle a pris en amenant la crise actuelle n'a que trop justifié nos tristes prévisions. Il suffira pour le moment de vous rappeler qu'à la suite des premières concessions obtenues par la France en faveur des latins à Jérusalem, au détriment des priviléges séculaires accordés aux grecs, l'empereur, voyant chaque jour la partialité évidente de la Porte pour les latins l'entraîner à des concessions de plus en plus graves pour les droits et intérêts du droit oriental, se trouva dans l'obligation d'adresser sur ce sujet une lettre amicale, mais sérieuse, au sultan.

» Les résultats de cette démarche furent d'abord l'appel d'une commission exclusivement composée d'ulémas turcs, qui s'occupa d'un arrangement propre à concilier les prétentions réciproques; puis, après de longs pourparlers, une lettre responsive du sultan à l'empereur, annonçant la solution définitive de la question et renfermant les promesses les plus solennelles sur le maintien des anciens droits octroyés par la Porte aux communautés grecques. Un firman qui renfermait les détails de cet arrangement nous fut en même temps communiqué. En tête de ce firman, un hatti-schérif autographe du sultan reconnaissait et consacrait de la manière la plus formelle les actes antérieurs accordés aux grecs à différentes époques, renouvelés par le sultan Mahmoud et confirmés par le souverain actuel.

» Bien que cette lettre et ce firman fussent conçus dans un esprit et dans des termes qui s'écartaient quelque peu du strict *statu quo* que nous nous étions toujours attachés à maintenir, cependant ces pièces ayant paru à l'empereur satisfaire jusqu'à un certain point sa juste sollicitude pour les intérêts et les immunités du culte gréco-russe à Jérusalem, un désir de conciliation porta Sa Majesté à les accepter. Elle en prit acte, de manière à leur donner la valeur d'une transaction solennelle et définitive.

» En présence de ces documents catégoriques, officiellement communiqués à la suite d'une longue et pénible négociation, le gouvernement impérial était certes fondé à considérer comme à jamais clos un débat dont sa modération avait réussi à écarter les dangers et qui laissait les latins en possession de nouveaux avantages. Vous savez que malheureusement il n'en a point été ainsi.

» Je serais entraîné trop loin si je relatais ici tous les actes de faiblesse, de tergiversation et de duplicité qui ont signalé la conduite des autorités ottomanes lorsqu'il s'est agi d'accomplir les engagements pris à notre égard, et de procéder à Jérusalem, suivant les formes d'usage, à la promulgation, à l'enregistrement et à l'exécution du firman.

» Envoyé à cet effet dans la Ville Sainte, selon l'assurance explicite qu'en avait reçue notre mission à Constantinople, le commissaire turc une fois sur les lieux osa déclarer à notre consul, qui insistait sur la lecture et l'enregistrement du firman, qu'il n'avait point connaissance de cet acte et qu'il n'en était fait aucune mention dans ses instructions. Bien que plus tard, sur nos réclamations, le firman ait fini par être lu et enregistré à Jérusalem, il ne l'a été qu'avec des restrictions blessantes pour le culte oriental. Mais pour ce qui est de l'acte même, si l'on en excepte l'accomplissement de ces simples formalités, les dispositions particulières en ont été ouvertement transgressées.

» L'infraction la plus flagrante a été la remise aux mains du patriarche latin de la clef de la porte principale de l'église de Bethléem. Cette remise était contraire aux termes précis du firman. Elle heurtait profondément le clergé et toute la population du rite gréco-russe, parce que, suivant les idées accréditées en Palestine, la possession de la clef semble impliquer à elle seule celle du temple tout entier. Le gouvernement turc constatait ainsi aux yeux de tous, contre son propre intérêt même, la suprématie qu'il accorde à un autre rite que celui auquel est soumise la majorité de ses sujets.

» Un pareil oubli des promesses les plus positives consignées dans la lettre du sultan à l'empereur, un manque de foi aussi patent, aggravé encore par les procédés et le langage dérisoire des conseillers de Sa Hautesse, étaient certes de nature à autoriser notre auguste maître, blessé dans sa dignité, dans sa confiance amicale, dans son culte et dans les sentiments religieux qui lui sont communs avec ses peuples, à demander sur-le-champ une satisfaction éclatante.

» Sa Majesté l'aurait pu faire si, comme l'en accuse sans cesse une opinion faussée dans ses sources, elle ne cherchait que des prétextes pour renverser l'empire ottoman. Mais elle ne l'a point voulu. Elle a préféré obtenir cette satisfaction par les voies d'une négociation pacifique. Elle s'est efforcée encore une fois d'éclairer le souverain de la Turquie sur ses torts envers nous, comme envers ses propres intérêts, d'en appeler à sa sagesse des fautes de son ministère; et c'est dans ce but qu'elle a envoyé le prince Menschikoff à Constantinople.

» Sa mission avait deux objets, toujours relatifs à l'affaire des Lieux-Saints :

» 1° Négocier, à la place du firman que l'on avait mis à néant, un nouvel arrangement qui, sans enlever aux latins ce qu'ils venaient d'obtenir en dernier lieu (car nous voulions éviter de placer, en exigeant ce retrait, la Porte Ottomane vis-à-vis de la France précisément dans la fausse position où elle était placée vis-à-vis de nous), expliquât au moins ces concessions de manière à leur ôter l'apparence d'une victoire remportée sur le culte gréco-russe, et rétablît, moyennant quelques compensations légitimes, l'équilibre rompu aux dépens de ce dernier;

» 2° Corroborer cet arrangement par un acte authentique qui pût nous servir à la fois de réparation pour le passé, de garantie pour l'avenir.

» Cette première partie de la mission de notre ambassadeur extraordinaire, fort difficile et fort épineuse en elle-même, en ce qu'il s'agissait de mettre d'accord les droits et les intérêts réciproques mais contradictoires de la Russie et de la France, nous croyons y avoir apporté un extrême esprit de conciliation, dispositions auxquelles, nous aimons à le dire, le gouvernement français a répondu de son côté. Après de longues discussions, elle venait enfin de porter fruit, et le résultat en a été la rédaction de deux nouveaux firmans obtenus sans opposition de la part de l'ambassadeur de France.

» Mais, comme je vous l'ai dit plus haut, la question à négocier présentait encore une autre face. Obtenir un arrangement n'était pas tout. Sans un acte qui le validât, qui nous offrît la garantie que les nouveaux firmans seraient à l'avenir exécutés et religieusement observés dans leur principe et leurs conséquences, il est évident que ces documents, après la flagrante violation de celui qui les avait précédés, ne pouvaient avoir à nos yeux plus de valeur réelle que celui-ci. Cette garantie, l'empereur y attachait d'autant plus d'importance, qu'elle constituait au fond la seule et unique réparation qu'il demandât après l'outrage fait à sa dignité par le manque de foi de la Porte Ottomane, après surtout les circonstances qui l'avaient rendu encore plus patent.

» Le prince Menschikoff fut chargé de chercher à l'obtenir, moyennant une convention qu'il signerait avec le gouvernement turc. De *traité* proprement dit, il n'en a jamais été question.

» On s'est récrié hautement contre la forme de cette convention, comme portant atteinte aux droits de souveraineté du sultan, comme nous conférant de fait, au nom de la religion, un droit d'ingérence perpétuelle dans les affaires intérieures de la Turquie. Nous croyons qu'on se crée là un fantôme, qu'on se préoccupe de craintes dont le fondement est plus spécieux que réel.

» En *principe*, une convention ou même un traité pareil n'aurait rien d'insolite; et nous ne comprenons pas en quoi il serait plus attentatoire aux droits d'autonomie souveraine du sultan que les capitulations ou autres actes que possèdent déjà en Turquie la France et l'Autriche. Car, en *principe seulement*, c'est-à-dire en ce qui concerne l'indépendance du sultan, il importe peu qu'un acte s'applique à tel ou tel nombre plus ou moins considérable de ses sujets en faveur desquels s'exercerait un droit de protection étrangère.

» La garantie par traité assurée dans un autre État aux intérêts d'une communion étrangère a été usuelle de tout temps. A l'époque de la réforme, des États, même de grands États catholiques, ont conclu avec d'autres des traités ou conventions, par lesquels ils garantissaient chez eux à la communion protestante certains priviléges, franchises et immunités ; en sorte que, même aujourd'hui, la position civile de cette communion y repose encore sur ces bases, sans que pour cela les États qui ont donné pareille garantie se soient crus lésés dans leurs droits souverains ou dans leur indépendance politique. A plus forte raison, en principe, de tels actes peuvent-ils être conclus avec un État musulman, dont les sujets chrétiens ont souffert et souffrent encore tant de fois, non-seulement dans leurs immunités, mais dans leurs propriétés et dans leur existence.

» Quant au *fait*, en ce qui nous concerne, la chose existe déjà, et la forme d'une convention que nous avons proposée n'offrirait rien de nouveau en matière de protection religieuse. Le traité de Kaïnaragig, par lequel la Porte s'engage à protéger constamment dans ses États la religion chrétienne et ses églises, implique pour nous suffisamment un droit de surveillance et de remontrance. Ce droit se trouve établi derechef, et plus clairement encore spécifié dans le traité d'Andrinople, qui a confirmé toutes nos transactions antérieures. Celle de Kaïnaragig date de l'année 1774.

» Voilà donc, de fait, près de quatre-vingts ans que nous possédons par écrit le droit même que l'on nous conteste, et dont on regarde la mention qui en serait faite aujourd'hui comme devant apporter une révolution toute nouvelle dans nos rapports avec la Porte Ottomane, en nous conférant la souveraineté effective de l'immense majorité de ses sujets.

» Certes, durant ce laps de temps, si nous avions été disposés à en abuser, comme d'incurables défiances le supposent, les occasions ne nous auraient pas manqué, dans les derniers temps surtout, où l'Europe, livrée à l'anarchie, où les gouvernements impuissants contre la discorde intérieure, étaient absorbés ou distraits par les révolutions de l'Occident en laissant en Orient libre carrière aux vues ambitieuses qu'on nous prête.

» Si nous avions les intentions qu'on se plaît à nous supposer, aurions-nous attendu, pour les mettre à exécution, que la paix fût rétablie en Europe? Aurions-nous disposé nos forces de manière à en offrir à nos voisins le secours moral ou matériel? Aurions-nous travaillé avec zèle, comme nous l'avons fait, à réconcilier nos alliés, à écarter tout ce qui pouvait nuire à l'union intime des puissances? Au contraire, nous aurions cherché à perpétuer leur désaccord.

» Nous aurions laissé les gouvernements européens se débattre entre eux ou avec leur peuple en révolte, et, profitant de leurs embarras, nous aurions volé sans obstacle au but de ce qu'on persiste à nommer notre politique envahissante. Aujourd'hui que l'ordre social s'est heureusement raffermi partout, et que les États, rassis sur leurs bases, peuvent disposer plus librement de leur action comme de leurs forces, le moment serait étrangement choisi pour suivre une pareille politique.

Encore une fois, en principe et en fait, une convention avec la Porte dans l'intérêt de nos coréligionnaires n'a rien de nouveau. Elle ne nous offrirait nul avantage que nous ne possédions depuis longtemps, et dont nous n'eussions pu faire abus si nos intentions étaient telles qu'on les suppose. Si nous sommes forts, nous n'en avons pas besoin. Si nous sommes faibles, un pareil acte ne nous rendrait pas plus à craindre.

» Cela est si vrai, que nous n'aurions jamais songé à en faire la proposition à propos de la question spéciale des Lieux-Saints si la Porte ne nous avait obligés, par l'oubli de ses promesses antérieures, à tâcher de la lier plus étroitement au maintien du *statu quo* des sanctuaires de la Palestine; si, quand nous avons réclamé contre les concessions faites à notre détriment, elle ne nous avait donné pour excuse qu'en ce qui concerne les Lieux-Saints, la France avait un traité et que la Russie n'en avait pas.

» Au reste, monsieur, nous n'avons jamais fait d'une convention proprement dite la condition *sine quâ non* de notre accommodement avec la Porte. Tout en remettant sous cette forme au prince Menschikoff, lors de son envoi à Constantinople, la minute des stipulations qu'il aurait à négocier, il lui avait été laissé pleine et entière latitude non-seulement de les modifier dans leurs termes, mais aussi de les obtenir sous telle autre forme quelconque à laquelle répugneraient moins les susceptibilités de la Porte ou de la diplomatie étrangère.

» C'est d'après cette autorisation que notre négociateur, arrivé sur les lieux et ayant pu se convaincre des obstacles que rencontrait notre projet de convention, s'est borné à demander, sous le nom de *sened*, un acte plus en rapport avec les usages orientaux et moins conforme aux idées solennelles qu'implique d'ordinaire le mot de convention dans le droit public européen.

» Deux clauses étendues de ce premier projet de *sened* par lesquelles nous demandions, non pas, comme on l'a prétendu, le droit de confirmer l'élection du patriarche de Constantinople, mais simplement le maintien des immunités ecclésiastiques et des avantages temporels accordés *ab antiquo* par la Porte aux quatre patriarches de Constantinople, d'Antioche, d'Alexandrie et de Jérusalem, ainsi qu'aux métropolitains, évêques et autres chefs spirituels de l'Église orientale, ayant soulevé de trop graves objections, le prince Menschikoff n'a point refusé de supprimer entièrement ces deux clauses. Il en est résulté un second projet de sened, sur l'acceptation duquel il a longtemps insisté.

» Enfin, au dernier moment, la Porte persistant à rejeter toute espèce d'engagement qui porterait une forme bilatérale et synallagmatique quelconque, notre ambassadeur, dans l'esprit de ses instructions, avait été jusqu'à déclarer que si la Porte voulait accepter et signer immédiatement une note telle que celle dont vous trouverez ci-joint le projet lui-même, il consentirait lui-même à se contenter d'un pareil document et à le considérer comme réparation et garantie suffisantes.

» Voilà donc quel était, au moment où le prince Menschikoff a quitté Constantinople, le véritable *ultimatum* posé par le cabinet impérial; et c'est sur le retard qu'a mis la Porte à accepter la pièce en question que notre négociateur a enfin levé l'ancre pour Odessa et interrompu nos rapports diplomatiques avec le gouvernement ottoman.

» Ce qu'il a cédé successivement sur la forme et le fond de nos propositions mêmes, il l'a cédé également sur le terme originairement fixé pour leur admission. Il lui avait été prescrit, après une longue et stérile attente, de demander à la Porte une réponse définitive dans le terme de trois jours; et, quoique cette réponse conséquemment eût dû lui être donnée dès le 8 mai n. st., ce n'est pourtant que le 21 qu'il a quitté Constantinople.

» Après trois mois consécutifs de laborieuse négociation, ayant ainsi épuisé jusqu'aux dernières concessions possibles, l'empereur se voit désormais forcé d'insister péremptoirement sur l'acceptation pure et simple du projet de note. Toujours mû néanmoins par les considérations de patience et de longanimité qui l'ont guidé jusqu'ici, il laisse à la Porte un nouveau sursis de huit jours pour se décider; après quoi, quelque effort qu'il en coûte à ses dispositions conciliantes, il se verra bien forcé d'aviser aux moyens de se procurer, par une attitude plus prononcée, la satisfaction qu'il a vainement essayé d'obtenir jusqu'ici par des voies pacifiques.

» Ce n'est pas sans un vif et profond regret qu'il adoptera cette attitude. Mais, à force d'aveuglement et d'obstination, on aura voulu le pousser dans une situation où, la Russie, acculée, pour ainsi dire, à l'extrême limite de la modération, ne pourrait plus céder d'un pas qu'au prix de sa considération politique.

» Veuillez, monsieur, communiquer au gouvernement auprès duquel vous êtes accrédité, en portant à sa connaissance la pièce importante qui sert d'annexe à cette dépêche. Nous le prions d'y vouer sa plus grande attention ; car c'est elle qui forme en ce moment le nœud gordien de la question ; le nœud que nous ne demandons encore qu'à délier PACIFIQUEMENT, mais qu'on semble avoir pris à tâche de vouloir nous forcer à rompre.

» En soumettant notre *ultimatum* au jugement impartial des cabinets, nous leur laissons à décider si, après les torts si graves dont la Porte s'est rendue coupable envers nous, après qu'elle nous a donné tant de causes de ressentiment légitime, il était possible de se contenter d'une moindre satisfaction. L'examen consciencieux de notre projet de note prouvera que, dépouillé de toute forme de traité ou même de contrat synallagmatique, il n'a rien qui soit contraire aux droits de souveraineté du sultan, rien qui implique de notre part les prétentions exagérées que nous prête une défiance aussi injurieuse pour nous qu'elle est peu justifiée par nos actes antérieurs.

» Cet examen suffira, nous l'espérons, pour faire évanouir les faux bruits répandus sur nos exigences hautaines, et pour montrer que, si le rejet des derniers moyens d'accommodement que nous proposons pour résoudre les difficultés qui nous ont été suscitées dans l'affaire des Lieux-Saints amène des complications compromettantes pour la paix, ce n'est pas sur nous que la responsabilité en devra peser aux yeux du monde.

» Recevez, etc.

» *Signé* NESSELRODE. »

A cette circulaire était annexé l'ultimatum du prince Menschikoff.

L'ordre chronologique amène ici l'insertion du premier manifeste du czar, relatif à l'occupation des provinces Danubiennes :

« Par la grâce de Dieu, nous, Nicolas Ier, empereur et autocrate de toutes les Russies, etc., etc., etc.

» Savoir faisons :

» Il est à la connaissance de nos fidèles et bien-aimés sujets que, de temps immémorial, nos glorieux prédécesseurs ont fait vœu de défendre la foi orthodoxe.

» Depuis l'instant où il a plu à la divine Providence de nous transmettre le trône héréditaire, l'observation de ces devoirs sacrés, qui en sont inséparables, a constamment été l'objet de nos soins et de notre sollicitude. Basés sur le glorieux traité de Kaïnaragig, confirmé par les transactions solennelles conclues postérieurement avec la Porte Ottomane, ces soins et cette sollicitude ont toujours eu pour but de garantir les droits de l'Église orthodoxe.

» Mais, à notre profonde affliction, malgré tous nos effort pour défendre l'intégrité des droits et priviléges de notre Église orthodoxe, dans ces derniers temps, de nombreux actes arbitraires du gouvernement ottoman ont porté atteinte à ces droits, et menaçaient enfin d'anéantir complétement tout l'ordre de choses sanctionné par les siècles, et si cher à la foi orthodoxe.

» Nos efforts pour détourner la Porte d'actes semblables sont restés infructueux, et même la parole solennelle que le sultan nous avait donnée en cette occasion n'a pas tardé à être violée.

» Après avoir épuisé toutes les voies de la persuasion et tous les moyens d'obtenir à l'amiable la satisfaction due à nos justes réclamations, nous avons jugé indispensable de faire entrer nos troupes dans les principautés danubiennes, afin de montrer à la Porte où peut la conduire son opiniâtreté. Toutefois, même à présent, notre intention n'est point de commencer la guerre; par l'occupation des principautés, nous voulons avoir entre les mains un gage qui nous réponde en tout état de cause du rétablissement de nos droits.

» Nous ne cherchons point de conquêtes, la Russie n'en a pas besoin. Nous demandons qu'il soit satisfait à un droit légitime si ouvertement enfreint. Nous sommes prêt, même dès à présent, à arrêter le mouvement de nos troupes, si la Porte Ottomane s'engage à observer religieusement l'intégrité des priviléges de l'Église orthodoxe. Mais si l'obstination et l'aveuglement veulent absolument le contraire, alors, appelant Dieu à notre aide, nous nous en remettrons à lui du soin de décider de notre différend, et, plein d'espoir en sa main toute-puissante, nous marcherons à la défense de la foi orthodoxe.

» Donné à Péterhoff, le 14e jour (26) du mois de juin de l'an de grâce mil huit cent cinquante-trois, et de notre règne le vingt-huitième.

» *Signé* NICOLAS. »

La résolution impériale fut ainsi dénoncée aux cours étrangères, par M. de Nesselrode :

« Saint-Pétersbourg, le 20 juin (2 juillet) 1853.

» MONSIEUR,

» Ma dépêche circulaire du 30 mai passé vous a informé de la rupture de nos rapports diplomatiques avec le gouvernement ottoman. Elle vous a chargé d'instruire le cabinet près duquel vous êtes accrédité des griefs que nous a donnés la Porte, de nos efforts infructueux pour en obtenir satisfaction, et des concessions successives que nous a fait faire notre désir sincère de conserver avec le gouvernement turc de bonnes et amicales relations. Vous savez qu'après avoir renoncé tour à tour à l'idée d'une garantie obtenue sous forme de convention, sened, ou autre acte synallagmatique quelconque, nous avions réduit nos demandes à la signature d'une simple note, telle que celle dont le texte vous a été transmis.

» Vous aurez pu voir que cette note, indépendamment des dispositions plus particulières aux saints lieux, ne renferme au fond autre chose, quant à la garantie générale réclamée en faveur du culte, qu'une simple confirmation de celle que nous possédons depuis longtemps. Je vous ai fait remarquer, monsieur, que lorsque la signature de cette pièce constituait aux yeux de l'empereur la seule et vraie réparation qu'il puisse accepter pour l'offense commise envers lui par la violation du firman de l'année 1852, comme aussi des promesses solennelles qu'y avait jointes le sultan, j'ai ajouté qu'un pareil acte était d'ailleurs indispensable, puisque l'obtention de nouveaux firmans, susceptibles d'être restreints, aussi bien que le premier, ne pouvait plus à elle seule nous offrir de gage suffisant pour l'avenir. Enfin, je ne vous ai point dissimulé que si, après huit jours de réflexion, la Porte Ottomane refusait d'obtempérer à notre demande, l'empereur se verrait dans l'obligation de recourir, pour obtenir satisfaction, à des mesures plus décisives qu'une simple interruption de rapports.

» En posant cet *ultimatum* à la Porte, nous avions plus particulièrement informé les grands cabinets de nos intentions. Nous avions engagé nommément la France et la Grande-Bretagne à ne pas compliquer par leur attitude les difficultés de la situation, à ne pas prendre trop tôt des mesures qui, d'un côté, auraient pour effet d'encourager l'opposition de la Porte, de l'autre engageraient plus avant qu'ils ne l'étaient dans la question l'honneur et la dignité de l'empereur.

» J'ai le regret de vous annoncer aujourd'hui que cette double tentative a malheureusement été vaine.

» La Porte, comme vous le verrez par la lettre ci-jointe de Réchid-Pacha, vient de faire à celle que je lui avais adressée une réponse négative ou au moins évasive.

» D'autre part, les deux puissances maritimes n'ont pas cru devoir déférer aux considérations que nous avions recommandées à leur sérieuse attention. Prenant avant nous l'initiative, elles ont jugé indispensable de devancer immédiatement par une mesure *effective* celles que nous ne leur avions annoncées que comme purement *éventuelles*, puisque nous en subordonnions la mise à effet aux résolutions finales de la Porte, et qu'au moment même où j'écris, l'exécution n'en a pas encore commencé. Elles ont sur-le-champ envoyé leurs flottes dans les parages de Constantinople. Elles occupent déjà les eaux et ports de la domination ottomane à portée des Dardanelles. Par cette attitude avancée, les deux puissances nous ont placés sous le poids d'une démonstration comminatoire, qui, comme nous le leur avions fait pressentir, devait ajouter à la crise de nouvelles complications.

» En présence du refus de la Porte, appuyé par la manifestation de la France et de l'Angleterre, il nous devient plus que jamais impossible de modifier les résolutions qu'en avait fait dépendre l'empereur.

» En conséquence, Sa Majesté Impériale vient d'envoyer au corps de nos troupes stationné en ce moment en Bessarabie l'ordre de passer la frontière pour occuper les principautés.

» Elles y entrent, non pour faire à la Porte une guerre offensive, que nous éviterons, au contraire, de tout notre pouvoir aussi longtemps qu'elle ne nous y forcera point, mais parce que la Porte, en persistant à nous refuser la garantie morale que nous avions droit d'attendre, nous oblige à y substituer provisoirement une garantie matérielle; parce que la position qu'ont prise les deux puissances dans les ports et eaux de son empire, en vue même de sa capitale, ne pouvant être envisagée par nous dans les circonstances actuelles que comme une occupation maritime, nous donne en outre une raison de rétablir l'équilibre des situations réciproques moyennant une prise de position militaire. Nous n'avons, du reste, aucune intention de garder ce poste plus longtemps que ne l'exigeront notre honneur et notre sécurité. Elle sera toute temporaire; elle nous servira uniquement de gage jusqu'à ce que de meilleurs conseils aient prévalu dans l'esprit des ministres du sultan.

» En occupant les principautés pour un temps, nous désavouons d'avance toute idée de conquête. Nous ne prétendons obtenir aucun agrandissement de territoire. Sciemment et volontairement, nous ne chercherons à exciter aucun soulèvement parmi les populations chrétiennes de la Turquie. Dès que celle-ci nous aura accordé la satisfaction qui nous est due, et qu'en même temps viendra à cesser la pression qu'exerce sur nous l'attitude des deux puissances maritimes, nos troupes rentreront à l'instant même dans les limites de la Russie. Quant aux habitants des principautés, la présence de notre corps d'armée ne leur imposera ni charges ni contributions nouvelles. Les fournitures qu'ils nous feront seront liquidées par nos caisses militaires, en temps opportun et à un taux fixé d'avance par leur gouvernement. Les principes et règles de conduite que nous nous sommes prescrits à cet égard, vous les trouverez exposés dans la proclamation ci-jointe que le général prince Gortschakoff, chef du corps d'occupation, a été chargé de publier à son entrée dans les deux provinces.

» Nous ne nous dissimulons nullement, monsieur, combien l'attitude que nous prenons a de portée, et quelles en peuvent devenir ultérieurement les conséquences si le gouvernement turc nous oblige à la faire sortir du cercle étroit et limité dans lequel nous désirons l'enfermer. Mais la position où il nous jette, en poussant les choses à l'extrême, en nous refusant toute satisfaction légitime, en ne répondant par aucune concession quelconque à toutes celles que le prince Menschikoff avait faites successivement sur la forme comme sur le fond originaire de nos propositions, ne nous laisse plus d'autre parti à prendre. Il y a plus : les principes si péremptoirement posés, malgré la modération du langage, dans la lettre responsive de Réchid-Pacha, aussi bien que dans sa note du 26 mai dernier aux représentants des quatre puissances à Constantinople, n'iraient à rien moins, s'il fallait les prendre à la lettre, qu'à mettre en question tous nos droits acquis, qu'à frapper de nullité toutes nos transactions antérieures.

» En effet, si le gouvernement ottoman juge contraire à son indépendance et à ses droits de souveraineté tout engagement diplomatique quelconque, même sous forme de simple note, dans lequel il s'agirait de stipuler avec un gouvernement étranger pour la religion et les églises, que devient l'engagement qu'il a contracté autrefois envers nous, sous une forme bien autrement obligatoire, de protéger dans ses États notre religion et ses églises ?

» Pour peu que nous admettions un principe si absolu, il nous faudrait déchirer de nos propres mains le traité de Kaïnaragig, comme tous ceux qui le confirment, et abandonner volontairement le droit qu'ils nous ont conféré de veiller à ce que le culte grec soit efficacement protégé en Turquie.

» Est-ce là ce que veut la Porte? a-t-elle intention de se dégager de toutes ses obligations antérieures, et de faire sortir de la crise actuelle l'abolition à tout jamais de tout un ordre de relations que le temps avait consacré ?

» L'Europe impartiale comprendra que, si la question se posait en ces termes, elle deviendrait pour la Russie, malgré les intentions les plus conciliantes, insoluble pacifiquement. Car il s'agirait pour nous de nos traités, de notre influence séculaire, de notre crédit moral, de nos sentiments les plus chers, nationaux et religieux.

» Qu'on nous permette de le dire : la contestation actuelle et tout le retentissement que la presse lui a donné en dehors des cabinets reposent sur un pur malentendu ou sur un défaut d'attention suffisante à tous nos antécédents politiques.

» On semble ignorer ou l'on perd de vue que la Russie jouit virtuellement, par position et par traité, d'un ancien droit de surveillance à la protection efficace de son culte en Orient, et le maintien de cet ancien droit, qu'elle ne saurait abandonner, on se le représente comme impliquant la prétention toute nouvelle d'un *protectorat* à la fois religieux et politique dont on s'exagère la portée et les conséquences.

» C'est à ce triste malentendu que tient toute la crise du moment.

» La portée et les conséquences de notre prétendu nouveau protectorat politique n'ont point d'existence réelle. Nous ne demandons pour nos coréligionnaires en Orient que le strict *statu quo*, que la conservation des priviléges qu'ils possèdent *ab antiquo* sous l'égide de leur souverain. Nous ne nicrons pas qu'il n'en résulte pour la Russie ce qu'on peut justement appeler un patronage religieux. C'est celui que de tout temps nous avons exercé en Orient. Or, si jusqu'ici l'indépendance et la souveraineté de la Turquie ont trouvé moyen de se concilier avec l'exercice de ce patronage, pourquoi l'une et l'autre en souffriraient-elles à l'avenir, du moment que nos prétentions se réduisent à ce qui n'en est au fond que la simple confirmation?

» Nous l'avons dit, et nous le répétons, l'empereur ne veut pas plus aujourd'hui qu'il ne l'a voulu dans le passé renverser l'empire ottoman, ou s'agrandir à ses dépens. Après l'usage si modéré qu'il a fait en 1829 de la victoire d'Andrinople, quand cette victoire et ses conséquences mettaient la Porte à sa merci; après avoir, seul en Europe, sauvé la Turquie, en 1833, d'un démembrement inévitable; après avoir, en 1839, pris auprès des autres puissances l'initiative des propositions qui, exécutées en commun, ont empêché le sultan de voir son trône faire place à un nouvel empire arabe, il devient presque fastidieux de donner les preuves de cette vérité. Au contraire, le principe fondamental de la politique de notre auguste maître a toujours été de maintenir aussi longtemps que possible le *statu quo* actuel de l'Orient.

» Il l'a voulu et le veut encore, parce que tel est en définitive l'intérêt bien entendu de la Russie, déjà trop vaste pour avoir besoin d'une extension de territoire; parce que, prospère, paisible, inoffensif, placé comme utile intermédiaire entre des États puissants, l'empire ottoman arrête le choc des rivalités qui, s'il tombait, se heurteraient incontinent pour s'en disputer les ruines ; parce que la prévoyance humaine s'épuise vainement à chercher les combinaisons les plus propres à combler le vide que laisserait dans l'équilibre politique la disparition de ce grand corps. Mais si telles sont les vues réelles, avouées, sincères de l'empereur, pour qu'il puisse y rester fidèle il faut aussi que la Turquie agisse envers nous de manière à nous offrir la possibilité de coexister avec elle; qu'elle respecte nos traités particuliers et les conséquences qui en dérivent; que des actes de mauvaise foi, de sourdes persécutions, des vexations perpétuelles, intentés à notre culte, ne nous créent pas une situation qui, intolérable à la longue, nous forcerait d'en confier le remède aux chances aveugles du hasard.

» Telles sont, monsieur, les considérations que vous êtes chargé de faire valoir auprès du gouvernement... en portant à sa connaissance, par la présente dépêche, les résolutions et les intentions de S. M. l'empereur.

» Recevez, monsieur, etc.

» *Signé* NESSELRODE. »

Le lendemain du jour où cette circulaire était adressée au corps diplomatique, les Russes passaient le Pruth, qui sépare la Russie de la Valachie et de la Moldavie, et faisaient irruption dans ces principautés, précédés de la proclamation suivante :

« HABITANTS DE LA MOLDAVIE ET DE LA VALACHIE,

» S. M. l'empereur, mon auguste maître, m'a ordonné d'occuper votre territoire avec le corps d'armée dont il a daigné me confier le commandement.

» Nous n'arrivons au milieu de vous ni avec des projets de conquête ni avec l'intention de modifier les institutions qui vous régissent et la situation politique que des traités solennels vous ont garantie.

» L'occupation provisoire des principautés, que je suis chargé d'effectuer n'a d'autre but que celui d'une protection immédiate et efficace dans des circonstances imprévues et graves où le gouvernement ottoman, méconnaissant les nombreuses preuves d'une sincère alliance que la cour impériale n'a cessé de lui donner depuis la conclusion du traité d'Andrinople, répond à nos propositions les plus justes par des refus, à nos conseils les plus désintéressés par la plus offensante méfiance.

» Dans sa longanimité, dans son constant désir de maintenir la paix en Orient comme en Europe, l'empereur évitera une guerre offensive contre la Turquie aussi longtemps que sa dignité et les intérêts de son empire le lui permettront.

» Le jour où il obtiendra la réparation qui lui est due et les garanties qu'il est en droit de réclamer pour l'avenir, ses troupes rentreront dans les limites de la Russie.

» Habitants de la Moldavie et de la Valachie, je remplis également un ordre de S. M. I. en vous déclarant que la présence de ses troupes dans votre pays ne vous imposera ni charges ni contributions nouvelles; que les fournitures en seront liquidées par nos caisses militaires en temps opportun et à un taux fixé d'avance, d'accord avec vos gouvernements.

» Envisagez votre avenir sans inquiétude, livrez-vous avec sécurité à vos travaux agricoles et à vos spéculations commerciales, obéissez aux règlements qui vous régissent et aux autorités établies. C'est par le fidèle accomplissement de ces devoirs que vous acquerrez les meilleurs titres à la généreuse sollicitude et à la puissante protection de S. M. l'empereur.

» *Signé* l'aide de camp général, prince GORTSCHAKOFF. »

Il n'était plus possible à la France et à l'Angleterre de se faire illusion sur les tendances russes; aussi les gouvernements de ces deux pays protestèrent-ils, l'un avec la sage gravité qui est l'essence du tempérament national, l'autre avec la mâle fierté qui dictait jadis à M. Henri de Larochejacquelein ces belles paroles :

« A une menace la France ne peut répondre que la main sur la garde de son épée. »

Note circulaire adressée par M. Drouin de Lhuys aux agents français à l'étranger.

« Paris, le 15 juillet 1853.

» MONSIEUR,

» La nouvelle dépêche de M. le comte de Nesselrode, que le *Journal de Saint-Pétersbourg* publiait le lendemain du jour où elle était expédiée à toutes les légations de Russie, a produit sur le gouvernement de l'empereur une impression que S. M. I. m'a ordonné de vous faire connaître sans détour.

» Nous ne pouvons que déplorer de voir la Russie, au moment même où les efforts de tous les cabinets pour amener une solution satisfaisante des difficultés actuelles témoignent si hautement de leur modération, prendre une attitude qui rend le succès de leurs négociations plus incertain, et impose à quelques-uns d'entre eux le devoir de repousser la responsabilité que l'on essayerait vainement de faire peser sur leur politique.

» Je ne voudrais pas, monsieur, revenir sur une discussion épuisée; mais comme M. le comte de Nesselrode allègue toujours, à l'appui des prétentions de Saint-Pétersbourg, l'offense que la Porte aurait commise à son égard en ne tenant pas compte des promesses qu'elle aurait faites à la légation de Russie à l'époque du premier règlement de la question des Lieux-Saints, en 1852, je suis bien forcé de répéter que les firmans rendus par le sultan, à la suite de la mission de M. le prince Menschikoff, ont ôté tout fondement à cet unique grief, et que s'il est un gouvernement autorisé à élever des plaintes légitimes, CE N'EST PAS CELUI DE S. M. L'EMPEREUR NICOLAS.

En effet, à la date du 10 mai dernier, M. le comte de Nesselrode, qui venait de recevoir des dépêches de M. l'ambassadeur de Russie à Constantinople, se félicitait, avec M. le général de Castelbajac, d'un résultat qu'il considérait comme une heureuse conclusion de l'affaire des Lieux-Saints ; M. Kisseleff, à Paris, me faisait une semblable déclaration, et partout les agents du cabinet de Saint-Pétersbourg tenaient le même langage.

» Les demandes formulées postérieurement par M. le prince Menschikoff quand l'objet principal de sa mission était atteint, quand on annonçait déjà son retour, ne se rattachaient donc par aucun lien à celles qu'il avait fait accueillir par la Porte; et c'était bien une nouvelle question, une difficulté plus grave qui surgissait à Constantinople, alors que l'Europe, un instant alarmée, était invitée par la Russie elle-même à se rassurer complétement.

» Pris en quelque sorte au dépourvu par des exigences qu'ils n'avaient pas dû soupçonner, les représentants de la France, de l'Autriche, et de la Grande-Bretagne et de la Prusse à Constantinople ont loyalement employé leurs efforts pour empêcher une rupture dont les conséquences pouvaient être si fatales. Ils n'ont pas conseillé à la Porte une résistance de nature à l'exposer aux dangers les plus sérieux; et reconnaissant à l'unanimité que les demandes de la Russie touchaient de trop près à la liberté d'action et à la souveraineté du sultan pour qu'ils pussent se permettre un avis, ils ont laissé aux seuls ministres de S. H. la responsabilité du parti à prendre. Il n'y a donc eu, de leur part, ni pression d'aucun genre ni ingérence quelconque, et si le gouvernement ottoman, livré à lui-même, n'a pas voulu souscrire aux conditions qu'on prétendait lui imposer, il faut assurément qu'il les ait trouvées entièrement incompatibles avec son indépendance et sa dignité.

» C'est dans de telles conjonctures, monsieur, que M. le prince Menschikoff a quitté Constantinople en rompant toute relation diplomatique entre la Russie et la Porte, et que les puissances engagées par leurs traditions et leurs intérêts à maintenir l'intégrité de la Turquie ont eu à se tracer une ligne de conduite.

» Le gouvernement de S. M. I., d'accord avec celui de S. M. B., a pensé que la situation était trop menaçante pour ne pas être surveillée de près, et les escadres de France et d'Angleterre reçurent bientôt l'ordre d'aller mouiller dans la baie de Besika, où elles arrivèrent au milieu du mois de juin.

» Cette mesure, toute de prévoyance, n'avait aucun caractère hostile à l'égard de la Russie; elle était impérieusement commandée par la gravité des circonstances et amplement justifiée par les préparatifs de guerre qui, depuis plusieurs mois, se faisaient en Bessarabie et dans la rade de Sébastopol.

» Le motif de la rupture entre le cabinet de Saint-Pétersbourg et la Porte avait, pour ainsi dire, disparu; la question qui pouvait se poser à l'improviste à Constantinople, c'était celle de l'existence même de l'empire ottoman, et jamais le gouvernement de S. M. I. n'admettra que de vastes intérêts se trouvent en jeu sans revendiquer aussitôt la part d'influence et d'action qui convient à sa puissance et à son rang dans le monde. A la présence d'une armée russe sur les frontières de terre de la Turquie il avait le droit et le devoir de répondre par la présence de ses forces navales à Besika, dans une baie librement ouverte à toutes les marines, et située en deçà des limites que les traités défendent de franchir en temps de paix.

» Le gouvernement de Russie, du reste, devait bientôt se charger d'expliquer lui-même la nécessité du mouvement ordonné aux deux escadres.

» Le 31 mai, en effet, quand il était impossible de connaître à Saint-Pétersbourg, où la nouvelle n'en parvint que le 17 juin, les résolutions auxquelles pourraient s'arrêter la France et l'Angleterre, M. le comte de Nesselrode envoyait à la Porte, sous forme d'une lettre à Réchid-Pacha, un dernier ultimatum, à bref délai, et qui contenait, très-clairement exprimée, la menace d'une prochaine occupation des principautés du Danube.

» Lorsque cette décision était prise avec une solennité qui ne permettait plus à un gouvernement jaloux de sa dignité de la modifier, lorsque, par une circulaire datée du 11 juin, S. M. l'empereur Nicolas la faisait annoncer à l'Europe, comme pour en rendre l'exécution plus irrévocable, notre escadre était encore à Salamine, et celle de l'Angleterre n'était pas sortie du port de Malte.

» Ce simple rapprochement de dates suffit, monsieur, pour indiquer de quel côté est partie cette initiative que l'on s'efforce aujourd'hui de décliner en en rejetant la responsabilité sur la France et l'Angleterre; il suffit également pour prouver qu'entre la communication faite à Paris et à Londres de la démarche tentée directement par M. le comte de Nesselrode à Constantinople et le rejet de cet ultimatum, le temps a manqué matériellement aux gouvernements de S. M. I. et de S. M. B. pour exercer, dans un sens quelconque, leur influence à Constantinople. Non, monsieur, je le dis avec toute la puissance de la conviction, le gouvernement français, dans ce grave débat, n'a nul reproche à se faire; il repousse au fond de sa conscience, non moins que devant l'Europe, la responsabilité qu'on lui impute, et, fort de sa modération, en appelle sans crainte à son tour au jugement des cabinets.

» Sauf le but si différent des deux démonstrations, il y avait peut-être une sorte d'analogie dans les situations respectives quand l'armée russe se tenait sur la rive gauche du Pruth, et que les flottes de France et d'Angleterre jetaient l'ancre à Besika. Cette analogie a disparu depuis le passage de la rivière qui forme les limites de l'empire russe et de l'empire ottoman. M. le comte de Nesselrode, d'ailleurs, semble le reconnaître quand il suppose déjà des escadres en vue de Constantinople, et représente comme une compensation nécessaire à ce qu'il appelle notre *occupation maritime* la position militaire prise par les troupes russes sur les bords du Danube.

» Les forces anglaises et françaises ne portent, par leur présence en dehors des Dardanelles, aucune atteinte aux traités existants. L'occupation de la Valachie et de la Moldavie, au contraire, constitue une violation manifeste de ces mêmes traités. Celui d'Andrinople, qui détermine les conditions du protectorat de la Russie, pose implicitement le cas où il serait permis à cette puissance d'intervenir dans les principautés : ce serait si leurs priviléges étaient méconnus par les Turcs.

» En 1848, quand ces provinces ont été occupées par les Russes, elles se trouvaient en proie à une agitation révolutionnaire qui menaçait également leur sécurité, celle de la puissance souveraine et celle de la puissance protectrice. La convention de Balta-Liman, enfin, a admis que si des événements semblables venaient à se renouveler dans une période de sept années, la Russie et la Turquie prendraient en commun les mesures les plus propres à rétablir l'ordre. Les priviléges de la Moldavie et de la Valachie sont-ils menacés? Des troubles révolutionnaires ont-ils éclaté sur leur territoire? Les faits répondent d'eux-mêmes qu'il n'y a lieu, pour le moment, à l'application ni du traité d'Andrinople ni de la convention de Balta-Liman.

» De quel droit les troupes russes ont-elles donc passé le Pruth, si ce n'est du droit de la guerre, d'une guerre, je le reconnais, dont on ne veut pas prononcer le vrai nom, mais qui dérive d'un principe nouveau, fécond en conséquences désastreuses, que l'on s'étonne de voir pratiquer pour la première fois par une puissance conservatrice de l'ordre européen à un degré aussi éminent que la Russie, et qui n'irait à rien moins qu'à l'oppression, en pleine paix, des États faibles par les États plus forts qui sont leurs voisins?

» L'intérêt général du monde s'oppose à l'admission d'une semblable doctrine, et la Porte, en particulier, a le droit incontestable de voir un acte de guerre dans l'envahissement de deux provinces qui, quelle que soit leur organisation spéciale, font partie intégrante de son empire. Elle ne violerait donc pas plus que les puissances qui viendraient à son aide le traité du 31 juillet 1841, si elle déclarait les détroits des Dardanelles et du Bosphore ouverts aux escadres de France et d'Angleterre. L'opinion du gouvernement de S. M. I. est formelle à cet égard, et bien que, dans sa pensée, elle n'exclue pas la recherche d'un moyen efficace de conciliation entre la Russie et la Turquie, j'ai invité M. le général de Castelbajac à faire connaître notre manière de voir à M. le comte de Nesselrode et à lui communiquer cette dépêche. Je vous autorise également à en remettre une copie à M.

» Agréez, monsieur, , l'assurance de ma haute considération,

» DROUYN DE LHUYS. »

Réponse du comte de Clarendon à la deuxième circulaire du comte de Nesselrode.

« Foreign-Office, 16 juillet 1853.

» MONSIEUR,

» Le baron Brunow m'a communiqué la dépêche circulaire adressée par le comte de Nesselrode aux légations de Russie, sous la date du 20 juin (2 juillet) 1853.

» J'aurais beaucoup de peine à vous exprimer l'étonnement et le regret avec lesquels le gouvernement de S. M. a vu la déclaration contenue dans cette dépêche, savoir : que c'était par suite du refus de l'Angleterre et de la France d'accéder aux recommandations du gouvernement russe et par suite de l'entrée de leurs flottes dans les eaux de la Turquie que l'occupation des principautés avait eu lieu.

» Je remarque d'abord, quant à la première de ces assertions, que la dépêche du comte de Nesselrode, adressée sous la date du 1er juin au baron de Brunow, n'a pas été communiquée au gouvernement de S. M. avant le 8 juin, et par conséquent les ordres adressés à l'amiral Dundas, depuis une semaine, de se rendre près des Dardanelles, n'ont pas été donnés, comme le prétend la circulaire du comte de Nesselrode, après que les considérations exprimées dans sa dépêche avaient été soumises au gouvernement anglais.

» Mais en eût-il été autrement, les ordres n'eussent-ils pas été donnés, il eût été possible au gouvernement de S. M. de croire que la menace d'occuper les principautés ne serait pas mise à exécution, par suite du refus de la Porte d'accepter des conditions qu'elle avait rejetées sans hésitation quelques jours auparavant.

» En conséquence, le 8 juin, le gouvernement de S. M. devait considérer l'occupation des principautés comme inévitable, et il pense que le cabinet de Saint-Pétersbourg ne prétendra pas que la note du comte de Nesselrode à Réchid-Pacha ne contenait qu'une simple menace qu'on ne se proposait nullement de mettre à exécution.

» En fait, d'ailleurs, la note du comte de Nesselrode, en date du 31 mai dernier, qui contient l'expression des intentions hostiles de la Russie, aurait suffi elle seule à autoriser le gouvernement de S. M. à prendre des mesures pour protéger la Turquie.

» Je vais tâcher d'établir à quelle époque et pour quels motifs la flotte anglaise a été envoyée dans les eaux de la Turquie.

» Le prince Menschikoff, par ordre de son gouvernement, a déclaré dans sa note du 5 mai, dont la copie a été reçue à Londres le 18 du même mois, que tout retard dans l'adoption des propositions qu'il avait faites au sujet de l'Église grecque, « serait considéré par lui comme un manque de respect envers son gouvernement » et lui imposerait les devoirs les plus pénibles. »

» En conséquence, dans sa note du 11 mai, dont la copie a été reçue à Londres le 30 du même mois, le prince Menschikoff, prévoyant que la résolution de la Porte serait négative ou insuffisante, disait : Si les principes qui formaient la base des articles proposés sont rejetés ;

» Si, par une opposition systématique, la Sublime Porte persiste à refuser de s'entendre d'une manière intime et directe avec la Russie, il devait considérer sa mission comme terminée, interrompre ses relations avec le ministère de S. M. le sultan, et rejeter sur ses ministres la responsabilité de toutes les conséquences qui pourraient en résulter.

» Enfin, dans sa note du 15 mai, reçue à Londres le 1er juin, le prince Menschikoff conclut dans les termes suivants : « C'est à la sagacité de Votre Excellence à » peser les conséquences incalculables et les grandes calamités qui peuvent en » résulter et qui pèseront de tout leur poids sur la responsabilité des ministres » de S. M. le sultan. »

» D'une part, les menaces réitérées envers une puissance dont la Russie elle-même a déclaré qu'elle prétendait soutenir l'indépendance ; ces menaces, disons-nous, faites pour soutenir des demandes bien peu conformes aux assurances données au gouvernement de S. M. ; d'autre part, les grands armements de terre et de mer faits sur la frontière même de la Turquie ne laissaient aucun doute dans l'esprit du gouvernement de S. M. sur l'imminence du danger auquel le sultan allait être exposé.

» Le gouvernement de S. M. regrettait profondément que ce danger résultât des actes du gouvernement russe, l'un des signataires du traité de 1841 ; mais comme le gouvernement de S. M. maintient aussi énergiquement qu'en 1841 les principes énoncés dans ce traité, et comme il pense que la paix de l'Europe est attachée au maintien de l'empire ottoman, il a compris que le moment était venu de se tenir en mesure de défendre le sultan dans l'intérêt même de la paix.

» Aussi, en apprenant le brusque départ du prince Menschikoff, le gouvernement de S. M. prit la résolution de mettre la flotte anglaise, qui n'avait pas encore quitté Malte, à la disposition de l'ambassadeur de S. M. à Constantinople.

» Le 1er juin, le gouvernement a adressé à lord Stratford-Redcliffe une dépêche qui l'autorisait, dans certaines circonstances données, à appeler la flotte et à la diriger sur tel point qu'il jugerait convenable. Le 2 juin, le gouvernement adressait à l'amiral Dundas des instructions pour qu'il se rendît immédiatement près des Dardanelles et se mît en communication avec l'ambassadeur de S. M. La veille nous avions reçu copie de la note du prince Menschikoff, en date du 18 mai, dans laquelle il déclarait que sa mission était terminée, et que le refus de la garantie demandée « imposerait au gouvernement impérial la nécessité de la trouver dans » sa propre force. »

» Le 2 juin, je fis connaître au baron de Brunow la mesure prise par le gouvernement de S. M. Il n'a pas pu transmettre cette communication à Saint-Pétersbourg avant le 7 ou le 8, et, par conséquent, elle n'a pu avoir la moindre influence sur la résolution prise par le gouvernement russe.

» Cependant, la note dans laquelle le comte de Nesselrode annonçait à Réchid-Pacha que « dans quelques semaines les troupes russes recevraient l'ordre de » passer la frontière de l'empire, » portait la date du 31 mai ; sa dépêche au baron de Brunow, dans laquelle il a dit que si la Porte ne signe pas la note du prince Menschikoff dans une semaine, à dater du jour où elle serait remise à Réchid-Pacha, l'empereur « ordonnerait à ses troupes d'occuper les principautés, » porte la date du 1er juin.

» Il résulte évidemment de ce qui précède que la flotte anglaise n'a point été envoyée dans les eaux de la Turquie au mépris des considérations soumises au gouvernement de S. M. par le cabinet de Saint-Pétersbourg, et que la résolution d'occuper les principautés a été prise par le gouvernement russe la veille du jour où sont parties de Londres les instructions adressées à lord Stratford-Redcliffe.

» Cette décision a été prise parce que le gouvernement russe ne pouvait pas croire sérieusement un seul instant que la Porte acceptât, sans variante, les clauses que l'intérêt de sa sûreté et de sa dignité l'avaient obligée à repousser quelques jours auparavant. Néanmoins, le comte de Nesselrode affirme, dans sa dépêche circulaire du 27 juillet, que la présence des flottes anglaise et française dans la baie de Besika a provoqué et justifié l'occupation des principautés ; il prétend que les flottes sont presque en vue de la capitale, qu'elles en sont à peine à 200 milles, et que l'occupation maritime des ports et des eaux de la Turquie par ces flottes ne peut être balancée que par une occupation militaire de la part de la Russie.

» Mais le gouvernement de S. M. doit protester contre cette assertion dans les termes les plus énergiques. Il nie qu'il y ait aucune ressemblance entre la position des flottes combinées dans la baie de Besika et celle des armées russes dans les principautés. Les flottes ont aussi bien le droit de mouiller dans la baie de Besika que dans un mouillage quelconque de la Méditerranée. Leur présence dans ces eaux n'est interdite par aucun traité ; elle ne viole aucun territoire, et n'est contraire à aucun principe du droit des gens ; elle ne menace point l'indépendance de l'empire ottoman, et assurément la Russie ne devrait pas y voir une offense.

» Au contraire, l'occupation des principautés par la Russie constitue une violation du territoire du sultan et du traité social relatif à cette partie de son empire ; elle constitue une infraction aux principes du droit des gens et un acte d'hostilité directe contre le sultan, auquel celui-ci aurait le droit de répondre par une déclaration de guerre et par une réquisition aux flottes alliées de s'avancer vers Constantinople pour la défendre.

» Cette occupation enfin constitue un précédent si dangereux, c'est un acte si violent de la part d'un État puissant contre un État que sa faiblesse devrait protéger, qu'elle a soulevé dans toute l'Europe des sentiments d'alarme et de réprobation. Il est évidemment impossible d'admettre qu'il existe aucune ressemblance ou qu'il y ait lieu d'établir aucune comparaison entre la position des flottes anglaise et française hors des Dardanelles et celle des armées russes dans les principautés.

» C'est avec un profond regret que le gouvernement de S. M. se voit placé dans la nécessité d'exprimer son opinion sur l'invasion récente du territoire turc, mais il croit que, s'il s'abstenait, il manquerait à son devoir et rendrait plus difficile à l'avenir son intervention pour la défense et le maintien des traités qui constituent le droit public européen et la seule garantie effective de la paix générale et des droits des nations.

» Les souffrances que l'occupation des principautés doit causer aux habitants seront sans doute diminuées par le gouvernement russe, qui prendra évidemment à sa charge les frais de cette occupation. Après avoir si souvent et si longuement discuté les demandes faites par la Russie à la Sublime Porte, je ne crois pas avoir besoin d'insister sur les autres passages de la dépêche circulaire du comte de Nesselrode, qui, d'ailleurs, ne contient ni fait ni argument nouveau à l'appui des demandes de la Russie.

» Je dois toutefois exprimer la conviction que la Russie se trompe en disant que la Porte est peu disposée à faire droit aux justes demandes de la Russie ou qu'elle cherche à échapper aux engagements qu'elle a pris envers la Russie. Si cette imputation était fondée, le gouvernement de S. M. n'aurait pas manqué d'employer toute l'influence dont il dispose pour engager la Porte à remplir loyalement ses engagements.

» Mais le gouvernement de S. M. n'a pas plus connaissance de la violation des engagements de la Turquie que des nombreux actes arbitraires du gouvernement ottoman, qui, dit-on, ont attenté aux droits de l'Église grecque et menacé de renverser un ordre de choses sanctionné par le temps et précieux pour l'Église orthodoxe. La Russie demande, en faveur de ses coréligionnaires en Orient, le *statu quo* strict et le maintien des priviléges dont ils ont joui sous la protection des empereurs de Russie.

» Mais le comte de Nesselrode se dispense complétement de donner des explications sur la manière dont le *statu quo* a été troublé, — sur les priviléges qui ont été méconnus, — sur les plaintes qui ont été faites, — sur les griefs qu'on a refusé de redresser. Le gouvernement de S. M. ne connaît qu'une seule offense faite par le gouvernement turc à la Russie, et cette offense a été réparée à la satisfaction du prince Menschikoff, et le dernier firman par lequel le sultan confirme les priviléges et les immunités de l'Église grecque a été reçu avec une vive reconnaissance par le patriarche de Constantinople. Où sont donc les motifs qui, comme le dit M. le comte de Nesselrode, justifieraient aux yeux de l'Europe impartiale la position prise par la Russie?

» Le comte de Nesselrode ajoute que la Russie, grâce à sa position géographique et à ses traités, possède virtuellement le droit de protéger l'Église grecque en Orient. S'il en est ainsi, et si ce droit (quelles que puissent être sa nature et son étendue) n'est pas interrompu, c'est la Russie qui met en doute son existence ou sa validité en s'efforçant d'obtenir de la Porte de nouveaux engagements.

» Si les anciens droits existent, et s'ils sont respectés par la Turquie, la Russie n'a aucun motif de se plaindre; mais si la Russie cherche à étendre ses droits, la Turquie a, de son côté, le droit d'examiner avec soin les demandes nouvelles qu'on lui fait et de repousser celles qui sont incompatibles avec son indépendance et sa dignité.

» Le gouvernement de S. M. reçoit avec une sincère satisfaction les assurances nouvelles que la politique de Sa Majesté Impériale et l'intérêt de la Russie exigent le maintien de l'état de choses qui existe en Orient; et comme les intérêts de la Turquie lui imposent la nécessité d'observer ses engagements envers la Russie, le gouvernement de S. M. se flatte que la Russie ne désirera pas (en faisant effort, dans les circonstances actuelles, pour faire accepter des demandes que la Porte ne peut admettre) prolonger une crise qui peut rendre inévitables des conséquences que l'Europe a si grand besoin d'éviter.

» Vous êtes autorisé à lire cette dépêche au comte de Nesselrode, et même à en donner copie à Son Excellence.

» Je suis, etc.

» *Signé* CLARENDON. »

La multiplicité de toutes ces pièces diplomatiques ayant entravé le cours naturel de notre narration, nous croyons utile de résumer succinctement les faits énumérés dans ce chapitre premier.

En 1844, à l'aide d'un firman arraché au sultan, la Russie élève une église grecque sur les dépendances du Saint-Sépulcre ; les latins appellent de cet empiètement auprès de la cour de France, des négociations sont entamées et se poursuivent lorsque la disparition de la croix latine placée par les catholiques dans le sanctuaire de Bethléem vient fournir à ces derniers un nouveau grief et donner occasion à M. de Bourqueney, notre ambassadeur à Constantinople, de formuler cette double réclamation :

Rétablissement de la croix enlevée; restitution aux latins de divers Lieux-Saints successivement envahis par les grecs. La révolution de 1848 substitue le général Aupick à M. de Bourqueney : tandis que le gouvernement provisoire fait un appel à toutes les puissances catholiques de l'Europe en faveur du clergé latin de Jérusalem, notre nouvel ambassadeur près la sublime Porte, propose de remettre à une commission mixte le soin de régler le différend, ce qui est accepté par le sultan Abdul-Medjid; mais bientôt, sur la protestation de l'empereur Nicolas, le sultan casse la commission mixte et la remplace par des ulémas et des fonctionnaires turcs, offrant d'étendre aux deux rites la communauté des sanctuaires disputés par chacun. Cet accommodement est refusé, de part et d'autre, et la commission après plusieurs réunions, décide que les grecs, en conservant la petite coupole du Saint-Sépulcre, partageront la grande avec les latins, auxquels il sera permis d'officier dans la chapelle du tombeau de la Vierge, à la condition de ne rien modifier de la décoration intérieure ; quant à l'église de Bethléem, elle demeurera affectée aux grecs, qui devront seulement remettre à leurs rivaux une clef du sanctuaire et deux de la grotte de la Nativité.

Acceptée par les ministres, validée par un firman, cette décision est expédiée à Jérusalem où les grecs empêchent son exécution à l'instigation des agents du czar ; et comme le sultan ordonne à son représentant de passer outre, le prince Menschikoff est député extraordinairement de Saint-Pétersbourg à Constantinople. Le premier acte du diplomate russe est de pousser par une grossièreté le ministre des affaires étrangères Fuad-Effendi à se démettre de son emploi. Fuad-Effendi a vécu en Russie, il connaît les tendances moscovites, ce serait un dangereux adversaire, tandis que son successeur Rifaat-Pacha pourra se laisser abuser par le vieil ambassadeur. Après cette première victoire, l'amiral Menschikoff profite du départ de M. de la Valette, notre représentant, pour intriguer sourdement auprès de l'ambassade anglaise et prévenir s'il se peut toute alliance même défensive. Le remplaçant de M. de la Valette, M. de Lacour, est à peine installé, que le prince croit avoir atteint ce résultat, et, le 19 avril, il adresse à Rifaat-Pacha la demande formelle d'un traité entre la Porte et la Russie, garantissant les droits et immunités des chrétiens du culte gréco-russe. Sa note, très-injurieuse dans la forme, se termine par une menace, au cas où le sultan ne déférerait pas à la volonté du czar. Neuf jours après, Rifaat-Pacha refusant d'accorder à la Russie une suzeraineté spirituelle qui amènerait infailliblement son ingérence dans les affaires intérieures de la Porte, répond au prince Menschikoff qu'on suspecte à tort les intentions de la Turquie, et que cette puissance prend à la face du monde entier l'engagement de respecter et de faire respecter les privilèges religieux des chrétiens du rite grec. Deux firmans du sultan succèdent à cette réponse et viennent clore le débat relatif aux Lieux-Saints; mais cette satisfaction ne suffit pas à l'ambassadeur russe, et, dans une nouvelle note à la date du 5 mai, il insiste sur la nécessité où il est d'obtenir des garanties, et propose un projet de traité où reparaissent ses précédentes exigences, en assignant à la réponse du ministre des affaires étrangères un laps de cinq jours *pour tout délai.*

En présence d'une crise imminente, S. H. Abdul-Medjid change son ministère pour le mettre à la hauteur des événements. Mustapha-Pacha est nommé grand vizir en remplacement de Méhémed-Ali-Pacha, qui devient ministre de la guerre, et Réchid-Pacha succède à Rifaat-Pacha, au ministère des affaires étrangères. L'installation des nouveaux élus n'ayant eu lieu que le 13 mai, c'est le 17 seulement que Réchid-Pacha accuse réception de la note du 5 en demandant un délai de cinq jours pour que le nouveau ministère ait le temps d'examiner le traité proposé. Le lendemain, l'ambassadeur russe réplique par la notification de son prochain départ motivé sur le peu de sincérité des ministres ottomans; il faut donc accepter sans discussion son projet de traité, ou s'exposer aux éventualités d'une rupture avec la Russie. La veille du jour où le prince Menschikoff adresse à la Porte ce menaçant ultimatum, le gouvernement français publie dans *le Moniteur* une note pour rassurer les latins sur l'issue du débat des Lieux-Saints et en même temps pour annoncer son intention d'intervenir dans la question particulière soulevée par l'ambassadeur russe au cas où des complications imprévues en feraient une question de politique européenne.

Tandis que cette publication du *Moniteur* ébranle en France les fibres du sentiment national, à Constantinople la situation se rembrunit de plus en plus. Le cabinet ottoman rejette comme impossibles les conditions posées par l'agent du czar, et Réchid-Pacha se rend auprès du prince Menschikoff, auquel il offre, en compensation, les concessions de détail qui pourront lui sembler de nature à convaincre l'empereur Nicolas du désir qu'a le sultan de conserver avec lui des relations amicales. Pour toute réponse, l'ambassadeur russe produit un nouveau factum qui n'est que la reproduction des précédents. Les ministres, les ulémas et les hauts fonctionnaires ottomans convoqués le déclarent à l'unanimité inacceptable; et le sultan, auquel l'amiral russe arrache brutalement une audience, revendique hautement l'initiative de tous les actes de ses agents. Ces graves événements se passent le 21 mai; le même jour, le prince Menschikoff réalise sa menace et quitte Constantinople laissant derrière lui la déclaration que toute décision prise par la Porte en dehors de son dernier projet sera considérée par l'empereur Nicolas comme un acte hostile à la Russie et à sa religion.

Le 26 mai, Réchid-Pacha écrit aux représentants de la Turquie près les gouvernements de France, d'Angleterre, de Prusse et d'Autriche, que le sultan, tout en désirant le maintien de la paix, se voit forcé de prendre des dispositions militaires pour parer aux nombreux armements du czar, et les charge d'en faire la communication aux puissances près desquelles ils sont accrédités. Cinq jours après, une dépêche de M. de Nesselrode à Réchid-Pacha apporte l'adhésion pleine et entière de S. M. Impériale à *tous* les actes du prince Menschikoff, et l'annonce du prochain passage du Pruth par les troupes russes, qui occuperont, à titre de garantie matérielle, les provinces danubiennes jusqu'au jour où le sultan aura signé, *sans variantes*, l'ultimatum de l'ambassadeur moscovite.

Il importe de le dire ici, la Russie ne croyait pas à la possibilité d'une alliance entre la France et l'Angleterre, ce qui explique sa violence. Les intrigues du prince Menschikoff et les tendances du chef du cabinet britannique, lord Aberdeen, avaient créé à Saint-Pétersbourg des illusions qui s'étaient fortifiées du refus de l'amiral Dundas d'amener sa flotte dans les eaux de la Turquie, quand, à l'instigation du divan, il y avait été invité par le colonel Rose, et de l'immobilité des vaisseaux anglais dans la rade de Malte, lorsque, le 20 mars, l'escadre française de la Méditerranée allait occuper l'archipel grec. Mais le vieux parti moscovite s'était leurré d'un vain espoir, et, le 4 juin, les flottes combinées des deux nations recevaient l'ordre d'aller s'embosser à l'entrée des Dardanelles, et l'amiral de Lassusse, s'étant laissé distancer par lord Dundas d'un jour, cédait le commandement à l'amiral Hamelin.

Quant à la Turquie, elle ne demeurait pas non plus inactive. Le 5 juin, un firman du sultan confirme les chrétiens du rite grec dans tous leurs priviléges et prérogatives, et le 15 du même mois, Réchid-Pacha signale à M. de Nesselrode ce firman comme le meilleur témoignage des dispositions amicales et pacifiques de S. H. Abdul-Medjid, ajoutant que les travaux de défense, récemment ordonnés par la Porte, ne sont que la conséquence obligée des armements de la Russie, et offrant d'envoyer à Saint-Pétersbourg un ambassadeur extraordinaire pour renouer les négociations, si le gouvernement russe consent à reconnaître l'impossibilité pratique des conditions posées par le prince Menschikoff.

La nouvelle de la prochaine arrivée des flottes alliées dans la baie de Besika oblige M. de Nesselrode à envoyer une circulaire aux représentants de la Russie près les divers gouvernements de l'Europe, et cette circulaire où les faits sont outrageusement dénaturés, et où la conduite du czar est justifiée par de mensongères interprétations des traités préexistants, part de Saint-Pétersbourg le 11 juin. Le 26, l'empereur Nicolas dans un premier manifeste, décrète la prochaine occupation des provinces Danubiennes, et le 2 juillet une seconde circulaire de son chancelier annonce ce manifeste à l'Europe. Le lendemain, les troupes russes, commandées par le général Gortschakoff, passent le Pruth, qui sert de frontière commune à la Russie et aux principautés danubiennes.

Alea jacta est! Le Rubicon est franchi! la France et l'Angleterre resteront-elles paisibles spectatrices d'une aussi monstrueuse violation du droit des nations? non certes! et les souverains qui dirigent leurs destinées seront à la hauteur des événements, si grands qu'ils deviennent. Deux protestations partent à la fois de Paris et de Londres. Dans l'une, M. Drouyn de Lhuys, avec une louable énergie, conteste toutes les allégations de la chancellerie russe, et taxe d'acte offensif et de déclaration de guerre l'envahissement des principautés; dans l'autre, le comte Clarendon regarde le passage du Pruth comme un acte d'hostilité direct contre le sultan, auquel celui-ci AURAIT LE DROIT de répondre par une déclaration de guerre, et *par une réquisition aux flottes alliées de s'avancer vers Constantinople pour la défendre*, et pose en principe que l'Angleterre ne saurait tolérer cette atteinte aux traités existants.

CHAPITRE II.

Les troupes russes dans les principautés. — Les hospodars. — La conférence de Vienne. — Déclaration de guerre du sultan. — Effectif des troupes russes sur le Danube et en Asie. — La flotte de la mer Noire. — L'armée turque. — Lettre d'Omer-Pacha au prince Gortschakoff. — Commencement des hostilités. — Affaire d'Issatcha. — Deuxième manifeste de l'empereur de Russie. — Proclamation d'Omer-Pacha. — Prise du fort Saint-Nicolas. — Combat d'Oltenitza. — Bataille d'Acalzique. — Sinope. — Adresse de Réchid-Pacha aux gouvernements de France et d'Angleterre. — Reprise des conférences de Vienne. — Note collective du 5 décembre. — Refus de l'armistice par la Porte. — Circulaire diplomatique de M. Drouyn de l'Huys.

Bien que la dépêche de M. de Nesselrode, en date du 15 juin, confirmée par la proclamation du général Gortschakoff, eut assuré aux Moldo-Valaques le maintien de leur administration intérieure, le premier soin du commandant en chef des troupes russes, aussitôt son installation dans les principautés, fut d'inviter les princes Ghika et Stir-Bey, hospodars de Valachie et de Moldavie, à cesser toutes relations avec le sultan, leur souverain légitime, et, de plus, à verser au trésor de l'armée le tribut énoncé dans le hatti-chérif de 1802 et accepté par la Porte Ottomane en remplacement des redevances qu'avaient jusque là payées les principautés en chevaux, moutons, grains, menues denrées, bois de construction, etc., etc.

Ces prétentions de la Russie furent connues à Constantinople en même temps que l'envahissement des provinces danubiennes, et déterminèrent les lettres de rappel que, le 25 du même mois, Réchid-Pacha adressa aux deux hospodars ; mais déjà l'influence russe prédominait à Bucharest et à Yassy ; au lieu de protester par leur départ contre la présence des troupes du czar dans leurs Etats et la violation du traité de Balta-Liman, les princes Ghika et Stir-Bey demandèrent au sultan de rester à leur poste, et celui-ci qui voulait épuiser tous les moyens de conciliation y consentit.

De ce dernier acte de condescendance, il serait injuste d'inférer qu'Abdul-Medjid envisageât avec une résignation apathique les périls de sa situation. L'issue de la conférence de Vienne démentirait cette opinion en tant qu'on aurait pu la concevoir un seul moment.

A la suite du premier manifeste de l'empereur Nicolas, MM. de Bourqueney pour la France, de Westmoreland pour l'Angleterre, de Buol, pour l'Autriche et de Meyendorf pour la Prusse s'étaient réunis à Vienne afin d'aviser aux moyens d'éclaircir les divers points litigieux du débat entre la Turquie et la Russie. La diplomatie se flattait d'imposer silence au canon ! Vaines espérances, la plume devait rester impuissante là où déjà les épées étaient sorties du fourreau, et cette grande question de l'Orient qui préoccupe l'Europe depuis si longtemps voulait être vidée sur un autre champ de bataille que le tapis vert d'une salle de conférences. Après de nombreuses séances et des discussions animées, la note suivante fut rédigée par les plénipotentiaires, soumise à la Russie qui l'accepta, et adressée à Constantinople où elle parvint le 10 août :

« S. M. le sultan n'ayant rien de plus à cœur que de rétablir entre elle et S. M. l'empereur de Russie les relations de bon voisinage et de parfaite entente qui ont été malheureusement altérées par de récentes et pénibles complications, a pris soigneusement à tâche de rechercher les moyens d'effacer les traces de ce différend.

» Un *iradé* suprême, en date de..., lui ayant fait connaître la décision impériale, la Sublime Porte se félicite de pouvoir la communiquer à S. Exc. le comte de Nesselrode.

» Si, à toute époque, les souverains de Russie ont témoigné leur active sollicitude *pour le maintien des immunités et privilèges de l'Église orthodoxe grecque dans l'empire ottoman, les sultans ne se sont jamais refusés à les consacrer de nouveau par des actes solennels qui attestaient de leur ancienne et constante bienveillance* à l'égard de leurs sujets chrétiens. S. M. le sultan Abdul-Medjid, aujourd'hui régnant, animé des mêmes dispositions, et voulant donner à S. M. l'empereur de Russie un témoignage personnel de son amitié la plus sincère, n'a écouté que sa confiance infinie dans les qualités éminentes de son auguste ami et allié, et a daigné prendre en sérieuse considération les *représentations* dont S. Exc. le prince Menschikoff s'est rendu l'organe auprès de la Sublime Porte.

» Le soussigné a reçu l'ordre, en conséquence, de déclarer par la présente que S. M. le sultan restera fidèle à la lettre et à l'esprit des stipulations *des traités de Kaïnardgig et d'Andrinople*, *relativement* à la protection du culte chrétien, et que *Sa Majesté regarde* comme étant de son honneur de faire observer à tout jamais et de préserver de toute atteinte, soit présentement, soit dans l'avenir, la jouissance des priviléges spirituels qui ont été accordés par les augustes aïeux de Sa Majesté à l'Église orthodoxe d'Orient, et qui sont maintenus et confirmés par elle, et, en outre, à faire participer, dans un esprit de haute équité, le rite grec *aux avantages concédés aux autres rites chrétiens par conventions ou dispositions particulières.* La Sublime Porte sera justifiée si elle ne peut pas admettre l'emploi d'expressions aussi équivoques que celles de conventions ou de dispositions particulières en faveur d'une grande communauté de tant de millions de sujets qui professent le rite grec.

» Du reste, comme le firman impérial qui vient d'être donné au patriarcat et au clergé grecs, et qui contient la confirmation de leurs priviléges spirituels, doit être regardé comme une nouvelle preuve de ces nobles sentiments, et comme, en outre, la proclamation de ce firman, qui donne toute sécurité, devra faire disparaître toute crainte à l'égard du rite qui est la religion de S. M. l'empereur de Russie, je suis heureux d'être chargé de faire la présente notification.

» Quant à la garantie qu'à l'avenir il ne sera rien changé aux lieux de visitation de Jérusalem, elle résulte du firman revêtu du hatti-chérif du 15 de la lune de rebiul-ewel 1268, expliqué et corroboré par les firmans des..., et l'intention de S. M. le sultan est de faire exécuter sans aucune altération ses décisions souveraines.

» La Sublime Porte, en outre, promet officiellement qu'il ne sera apporté aucune modification à l'état de choses qui vient d'être réglé, sans entente préalable entre les gouvernements de France et de Russie, et sans préjudice pour les différentes communautés chrétiennes.

» Pour le cas où la cour impériale de Russie en ferait la demande, il serait assigné une localité convenable dans la ville de Jérusalem ou dans les environs pour la construction d'une église consacrée à la célébration du service divin pour les ecclésiastiques russes, et d'un hospice pour les pèlerins indigents ou malades de la mêne nation.

» La Sublime Porte s'engage, dès à présent, à souscrire à cet égard un acte solennel qui placerait ces fondations pieuses sous la surveillance spéciale du consul général de Russie en Syrie et en Palestine. »

Le gouvernement ottoman fut étrangement surpris à la réception de cette note, qui reproduisait et légitimait toutes les revendications du prince Menschikoff, et, après en avoir délibéré, il envoya aux gouvernements de France, d'Angleterre, d'Autriche et de Prusse un mémoire explicatif où il énumérait les diverses modifications demandées par le sultan et précisait la portée de ces modifications. Elles étaient au nombre de trois. Les voici dans leur ordre :

1° Le troisième paragraphe commence en ces termes : « Si, à toute » époque, les empereurs de Russie ont témoigné de leur active sollici- » tude pour le maintien des immunités et priviléges de l'Église grecque » dans l'empire ottoman, les sultans ne se sont jamais refusés à les con- » sacrer de nouveau par des actes solennels! » L'adhésion à ce paragraphe n'implique-t-elle pas la reconnaissance que le maintien des priviléges de l'Église grecque dans les États ottomans est exclusivement dû à l'active sollicitude des czars, tandis que, depuis le glorieux règne de Mehmed le Conquérant, ces priviléges ont été octroyés et maintenus sans la participation de qui que ce soit.

2° Le quatrième paragraphe où se trouve mentionné le traité de Kaïnaragig peut laisser croire, par l'ambiguïté de sa rédaction, que les priviléges religieux sont le résultat naturel et l'esprit commenté dudit traité, ce qui constituerait infailliblement au profit de la Russie un droit d'immixtion dans les affaires intérieures de la Sublime-Porte, droit équivalent à un partage de la souveraineté. Si l'on tient à rappeler dans le projet actuel la promesse énoncée au traité dont s'agit, il importe d'expliquer catégoriquement que cette protection est entièrement distincte de la question des priviléges religieux.

3° A la fin de ce même quatrième paragraphe, on décrète l'extension au rite grec des avantages octroyés aux autres cultes chrétiens. L'intérêt bien entendu de Sa Hautesse étant d'accorder cette extension, non seulement pour les avantages actuellement concédés aux communautés ses sujettes, mais encore pour les immunités à venir, il est donc superflu d'ajouter que la Porte sera justifiée de ne pouvoir admettre les équivoques expressions de conventions ou de dispositions particulières, en faveur du rite grec pratiqué par tant de millions de ses sujets.

Sous la condition de ces changements, le sultan s'engageait à signer la note de la conférence, en échange de l'évacuation des principautés. Le mémoire finissait par un appel aux hautes puissances, à l'effet d'obtenir une solide garantie contre toute ingérence à l'avenir dans le ressort de sa puissance et toute occupation momentanée de la Moldavie et de la Valachie.

La rédaction de la Porte Ottomane envoyée au cabinet de Saint-

Pétersbourg y fut refusée, ainsi que le constate une dépêche du comte de Nesselrode à M. de Meyendorff, à la date du 26 août (8 septembre) 1853. Dans cette dépêche, le ministre du czar énonçait en substance : que la première rectification, proclamant la constante sollicitude des sultans pour le culte orthodoxe, réduisait à néant la démarche du prince Menschikoff et taxait d'injustice et de déloyauté la conduite de la Russie; que la seconde avait pour but évident d'affaiblir le traité de Kaïnaragig, tout en ayant l'air de le confirmer; enfin que la troisième cachait une fin de non recevoir complétement inadmissible, en disant que le gouvernement ottoman s'obligeait à laisser participer le culte orthodoxe aux avantages qu'il accorderait aux autres communautés religieuses, *sujettes de la Porte,* attendu qu'un privilége concédé à une communauté catholique ou autre composée, non de rayas indigènes, mais de prêtres et laïques étrangers, échapperait ainsi aux communautés orthodoxes, sans réclamation fondée de leur part.

Les ambassadeurs de France et d'Angleterre ayant, après lecture du refus de M. de Nesselrode, émis hautement l'opinion que les conditions imposées à la Porte étaient périlleuses, qu'on ne devait pas les lui présenter à nouveau, la conférence fut dissoute de droit mais non de fait, et M. de Buol invita MM. de Bourqueney et de Westmoreland à la patience, s'engageant à obtenir du czar, qu'il allait retrouver à Olmütz, des concessions suffisantes pour le maintien de la paix. En effet, le 25 septembre, les empereurs d'Autriche et de Russie eurent une entrevue à Olmütz; le 3 octobre, le roi de Prusse rejoignait ces deux monarques à Varsovie et les ramenait le 8 à Berlin. Quoique le secret de ces divers conciliabules n'ait point encore transpiré, il est permis de croire qu'on n'y débattait pas une solution pacifique, à en juger par cette note confidentielle émanée du conseil des trois souverains et envoyée, le 20 octobre, à l'internonce d'Autriche, le baron de Brück, pour être remise à Réchid-Pacha :

« En conseillant unanimement à la Sublime Porte d'adopter le projet de note concerté à Vienne, les cours d'Autriche, de France, d'Angleterre et de Prusse sont pénétrées de la conviction que ce document ne porte nullement atteinte aux droits souverains et à la dignité de S. M. le sultan.

» Cette conviction est fondée sur les assurances positives que le cabinet de Saint-

Pétersbourg a données quant aux intentions qui animent S. M. l'empereur de Russie en demandant une garantie générale des immunités religieuses accordées par les sultans à l'Église grecque dans leur empire.

» Il ressort de ces assurances qu'en demandant, en vertu du principe posé dans le traité de Kaïnaragig, que le culte et le clergé grecs continuent à *jouir de leurs priviléges spirituels sous l'égide de leur souverain*, l'empereur ne demande rien de contraire à l'indépendance et aux droits du sultan, rien qui implique une intention d'ingérence dans les affaires intérieures de l'empire ottoman.

» Ce que veut l'empereur de Russie, c'est le maintien strict du *statu quo* religieux de son culte, savoir : une égalité entière de droits et d'immunités entre l'Église grecque et les autres communautés chrétiennes sujettes de la Porte, par conséquent la jouissance, en faveur de l'Église grecque, des avantages accordés à ces communautés. Il n'entend point ressusciter les priviléges de l'Église grecque tombés en désuétude par l'effet du temps ou des changements administratifs, mais demande que le sultan la fasse participer à tous les avantages qu'il accorderait à l'avenir à d'autres rites chrétiens.

» Le cabinet impérial d'Autriche aime, par conséquent, à ne pas douter que la Sublime Porte, en pesant encore une fois, avec toute la sérieuse attention que la gravité de la situation exige, les explications données par la Russie dans le but de préciser la nature et l'extension de ses demandes, ne se décide à l'adoption pure et simple de la note de Vienne.

» Cette adoption, tout en assurant au gouvernement ottoman un nouveau titre à la sympathie et à l'appui des puissances qui la lui ont conseillée, lui offre à la fois un moyen aussi prompt qu'honorable d'opérer sa franche réconciliation avec l'empire de Russie, réconciliation que tant d'intérêts majeurs réclament si impérativement. »

Cette note fut repoussée à Constantinople ; c'est que là aussi la marche des événements avait amené de sérieuses complications. Le 18 septembre, une dépêche télégraphique y avait apporté à l'internonce autrichien la nouvelle du refus de la Russie de ratifier les modifications introduites par la Porte dans le projet de Vienne. Avant la communication officielle, qui n'eut lieu que trois jours après, M. de Brück s'empressa de voir les ambassadeurs de France et d'Angleterre, MM. de Lacour et Strafford de Redcliffe et les invita à se réunir à lui pour obtenir du gouvernement ottoman l'acceptation pure et simple de la convention des plénipotentiaires. Après plusieurs réunions et à la suite d'une séance tenue dans la nuit du 24 au 25 septembre, il fut décidé qu'une démarche en ce sens serait faite auprès du sultan, mais il était trop tard ! Le 25 septembre, le même jour où l'héritier de Hapsbourg et le descendant des Romanoff se rencontraient à Olmütz, Abdul-Medjid assemblait, sous la présidence du grand vizir, un conseil extraordinaire composé de tous les ministres, des hauts fonctionnaires et des grands dignitaires de l'empire, au nombre de deux cents. Ce conseil se réunit deux fois, les 25 et 26 septembre, et déclara à l'unanimité des voix que la Porte ne pouvait, sans porter atteinte à sa dignité souveraine, revenir en rien sur les changements qu'elle avait faits à la note de Vienne. Cette déclaration revêtue du fetva (mandement) du scheick-ul-Islam (prince de l'islamisme) fut soumise à la sanction souveraine du sultan et notifiée dans *le journal de Constantinople* au public. En même temps, un manifeste annonçait aux puissances que le sultan allait défendre par les armes l'intégrité de son territoire et sa prérogative souveraine contre les attaques de la Russie. Quelques jours après, *le 5 moharrem* 1270 (8 *octobre* 1853), une proclamation du grand vizir Mustapha-Pacha invitait les habitants de Constantinople et de ses trois faubourgs, Scutari, Eyoub et Galata, à respecter les personnes et les propriétés de ceux de leurs compatriotes qui partageaient les convictions religieuses de l'ennemi, sous peine de châtiments sévères pour les contrevenants. Louable tolérance qui, en dépit des intrigues des agents secrets de Saint-Pétersbourg, fut appréciée comme elle méritait de l'être par les ulémas et les prêtres chrétiens et prévint toute espèce de légalisation des griefs du gouvernement russe.

Avant d'entrer dans le détail des opérations militaires, il est important d'énumérer les forces de chaque parti en Europe et en Asie.

L'armée russe, entrée dans les principautés sous le commandement du prince Gortschakoff, ayant le général Kotzebüe pour chef d'état-major général, se composait d'environ cent vingt mille hommes ainsi répartis :

1° Le quatrième corps (corps Danneberg).

2° Une partie du cinquième corps (corps Luders) comprenant une division d'infanterie de ligne, une division de cavalerie, quatre batteries d'artillerie à pied, deux batteries d'artillerie à cheval, un bataillon de chasseurs d'élite.

3° Quatorze régiments de Cosaques du Don, avec leur artillerie composée de sept batteries à cheval, sous le commandement du comte Orloff;

4° Deux équipages de pont et un parc d'artillerie de gros calibre.

Le corps d'Osten-Sacken, dans son cantonnement de Bessarabie, de l'autre côté du Pruth, formait la réserve de l'armée d'occupation.

Du côté des turcs, l'armée de Roumélie, commandée en chef par le *muchir* (maréchal) Omer-Pacha, comptait cent soixante mille hommes savoir :

Artillerie. . . . . 40 batteries à 12 par régiment de 1300 hommes. . . . . 4,300 hommes.

Cavalerie régulière. . . . . . . 12 régiments de 720 hommes. 8,640

Gendarmes à cheval. 10,000

Albanais irréguliers. 12,000

Contingent égyptien. 15,000

Infanterie. 105,000

Elle se divisait en quatre corps principaux stationnés comme suit :

A Chumla, près des monts Balkans, cinquante mille hommes commandés par Omer-Pacha. A ce corps étaient annexés deux bataillons de tirailleurs de formation récente, armés par la France de carabines à tige sur le modèle de celles des chasseurs de Vincennes. A Babadaji, ancienne résidence des pachas de Silistrie, au sommet de la Dobristcha, vingt mille commandés par Alim-Pacha. En Bulgarie, sur le Danube, de Sistow à Ruscht-Schuck, trente mille commandés par Mustapha-Pacha; de Sistow à Widdin, vingt-cinq mille commandés par Ismaïl-Pacha; à Varna, Pravardin, Tirnova et dans les forteresses des Balkans, trente mille; indépendamment de cinquante mille hommes de réserve sous le commandement de Rifaat-Pacha qui avait établi son quartier général en Bulgarie, à Sophia.

En Asie, l'armée russe du Caucase, sous les ordres du prince Woronzoff, était forte de cent-soixante mille hommes; celle des turcs, divisée en deux corps ayant pour chefs Abdi-Pacha et Sélim-Pacha ne comptait que cent mille hommes de troupes régulières et cinquante mille irréguliers.

Si les forces de terre s'équilibraient numériquement, il n'en était pas de même des forces maritimes. De ce côté, tout l'avantage était pour la Russie dont la flotte de la mer Noire, soit à Sévastopol, soit à Nicolaïef, menaçait tout à la fois la Roumélie et l'Anatolie, Varna, Bourgas et Constantinople, comme Amastrah, Sinope, Trézibonde et Batoum. Voici le dénombrement de cette flotte aussi superbe, —aussi inutile,— que *l'Armada invicta* du successeur de Charles-Quint :

Un vaisseau de ligne à hélice de 120 canons, *le Bosphore* ; cinq vaisseaux de ligne trois-ponts de 120 canons, *le Grand-duc Constantin, le Paris, le* Varsovie, *les Trois-Saints, les Douze Apôtres*. Total : 720 canons sur sept bâtiments.

Onze vaisseaux de ligne de 84 canons, *l'Alexandre, l'Impératrice Marie, l'Anapa, Uriel, Varna, Selafael, Chraboi, Yagudiel, Swiatoslaf, Tchesme, Rostislaf* : 924 canons sur onze bâtiments. Quatre frégates à voiles de 54 canons, *la Médée, la Messembria, la Sizopolis, la Kulavcha* : 216 canons sur quatre bâtiments.

Trois frégates à voile de 44 canons, *la Flore, la Kagul, la Kovarna* : 132 canons sur trois bâtiments.

Neuf bricks ou corvettes à voile de 20 canons, *l'Adrienne l'Andromaque, la Calypso, l'Enée, le Mercure, le Néarque, le Ptolémée, le Pylade, le Thésée* : 180 canons sur neuf bâtiments.

Trois vapeurs à aubes de 6 canons, *le Gromonosetz* (400 chevaux), *le Vladimir* (400), *la Bessarabie* (260) : 18 canons sur trois bâtiments.

Onze vapeurs à aubes de 3 canons, *l'Odessa* (260 chevaux), *l'Elborouz* (260), *la Chersonèse* (250), *la Crimée* (250), *le Boetz* (150), *le Mogoutski* (150), *la Colchide* (120), *le Grosno* (120), *le Maladets* (120), *la Severnaïa-Svesda* (120), *l'Argonaute* (44) : 33 canons sur onze bâtiments.

Total général : 2,223 canons sur quarante-huit bâtiments.

Mentionnons en outre bon nombre de vaisseaux démâtés transformés en pontons ou faisant office de batteries flottantes, vingt-cinq goëlettes, yachts et transports, une flottille de canonnières manœuvrée par les cosaques dont trente chaloupes pour la mer d'Azof et quinze pour le Danube, un grand nombre de petits vapeurs en fer de 50 à 100 chevaux, et trois remorqueurs sur le Danube.

Aussitôt que la statistique qui précède eut été publiée dans les journaux de France et d'Angleterre, nos populations d'occident, aveuglées par le préjugé, commencèrent à désespérer de la cause ottomane. On connaissait le soldat russe auquel Napoléon 1er a rendu hommage dans ses causeries de Sainte Hélène. D'une nature vigoureuse, rompu à tous les exercices du corps, endurci contre l'intempérie des saisons et la fatigue, on savait qu'en campagne un morceau de biscuit et un peu d'eau suffisent à sa nourriture; on savait encore qu'un rouble par homme lui paraît la récompense suffisante d'une victoire qu'il a achetée de son sang et qu'au combat il brave volontiers la mitraille ennemie, par crainte du bâton de ses officiers; on savait enfin que, par son inflexible fermeté, il est le digne héritier de ces scythes que Fermanel nous peint comme les belliqueux nomades qui incommodent le plus leurs ennemis, marchant jour et nuit et ne se reposant qu'après la victoire, ou dans la mort.

Quant aux turcs, si l'on ne songeait plus aux ortas de janissaires figurant sur les contrôles pour plus de trois cent mille hommes, et ne pouvant réunir, ainsi qu'il arriva sous Mahmoud, un effectif de vingt-cinq mille soldats qui désertèrent pour moitié aux portes d'Andrinople, après avoir consacré vingt-trois jours à un trajet de quarante-six heures de marche, on se rappelait cet esprit d'insubordination inhérent aux troupes ottomanes qui contraignit un grand visir, enfermé dans son camp de Chumla avec quatre-vingt mille hommes, à lever aux environs, sur le refus de ses soldats de quitter leurs cantonnements, cinq mille hommes pour aller, à vingt-cinq lieues de là, secourir la place de Kratowa assiégée par les russes. On croyait que servilement attachés aux vieilles coutumes, ils ignoraient tout des méthodes précises créées et perfectionnées dans la guerre convertie en art, et n'avaient qu'une brutale audace à opposer à l'ordre, à la tactique et aux savantes combinaisons de leurs ennemis. Le temps n'est pas loin de nous en effet où, dans un des Codes turcs, on lisait cette disposition :

« Toute loi nouvelle est une *innovation*, déclare le saint prophète, *toute innovation est un égarement et tout égarement conduit au feu éternel.* »

Grave erreur pourtant et coupable ignorance ! Le fanatisme ne règne plus à la Sublime-Porte, et, grâce à de sages modifications, les troupes s'y étaient préparées à mériter ce beau nom de *nouvelle armée victorieuse* que leur avait décerné le sultan Mahmoud en les instituant le 29 mai 1826 en remplacement des janissaires. Vers 1843, Riza-Pacha avait eu la gloire de voir sanctionner par le jeune sultan un plan de réorganisation militaire qui, habilement mis en œuvre, put suffire à la régénération des troupes turques ; heureusement pour l'empire de Mahomet, Abdul-Medjid, en ceignant, le 2 juillet 1839, le sabre d'Othman dans la mosquée d'Eyoub, n'avait point abdiqué les idées réformatrices de son père, et, par ses soins, l'armée des sultans manœuvra suivant l'ordonnance française en ce qui concerne l'infanterie, la cavalerie et le génie ; quant à l'artillerie, elle participa du système français et du système prussien. C'est encore à la France qu'il demanda des modèles pour la hiérarchie et les attributions des grades, mais ce qui surtout fit la force de la nouvelle armée, ce fut, à l'imitation de la landwerh prussienne et de l'organisation militaire des cantons suisses, la division du service en deux catégories, l'activité et le *redif* (réserve). Après un temps déterminé passé sous les drapeaux, le soldat turc réintègre ses foyers, sous la promesse de répondre au premier appel qui lui sera fait, et cette ingénieuse combinaison permet au sultan de doubler, au cas de guerre, son effectif militaire, sans avoir à remplir ses cadres de recrues ignorantes, impuissantes, presque inutiles.

Les appréhensions de l'Europe occidentale étaient donc mal fondées, les événements le prouveront mieux encore que nos assertions.

Le 8 octobre, le divan fit parvenir au généralissime en chef de l'armée de Roumélie une lettre qu'il devait signer et adresser directement de son camp de Chumla au général Gortschakoff alors à Bucharest où résidait l'hospodar de Valachie qui, à l'imitation de son collègue d'Yassy, ne quitta les principautés que le 28 octobre. Cette lettre était une dernière épreuve pacifique, une suprême tentative de conciliation ; elle offrait au général russe un délai de quinze jours pour évacuer les provinces danubiennes, en annonçant que le rejet de cette proposition serait le signal des hostilités.

Le prince Gortschakoff, — cette justice lui est due, — agit en cette circonstance avec la loyauté d'un soldat : au lieu d'abuser son adversaire par d'évasifs atermoiements, il répondit courrier par courrier qu'il n'était personnellement apte à traiter de la paix ni de la guerre, que sa mission avait pour but l'occupation des principautés dont l'évacuation ne pouvait être décidée qu'à Saint-Pétersbourg. Quoi qu'il en fût de cette réponse, Omer-Pacha ne voulut pas dépasser le terme assigné par sa lettre, et ce ne fut que le 23 octobre qu'un engagement eut lieu à Issatcha, entre les turcs et les soldats de Nicolas. De leurs fortifications d'Issatcha, sur la rive gauche du Danube, ceux-là avaient aperçu deux vapeurs russes escortés de chaloupes canonnières qui essayaient de remonter le Danube dans la direction de Galatz. Bien que peu nombreuse, la garnison ottomane fit une sortie, et si elle ne parvint pas à fermer le passage, du moins le disputa-t-elle avec une vigueur et une audace du meilleur augure pour l'avenir.

Le même jour presqu'au même instant, en amont du Danube et aux environs de Turtukaï, entre Silistrie et Rustch-Schuck, des coups de feu étaient échangés entre deux compagnies russes et quelques égyptiens. Ces rencontres partielles, dues au hasard et sans résultat digne d'appréciation, méritent cependant d'être signalées en ce sens qu'elles empêchèrent un nouveau délai arraché à la longanimité du sultan par l'insistance des quatre ambassadeurs ; ce délai reculait au 1er novembre le terme de l'évacuation des provinces danubiennes et la défensive d'Omer-Pacha, si toutefois les hostilités ne se trouvaient pas entamées. Cette suprême tentative diplomatique avait au reste si peu de chance de réussir que le czar Nicolas n'en attendait pas l'issue avant de lancer un deuxième manifeste ainsi conçu :

« Par la grâce de Dieu, nous, Nicolas Ier, empereur et autocrate de toutes les Russies, etc., etc., etc.

» Savoir faisons :

» Par notre manifeste du 14 juin de la présente année, nous avons fait connaître à nos fidèles et bien-aimés sujets les motifs qui nous ont mis dans l'obligation de réclamer de la Porte Ottomane des garanties inviolables en faveur des droits sacrés de l'Église orthodoxe.

» Nous leur avions annoncé également que tous nos efforts pour ramener la Porte, par des moyens de persuasion amicale, à des sentiments d'équité et à l'observatiou fidèle des traités, étaient restés infructueux, et que nous avions, par conséquent, jugé indispensable de faire avancer nos troupes dans les principautés du Danube. Mais, en adoptant cette mesure, nous conservions encore l'espoir que la Porte reconnaîtrait ses torts et se déciderait à faire droit à nos justes réclamations.

» Notre attente a été déçue.

» *En vain même les principales puissances de l'Europe ont cherché par leurs exhortations à ébranler l'aveugle obstination du gouvernement ottoman.* C'est par une déclaration de guerre, par une proclamation remplie d'accusations mensongères contre la Russie, qu'il a répondu aux efforts pacifiques de l'Europe, ainsi qu'à notre longanimité. Enfin, enrôlant dans les rangs de son armée les révolutionnaires de tous les pays, la Porte vient de commencer les hostilités sur le Danube. La Russie est convoquée au combat ; il ne lui reste donc plus, se reposant en Dieu avec confiance, qu'à recourir à la force des armes pour contraindre le gouvernement ottoman à respecter les traités et pour en obtenir la réparation des offenses par lesquelles il a répondu à nos demandes les plus modérées et à notre sollicitude légitime pour la défense de la foi orthodoxe en Orient, que professe également le peuple russe.

» Nous sommes fermement convaincu que nos fidèles sujets se joindront aux ferventes prières que nous adressons au Très-Haut, afin que sa main daigne bénir nos armes dans la sainte et juste cause qui a trouvé de tout temps d'ardents défenseurs dans nos pieux ancêtres.

» *In te, Domine, speravi, non confondar in æternum.*

» Donné à Tsarkoé-Sélo, le 20e du mois d'octobre (1er novembre) de l'an de grâce mil huit cent cinquante-trois, et de notre règne le vingt-huitième.

« *Signé* NICOLAS. »

Certes, il y aurait dans ce manifeste plus d'une injustice à signaler, plus d'une erreur à rectifier, mais ne vaut-il pas mieux reproduire cette proclamation d'Omer-Pacha à ses troupes et, quittant les voies tortueuses de la politique, se retremper dans les sentiments chevaleresques du soldat :

« SOLDATS IMPÉRIAUX !

» Quand nous combattrons notre ennemi, fermes et courageux, nous ne fuirons pas, et, pour nous venger de lui, nous sacrifierons notre tête et notre âme. Voyez le Coran ; nous l'avons juré sur le Coran. Vous êtes musulmans, et je ne doute pas que vous ne sacrifiiez votre tête et votre âme pour la religion et pour le gouvernement.

» Mais s'il est parmi vous un seul homme qui ait peur de la guerre, qu'il le dise ; car il est trop périlleux de se présenter à l'ennemi avec de tels hommes. La peur est une maladie du cœur. Celui qui a peur sera employé dans les hôpitaux et à d'autres services ; mais plus tard quiconque tournera le dos à l'ennemi sera fusillé !

» Les hommes courageux qui veulent, au contraire, s'immoler pour la religion et pour le trône, qu'ils restent. Leur cœur est uni à Dieu ; fidèles à la religion et s'ils se montrent valeureux, Dieu leur donnera certainement la victoire.

» Soldats ! purifions notre cœur et puis confions-nous dans l'assistance de Dieu !

» Combattons et faisons le sacrifice de nous-mêmes comme nos aïeux, et comme ils nous ont légué notre patrie et notre religion, nous devons les léguer à nos fils.

» Vous savez tous que le but de cette vie est de servir dignement Dieu et le sultan, et de gagner ainsi le ciel.

» Soldats ! quiconque a de l'honneur doit penser et servir dans ces sentiments. Dieu nous protége !

» *Le muchir* OMER-PACHA. »

Cette proclamation produisit sur l'armée ottomane un excellent effet moral et répondit aux vues du général en chef, qui avait résolu de prendre l'offensive. Son plan de campagne était à la fois ingénieux et simple. En raison des méandres du Danube, la ligne de défense qu'avaient à couvrir les turcs outrepassait les limites du possible, mais ce désavantage s'amoindrissait singulièrement par suite des forteresses, étagées sur la rive droite du fleuve, et des défilés des Balkans qui, au cas du passage des russes, leur opposeraient un double obstacle, — presque insurmontable si l'on évoquait les souvenirs des guerres de 1808 et de 1828. Kalafat, en face de Widdin, était comme la clef de la Serbie ; le général, qui connaissait parfaitement le terrain, ayant été chargé par le sultan, à une époque antérieure, de relever la topographie des provinces danubiennes, ordonna au corps d'Ismaïl de s'en emparer, et, tandis que les russes prenaient position à Slativa, puis à Kratowa, sur la grande route de Bucharest à Temeswar, il tentait sur deux points, pour amener la division des forces ennemies, le passage du Danube, à Giorgewo, au-dessus de Rustch-Schuck, et à Turtukaï, en face d'Oltenitza, bourgade à deux journées de marche de Bucharest, où les russes avaient un campement. Les ottomans échouèrent à Giorgewo, mais le 2 et le 3 novembre, dix mille hommes commandés par le général en chef passèrent sur la rive gauche du fleuve à Oltenitza. Pour cette première expédition, Omer-Pacha avait choisi ses meilleurs officiers et l'élite de ses troupes ; le centre obéissait à Ahmed-Pacha, l'aile droite à Mustapha-Pacha, l'aile gauche à Ismaïl ; Alid-Pacha et Nedja-Pacha commandaient l'artillerie.

Ajoutons que les soldats étaient pleins de foi dans leur général en chef, dont les précédentes expéditions au Liban et au Monténégro avaient toujours réussi, et l'on comprendra l'impétuosité avec laquelle ils sautèrent des chaloupes à l'eau quand les russes essayèrent de s'opposer à leur débarquement. Après avoir refoulé leurs adversaires, les turcs envahirent les bâtiments de la Quarantaine au bord du Danube, s'y installèrent et fortifièrent l'île qui fait face à Oltenitza, au moyen de fascines recouvertes de terre. Ils présentaient un effectif de neuf à dix mille hommes. Le général Danneberg, sous les ordres duquel était le quatrième corps de l'armée russe, comprit l'importance d'un premier engagement, — les combats d'Issatcha et de Turtukaï n'étaient que des escarmouches sans conséquence, — et vint avec onze mille hommes, conduits par le général Pauloff, le Ney moscovite, pour rejeter les assaillants de l'autre côté du fleuve.

L'attaque commença le 4 au point du jour. En dépit d'une violente canonnade, les soldats d'Omer-Pacha risquèrent une sortie, et ne laissant derrière leurs batteries improvisées qu'un petit nombre de défenseurs, se répandirent dans la plaine en tirailleurs; après avoir repoussé un régiment de hussards et bravé plusieurs charges à la baïonnette, ils regagnèrent leurs fortifications sans que l'ennemi pût s'opposer à leur mouvement. Là, voyant que les russes s'étaient placés par une fausse manœuvre entre les feux croisés du fort de Turtukaï et des batteries de la Quarantaine, ils multiplièrent avec tant de bonheur leurs décharges, que le général Danneberg fut forcé de reculer jusqu'à des marécages où ses troupes empêtrées eurent beaucoup à souffrir des tirailleurs turcs. La lutte dura quatre heures; au bout de ce temps, les russes abandonnèrent le champ de bataille, y laissant trois cent quatre-vingt-seize morts, dont un colonel, un lieutenant-colonel, vingt-quatre officiers et trois cent soixante-dix soldats. En outre, leurs ambulances relevèrent huit cent cinquante-sept blessés, au nombre desquels on comptait le général Pauloff, six majors et vingt bas officiers.

Après une occupation de dix jours, Omer-Pacha quitta Oltenitza et repassa le Danube. Les russes s'étaient retirés sur Bucharest, qu'ils craignaient de voir attaquer, et ce mouvement rétrograde permit aux ottomans d'organiser sur un pied convenable la défense de Kalafat.

A l'heure où se livrait le combat d'Oltenitza, Abdul-Medjid recevait à la mosquée d'Eyoub le titre de *Ghasi* (guerrier), que les sultans sont obligés de prendre avant de faire leurs premières armes. Cette démarche annonçait aux musulmans que leur souverain, rompant avec la tradition qui, depuis Sélim II, a tenu les sultans éloignés du commandement des troupes, allait défendre de sa personne ses états menacés par l'ambition de la Russie.

Constantinople accueillit avec enthousiasme la nouvelle de la victoire d'Omer-Pacha, tandis que le général Gortschakoff s'efforçait de l'amoindrir, — au point d'annoncer aux blessés évacués sur Bucharest que leur intrépidité avait eu pour résultat de rejeter les turcs en deçà du Danube.

Le même bonheur favorisait les premières opérations de l'armée d'Asie. Ainsi, dans la nuit du 27 octobre, Sélim-Pacha, général en chef du corps ottoman de Batoum, composé de huit mille soldats de ligne, de six mille de la réserve et de dix mille irréguliers, détachait un bataillon de la garde impériale et trois mille irréguliers, avec mission de s'emparer du fort de Checkvétil ou Saint-Nicolas dans le Guriel. Cette place était défendue par deux bataillons d'infanterie, une compagnie d'artillerie et trois compagnies de cosaques. Attaqué dans la matinée du 28, le fort fut pris après quelques heures de combat; vainement une garnison voisine avait tenté de secourir ses défenseurs; le bataillon de la garde s'était porté à sa rencontre et l'avait mise en déroute. Quatre canons et deux mille fusils tombèrent au pouvoir des vainqueurs. On évalua la perte des russes à mille hommes; celle des turcs n'atteignit pas la moitié de ce chiffre. Le fils du prince géorgien Gouriel et une centaine de soldats demeurèrent prisonniers.

Le premier soin de Sélim-Pacha fut alors de réparer et de développer les ouvrages de la place; il le fit avec tant de succès que, le 18 novembre, une escadre russe composée de quatre frégates, de quatre bateaux à vapeur et d'un transport, essaya, sans y réussir, de déloger les ottomans, dont la mitraille endommagea à ce point un vapeur et la frégate *le Foudroyant* que ces deux bâtiments durent être remorqués, lors de la retraite.

Une nouvelle tentative des russes, le lendemain, ne fut pas plus heureuse. Les turcs les culbutèrent à Ouf, bourgade aux environs de Saint-Nicolas.

De son côté, Ahmed-Pacha, chef de l'état-major des troupes d'Anatolie, venait occuper, le 13 novembre, le village de Bayandir et mettre le siége devant la forteresse d'Alexandropol, sur la route de Kars à Tiflis. Le lendemain il repoussait vigoureusement une sortie des russes qui, après avoir passé la nuit à relever leurs morts, en laissèrent encore cependant deux cents sur la place avec vingt caissons et voitures.

Enfin, la nouvelle arrivait aux bureaux du ministère de la guerre qu'Ali-Riza-Pacha occupait les six districts d'Ashour, Abastoman, Kuplian, Tchetchéreck, Isvanda et Kahirtiz, dont les populations avaient demandé des gouverneurs turcs et proclamé avec enthousiasme l'autorité du sultan.

Par malheur, ces brillants débuts ne devaient pas se soutenir. Remplacé par Abdi-Pacha au siége d'Alexandropol, Ali-Pacha rencontra, le 26 novembre, à Acalzique, le corps d'armée du prince Andronnikoff, composé de sept bataillons et demi de réguliers, de neuf compagnies de cosaques, de quinze cents hommes de milice et de dix-sept pièces d'artillerie. Les turcs n'avaient que treize pièces de canon, dix-huit cents hommes d'infanterie, quatre cents cavaliers et dix mille irréguliers. Ces derniers, à la vue de l'ennemi, le chargèrent avec impétuosité, mais suivant leur coutume, sans aucun esprit de corps et pour ainsi dire individuellement; les russes les reçurent à portée et en firent un épouvantable carnage; repoussés avec perte, les assaillants entraînèrent les réguliers dans leur fuite, malgré les héroïques efforts des artilleurs, qui moururent sur leurs pièces. Au rapport du prince Andronnikoff, les turcs auraient perdu dans cette affaire dix canons de campagne, deux de montagne, neuf caisses à gargousses, deux caissons d'artillerie, cinq grands drapeaux (*sanjacks*), douze drapeaux de compagnie, six guidons, deux parcs d'artillerie riches de quatre-vingt-dix charges de cheval de gargousses et de cartouches, de quarante-deux barils de poudre et de cent soixante mille cartouches, la chancellerie d'Ali-Pacha, les tentes, une grande quantité d'armes, de chevaux, d'objets d'équipement, et enfin d'énormes approvisionnements de farine et d'orge.

Pendant que ces événements s'accomplissaient sur les rives du Kour, le prince Beboutoff accourait au secours d'Alexandropol. Abdi-Pacha, ne se sentant pas suffisamment appuyé, leva le siége et allait repasser la frontière lorsque lui parvint la nouvelle du désastre d'Acalzique. Voulant réparer l'échec de son lieutenant, il revint sur ses pas et fut rejoint par le général russe, le 2 décembre, au village de Basch-Radyck-Laz. En moins de trois heures, son camp fut enlevé et ses troupes se débandèrent, abandonnant à l'ennemi trente-neuf canons. Cette défaite et la responsabilité de celle d'Acalzique entraînèrent bientôt la destitution du muchir Abdi-Pacha et la réorganisation de l'armée d'Anatolie sous les ordres de Khurchid-Pacha. L'une des principales réformes introduites par le nouveau règlement fut l'obligation pour les irréguliers de contracter des engagements et de subir le régime des troupes de ligne. Mais la Turquie n'avait pas épuisé la coupe d'amertume, et de nouveaux revers attristaient ses annales.

Bien que, dans sa troisième circulaire, M. de Nesselrode eût déclaré que la Russie resterait sur la défensive aussi longtemps qu'elle ne serait point forcée de sortir du cercle dans lequel elle voulait circonscrire son action, et ne prendrait pas l'initiative des hostilités, le 30 novembre, l'amiral russe Nakimoff vint attaquer la flottille ottomane dans le port de Sinope.

L'escadre, sous les ordres d'Osman-Pacha, comprenait :

Le Nizamieh, de	60 canons.
Le Naveick	52
Le Nesim	52
Le Kaïd	50
La Dimial	44
Le Fayl-Illah	38
Le Hani-Illah	36
Le Djiula-Safid	24
Le Redjibi-Féchan	24
Le Faïzi-Maabad	22
L'Izegli	4
Le Taïf	4
Total	410 canons.

Nous avons donné plus haut le détail de la flotte de Sévastopol ; en s'y reportant, il est facile de voir que l'escadre ottomane ne pouvait essayer de lutter contre elle; aussi les instructions d'Osman-Pacha ne commandaient-elles autre chose que l'entretien des communications entre l'armée d'Anatolie et Constantinople. Depuis quelques jours, les vents du nord l'avaient contraint de se réfugier dans le port de Sinope, qui fait face à la ville de Sévastopol et dont l'ancrage est un des meilleurs de la côte asiatique. Le 27, deux vaisseaux et un brick russes poussèrent une reconnaissance jusque sous le feu des batteries de terre sans être inquiétés, et l'amiral turc, ne soupçonnant pas de perfidie, ne crut pas devoir réclamer la protection de la flotte anglo-française mouillée dans le Bosphore, à la date du 2 novembre. Cette sécurité lui fut fatale; le 30, à midi, trois vaisseaux à trois ponts, trois vaisseaux de deuxième rang, deux frégates et trois bateaux à vapeur, commandés par le vice-amiral Nakimoff, entrèrent dans la rade; en outre, quatre frégates stationnaient au dehors, et des croiseurs, échelonnés depuis le cap Indjeh jusqu'à Amastrah, veillaient à ce qu'aucun secours ne pût arriver de Constantinople. Dès que la flotte russe lui avait été signalée, Osman-Pacha s'était empressé d'expédier au sultan *le Taïf* et de prendre ses dispositions de combat. Aux sept cent soixante canons russes, il n'avait à opposer que quatre cent six bouches à feu et presque toutes d'un calibre inférieur, mais il était placé de manière à être appuyé par les batteries de terre.

Sommé d'amener son pavillon, l'amiral turc, monté sur *la Dimial*, envoya pour réponse une bordée au vaisseau amiral. Immédiatement le feu s'ouvrit sur toute la ligne et dura sans discontinuation jusqu'à trois heures et demie. L'inégalité des forces ne permettait point un doute sur l'issue du combat, et l'escadre ottomane fut complétement anéantie, mais non pas sans avoir fait des prodiges de valeur; et l'on peut dire sans flatterie qu'en cette affaire la gloire fut pour les vaincus. Les capitaines du *Naveick* et du *Nizamieh* s'étaient fait sauter. Tous les autres bâtiments avaient coulé. Osman-Pacha, qui, la cuisse fracassée, n'avait quitté son banc de quart qu'au moment où ses batteries étaient submergées, fut pris par les russes, ainsi que Nahir-Bey, capitaine du *Fayl-Illah*, et envoyé à Sévastopol avec cent vingt matelots échappés au carnage.

La destruction de l'escadre ne suffisait pas à l'amiral Nakimoff, qui incendia les chantiers de construction, où se trouvait une frégate presque achevée, et brûla la ville, sans que rien eût légitimé cet acte de stupide férocité. Vainement, dans une lettre adressée au consul autrichien, l'amiral russe a, depuis, attribué l'embrasement de Sinope aux débris enflammés des vaisseaux turcs; ses matelots ont été vus secouant partout leurs torches, comme les forçats de Moscou en 1812, et son nom ne se lavera jamais de cette flétrissure; vainement il a prétendu que les navires d'Osman-Pacha déposaient sans relâche dans le district d'Abasto des instigateurs de troubles et de soulèvements; l'assertion serait vraie qu'elle ne le justifierait pas d'avoir détruit une flotte turque dans un port turc et saccagé une ville innocente, au mépris d'engagements pris à la face de l'Europe. Les corsaires d'Alger, les pirates de Tunis, renommés jadis pour leurs sauvages déprédations, et leur barbarie, du fond de leur tombe, ont dû saluer dans l'amiral Nakimoff le vrai continuateur de leurs exploits et le digne héritier de leur gloire.

Le 3 décembre, *le Taïf* avait apporté à Constantinople la nouvelle de l'agression; on décida que deux frégates, l'une anglaise, *la Rétribution*, l'autre française, *le Mogador*, iraient à Sinope chercher des renseignements positifs sur l'étendue du désastre, et les ambassadeurs attendirent le retour de ces bâtiments pour répondre à la demande qui leur avait été faite par Réchid-Pacha de l'entrée des flottes alliées dans la mer Noire. Le 12, *le Mogador* et *la Rétribution* ramenaient cinq cents marins turcs, dont cent blessés, et confirmaient toutes les appréhensions engendrées par l'incomplet rapport du *Taïf*.

Les diplomates réunis en conférence à Vienne ignoraient la destruction de Sinope lorsqu'ils signaient le protocole et la note collective du 5 décembre, ayant pour but de demander à la Porte les conditions auxquelles son gouvernement consentirait à négocier un traité de paix; aussi cette note put-elle être envoyée par la France, l'Angleterre, l'Autriche et la Prusse à leurs ambassadeurs à Constantinople, avec cette instruction, que les quatre puissances voyaient dans l'ouverture des négociations la cessation des hostilités. Le sultan répondit par un refus à cette demande d'armistice, et, mis au fait des graves complications survenues dans le différend turco-russe, les cabinets de Paris et de Londres autorisèrent l'entrée des flottes dans la mer Noire. Le 30 décembre, le *Moniteur* apprit à la France cette décision, en publiant la circulaire diplomatique adressée par Son Excellence M. Drouyn de Lhuys, ministre des affaires étrangères, au général Baraguey-d'Hilliers, qui, le 19 novembre, avait remplacé M. de Lacour à l'ambassade de Constantinople. On y remarquait ce passage :

« L'événement de Sinope s'est produit en dehors de toutes nos prévisions, et *ce fait déplorable* modifie l'attitude que nous aurions désiré garder.

» L'accord qui s'est opéré récemment à Vienne, entre la France, l'Autriche, l'Angleterre et la Prusse, a établi le caractère européen du différend qui existe entre la Russie et la Porte. Les quatre cours ont solennellement reconnu que l'intégrité territoriale de l'empire ottoman était une des conditions de leur équilibre politique.

» L'occupation de la Moldavie et de la Valachie constitue une première atteinte à cette intégrité, et il n'est pas douteux que les chances de la guerre ne puissent encore l'entamer davantage. M. le comte de Nesselrode, il y a quelques mois, représentait comme une compensation nécessaire à ce qu'il appelait dès lors *notre occupation maritime* l'envahissement des principautés du Danube.

» A notre tour, général, nous croyons qu'il est devenu indispensable de mesurer nous-mêmes *l'étendue de la compensation* à laquelle nous donnent droit et notre titre de puissance intéressée à l'existence de la Turquie et les positions militaires déjà prises par l'armée russe.

» Il nous faut un gage qui nous assure le rétablissement de la paix en Orient, à des conditions qui ne changent pas la distribution des forces respectives des grands États de l'Europe.

» Le gouvernement de Sa Majesté Impériale et le gouvernement de Sa Majesté Britannique ont, en conséquence, décidé que leurs escadres entreraient dans la mer Noire, et combineraient leurs mouvements de façon à empêcher le territoire ou le pavillon ottoman d'être en butte à une nouvelle attaque de la part des forces navales de la Russie.

» Le gouvernement de l'empereur, je le répète, n'a qu'un but, celui de contribuer à opérer, à des conditions honorables, un rapprochement entre les parties belligérantes; et, si les circonstances l'obligent à se prémunir contre des éventualités redoutables, il conserve la confiance que le cabinet de Saint-Pétersbourg, qui a donné de si nombreux exemples de sa sagesse, ne voudra pas exposer l'Europe, à peine remise de ses secousses, à des épreuves que la haute raison des souverains a su lui épargner depuis de si longues années. »

Ce digne langage eut l'approbation générale, et n'excita pas moins d'enthousiasme à Paris qu'à Constantinople; pour la Turquie, c'était le gage du salut; pour la France, c'était la résurrection de son influence européenne endormie depuis Napoléon Ier, et qui, nouveau Lazare, sortait du tombeau à la voix d'un autre Napoléon.

CHAPITRE III.

Dénombrement des flottes alliées. — Leur entrée dans la mer Noire. — L'amiral Hamelin. — L'amiral Dundas. — Lettre des ambassadeurs français et anglais au gouverneur de Sévastopol. — *La Rétribution* dans le port de Sévastopol. — Bataille de Citate. — Pertes de l'armée russe en 1853. — Discours de la reine d'Angleterre. — MM. Drouyn de Lhuys et de Kisseleff. — Lettre de l'empereur Napoléon III à l'empereur Nicolas. — Réponse et manifeste de ce dernier. — Mémorandum du gouvernement russe. — Circulaire du ministre des affaires étrangères. — La Russie en état de siége. — Sir H. Seymour. — Insurrection en Grèce. — Organisation de l'armée d'Orient. — Convention du 20 mars entre la France, l'Angleterre et la Porte-Ottomane. — Entrée de la flotte anglaise dans la Baltique. — Opérations sur le Danube. — Combat de Turtukaï. — Combat de Matchin. — Passage du fleuve. — Occupation de la Dobrutscha. — Prise d'Hirsowa. — 27 mars, déclaration de guerre de la France et de l'Angleterre à la Russie.

(1854. — JANVIER, FÉVRIER, MARS.)

L'escadre française, mouillée à Béikos, en avant de l'escadre anglaise, se composait de quinze navires, savoir :

La Ville de Paris, portant le pavillon de l'amiral Hamelin.	120 canons.
Le Valmy, portant le pavillon du contre-amiral Jacquinot.	120
Le Friedland.	120
Le Henri IV.	100
L'Iéna.	90
Le Bayard.	90
Le Charlemagne.	90
Le Jupiter.	86
Le Gomer, de 450 chevaux.	24
Le Mogador, de 650 chevaux.	16
Le Magellan, de 450 chevaux.	14
Le Sani, de 450 chevaux.	14
Le Caton, de 260 chevaux	10
La Sérieuse.	30
Le Mercure.	18
Total.	942 canons.

Le Napoléon, vaisseau à hélice de 90 canons, avait figuré dans cette escadre ; mais, au mois de novembre, l'urgence de certaines réparations importantes avait forcé son capitaine, M. Dupouy, de le ramener à Toulon.

L'escadre anglaise comptait vingt bâtiments, savoir :

Le Britannia, portant pavillon de l'amiral Dundas.	120 canons.
Le Queen, portant pavillon du contre-amiral Lyons.	120
Le Trafalgar.	120
L'Albion.	90
Le London.	90
Le Redney.	90
La Vengeance.	90
L'Agamemnon, vaisseau à hélice.	90
Le Bellérophon.	80
Le Sans-Pareil, vaisseau à hélice.	70
Le Leander, frégate à voiles.	50
La Rétribution, bateau à vapeur.	20
Le Terrible, —	20
Le Tiger, —	16
Le Furious, —	16
Le Niger, —	14
L'Inflexible, —	6
Le Sampson, —	6
Le Fury, —	6
Le Firebrand, —	6
Total.	1,110 canons.

Le 3 janvier, à six heures du matin, les deux escadres appareillèrent pour entrer dans la mer Noire et quittèrent le mouillage de Béicos, la flotte française tenant la tête. Malgré une pluie torrentielle, des groupes nombreux stationnaient sur les grèves de Thérapia et saluaient de vives acclamations et d'enthousiastes applaudissements les pavillons de France et d'Angleterre. Le vent, d'abord favorable, sauta subitement du sud-ouest au sud-est, et force fut aux vapeurs de remorquer les navires à voiles; le 6, les flottes étaient ralliées par cinq vaisseaux turcs, *le Chehper*, *le Fetzi-Bahri*, *le Mahbiri-Susuz*, *le Medjidié* et *le Saïdi-Chadi*, chargés de cinq mille hommes de troupes, d'armes, de vivres et de munitions à la destination du fort de Checkvétil et des autres garnisons de l'armée d'Anatolie. Avant que ce convoi ne prît la mer, le général Baraguey-d'Hilliers et lord Strafford de Redcliffe, écrivirent au gouverneur de Sévastopol, pour le prévenir qu'en conformité des ordres de leurs gouvernements respectifs, les escadres française et anglaise allaient croiser dans la mer Noire afin de protéger le territoire ottoman, et l'inviter à donner à l'amiral commandant les forces russes les instructions nécessaires pour éviter tout incident de nature à troubler la paix. Le capitaine Drummond, commandant la frégate *la Rétribution*, fut chargé de porter à Sévastopol la notification des ambassadeurs; une brume épaisse couvrait la mer lorsqu'il arriva devant la ville, et, protégé par cette disposition atmosphérique, le capitaine Drummond amena sa frégate au milieu du port. Un coup de canon l'avertit alors qu'il avait été aperçu, il jeta l'ancre et fut hélé par un officier russe, qui lui signifia que, la rade étant fermée à tous les vaisseaux de guerre étrangers, il lui fallait sortir des passes et se tenir hors de portée des batteries de terre. Le capitaine de *la Rétribution* attribua au brouillard l'infraction dont il s'était rendu coupable, et manœuvra avec une si adroite maladresse qu'il put remporter le plan et la vue de Sévastopol, coup de maître qui lui valut, au retour, les félicitations des amiraux Hamelin et Dundas.

Les vapeurs français et anglais escortèrent, le lendemain, les renforts et les approvisionnements que le sultan envoyait à l'armée d'Anatolie; ils touchèrent à Batoum sans avoir rencontré un seul vaisseau russe. Le reste de la flotte poussa une reconnaissance dans la mer Noire, et vint ancrer à Sinope, d'où elle repartit, le 20, pour regagner le Bosphore, sur l'observation de l'amiral Dundas que le mouillage de Sinope n'était pas sûr. Ce recul fut, à première vue, défavorablement interprété, bien que les opérations de l'ancien capitaine de pavillon de l'amiral Parker et de l'ex-commandant de la station des côtes occidentales d'Amérique dussent commander la confiance; mais cette impression s'effaça bientôt devant la notification faite par les deux amiraux aux amiraux russes, qu'un délai de quinze jours leur était accordé pour remiser dans les ports tous les navires de guerre.

Tandis que ces événements avaient lieu sur mer, l'armée turque du Danube reprenait l'offensive avec un avantage marqué. Depuis le combat d'Olténitza, les efforts des russes n'avaient tendu qu'à reconquérir l'importante position stratégique de Kalafat, qui complète le système de défense de Widdin, bâti de l'autre côté du Danube, et, réunissant ses ouvrages à ceux de cette place, offre un cercle formidable traversé par le fleuve et commandé par la tour de Widdin, qui lui sert d'observatoire. Dans ce but, ils resserraient chaque jour les lignes ottomanes et se fortifiaient à la hâte sur certains points rapprochés des avant-postes de l'ennemi.

Ahmed-Pacha, qui commandait à Kalafat, résolut dès les premiers jours de janvier d'en finir avec cette tactique, et, le 5 au soir, onze mille hommes quittaient le fort et marchaient à la rencontre des Russes. Treize bataillons d'infanterie, trois régiments de cavalerie et deux cents bachi-bouzoucks (irréguliers), composaient l'effectif du corps expéditionnaire ; ils avaient avec eux vingt pièces d'artillerie, ainsi divisées : douze pièces de campagne, quatre pièces de position et quatre obusiers.

Le point que le général turc se proposait d'attaquer était le village de Citate, défendu par quatre bataillons d'infanterie, deux escadrons de hussards Paskiéwitsch, cinq escadrons de cosaques et douze bouches à feu, et protégé par une redoute élevée au sommet de la colline sur laquelle s'étagent les maisons de Citate. De plus, les bourgades voisines, comme Pojana, Boïlechti, Motzetzeï, étaient occupées par onze bataillons d'infanterie et deux régiments de cavalerie. Le commandement en chef de tout ce corps d'armée appartenait au général Aurep.

Les turcs bivouaquèrent à Maglovit pendant la nuit du 5 au 6 ; à l'exception des premiers arrivés, qui reçurent l'hospitalité chez les paysans du village, les soldats furent obligés de rester sur pied, vu l'état du sol détrempé par le dégel ; mais ils supportèrent sans se plaindre ce surcroît de fatigue et, le lendemain, à l'heure du départ, ils témoignaient de la même ardeur et du même enthousiasme qu'à leur sortie du fort.

Tel fut l'ordre de bataille de l'armée ottomane : deux bataillons et deux canons stationnèrent aux villages de Maglovit et d'Orenja pour protéger la route de Kalafat ; cinq bataillons d'infanterie, un régiment de cavalerie et huit pièces d'artillerie sous le commandement de Mustapha-

Pacha, furent laissés au pied de la colline à titre de réserve, et le reste des troupes turques s'élança sur les pas d'Ismaïl-Pacha à l'attaque de Citate. Teyfick-Bey, neveu d'Omer-Pacha, à la tête de six compagnies de chasseurs éparpillés en tirailleurs, précédait la colonne; les hussards de Paskiéwitsch, qui vinrent les premiers à sa rencontre, se replièrent en désordre à la troisième décharge; l'infanterie résista mieux, mais enfilée de bout en bout par les volées des batteries d'Ismaïl, elle se retira dans le village dont chaque maison, attaquée avec héroïsme, défendue opiniâtrément, fut enlevée à la baïonnette. Le carnage dura trois heures, et vers midi les russes, battus sur toute la ligne, commencèrent d'évacuer la place; coupés par la cavalerie turque, qui leur barrait la route, ils se virent obligés alors de chercher un refuge dans la redoute, et ils y auraient été massacrés jusqu'au dernier, si les garnisons russes du voisinage, averties par la canonnade, n'étaient accourues au secours des défenseurs de Citate.

A l'heure même où la victoire se décidait en faveur des soldats d'Ahmed-Pacha, neuf bataillons d'infanterie, deux régiments de cavalerie et seize pièces de canon les menaçaient par la route de Kalafat et allaient les placer entre deux feux, lorsque la réserve de Mustapha s'ébranla, et, exécutant un changement de front en arrière, envoya ses boulets au cœur des régiments ennemis.

L'artillerie de ces derniers, mal servie, essaya vainement de riposter; sur vingt de leurs boulets, à peine si deux ou trois touchaient le but, à la grande hilarité des canonniers ottomans; ce que voyant, les officiers russes commandèrent l'attaque à la baïonnette; mais avant que leurs soldats ne fussent arrivés au fossé derrière lequel s'étaient postés les turcs, la fusillade de ces derniers avait si fort éclairci les rangs des assaillants que, cédant à une terreur panique, ceux-ci jetèrent leurs armes et se débandèrent dans toutes les directions. Quoique épuisés par une nuit de fatigues et huit heures de combat, les troupes ottomanes demandaient à grands cris à les poursuivre ; mais Ahmed-Pacha ne voulut pas exposer sans nécessité ses soldats, et sur son injonction la retraite s'effectua en bon ordre.

La bataille de Citate coûta à l'armée de Roumélie trois cent trente-huit tués et sept cents blessés, au nombre desquels on comptait Ismaïl-Pacha, qui avait eu deux chevaux tués sous lui, Mustapha-Pacha, qui l'avait remplacé à l'attaque de la redoute, trois colonels et cinq chefs de bataillon; une compagnie de chasseurs, du chiffre de cent hommes, avait été complétement détruite.

Du côté des russes, il y eut trois mille morts, dont quatre colonels, trois chefs de bataillon et plus de soixante officiers; pour ces derniers, l'impartialité nous fait un devoir de déclarer que bon nombre s'étaient volontairement précipités sur les baïonnettes ennemies, après la certitude acquise de la défaite; deux mille blessés furent évacués sur Kratowa et Slatina; parmi eux se trouvaient le général Orloff, qui mourut de ses blessures, deux colonels et sept chefs de bataillon.

Cinq cents chevaux, cinq cents fusils, soixante épées d'officiers, beaucoup de croix de Saint-Georges, trois wagons de munitions et de nombreux bagages restèrent au pouvoir des ottomans.

Dans la nuit du 6 au 7, pendant que ces derniers envoyaient à Widdin leurs blessés, les russes enterrèrent leurs morts et abandonnèrent la redoute et le village de Citate, dont le nom venait de s'inscrire si glorieusement aux plus belles pages des annales de la Porte, ainsi que tous les postes voisins établis pour cerner la forteresse de Kalafat.

Le 7, le 8, le 9 et le 10 janvier, Omer-Pacha, qui, s'étant mis en route sur le bruit d'un combat, était arrivé pour la célébration d'une victoire, attaqua les russes dans une île du Danube où ils essayaient de se fortifier, et les en chassa.

Les rapports officiels constatent qu'à la fin du premier mois de 1854, sur les quatre-vingt-sept mille hommes de l'armée russe d'occupation, vingt-deux mille environ avaient succombé, soit aux chances de la guerre, soit aux attaques de la fièvre et du typhus.

Si, des champs de bataille, nous passons aux régions diplomatiques, nous verrons que les événements n'y avaient pas moins d'importance. M. de Castelbajac, notre ambassadeur à Saint-Pétersbourg, ayant été chargé d'une communication verbale pour M. de Nesselrode, au sujet de l'entrée des flottes dans la mer Noire, M. de Kisseleff, ambassadeur russe à Paris, fut chargé de demander des explications au cabinet français. Il écrivit donc, le 26 janvier, à M. Drouyn de Lhuys, que si l'escadre ottomane voulait s'abstenir de toute agression contre le pavillon et contre le territoire russes, sur les côtes d'Europe et d'Asie, une égale sécurité serait acquise au pavillon et au littoral ottomans, ajoutant que, pour qu'il fût permis aux navires turcs de continuer, sans obstacle, à entretenir les communications d'un port turc à l'autre, afin d'y envoyer des vivres, des munitions et des troupes, il faudrait que la même condition demeurât assurée aux navires de la marine impériale, pour maintenir librement les communications d'un port russe à l'autre, sur la côte d'Europe et sur celle d'Asie. Dans sa réponse, à la date du 1er février, M. Drouyn de Lhuys exposa qu'interdire d'une façon absolue au pavillon ottoman la navigation de la mer Noire, serait l'affaiblissement des moyens de défense, déjà insuffisants de la Sublime-Porte; que, d'un autre côté, il importait à l'équilibre européen que le territoire et le pavillon turcs fussent à l'abri de toute attaque ultérieure, et qu'à cet effet M. le vice-amiral Hamelin avait reçu la pacifique mission de faire rentrer, dans le port russe le plus voisin, les vaisseaux russes rencontrés en mer, et aussi d'empêcher la moindre agression des bâtiments turcs contre le littoral moscovite, ces navires n'étant destinés qu'au ravitaillement des garnisons de la Roumélie et de l'Anatolie, soit à la défense de la Turquie menacée dans l'intégrité de son territoire et dans ses droits de souveraineté, par l'occupation de deux de ses provinces et par le déploiement d'un appareil maritime et militaire en disproportion avec les ressources dont elle disposait elle-même. Trois jours après, M. de Kisseleff notifiait au ministre des affaires étrangères son départ de Paris. Pareils faits s'étaient passés à Londres, entre lord Clarendon et M. de Brunow, et à l'ouverture du parlement, le 31 janvier, les dernières espérances de paix s'étaient évanouies devant ces paroles de S. M. B. la reine Victoria :

« Je ne manquerai pas de persévérer dans mes efforts pour amener la paix entre la Russie et la Porte-Ottomane; mais la continuation de la guerre pouvant affecter profondément l'intérêt de l'Angleterre et celui de l'Europe, je crois nécessaire de procéder à une nouvelle augmentation de mes forces de terre et de mer, *dans le but d'appuyer mes représentations*, et de contribuer plus efficacement au rétablissement de la paix. »

De son côté, l'empereur des Français parlait un langage non moins ferme et non moins digne, comme il ressort de la lettre écrite par lui, le 29 janvier, au czar Nicolas, et reproduite dans le *Moniteur* du 13 février. Nous emprunterons à cette lettre quelques passages qui caractérisent nettement la situation :

« Les troupes de Votre Majesté une fois entrées en Valachie, nous n'en avons pas moins engagé la Porte à ne pas considérer cette occupation comme un cas de guerre, témoignant ainsi notre extrême désir de conciliation. Après m'être concerté avec l'Angleterre, l'Autriche et la Prusse, j'ai proposé à Votre Majesté une note destinée à donner une satisfaction commune ; Votre Majesté l'a acceptée. Mais à peine étions-nous avertis de cette bonne nouvelle, que son ministre, *par des commentaires explicatifs, en détruisait tout l'effet conciliant et nous empêchait par là d'insister à Constantinople sur son adoption pure et simple.*

» La Porte, blessée dans sa dignité, menacée dans son indépendance, obérée par les efforts déjà faits pour opposer une armée à celle de Votre Majesté, a mieux aimé déclarer la guerre que de rester dans cet état d'incertitude et d'abaissement. Elle avait réclamé notre appui ; *sa cause nous paraissait juste ;* les escadres anglaise et française reçurent l'ordre de mouiller dans le Bosphore.

» Notre attitude vis-à-vis de la Turquie était protectrice, *mais passive*. Nous ne l'encouragions pas à la guerre. Votre Majesté, de son côté, montrant le calme qui naît de la conscience de sa force, s'était bornée à repousser, sur la rive gauche du Danube comme en Asie, les attaques des turcs, et avec la modération digne du chef d'un grand Empire, elle avait déclaré qu'elle se tiendrait sur la défensive. Jusque-là nous étions donc, je dois le dire, spectateurs intéressés, mais simples spectateurs de la lutte, *lorsque l'affaire de Sinope vint nous forcer à prendre une position plus tranchée.*

» La France et l'Angleterre n'avaient pas cru utile d'envoyer des troupes de débarquement au secours de la Turquie. Leur drapeau n'était donc pas engagé dans les conflits qui avaient lieu sur terre; mais sur mer, c'était bien différent. *Il y avait à l'entrée du Bosphore trois mille bouches à feu dont la présence disait assez haut à la Turquie que les deux premières puissances maritimes ne permettraient pas de l'attaquer sur mer.* L'événement de Sinope fut pour nous aussi blessant qu'inattendu ; car peu importe que les turcs aient voulu ou non faire passer des munitions de guerre sur le territoire russe? En fait, des vaisseaux russes sont venus attaquer des bâtiments turcs dans les eaux de la Turquie et mouillés tranquillement dans un port turc ; ils les ont détruits, malgré l'assurance de ne pas faire une guerre agressive, malgré le voisinage de nos escadres. Ce n'était plus notre politique qui recevait là un échec, *c'était notre honneur militaire*.

» Les coups de canon de Sinope ont retenti douloureusement dans le cœur de tous ceux qui, en Angleterre et en France, ont un vif sentiment de la dignité nationale. On s'est écrié d'un commun accord : Partout où nos canons peuvent atteindre, nos alliés doivent être respectés. De là l'ordre donné à nos escadres d'entrer dans la mer Noire et d'empêcher, *par la force, s'il le fallait*, le retour d'un semblable événement.

» Voilà, Sire, la suite réelle et l'enchaînement des faits. Il est clair qu'arrivés à ce point, ils doivent amener promptement ou une entente définitive ou une rupture décidée.

» Si Votre Majesté désire autant que moi une conclusion pacifique, quoi de plus simple que de déclarer qu'un armistice sera signé aujourd'hui, que les choses reprendront leur cours diplomatique, que toute hostilité cessera, et que toutes les forces belligérantes se retireront des lieux où des motifs de guerre les ont appelées?

» Rien dans ce plan qui ne soit digne de Votre Majesté, rien qui puisse blesser son honneur. Que Votre Majesté l'adopte, la tranquillité est rétablie et le monde satisfait. Mais si, par un motif difficile à comprendre, Votre Majesté opposait un refus, alors la France, comme l'Angleterre, serait obligée de laisser au sort des armes et aux hasards de la guerre ce qui pourrait être décidé aujourd'hui par la raison et par la justice. »

A ce loyal appel d'une haute raison et d'un grand cœur, le czar Nicolas répondit par un mémoire d'avocat; il discuta les actes de ses agents, s'efforçant d'établir que toutes ses agressions n'avaient été que la conséquence forcée de la conduite de la Porte et de ses auxiliaires. Ce factum se terminait ainsi :

« J'apprends pour la première fois que, tout en protégeant le ravitaillement des troupes turques sur leur propre territoire, les deux puissances ont résolu de nous interdire la navigation de la mer Noire, c'est à-dire apparemment le droit de ravitailler nos propres côtes. Je laisse à penser à Votre Majesté si c'est là, comme elle le dit, faciliter la conclusion de la paix, et si, dans l'alternative qu'on me pose, il m'est permis de discuter, d'examiner même un moment ses propositions d'armistice, d'évacuation immédiate des principautés et de négociation avec la Porte d'une convention qui serait soumise à une conférence des quatre cours. Vous-même, Sire, si vous étiez à ma place, accepteriez-vous une pareille proposition? Votre sentiment national pourrait-il vous le permettre? Je répondrai hardiment que non. Accordez-moi donc, à mon tour, le droit de penser comme vous-même.

» Quoi que Votre Majesté décide, ce n'est pas devant la menace que l'on me verra reculer. Ma confiance est en Dieu et dans mon droit, et la Russie, j'en suis garant, saura se montrer en 1854 ce qu'elle fut en 1812. »

Nous ne relèverons pas l'inconvenance de cette dernière date rappelée au neveu de l'empereur Napoléon Ier; le czar en a été cruellement puni par les petits-fils des soldats de Zurich et d'Austerlitz.

A la suite de cette lettre, le 16 février, MM. de Castelbajac et lord H. Seymour, ambassadeurs de France et d'Angleterre, quittèrent Saint-Pétersbourg, comme MM. de Kisseleff et de Brunow avaient quitté Paris et Londres. Cette rupture officielle entre les grandes puissances d'occident et l'empire russe amena, cinq jours après, le manifeste suivant de S. M. Nicolas Ier :

« Nous avons fait connaître à nos chers et fidèles sujèts la cause de notre mésintelligence avec la Porte Ottomane. Depuis lors, malgré l'ouverture des hostilités, nous n'avons pas cessé de former, comme nous le faisons encore aujourd'hui, le désir sincère d'arrêter l'effusion du sang.

» Nous avions même nourri l'espérance que la réflexion et le temps convaincraient le gouvernement turc de son erreur, suggérée par de perfides insinuations, dans lesquelles nos prétentions, justes et fondées sur les traités, ont été, représentées comme un empiétement sur son indépendance, cachant des arrière-pensées de domination. Mais vaine a été jusqu'à présent notre attente. Les gouvernements anglais et français ont pris parti pour la Turquie, et la présence de leurs flottes réunies à Constantinople a principalement servi à l'encourager dans son obstination.

» Enfin, les deux puissances occidentales, sans déclaration de guerre préalable, ont fait entrer leurs flottes dans la mer Noire, en proclamant la résolution de défendre les turcs et d'entraver la libre navigation de nos vaisseaux de guerre dans la défense de notre littoral.

» Après un mode d'agir aussi inouï dans les rapports des puissances civilisées, nous avons rappelé nos légations d'Angleterre et de France et interrompu toutes relations politiques avec ces puissances.

» Et ainsi, contre la Russie combattant pour l'orthodoxie, se placent, à côté des ennemis de la chrétienté, l'Angleterre et la France.

» Mais la Russie ne manquera pas à sa sainte vocation; et si sa frontière est envahie par l'ennemi, nous sommes prêts à lui faire tête avec l'énergie dont nos ancêtres nous ont légué l'exemple. Ne sommes-nous pas aujourd'hui encore ce même peuple russe dont la vaillance est attestée par les fastes mémorables de l'année 1812? Que le Très-Haut nous aide à le prouver à l'œuvre! Dans cet espoir, combattant pour nos frères opprimés qui confessent la foi du Christ, la Russie n'aura qu'un cœur et une voix pour s'écrier : Dieu! notre Sauveur! Qu'avons-nous à craindre? Que le Christ ressuscite et que ses ennemis disparaissent! »

Pour corroborer et sa réponse à l'empereur des Français et son manifeste à son peuple, le czar fit paraître dans *le Journal de Saint-Pétersbourg* du 3 mars un *Memorandum*, adressé à ses agents à l'étranger, qui n'est que la paraphrase longuement délayée des deux pièces précédentes et que nous jugeons inutile de reproduire, aussi bien que la circulaire en date du 5 mars du ministre des affaires étrangères de France aux agents diplomatiques, si ce n'est toutefois, de cette dernière pièce, le passage suivant:

« Je ne dirai qu'un mot, monsieur, du manifeste par lequel S. M. l'empereur Nicolas annonce à ses peuples les résolutions qu'il a prises. Notre époque si tourmentée avait été du moins exempte d'un des maux qui ont le plus troublé le monde autrefois; je veux parler des guerres de religion. On fait entendre aux oreilles de la nation russe comme un écho de ces temps désastreux ; on affecte d'opposer la croix au croissant, et l'on demande au fanatisme l'appui que l'on sait ne pas pouvoir réclamer de la raison.

» La France et l'Angleterre n'ont pas à se défendre de l'imputation qu'on leur adresse ; elles ne soutiennent pas l'islamisme contre l'orthodoxie grecque ; elles vont protéger le territoire ottoman contre les convoitises de la Russie ; elles y vont avec la conviction que la présence de leurs armées en Turquie fera tomber les préjugés déjà bien affaiblis qui séparent encore les différentes classes des sujets de la Sublime Porte, et qui ne pourraient renaître que si l'appel parti de Saint-Pétersbourg, en provoquant des haines de race et une explosion révolutionnaire, paralysait les généreuses intentions du sultan Abdul-Medjid. Pour nous, monsieur, nous croyons sincèrement, en prêtant notre appui à la Turquie, être plus utiles à la foi chrétienne que le gouvernement qui en fait l'instrument de son ambition temporelle. La Russie oublie trop, dans les reproches qu'elle fait aux autres, qu'elle est loin d'exercer dans son empire, à l'égard des sectes qui ne professent point le culte dominant, une tolérance égale à celle dont la Sublime Porte peut à bon droit s'honorer, et qu'avec moins de zèle apparent pour la religion grecque au delà de ses frontières et plus de charité pour la religion catholique chez elle, elle obéirait mieux à la loi du Christ qu'elle invoque avec tant d'éclat. »

Deux ukases des 16 et 21 février (28 février et 5 mars) avaient déclaré la Russie en état de siége et placé sous le régime de l'autorité militaire les divers gouvernements :

Au nord, le vice-amiral Boël commandait Archangel et toutes les dépendances baignées par le golfe de Bothnie.

Le grand-duc héritier, Saint-Pétersbourg.

Le général Berg, l'Esthonie et le golfe de Finlande.

L'aide de camp général Suvarow-Kiminsky, la Livonie et le golfe de Riga.

Au centre, le comte Paskéwitsh d'Erivan commandait la Pologne, la Courlande, Kowno, Wilna, Grodno, la Wolhynie, avec le général Rudiger pour remplaçant, au cas d'absence.

Au midi, le même comte Paskéwitsh d'Erivan, la Podolie, le Kherson, la rive droite du Bug et la Bessarabie, avec le général Gortschakoff pour suppléant dans ces trois provinces.

Ce n'était pas moins qu'une ligne de bataille de deux mille cent soixante-douze werstes (deux mille quatre cents kilomètres), qu'occupait l'armée russe depuis les frontières de la Laponie jusqu'au Caucase; on estimait que sept cent mille hommes étaient ainsi échelonnés du 42e au 64e degré.

Par crainte de répétitions fastidieuses, nous n'avons pas reproduit toutes les pièces officielles dans lesquelles le gouvernement russe protestait de sa bonne foi et de son désintéressement, mais nous en avons cependant offert à nos lecteurs suffisamment d'extraits pour qu'ils soient édifiés à ce sujet. A moins d'une incrédulité que les partisans de la sainte Russie n'hésitaient pas à qualifier d'inique et de messéante au premier chef, on ne pouvait se refuser à plaindre le czar pour toutes les calomnies que l'Europe émettait sur son compte... Et pourtant les prétendus Baziles n'étaient même pas des médisants ! d'imprudents amis du colosse du nord se chargèrent de le prouver.

Quelques jours après l'insertion du *Memorandum* que nous avons mentionné, le *Journal de Saint-Pétersbourg*, discutant la convenance du concours prêté au sultan par la France et l'Angleterre, reprocha au gouvernement de ce dernier pays son attitude présente, après les négociations qui avaient eu lieu entre lui et la cour de Russie au sujet d'un partage de la Turquie. Le cabinet français s'émut — et c'était son devoir — de cette scandaleuse révélation ; il demanda une enquête à la suite de laquelle le ministère britannique communiqua au parlement un *Memorandum* du comte de Nesselrode présenté au gouvernement anglais et basé sur des communications reçues de l'empereur de Russie, subséquemment au voyage de S. M. I. en Angleterre, au mois de juin 1844, ainsi que la correspondance secrète de lord Seymour, ambassadeur à Saint-Pétersbourg, depuis le 11 janvier jusqu'au 21 avril 1853. Le *Memorandum* se réduisait à ces quatre points principaux :

1° Les grands cabinets de l'Europe doivent s'entendre pour avertir la Turquie qu'elle n'aura aucun secours à attendre d'eux si elle vient à manquer aux engagements pris vis-à-vis de l'un desdits.

2° L'Autriche et la Russie sont d'accord sur ce point; si l'Angleterre veut s'unir à elles, la France sera, le cas échéant, forcée de subir la décision de Saint-Pétersbourg, de Londres et de Vienne.

3° Sans la désirer, on peut prévoir la dissolution de l'empire ottoman.

4° L'union indiquée plus haut serait, dans ces circonstances, d'une importance énorme.

Quant à la correspondance confidentielle de lord Seymour, elle renfermait le récit de conversations intimes entre le czar et lui. Familière, anecdotique, intéressante, cette correspondance est cependant trop volumineuse pour trouver place ici; nous n'en extrayons que les divers passages qui mettent à nu la pensée du petit-fils de Catherine II. C'est lui-même qui parle:

— « Si l'Angleterre songe à s'établir un de ces jours à Constantinople, je ne le permettrai pas. De mon côté, je suis également disposé à prendre l'engagement de ne pas m'y établir, *en propriétaire*, il s'entend; car, *en dépositaire*, je ne dis pas. (*Lettre* n° 2.)

— » Si l'Angleterre est portée à croire que la Turquie conserve quelques éléments d'existence, il faut qu'elle ait reçu des renseignements inexacts. Je vous le répète, milord, le malade se meurt! et nous ne pouvons jamais permettre qu'un tel événement nous prenne au dépourvu. (*Lettre* n° 5.)

— » Je souhaite soutenir l'autorité du sultan, mais, s'il la perd, c'en est fait pour toujours. *L'empire turc est un de ces États qu'on tolère, mais qu'on ne reconstruit pas*. Dans un cas semblable, je vous proteste que je ne permettrai pas un coup de pistolet. (*Lettre* n° 6.)

— » Il y a plusieurs choses que je ne tolérerai jamais! Je commencerai par nous-mêmes: je ne tolérerai jamais l'occupation permanente de Constantinople par les russes. Après cela, je dirai que Constantinople ne sera jamais occupée par l'Angleterre, par la France ou par quelque autre grande nation. En outre, je ne permettrai jamais une tentative de reconstituer un empire bysantin ou une extension telle de la Grèce qu'elle pût devenir un État puissant. Encore moins permettrai-je le démembrement de la Turquie en petites républiques, asiles des Kossuth, des Mazzini et des autres révolutionnaires de l'Europe. Plutôt que de me soumettre à quelqu'un de ces arrangements, je ferais la guerre, et aussi longtemps que je pourrais disposer d'un homme et d'un mousquet. (*Lettre* nº 6.)

— » Dans l'éventualité de la dissolution de l'empire ottoman, il pourrait être moins difficile d'arriver à un arrangement territorial satisfaisant qu'on ne le croit généralement.

» Les principautés sont, en fait, un État indépendant *sous ma protection ;* cela peut continuer ainsi : la Servie *peut prendre la même forme de gouvernement; il en est de même de la Bulgarie.* Quant à l'Égypte, je comprends tout à fait l'importance que ce pays a pour l'Angleterre. Je puis alors dire seulement que si, dans l'éventualité *d'un partage de la succession ottomane*, à la chute de cet empire, *vous preniez possession* de l'Égypte, je n'aurais pas d'objections à faire. Je dirais *la même chose* de Candie : cette île peut vous convenir, *et je ne sais pas pourquoi elle ne deviendrait pas une possession anglaise.* (*Lettre* nº 6.)

A ces attrayantes propositions de posséder l'Égypte et Candie, le gouvernement britannique avait répondu avec beaucoup de fermeté que l'empire ottoman n'était point dans un état désespéré et que tous les efforts des puissances européennes devaient tendre à son maintien; que la situation du czar comme dépositaire, mais non comme propriétaire de Constantinople, serait exposée à des hasards sans nombre, *tant à cause de l'ambition de longue date de son pays* que des rivalités de l'Europe ; qu'enfin une lutte européenne surgirait ainsi précisément des moyens qu'on prendrait pour la conjurer, car *ni l'Angleterre, ni la France,* ni probablement l'Autriche, ne consentiraient à voir Constantinople entre les mains de la Russie.

A la suite d'explications loyales de part et d'autre, l'incident fut vidé, et l'on maintint la déclaration de lord Russell à la chambre des communes, que, dans l'assistance donnée par elles à la Turquie, la France et l'Angleterre n'étaient mues par aucune arrière-pensée, aucun intérêt égoïste, aucun désir d'augmentation de territoire ou de puissance,

Ayant échoué de ce côté, l'empereur Nicolas ne se tint pas pour battu. A la fin de janvier, il avait envoyé à Vienne M. le comte Orloff, chargé d'une mission spéciale auprès du cabinet autrichien, et si l'on s'en rapporte aux bruits qui ont couru, cette mission n'avait rien moins pour but que de s'assurer de la neutralité de l'Autriche, en prévision du passage du Danube. D'autre part, ses agents soudoyaient l'insurrection des provinces grecques dépendantes de la Sublime-Porte et achetaient la tacite protection du roi de la Grèce proprement dite par de ridicules flatteries, comme, par exemple, de le saluer au passage du titre d'empereur d'Orient. Les choses en étaient venues à ce point que les ambassadeurs français et anglais avaient cru devoir adresser à S. M. Othon de respectueuses remontrances dès le mois de février 1854 ; mais ils avaient été éconduits. Peu de jours après, une rupture eut lieu entre la Turquie et la Grèce. Dès que la nouvelle en fut connue, l'insurrection, aiguillonnée par les proclamations des agents russes, s'étendit rapidement.

Deux mille hommes réunis sous les plis du nouveau labarum, — une bannière bleue écartelée d'une croix grecque avec la légende de Constantin : *In hoc signo vinces*, — marchèrent sous les ordres de MM. Kamyos et Karaïskaki, et furent bloquer Arta et Janina.

Un soulèvement éclata en même temps à Salonique, mais il fut aussitôt réprimé par la garnison turque, assistée d'un grand concours de chrétiens qui, au fait des atrocités commises ailleurs par leurs co-religionnaires, se tournèrent contre eux, bien loin de répondre à leurs cris d'émancipation et de liberté.

Fuad-Effendi, envoyé pour apaiser les troubles, promit le pardon à tous ceux des insurgés qui rentreraient dans le devoir. De son côté, Nechet-Bey adressa au cabinet grec une note explicative qu'il terminait en demandant le rappel des officiers enrôlés sous le drapeau de l'émeute, leur renvoi devant un conseil de guerre, et d'autres décisions de moindre importance. Les ministres rédigèrent une réponse où tous les faits avancés par Nechet-Bey étaient soit niés, soit dénaturés, et cette réponse, votée par les deux chambres, détermina le départ de l'ambassadeur turc, qui quitta Athènes le 21 mars, après une conférence avec les représentants de la France et de l'Angleterre.

Alors on répandit le bruit que la première de ces deux nations pactisait avec l'insurrection, et, tout absurde qu'il fût, ce bruit acquit des proportions telles, que le général Baraguey-d'Hilliers se vit obligé de le démentir en ces termes, dans une circulaire aux consuls français du Levant :

« La France et l'Angleterre sont les alliées de la Porte et veulent l'aider à repousser l'injuste agression de la Russie ; dans ce but, elles ont envoyé leurs forces de terre et de mer en Orient ; elles ne peuvent donc prendre sous leur protection ceux qui se font les partisans de la Russie, et elles les abandonneront, dans leurs biens comme dans leurs personnes, à toutes les conséquences de la guerre qu'ils ont provoquée. »

En outre, MM. Wyse et Forth-Rouen, représentants des nations alliées à Athènes, envoyèrent au gouvernement grec une note qui inspira au *Moniteur* l'article suivant, résumé rapide et clair de la situation :

« On se rappelle les circonstances qui ont amené la rupture des rapports entre la Turquie et la Grèce : le ministre du sultan près le roi Othon avait été chargé par son gouvernement de demander au cabinet hellénique des explications sur divers actes qui attestaient la complicité de ce cabinet dans la révolte de l'Épire.

» Le ministre des affaires étrangères, M. Païcos, répondit par des récriminations, prétendant que la Grèce seule avait à se plaindre, que des troupes turques avaient envahi la frontière hellénique et commis sur le territoire du royaume des violences sanguinaires.

» Les ministres de France et d'Angleterre ayant, comme représentants des puissances protectrices, reçu communication de cette réponse de M. Païcos aux représentations de Nechet-Bey, s'entendirent pour faire procéder à une enquête scrupuleuse sur les faits allégués par le gouvernement grec. Il est résulté de la manière la plus formelle de cette enquête que non-seulement aucun des griefs formulés par M. Païcos n'était fondé, mais que la violation de frontière et les actes sanguinaires dont il chargeait les autorités turques appartenaient aux autorités et aux troupes grecques. Il a été de plus démontré, par des détails recueillis de la bouche même des individus qui ont pris part à cette agression, que le gouvernement grec n'avait pu être induit en erreur, et qu'il avait pleine et entière connaissance de tous les incidents de l'affaire lorsqu'il avait, dans sa note à Nechet-Bey, accusé les turcs d'en être les auteurs.

» On s'étonnera moins d'un procédé si étrange lorsqu'on saura que le cabinet d'Athènes s'efforce encore aujourd'hui par tous les moyens de faire croire à la Grèce que sa politique a l'approbation des grandes puissances, et que M. Païcos a réussi à cacher au pays et aux chambres les représentations qui lui avaient été adressées de concert par les ministres de France, d'Angleterre, d'Autriche et de Prusse, pour l'engager à faire droit aux réclamations de l'envoyé de la Porte. M. Forth-Rouen et M. Wyse ont pensé qu'il était de leur devoir de faire connaître au gouvernement hellénique les sentiments qu'une semblable conduite était de nature à leur inspirer. »

Au reste, la cause ottomane avait ses adeptes dévoués, si elle comptait de malveillants voisins.

Vers le milieu de mars, la veuve d'un prince kurde était arrivée à Constantinople avec plusieurs escadrons de cavaliers volontaires que cette Bradamante asiatique commandait elle-même.

Mais ces infimes détails disparaissaient dans l'ensemble du tableau, qui, de jour en jour, devenait plus énergique et plus imposant.

L'heure avait enfin sonné où le débat allait prendre d'épiques proportions; la France et l'Angleterre jetaient dans la balance leurs épées réunies, non plus comme du temps du vieux Brenn, au cri de : *Væ victis!* mais de : Gloire aux vainqueurs, paix aux vaincus! ainsi qu'il convient à deux grandes puissances, missionnaires de l'intelligence, apôtres du progrès, avant-garde de la civilisation.

Dès le commencement de février, le gouvernement français s'était occupé de renforcer notre flotte, et deux mois suffisaient au radoub, à l'armement et à l'équipement de six vaisseaux, de sept frégates et de deux avisos à vapeur, savoir :

Le Suffren,	vaisseau de ligne	de 3e rang. . . .	90 canons.
Le Marengo,	id.	de 4e rang. . . .	80
Le Trident,	id.	id.	80
Le Duperré,	id.	id.	80
L'Alger,	id.	id.	80
La Ville de Marseille,	id.	id.	80
L'Asmodée,	frégate à vapeur. .	450 chevaux.	
L'Albatros,	id.		
Le Canada,	id.		
Le Labrador,	id.		
La Pandore,	id.		
Le Panama,	id.		
La Zénobie,	frégate à voiles.		
Le Météore,	aviso à vapeur.		
La Mouette,	id.	. . 200 chevaux . .	2 canons.

De plus, on poussait activement les réparations du *Brandon*, de *la Capricieuse*, du *Chaptal*, de *l'Euménide*, du *Fulton*, de *l'Infernale*, du *Narval*, de *la Belle-Poule* et de *l'Ulloa*; enfin on disposait en vaisseau mixte *le Souverain*, vaisseau à voiles.

Le 24 février, le vice-amiral Parseval-Deschênes était promu au commandement d'une escadre de dix vaisseaux, quatorze frégates et quinze corvettes, tant à voiles qu'à vapeur. Cette escadre devait entrer dans la Baltique pour y opérer une diversion, empêcher la flotte russe de ces parages de venir placer entre deux feux l'escadre de la mer Noire, nécessiter le stationnement des troupes de la Finlande et de l'Esthonie et reprendre l'avantage — en attaquant leur territoire — qui était résulté pour les russes de l'occupation des provinces danubiennes.

Si le czar avait pris l'offensive par le passage du Pruth et l'envahissement de la Moldavie et de la Valachie, les flottes alliées de la Baltique pouvaient à leur tour commencer les hostilités au cœur même de l'empire moscovite. Avant d'arriver à Constantinople, l'armée du prince Gortschakoff avait encore à franchir le Danube, à prendre d'assaut les forteresses des Balkans, à écraser les Turcs et leurs alliés, tandis qu'un heureux bombardement de Cronstadt ouvrait à deux battants à la France et à l'Angleterre les portes impériales de Saint-Pétersbourg.

L'organisation de l'armée de terre ne marchait pas moins rapidement; les commandants des divisions militaires avaient reçu leurs instructions; les bataillons des régiments destinés à former le contingent de l'armée d'Orient étaient mis sur le pied de guerre; les troupes éprouvées de l'Algérie, trois régiments de zouaves, un détachement de spahis, un régiment de tirailleurs indigènes se concentraient à Oran, et les garnisons de France se préparaient à les remplacer en Afrique. Durant tout le mois de mars, le mouvement des troupes ne se ralentit pas sur Marseille et Toulon; les tirailleurs de Vincennes descendaient le Rhône; nos braves africains partaient du port d'Alger; l'infanterie devait être transportée par la marine impériale; quant à l'artillerie, à la cavalerie, aux équipages, aux vivres, au matériel, ils avaient à leur disposition, dans le port de Marseille, trois cent cinquante bâtiments de commerce nolisés par l'administration de la guerre et aménagés pour le transfert de quatorze mille tonnes et de six mille cinq cent chevaux.

Le 11 mars, un décret impérial, inséré au *Moniteur*, avait ainsi constitué le personnel de l'armée d'Orient et de ses divers services :

ARMÉE D'ORIENT.

Général en chef.

LEROY DE SAINT-ARNAUD, maréchal de France.

Aides de camp.

TROCHU, colonel.
DE WAUBERT DE GENLIS, lieutenant-colonel, commandant de place.
BOYER, capitaine.

Officiers d'ordonnance.

REILLE, chef d'escadron.
HENRY, chef d'escadron.
GRAMMONT, DUC DE LESPARRE, chef d'escadron.
DE VILLERS, chef d'escadron.
APPERT, chef d'escadron.
DE CUGNAC, capitaine.
DE PUYSÉGUR, capitaine.

État-Major général.

Chef d'état-major général.

DE MARTIMPREY, général de brigade.

Sous-Chef d'état-major général.

JARRAS, lieutenant-colonel.

Commandant de l'artillerie.

LEBOEUF, colonel.

Commandant du génie.

TRIPIER, colonel.

Chef de l'intendance militaire.

BLANCHOT, intendant militaire.

Commandant de la gendarmerie.

GUISSE, chef d'escadron de gendarmerie, grand prévôt.

Aumônier supérieur.

L'abbé PARABÈRE.

Officiers d'état-major attachés à l'état-major général.

OSMONT, chef d'escadron.
RENSON, chef d'escadron.
D'ORLÉANS, capitaine.
DE LA HITTE, capitaine.
DE RAMBAUT, capitaine.

Officiers d'artillerie attachés à l'état-major général.

MALHERBE, chef d'escadron, chef d'état-major.
DE VASSART, capitaine en second, adjoint au commandant.
MOULIN, capitaine en second, adjoint au commandant.
LAFON, capitaine en second, adjoint au chef d'état-major.

Officiers du génie attachés à l'état-major général.

DE CHAPPEDELAINE, lieutenant-colonel, adjoint au commandant.
DUBOIS-FRESNAY, chef de bataillon, chef d'état-major.
SARLAT, capitaine adjoint au chef d'état-major.
SCHMITZ, capitaine adjoint au commandant.
PRÉSERVILLE, capitaine adjoint au commandant.

Fonctionnaires de l'intendance attachés à l'état-major général.

BLANC DE MOLINE, sous-intendant de 1re classe.
VIGUIER, sous-intendant de 2e classe.
LUCAS DE MISSY, sous-intendant de 2e classe.
LE CREURER, sous-intendant de 2e classe.
DE SÉGANVILLE, sous-intendant de 2e classe.
GAYARD, adjudant de 1re classe.
LEBLANC, adjudant de 2e classe.

Service politique et topographique.

DESAINT, lieutenant-colonel, chef du service.
DAVOUT, chef d'escadron.
DAVENET, capitaine.
PERROTIN, capitaine.

Trésorerie et Postes.

X....

Détachement de gendarmerie.

X.... .

Première Division.

Commandant.

CANROBERT, général de division.

Aides de camp.

CORNELY, chef d'escadron.
DE BAR, capitaine.

Officier d'ordonnance du général-commandant.

BRADY, capitaine d'artillerie.

Chef d'état-major.

DENIS DE SENNEVILLE, lieutenant-colonel.

Commandant de l'artillerie.

HUGUENET, chef d'escadron.

Commandant du génie.

SABATIER, chef de bataillon.

Intendance.

BOUCHÉ, sous-intendant militaire de 2e classe.
SANSON, adjudant de 2e classe.

Prévôt.

MANSUY, capitaine de gendarmerie.

Officiers d'état-major.

DELABARRE, chef d'escadron.
MANCEL, capitaine.
CLAVEL, capitaine.

Officier d'artillerie.

FABRE, capitaine.

Médecin d'artillerie et vétérinaire d'artillerie désignés par le gouverneur général de l'Algérie.

PREMIÈRE BRIGADE.

Commandant.

ESPINASSE, général de brigade.

1er régiment de zouaves.

BOURBAKI, colonel.

7e régiment de ligne.

DE PECQUEULT DE LAVARANDE, colonel.

1er bataillon de chasseurs à pied.

Tristan Legros, chef de bataillon.

DEUXIÈME BRIGADE.

Commandant.

Vinoy, général de brigade.

20e régiment de ligne.

De Failly, colonel.

27e régiment de ligne.

Vergé, colonel.

9e bataillon de chasseurs à pied.

Nicolas, chef de bataillon.

Deux batteries montées.
Une compagnie de sapeurs du génie.
Un détachement de gendarmerie.

Deuxième Division.

Commandant.

Bosquet, général de division.

Aide de camp.

Lallemand, chef d'escadron.

Chef d'état-major.

De Cissey, colonel.

Commandant de l'artillerie.

Lefrançois, chef d'escadron.

Commandant du génie.

Dumas, chef de bataillon.

Intendance.

Las Cases, sous-intendant militaire de 2e classe.
Levy, adjudant de 1re classe.

Prévôt.

Peletingeas, capitaine de gendarmerie.

Officiers d'état-major.

Raoult, chef d'escadron.
Hartung, capitaine.
Leroy, capitaine.

Officier d'artillerie.

Jeuffrain, capitaine.

PREMIÈRE BRIGADE.

Commandant.

D'Autemarre, général de brigade.

Aide de camp.

Loverdo, capitaine.

3e régiment de zouaves.

Tarbouriech, colonel.

Tirailleurs indigènes.

Wimpffen, colonel.

50e régiment de ligne.

Trauers, colonel.

DEUXIÈME BRIGADE.

Commandant.

Bouat, général de brigade.

Aide de camp.

Clémeur, capitaine.

7e régiment d'infanterie légère.

Jannin, colonel.

6e régiment de ligne.

De Garderens de Boisse, colonel.

3e bataillon de chasseurs à pied.

Duplessis, chef de bataillon.

Deux batteries montées.
Une compagnie de sapeurs du génie.
Un détachement de gendarmerie.

Troisième Division (corps de réserve).

Commandant.

S. A. I. le prince Napoléon, général de division.

Chef d'état-major.

Nesmes-Desmarest, colonel, 1er aide de camp.

Aides de camp.

FERRI-PISANI, chef d'escadron.
ROUX, chef de bataillon.
DAVID, capitaine.

Officier d'ordonnance.

VERGNE, sous-lieutenant au 1er régiment de spahis.

Officiers d'état-major.

DE BONILLÉ, capitaine.
COURRIER, capitaine.

Intendance.

DUBUT, sous-intendant militaire de 2e classe.
LEBOEUF, adjudant de 2e classe.

2e régiment de zouaves.

CLER, colonel.

22e régiment d'infanterie légère.

SOL, colonel.

Un régiment d'infanterie de marine.

BRIGADE DE CAVALERIE.

Commandant.

D'ALLONVILLE, général de brigade.

Aide de camp.

DE SERIONNE, capitaine.

Intendance.

BAGÈS, sous-intendant militaire de 2e classe.

1er régiment de chasseurs d'Afrique.

DE FERRABOUC, colonel.

4e régiment de chasseurs d'Afrique.

COSTE DE CHAMPERON, colonel.

Un détachement de spahis.

Une batterie d'artillerie à cheval.

Réserves et Parc de l'artillerie.

Commandant.

ROUJOUX, lieutenant-colonel.

Commandant-adjoint.

SOLBILLE, capitaine de 1re classe.

Directeur du parc.

DUSAERT, capitaine de 1re classe.

Adjoint au directeur du parc.

VOILLIARD, capitaine de 2e classe.

Employés.

DURINGER, garde de 2e classe.

Un chef artificier et un garde désignés par le gouverneur général de l'Algérie.

Médecin d'artillerie et vétérinaire d'atillerie désignés par le maréchal de France commandant à Lyon.

Deux batteries à pied.
Une batterie à cheval.
Deux batteries et demie de parc.
Une batterie de montagne.
Une section de fuséens.
Une demi-compagnie d'ouvriers.

Réserves et Parc du génie.

Commandant.

GUÉRIN, chef de bataillon.

Commandant-adjoint.

MARTIN, capitaine.

Employés.

Deux gardes désignés par le gouverneur général de l'Algérie.

Deux compagnies de sapeurs.
Un détachement de sapeurs-conducteurs.
Un détachement d'ouvriers.

SERVICES ADMINISTRATIFS.

SERVICE DE SANTÉ.

Quartier général et réserve.

Chef du service médical.

SCRIVE, médecin principal de 2e classe.

Médecins.

CABROL, médecin-major de 1re classe.

COLMANT, médecin-major de 2e classe.
PETITBON, aide-major de 2e classe.
COCUD, Id.
LAMBERT, Id.

Chef du service de la pharmacie.

JEANNEL, pharmacien principal de 2e classe.

Première Division.

CAZALAS, médecin-major de 1re classe.
QUESNOY, aide-major de 1re classe.
RAOULT-DESLONGCHAMPS, aide-major de 2e classe.
PERRIN, Id.
BAILLY, Id.
CASSAIGNE, pharmacien aide-major de 1re classe.

Deuxième Division.

BARBY, médecin-major de 1re classe.
BEAUCAMP, aide-major de 1re classe.
ROUSTANS, aide major-de 2e classe.
GILLIN, Id.
LAPEYRE, Id.
RATEAU, pharmacien aide-major de 1re classe.

Troisième Division.

TELLIER, médecin-major de 2e classe.
FOURNIER, aide-major de 1re classe.
PERRÉON, aide-major de 2e classe.
HERBECQ, Id.
LANTENOIS, pharmacien aide-major de 1re classe.

Brigade de cavalerie.

LADUREAU, aide-major de 1re classe.
ROLLET, aide-major de 2e classe.
NUZILLAT, Id.

PERSONNEL DE SANTÉ DE DEUX HOPITAUX A LA SUITE DE L'ARMÉE.

Premier hôpital.

VALETTE, médecin-major de 1re classe.
GUÉRET, Id.

CUVILLON, médecin-major de 2e classe.
BURLUREAUX, aide-major de 1re classe.
ARON, Id.
BLANVILLAIN, Id.
MICHE, aide-major de 2e classe.
GLEIZES, Id.
MARLIER, Id.
DUAUTHIER, Id.
MILLIOT, Id.
OHIER, Id.
MUSARD, pharmacien aide-major de 1re classe.
CLAQUART, pharmacien aide-major de 2e classe.

Deuxième hôpital.

SIESZ, médecin-major de 1re classe.
BONNET-MASIMBERT, Id.
FRATINI, aide-major de 1re classe.
CARION, Id.
BRUMENS. Id.
DESJARDINS, aide-major de 2e classe.
SEIGLE, Id.
RUEFF, Id.
BESSIÈRES, Id.
BARABAN, Id.
PONTON, Id.
GONTIER, pharmacien aide-major de 1re classe.
COOCHE, pharmacien aide-major de 2e classe.

Service des hôpitaux. — Administration.

Quartier général.

PETIT, officier d'administration de 1re classe.
JOUSSAIN, Id.
BATAILLE, officier d'administration de 2e classe.
PONCELET, adjudant d'administration en premier.
QUENOUT, adjudant d'administration en second.
GUILLOT, Id.

Réserve.

GMESTET, officier d'administration de 1re classe.
ALBERTINI, officier d'administration de 2e classe.
SAUVAGE, adjudant en premier.
FISSIACE, Id.

Rousselot, adjudant en second.
Weisz, Id.
Denis, Id.
Vanier, Id.
Doucet, Id.
Baptiste, Id.
Chevalier, Id.
Sampolo, Id.

Première division.

Durfort de la Broye, adjudant en premier.
Gesta, adjudant en second.

Deuxième division.

Delcambre, officier d'administration de 2e classe.
Gasse, adjudant d'administration en second.

Troisième division.

Moriceau, adjudant d'administration en premier.
Pierron, adjudant d'administration en second.

Bureaux de l'Intendance.

A répartir entre les quartiers généraux, brigades et réserves.

Izard, officier d'administration de 2e classe.
Gassiot, adjudant en premier.
Loustauneau, Id.
Latouche, adjudant en second.
Levy, Id.
Pierron, Id.
Georges, Id.
Fristot, Id.
Barre, Id.

SERVICE DES SUBSISTANCES.

Quartier général et réserve.

Bourgeois, officier d'administration principal.
Arnaud, officier d'administration de 1re classe.
Morel, adjudant en premier.
Savy, id.
Mian, adjudant en second.

DUMAIN, adjudant en second.
VALABRÈGUE, Id.
HAZARD, Id.

Première Division.

BEHUE, officier d'administration de 2me classe.
MICHON, adjudant en premier.
GODARD, adjudant en second.
DEVÈZE, Id.

Deuxième Division.

FOUCHER, officier d'administration de 1re classe.
BABOT, adjudant en premier.
JOLAIS, adjudant en second.
GOURDOUX, Id.

Troisième Division.

D'AILHAUD DE BRISIS, officier d'administration de 1re classe.
BENARD, adjudant en premier.
DAUMAS, adjudant en second.
RIBEAUCOURT, Id.

SERVICES DE L'HABILLEMENT ET DU CAMPEMENT.

ARRIGAS, officier d'administration de 1re classe.
PINEL, adjudant en premier.
DARAN, Id.
LALANCE, adjudant en second.
ROSE, Id.

Troupes.

Commandant.

HUGUENEY, chef d'escadron.

Deux compagnies légères du train des équipages militaires.
Une compagnie montée, Id.
Un détachement d'ouvriers.
Trois détachements d'infirmiers.

Division de réserve.

Commandant.

Forey, général de division.

Aides de camp.

Dauvergne, chef d'escadron.
Schmitz, capitaine.

Chef d'état-major.

De Loverdo, colonel.

Officiers d'état-major attachés à l'état-major.

Delaville, chef d'escadron.
Colson, capitaine.
Piquemale, id.

PREMIÈRE BRIGADE D'INFANTERIE.

Commandant.

De Lourmel, général de brigade.

Aide de camp.

Villette, capitaine.

19e *régiment de ligne.*

Desmarest, colonel.

26e *régiment de ligne.*

Niol, colonel.

5e *bataillon de chasseurs à pied.*

Landry de Saint-Aubin, chef de bataillon.

DEUXIÈME BRIGADE D'INFANTERIE.

Commandant.

D'Aurelle, général de brigade.

39e *régiment d'infanterie de ligne.*

Beuret, colonel.

74e *régiment d'infanterie de ligne.*

Breton, colonel.

BRIGADE DE CAVALERIE.

Commandant.

Cassaignolles, général de brigade.

6e régiment de dragons.

De Plas, colonel.

6e régiment de cuirassiers.

Salle, colonel.

ARTILLERIE.

Commandant.

De Tryon, chef d'escadron.

Commandant-adjoint.

Bergère, capitaine.

Deux batteries montées.
Une batterie à cheval.

GÉNIE.

Commandant.

De Saint-Laurent, chef de bataillon.

Commandant-adjoint.

De Foucauld, capitaine.

Une compagnie du génie.

FORCE PUBLIQUE.

Prévôt.

Potié, capitaine de gendarmerie.

Un détachement de gendarmerie.

SERVICES ADMINISTRATIFS.

Intendance militaire.

Quartier général.

Bligny-Bondurand, sous-intendant militaire de 1re classe.
Schmitz, adjoint de 1re classe.

1re brigade d'infanterie.

Du Cor de Duprat, sous-intendant militaire de 2me classe.

2me brigade d'infanterie.

Conseillant, sous-intendant militaire de 2me classe.

Brigade de cavalerie.

Carjol, adjoint de 1re classe.

Bureaux de l'Intendance.

FARDET, adjudant d'administration en premier.
SCHEUBE, adjudant d'administration en second.
BREITEL, id.
RICOUR, id.
HEYL, id.

Service de santé.

HEYSCH, médecin-major de 2e classe.
FERNET, aide-major de 1re classe.
COURBET, aide-major de 2e classe.
TASSARD, id.
RONDET, id.
DITTE, pharmacien aide-major de 1re classe.

Service des hôpitaux.

Quartier général.

ARRON, officier d'administration, comptable de 2e classe.
MARCHAND, adjudant en premier.
BUFFETEAU, adjudant en second.

Première brigade d'infanterie.

VIGNE, officier d'administration de 2e classe.
GUIBOUT, adjudant en second.

Deuxième brigade d'infanterie.

HUBERT, adjudant en premier.
MAGET, adjudant en second.

Brigade de cavalerie.

POINSIGNON, adjudant en premier.
BUFFET, adjudant en second.

Service des subsistances.

Quartier général.

DE LAMOGÈRE, officier d'administration de 1re classe.
MEIFREDY, adjudant en premier.
LANDRÉ, adjudant en second.

Première brigade d'infanterie.

LABARRE, officier d'administration de 2e classe.
ROMANI, adjudant en second.

Deuxième brigade d'infanterie.

FERAY, adjudant d'administration en premier.
VITAUX, adjudant en second.

Brigade de cavalerie.

MARTY, adjudant en premier.
GOURDÉ, adjudant en second.

Service d'habillement.

BETTINGER, adjudant en premier.
MOLLARD, adjudant en second.

Une compagnie montée du train des équipages militaires.
Une demi-compagnie légère.
Un détachement d'ouvriers d'administration.
Un détachement d'infirmiers.

C'est en vertu d'un décret du 1er mars qu'un détachement de gendarmerie se trouvait attaché à l'armée d'Orient. Il fut pris dans la première légion de ce corps et placé sous le commandement en chef d'un *grand prévôt* suppléé divisionnairement par des officiers ayant titre de prévôts.

Aux termes du décret, la gendarmerie de l'armée d'Orient avait dans ses attributions la police des marchands, des vivandiers et des domestiques suivant les troupes ; elle devait inspecter la qualité et le mesurage des denrées vendues aux soldats, réprimer les délits, exercer la surveillance des prisons, et, en temps de marche, faire la police des colonnes expéditionnaires.

L'armée anglaise s'ébranlait également. Les ports de Plymouth et de Southampton étaient encombrés de cold-stream-guards, d'highlanders, de grenadiers de la garde et d'infanterie.

Du rapport de M. Gladstone, lu au parlement le 6 mars, il résulte que l'effectif devait être d'abord de vingt-cinq mille hommes et de deux mille cinq cents chevaux. Quatre-vingt-six navires à voile et dix-huit bateaux à vapeur étaient nolisés par l'État pour effectuer le transport des troupes.

Lord Raglan, directeur général de l'artillerie, ancien aide de camp de Wellington pendant la guerre de la Péninsule, et qui a laissé un bras sur le champ de bataille de Waterloo, avait le commandement en chef de cette armée.

De même que, chez nous, à défaut de l'empereur, empêché par les soins du gouvernement, un Napoléon précédait ces aigles auxquelles le chef de son nom avait ouvert un si large horizon, un membre de la famille royale d'Angleterre, le duc de Cambridge, cousin de S. M. la reine Victoria, représentait dans les rangs anglais la maison de Hanovre. Il était général de la première division, et comptait au nombre de ses soldats les plus belles troupes de la Grande-Bretagne : trois bataillons de grenadiers de la garde et trois bataillons d'highlanders.

La deuxième division marchait sous les ordres de sir de Lacy-Evans. Aux cinquante combats qui illustraient ses états de service, ce brave officier de fortune allait ajouter de nouvelles campagnes.

Sir Georges Brown, compagnon d'armes de lord Raglan en Espagne et en Portugal, était à la tête de la division légère.

Lord Lucan commandait la cavalerie. Les hasards de la politique le ramenaient, allié des turcs, aux mêmes lieux où il avait combattu ces derniers, en 1829, comme volontaire dans l'armée russe.

En outre, l'amiral Charles Napier, le vainqueur de Dom Miguel et de Méhémet-Ali, promu au commandement de l'escadre anglaise de la Baltique, appareillait le 11 mars à Portsmouth, et entrait le 13 dans le Cattégat, avec huit vaisseaux à hélice, dont deux trois-ponts, quatre vapeurs à hélice et quatre vapeurs à aubes, d'une force totale de sept mille trois cent soixante-dix chevaux, et portant huit mille huit cent cinquante-sept hommes et huit cent quatre-vingt-dix-sept canons.

Six jours après, le général Canrobert quittait Marseille sur *le Christophe Colomb*, remorquant *le Mistral*, avec le premier convoi de l'armée d'Orient à destination de Gallipoli.

Le lendemain, 20 mars, la convention suivante était conclue entre la France, l'Angleterre et la Turquie :

« Art. 1er. Sa Majesté la reine de la Grande-Bretagne et Sa Majesté l'empereur des Français ayant donné l'ordre, sur le désir du sultan, à de fortes divisions de leurs flottes de se rendre à Constantinople pour assurer au territoire et au pavillon ottomans la protection que pourraient exiger les circonstances, Leurs Majestés prennent, par le présent traité, l'engagement ultérieur de coopérer, dans une plus grande extension, avec Sa Majesté le sultan, à la protection du territoire ottoman en Europe et en Asie contre l'agression de la Russie, en fournissant dans ce but à Sa Hautesse le sultan un nombre de troupes suffisant.

» Les troupes de débarquement seront envoyées par Leurs Majestés sur tels points du territoire ottoman qui paraîtraient convenables. Sa Hautesse le sultan s'engage à ce que les troupes françaises et anglaises de débarquement, qui seraient envoyées par Leurs Majestés, reçoivent le même accueil et soient traitées avec le même respect que les forces navales françaises et anglaises qui, depuis quelque temps, sont déjà employées dans les eaux de la Turquie.

» Art. 2. Les hautes parties contractantes s'engagent réciproquement à se communiquer sans perte de temps toute proposition que l'une d'elles recevrait directement ou indirectement de la part de l'empereur de Russie relativement à la cessation des hostilités, à un armistice ou à la paix. Et, en outre, Sa Majesté le sultan s'engage à ne conclure aucun armistice et à n'entamer aucune négociation pour la paix, à ne conclure aucun préliminaire de paix avec la Russie sans la connaissance et l'assentiment des autres hautes parties contractantes.

» Art. 3. Aussitôt que le but du traité actuel sera atteint par la conclusion du traité de paix, Leurs Majestés la reine d'Angleterre et l'empereur des Français prendront des mesures immédiates pour retirer leurs forces de terre et de mer qui auront été employées pour atteindre l'objet du traité actuel, et toutes les forteresses et positions sur le territoire ottoman qui seront occupées temporairement par les forces de l'Angleterre et de la France seront rendues aux autorités de la Sublime Porte dans l'espace de..... jours calculés d'après la date de l'échange des ratifications du traité qui aura mis fin à la guerre actuelle.

» Art. 4. Le présent traité sera ratifié, et les ratifications échangées aussitôt que cela pourra avoir lieu dans l'espace de..... semaines, à compter du jour de la signature. »

L'obligation que nous nous sommes imposée de suivre concurremment les divers épisodes de la guerre, sur leurs différents théâtres, nous ramène maintenant au bord du Danube.

De part et d'autre on avait mis l'hiver à profit.

Sur la rive gauche, les russes avaient fortifié Giorgewo, Oltenitza et les îles de Galatz; dans l'intérieur de la Moldo-Valachie, ils avaient installé un arsenal à Dockschau et couvert d'ouvrages avancés la petite ville de Fochzany, sur laquelle ils pouvaient évacuer hôpitaux, parcs et magasins, si les turcs avaient l'avantage. Leur flottille était mouillée entre Galatz et Braïlow, et ses chaloupes canonnières, remorquées par des vapeurs, protégées par les batteries des divers îlots tombés au pouvoir des russes, avaient fréquemment jeté l'alarme dans les villages de la rive ottomane. Enfin le général Salos était descendu à Braïlow avec vingt-quatre pièces de canon et des renforts d'hommes.

Sur la rive droite, les turcs avaient construit dans l'île qui fait face à Widdin une redoute chargée de couvrir Kalafat, et à Turtukaï, Dafez-Pacha, commandant des bachi-bouzoucks, avait placé au confluent de l'Ardjick une forte batterie.

Bien que le blocus de Kalafat eût été repris, confiant dans les forces qu'il y laissait, — trente-deux mille hommes avec cinquante-deux pièces de campagne et quarante-sept de siége, — Omer-Pacha s'était replié sur Schumla, afin de couvrir la route d'Andrinople.

Telle était la situation respective des deux armées lorsque le général Gortschakoff reçut l'ordre de passer le Danube. Le 12 mars, il envoya six bataillons d'infanterie et un détachement de cavalerie, appuyés de huit canons, reconnaître l'île de Turtukaï, que défendait un millier d'irréguliers. Ce même jour, la garnison de cette place s'augmenta d'un bataillon et demi d'infanterie, d'une compagnie de tirailleurs et de trois pièces de canon. Le 13, une division russe composée de seize bataillons d'infanterie, d'un régiment de cavalerie et de vingt-quatre canons, s'étageait sur la rive du Danube en face de l'île, les batteries et quatre bataillons au bord du fleuve, le reste en dehors de la portée des batteries ottomanes. Ignorant le renfort qu'avait reçu la garnison, le général russe espérait foudroyer l'artillerie ennemie et jeter un pont, mais tous les travaux commencés dans ce dernier but furent aussitôt ruinés par les boulets des turcs, et après une inutile tentative de traversée à la nage, les assaillants opérèrent leur retraite, laissant sur le terrain deux mille cinq cents morts ou blessés.

C'était la seconde fois que Turtukaï voyait triompher les armes du sultan, mais cette victoire n'avait qu'ajourné le passage du Danube. Le général Gortschakoff transporta ses troupes vers la frontière de la Moldo-Valachie et prit ainsi ses dispositions :

Les turcs devaient être attaqués aux îles en avant de Braïlow, à Ismaïl et à Galatz, mais Braïlow était le point principal.

Le général Gortschakoff se l'était réservé et l'occupait avec quatorze bataillons, cinq régiments de cavalerie, six escadrons de cosaques et quarante-quatre bouches à feu.

A Galatz, le général Luders avait vingt-quatre bataillons, quatorze escadrons, dont six de cosaques, et soixante-quatre pièces de canon.

Le général Uschakoff comptait à Ismaïl des forces à peu près égales à celles du prince Gortschakoff.

La direction matérielle du siége était confiée à l'aide de camp général Schilder.

Tandis que le général en chef attaquerait les retranchements de Matchin, défendue par quinze mille hommes, Luders viendrait prendre à revers la même ville. Deux diversions étaient préparées pour favoriser le mouvement : elles consistaient dans une démonstration du général Uschakoff contre Isatcha et une attaque du colonel Zouroff contre Hirsowa, au nord et au sud de Matchin.

Dans la nuit du 21 au 22, les pontonniers du général Schilder avaient jeté des ponts sur trois points ; dès que l'aube parut, les colonnes se mirent en mouvement, mais les turcs étaient sur leurs gardes, et l'on se battit avec acharnement toute la journée sans que les assaillants gagnassent du terrain ; loin de là ! nombre de soldats russes furent tués, d'autres se noyèrent, et le pont de Braïloff fut gravement endommagé.

Le lendemain, l'attaque reprit, renforcée de troupes fraîches arrivées pendant la nuit. Des batteries installées dans l'île de Vindoïa protégèrent de leur feu un convoi de barques qui bientôt mit à terre trois bataillons, une compagnie de cosaques et quatre pièces d'artillerie légère. Les ottomans leur disputèrent le rivage, mais à chaque instant de nouveaux débarquements avaient lieu, et, pour comble d'infortune, le général Luders, dont l'évolution n'était pas même soupçonnée, ayant pu effectuer son passage sur des chaloupes, vint faire la diversion commandée par le prince Gortschakoff, et Matchin fut évacuée.

Pendant ce temps, le général Uschakoff éprouvait à Isatcha une résistance terrible, mais les forces étaient trop inégales et, après avoir épuisé leurs munitions jusqu'à la dernière gargousse et à la dernière cartouche, les turcs se replièrent sur Babadaji, mettant entre eux et l'ennemi les marais de Bazelin.

De part et d'autre, le sentiment du devoir avait engendré des prodiges de valeur et d'abnégation : d'un régiment du général

Uschakoff mal engagé, il n'était pas resté un survivant pour attester qu'à la honte de reculer ses compagnons avaient préféré la mort. Chez les ottomans, les égyptiens s'étaient entre tous distingués, se montrant dignes du vainqueur de Nézib, leur initiateur à la discipline européenne. Déjà, dans une précédente affaire, les trois bataillons de leur avant-garde avaient donné, et des quinze cents hommes qui les composaient, dix-huit seulement étaient restés debout.

Maître du nord de la Dobrutscha, le prince Gortschakoff adressa aux habitants de cette contrée une proclamation. Il s'y annonçait comme le protecteur et l'ami des populations paisibles, n'en voulait, disait-il, qu'aux turcs barbares qui s'obstinaient à maltraiter les chrétiens, promettait de ne finir la sainte lutte qu'après avoir écrasé sous ses pieds les ennemis de son maître, et terminait par la menace de rigoureux châtiments pour ceux des habitants de la Dobrutscha qui ne témoigneraient pas une grande déférence aux soldats russes ou feraient secrètement cause commune avec les turcs.

C'était, dans un autre ordre d'idées et par l'intimidation, — sinon par le fer, — le *crois ou meurs* des espagnols aux malheureux indiens du Nouveau-Monde.

Le dénoûment de ce premier envahissement de la Dobrutscha fut la prise d'Hirsowa. Cette ville, attaquée le 20 mars, à la fois par la flottille qui remontait le fleuve et par le colonel Zouroff, détaché du corps d'armée de Braïlow, avait repoussé les trois premiers assauts; mais l'ennemi, s'étant, le 21, rendu maître des ouvrages avancés, avait commencé le siége le 24, et, le 30, était entré dans la citadelle démantelée par l'artillerie.

Des deux cent mille hommes que les russes comptaient en Moldo-Valachie, soixante mille, à cette date du 30 mars, occupaient la Dobrutscha, à Isatcha, Matchin, Hirsowa et Kustendjè.

Sur un autre point, les rives de la mer Noire, des désastres compensaient ces avantages. Craignant de voir attaquer simultanément leurs forteresses du littoral par la flotte anglo-française et les circassiens de Schamyl, les garnisons moscovites évacuaient successivement ces positions, en y mettant le feu, et se retiraient tant sur les corps du Caucase que sur le Danube et Tiflis.

Pendant leur croisière d'exploration, les frégates à vapeur *le Sampson* et *le Cacique* assistèrent ainsi au pillage des ruines de Soubachi par les montagnards du Daghestan, et à l'incendie de Touaps et de Psnad, trois de ces forteresses.

Sans doute le bruit de ces succès et de ces revers dut produire à Saint-Pétersbourg une sensation profonde, mais il y avait été précédé par une nouvelle devant laquelle pâlissaient toutes les autres; nouvelle bien faite pour émouvoir le czar, en dépit des allures dominatrices de son caractère : c'était la déclaration de guerre de la France et de l'Angleterre, officiellement annoncée aux chambres des deux pays dans la séance du 27 mars.

CHAPITRE IV.

Neutralité de l'Autriche et de la Prusse. — Convention d'alliance entre la France et l'Angleterre. — Traité austro-prussien du 20 avril. — Ratification du traité entre la France, l'Angleterre et la Porte-Ottomane. — Conférence de Bamberg. — Convention entre l'Autriche et la Porte. — Refus du cabinet de Saint-Pétersbourg. — État de l'Europe à la fin de juin 1854. — Opérations dans la mer Noire. — Affaire du *Furious*. — Bombardement d'Odessa. — La flotte de Sévastopol défiée. — Évacuation par les russes de Redoute-Caléh. — Ordre du jour de l'amiral Hamelin. — Perte du *Tiger*. — L'armée d'Orient au camp de Gallipoli. — Départ de S. A. I. le prince Napoléon. — Le maréchal Saint-Arnaud à Marseille. — Son ordre du jour. — Il débarque à Constantinople. — Situation des turcs et des russes. — Proposition du prince Paskiéwitsch au gouverneur de Silistrie. — Bataille de Bazarjick. — Entrevue de Varna. — Le camp de Schumla. — Transports retardés en mer. — Départ des troupes pour Varna. — Revue passée par le sultan de la division de S. A. I. le prince Napoléon. — Corps ottomans annexés aux divisions des alliés. — Fusion des escadres de la Méditerranée et de l'Océan. — Blocus du Danube. — Insurrection grecque. — Rappel du général Baraguey-d'Hilliers. — La division de réserve à Athènes. — Subdivision navale de l'Archipel. — Déclaration de S. M. Othon, roi de Grèce. — Siége de Silistrie. — Mort de Mussa-Pacha. — Mort du général russe Schilder. — Retraite inopinée des russes. — Évacuation de la petite Valachie. — Les flottes de la Baltique. — Dénombrement. — Combat de Gamla-Karlibi. — Bâtiments russes incendiés à Brateshead et à Uléaborg. — Impossibilité d'attaquer présentement Cronstadt. Les amiraux se rabattent sur les îles d'Aland. — Bombardement de Bomarsund.

(Avril, Mai et Juin 1854).

Avec le chapitre précédent a fini le prologue du drame oriental ; maintenant l'action se précise et marche d'un pied plus rapide, sur les pas d'acteurs à la taille du débat agrandi, vers un dénoûment qu'à nulle puissance humaine il n'était donné de créer plus radieux et plus beau. Acceptons sa nouvelle allure, et si l'intérêt et l'émotion ne jaillissent pas du choc de ses nombreuses péripéties, qu'on ne s'en prenne qu'à l'infimité du chroniqueur.

A la suite de la proclamation de guerre du 27 mars, des interpellations sont adressées à M. de Manteuffel, dans le parlement prussien, au sujet de l'attitude que prendra la Prusse en ce grave conflit ; le ministre se prononce pour la neutralité. Cette déclaration, à laquelle adhère l'Autriche, est, à la conférence de Vienne, l'origine d'un débat qui se termine, le 9 avril, par un protocole où sont énoncées les décisions suivantes :

« Les quatre gouvernements restent unis dans le double but de maintenir l'intégrité territoriale de l'empire ottoman, dont le fait de l'évacuation des principautés danubiennes est et restera une des conditions essentielles, et de consolider, dans un intérêt si conforme aux sentiments du sultan et par tous les moyens compatibles avec son indépendance et sa souveraineté, les droits civils et religieux des chrétiens, sujets de la Porte.

» L'intégrité territoriale de l'empire ottoman est et demeure la condition *sine quâ non* de toute transaction destinée à rétablir la paix entre les puissances belligérantes ; et les quatre gouvernements s'engagent à rechercher en commun les garanties les plus propres à rattacher l'existence de cet empire à l'équilibre général de l'Europe, comme ils se déclarent prêts à délibérer et à s'entendre sur l'emploi des moyens les plus convenables pour atteindre l'objet de leur concert.

» Quelque événement qui se produise, les quatre gouvernements s'engagent réciproquement à n'entrer dans aucun arrangement définitif avec la cour impériale de Russie, ou avec toute autre puissance qui serait contraire aux principes énoncés ci-dessus, sans en avoir préalablement délibéré en commun. »

Le 10 avril, les délégués de la France et de l'Angleterre signent à Londres une convention d'alliance qui, semblable au protocole de Vienne pour le reste, compte en plus ces articles :

« Art. 2. L'intégrité de l'empire ottoman se trouvant violée par l'occupation des provinces de Moldavie et de Valachie et par d'autres mouvements des troupes russes, LL. MM. l'Empereur des Français et la Reine du royaume-uni de la Grande-Bretagne et d'Irlande se sont concertées et se concerteront sur les moyens les plus propres à affranchir le territoire du Sultan de l'invasion étrangère et à atteindre le rétablissement de la paix. Elles s'engagent, à cet effet, à entretenir, selon les nécessités de la guerre, appréciées d'un commun accord, des forces de terre et de mer suffisantes pour y faire face, et dont des arrangements subséquents détermineront, s'il y a lieu, la qualité, le nombre et la destination.

» Art. 4. Animées du désir de maintenir l'équilibre européen, et *ne poursuivant aucun but intéressé*, les hautes parties contractantes renoncent d'avance à retirer aucun avantage particulier des événements qui pourront se produire.

» Art. 5. LL. MM. l'Empereur des Français et la Reine du royaume-uni de la Grande-Bretagne et d'Irlande recevront avec empressement dans leur alliance, pour coopérer au but proposé, celles des autres puissances de l'Europe qui voudraient y entrer. »

De son côté, le souverain régulateur de la sainte Russie adresse un nouveau manifeste à son peuple, le 11 avril :

« Par la grâce de Dieu,

» Nous, Nicolas Ier, *empereur et autocrate de toutes les Russies, de Moscou, Kiew, Wladimir et Novgorod; czar de Kasan, czar d'Astrakan, czar de Pologne, czar de Sibérie, czar de la Chersonèse Taurique; seigneur de Pskoff et grand prince de Smolensk, de Lithuanie, de Valachie, de Podolie et de Finlande; prince d'Esthonie, de Livonie, de Courlande et de Semgalie, de Samogitie, de Bialystok, de Karélie, de Tver, de Jougrie, de Perm, de Viatka, de Bulgarie et de plusieurs autres pays; seigneur et grand prince du territoire de Novgorod intérieur, de Tschernigoff, de Riaizan, de Polotzk, de Rostof, de Jaroslaf, de Bielozero, d'Oudorie, d'Obdorie, de Koudinie, de Witebsk, de Mtislaf, et dominateur de toute la région hyperboréenne; seigneur du pays d'Ierie, de Kartalinie, de Grousinie, de Kabardinie et d'Arménie; seigneur héréditaire et suzerain des princes tscherkesses, de ceux des montagnes et d'autres encore; héritier de la Norvége, duc de Schleswig-Holstein, de Saint-Ormarn, de Ditmarsen et d'Oldenbourg, etc., etc.*;

» A tous nos fidèles sujets savoir faisons :

» Dès l'origine de notre différend avec le gouvernement turc, nous avons solennellement annoncé à nos fidèles sujets qu'un sentiment de justice nous avait seul porté à rétablir les droits lésés des chrétiens orthodoxes sujets de la Porte Ottomane.

» Nous n'avons pas cherché, nous ne cherchons pas à faire de conquêtes, ni à exercer en Turquie une suprématie quelconque qui fût de nature à excéder l'influence appartenant à la Russie en vertu des traités existants.

» A cette époque déjà, nous avons rencontré de la méfiance, puis bientôt une sourde hostilité de la part des gouvernements de France et d'Angleterre, qui s'efforçaient d'égarer la Porte en dénaturant nos intentions. Enfin, à l'heure qu'il est, l'Angleterre et la France jettent le masque, envisagent notre différend avec la Turquie comme n'étant qu'une question secondaire, et ne dissimulent plus que leur but commun est d'affaiblir la Russie, de lui arracher une partie de ses possessions, et de faire descendre notre patrie de la position puissante où l'a élevée la main du Très-Haut.

» Est-ce à la Russie orthodoxe de craindre de pareilles menaces?

» Prête à confondre l'audace de l'ennemi, déviera-t-elle du but sacré qui lui est assigné par la divine Providence? Non!... La Russie n'a point oublié Dieu. Ce n'est pas pour des intérêts mondains qu'elle a pris les armes : elle combat pour la foi chrétienne, pour la défense de ses coréligionnaires opprimés par d'implacables ennemis.

» Que toute la chrétienté sache donc que la pensée du souverain de la Russie est aussi la pensée qui anime et inspire toute la grande famille du peuple russe, ce peuple orthodoxe, fidèle à Dieu et à son Fils unique Jésus-Christ, notre Rédempteur.

» C'est pour la foi et la chrétienté que nous combattons.

» *Nobiscum Deus, quis contra nos?*

» Donné à Saint-Pétersbourg, le onzième jour du mois d'avril de l'an de grâce mil huit cent cinquante-quatre, et de notre règne le vingt-neuvième.

« *Signé* NICOLAS. »

Le 20 du même mois, le baron de Hess et le comte de Thun-Hohenstein pour l'Autriche, et le baron de Manteuffel pour la Prusse, signent à Berlin un traité d'alliance offensive et défensive, dont l'article additionnel expose que, l'occupation prolongée par les troupes russes du territoire ottoman, sur le bas Danube, étant un danger pour les intérêts politiques, moraux et matériels, de la Confédération Germanique, l'Autriche imitera la Prusse, qui l'a déjà fait, et demandera au cabinet de Saint-Pétersbourg la suspension de tout mouvement en avant de son armée dans les possessions turques et des garanties complètes pour la prochaine évacuation des principautés danubiennes. Il y est ajouté qu'au cas d'un refus de la Russie, les parties contractantes repousseront, à l'aide de tous les moyens militaires qui sont à leur disposition, toute attaque contre le territoire de l'une ou de l'autre. Quant à une action offensive, elle ne sera déterminée que par l'incorporation des principautés ou par le passage des Balkans.

Ce traité, soumis à l'approbation de la diète germanique le 24 mai, amène la réunion à Bamberg des plénipotentiaires de Bavière, de Bade, du Hanovre, de la Hesse-Darmstadt, de la Hesse-Électorale, de Nassau, de Saxe et du Wurtemberg, et l'acceptation du traité avec quelques observations plus prétentieuses qu'efficaces.

Le 23 mai, un décret impérial inséré au *Moniteur* rend exécutoire le traité d'alliance signé le 12 mars entre la France, l'Angleterre et la Turquie, et ratifié le 8 mai. C'est une pièce trop importante au débat pour que nous n'en reproduisions pas la rédaction définitive :

« ART. 1er. Sa Majesté l'Empereur des Français et Sa Majesté la Reine du royaume-uni de la Grande-Bretagne et d'Irlande, ayant déjà, à la demande de Sa Majesté Impériale le Sultan, ordonné à de puissantes divisions de leurs forces navales de se rendre à Constantinople, et d'étendre au territoire et au pavillon ottomans la protection que permettraient les circonstances, Leursdites Majestés se chargent, par le présent traité, de coopérer encore davantage avec Sa Majesté Impériale le Sultan, pour la défense du territoire ottoman en Europe et en Asie, contre l'agression russe, en employant à cette fin tel nombre de leurs troupes de terre qui peut paraître nécessaire pour atteindre ce but; lesquelles troupes de terre Leursdites Majestés expédieront aussitôt vers tels ou tels points du territoire ottoman qu'il sera jugé à propos; et Sa Majesté Impériale le Sultan convient que les troupes françaises et anglaises, ainsi expédiées pour la défense du territoire ottoman, recevront le même accueil amical et seront traitées avec la même considération que les forces navales françaises et britanniques employées depuis quelque temps dans les eaux de la Turquie.

» ART. 2. Les hautes parties contractantes s'engagent, chacune de son côté, à se communiquer réciproquement, sans perte de temps, toute proposition que recevrait l'une d'elles de la part de l'empereur de Russie, soit directement, soit indirectement, en vue de la cessation des hostilités, d'un armistice ou de la paix; et Sa Majesté Impériale le Sultan s'engage en outre à ne conclure aucun armistice et à n'entamer aucune négociation pour la paix, ou à ne conclure aucun préliminaire de paix ni aucun traité de paix avec l'empereur de Russie, sans la connaissance et le consentement des hautes parties contractantes.

ART. 3. Dès que le but du présent traité aura été atteint par la conclusion d'un traité de paix, Sa Majesté l'Empereur des Français et Sa Majesté la Reine du royaume-uni de la Grande-Bretagne et d'Irlande prendront aussitôt des arrangements pour retirer immédiatement toutes leurs forces militaires et navales employées pour réaliser l'objet du présent traité, et toutes les forteresses ou positions dans le territoire ottoman qui auront été temporairement occupées par les forces militaires de la France et de l'Angleterre seront remises aux autorités de la Sublime Porte Ottomane dans l'espace de quarante jours, ou plus tôt, si faire se peut, à partir de l'échange des ratifications du traité par lequel la présente guerre sera terminée.

» ART. 4. Il est entendu que les armées auxiliaires conserveront la faculté de prendre telle part qui leur paraîtrait convenable aux opérations dirigées contre l'ennemi commun, sans que les autorités ottomanes, soit civiles, soit militaires, aient la prétention d'exercer le moindre contrôle sur leurs mouvements ; au contraire, toute aide et facilité leur seront prêtées par ces autorités, spécialement pour leur débarquement, leur marche, leur logement ou leur campement, leur subsistance et celle de leurs chevaux, et leurs communications, soit qu'elles agissent ensemble, soit qu'elles agissent séparément.

» Il est entendu, de l'autre côté, que les commandants desdites armées s'engagent à maintenir la plus stricte discipline dans leurs troupes respectives, et feront respecter par elles les lois et usages du pays.

» Il va sans dire que les propriétés seront partout respectées.

» Il est, de plus, entendu, de part et d'autre, que le plan général de campagne sera discuté et convenu entre les commandants en chef des trois armées, et que si une partie notable des troupes alliées se trouvait en ligne avec les troupes ottomanes, nulle opération ne pourrait être exécutée contre l'ennemi sans avoir été préalablement concertée avec les commandants des forces alliées.

» Finalement, il sera fait droit à toute demande relative aux besoins du service, adressée par les commandants en chef des troupes auxiliaires, soit au gouvernement ottoman, par le canal de leurs ambassades respectives, soit d'urgence, aux autorités locales, à moins que des objections majeures, clairement énoncées, n'en empêchent la mise à exécution.

» Art. 5. Le présent traité sera ratifié, et les ratifications seront échangées à Constantinople dans l'espace de six semaines, ou plus tôt si faire se peut, à partir du jour de la signature.

» En foi de quoi, les plénipotentiaires respectifs l'ont signé et y ont apposé le cachet de leurs armes.

» Fait en triple, pour un seul et même effet, à Constantinople, le douze mars mil huit cent cinquante-quatre.

» *Signé* : Baraguey-d'Hilliers.
» Stratford de Redcliffe.
» Réchid. »

Pour en finir avec la campagne diplomatique du second trimestre de 1854, il ne nous reste à mentionner que la convention de Bogadgi-Kény, arrêtée le 14 juin entre la Sublime-Porte et l'Autriche. Cette convention a pour but de mettre un terme à l'occupation des provinces danubiennes par les russes. L'empereur François-Joseph y promet d'employer, après l'épuisement des négociations, une démonstration armée, si besoin est, et s'engage à rétablir, durant son séjour en Moldo-Valachie, les choses sur le pied où elles étaient avant la guerre.

Onze jours auparavant, le comte Esterhazy, ambassadeur autrichien à Saint-Pétersbourg, a été chargé d'une démarche auprès du czar, et le 12 juin, le baron de Werther s'est joint à lui pour réclamer de l'équité de l'empereur de Russie le rappel de l'armée d'occupation ; mais à ces tentatives conciliatrices, M. de Nesselrode répond le 29 juin avec cette évasive phraséologie et cette astucieuse rhétorique dont maintes et maintes preuves ont été déjà citées :

« Les principautés ne sont plus pour nous qu'une position militaire, la seule où, poussant l'offensive, il nous reste quelques chances de rétablir l'équilibre en notre faveur. Si nous les évacuons, quelle sécurité l'Autriche peut-elle nous offrir? Nous serons à la merci de nos ennemis, affaiblis moralement et matériellement par un sacrifice en pure perte. En prenant auprès des puissances occidentales l'engagement d'amener l'évacuation finale des principautés, le cabinet de Vienne n'a pu s'interdire de mettre la Russie en état de procéder à l'évacuation avec honneur et sécurité pour elle. Qu'il veuille bien nous dire quelles garanties il peut nous donner, et le czar, par déférence pour les vœux et les intérêts de l'Allemagne, sera disposé à entrer en négociation sur l'époque précise de l'évacuation.

» Notre auguste maître ne veut ni prolonger indéfiniment l'occupation des principautés, ni les incorporer à ses États, encore moins renverser l'empire ottoman. Sous ce rapport, il ne fait aucune difficulté de souscrire aux trois principes posés dans le protocole du 9 avril.

» 1° Intégrité de la Turquie. Elle ne sera pas menacée par le czar tant qu'elle sera respectée par les puissances qui occupent les eaux et le territoire du sultan;

» 2° Évacuation des principautés. La Russie est prête à y procéder moyennant les sécurités convenables;

» 3° Consolidation des droits des chrétiens en Turquie. Le czar est prêt à concourir à la garantie européenne de ces droits si ses coréligionnaires conservent leurs anciens priviléges en en acquérant de nouveaux. »

Comme on le voit, les chancelleries s'agitent tandis que Dieu mène les événements; mais ce qu'il importe de remarquer, c'est l'attitude de l'Europe à mesure que le conflit grandit entre les parties intéressées.

La Russie a jeté sur le Danube deux cent cinquante mille hommes appelés des points les plus éloignés de son vaste empire, couvert ses frontières de Prusse et d'Autriche, augmenté les travaux de défense d'Helsingfors et Viborg en Finlande, de Cronstadt en avant de Saint-Pétersbourg, de Rewel en Esthonie, de Riga en Livonie et, sur la mer Noire, de Kaffa, de Nicolaïef, de Sévastopol; elle a, pour venir en aide à ses finances épuisées, émis huit séries de billets, chacune d'elles représentant trois millions de roubles argent, soit ensemble quatre-vingt-seize millions de francs, et demandé une offrande *volontaire* à tous les seigneurs, tous les propriétaires et tous les commerçants de la Russie, offrande dont le produit a été considérable tant à cause des dévouements sincères que du soin apporté par les bureaux à stimuler le zèle des patriotes récalcitrants. Il ressort de cet exposé une somme énorme de sacrifices, mais la Russie est l'instigatrice de la guerre, et, bon gré mal gré, il lui faut acquitter la lettre de change qu'elle a tirée sur la tranquillité de l'Europe.

La France a appelé les réserves sous les drapeaux pour augmenter l'effectif de l'infanterie, a décrété la formation d'un sixième escadron dans les cinquante-trois régiments de cavalerie existants et l'établissement de deux camps de manœuvres, l'un sur la Manche, l'autre sur le Rhône; elle a remis en vigueur la loi des secours dus aux femmes et enfants des marins de la quatrième classe appelés au service, prêté dix millions à la Porte Ottomane, et négocié un emprunt de deux cent cinquante millions qu'en dehors de la féodalité financière les intelligentes économies du peuple ont couvert instantanément; mais la France s'est constituée la protectrice du faible contre le fort, du droit contre l'injustice, de la civilisation contre l'oppression et la barbarie.....

Il en est de même de l'Angleterre, qui a ajouté onze mille hommes à l'effectif de sa marine, appelé quatorze mille recrues pour l'armée de terre, et augmenté de moitié pendant un semestre *l'income-tax* (impôt sur le revenu) pour subvenir aux frais de la guerre.

La Turquie a fortifié ses positions de la rive droite du Danube, réorganisé son armée d'Anatolie, armé sa flotte de la mer Noire; mais pour la Turquie il s'agit de vie ou de mort.....

Rien de pareil avec les autres puissances; elles se sont prononcées pour la neutralité, et pourtant la Prusse demande à son parlement trente millions de thalers (cent douze millions de francs), destinés à parer aux éventualités, augmente l'effectif de ses troupes, qui est de 614,000 hommes appuyés de 1,584 canons, arme sa landvehr, et concentre un corps d'armée dans les provinces du Rhin.

L'Autriche négocie coup sur coup deux emprunts, l'un de cinquante millions de florins, l'autre de trente-cinq millions, appelle avant le temps quatre-vingt-quinze mille recrues, et porte à trois cent mille hommes son armée, renforce les garnisons de la Lombardie, de la Vénétie et de la frontière du Tessin, échelonne, de la Dalmatie à la Bukowine, les troisième et quatrième corps, et couvre la frontière de la Pologne russe.

Le Danemark rappelle trois classes de soldats congédiés, organise la défense de son littoral et ravitaille ses forteresses.

La Suède obtient de la diète deux millions et demi de rixdales (quatorze millions de francs), destinés au maintien de sa neutralité.

Le Piémont, qui bientôt fera cause commune avec la France et l'Angleterre, augmente le chiffre de son armée.

La Hollande et la Belgique l'imitent dans ces mesures de précaution.

La Suisse, enfin, tient au complet le personnel et le matériel de l'armée fédérale, et recommande aux États de la Confédération de s'assurer de chevaux pour la mobilisation des contingents.

Pendant qu'au nord et à l'occident s'accomplissent, en vue de l'avenir, tous ces mouvements de troupes, les hostilités commencent sur la mer Noire par suite d'une provocation des russes. Voici les faits :

Le 6 avril, sir William Lorinc, capitaine de la frégate à vapeur anglaise *le Furious*, arrive devant Odessa avec mission d'embarquer les consuls et ceux de nos nationaux qui en manifesteraient le désir. A quatre ou cinq milles de distance, il fait hisser les couleurs anglaises à côté du pavillon parlementaire, et poursuit sa route.

Deux coups de canon à poudre partent de la batterie; sir William croit qu'on l'invite à ne pas avancer davantage et fait immédiatement stopper et mettre la barre en grand à bâbord. Une embarcation sous [illegible] [illegible]che de la frégate et po[illegible] [illegible] lieutenant Alexander. Durant ce temps, [illegible], les roues du *Furious* restent immobiles; [illegible] le bâtiment dérive insensiblement sous l'action d'une brise de nord-ouest qui souffle du côté de la terre; son arrière est tourné vers la Quarantaine, ses sabords du premier pont sont fermés, et rien, dans ses manœuvres, ne décèle une intention hostile.

Le lieutenant Alexander, une fois débarqué, demande à voir le consul anglais ; sans pouvoir obtenir de réponse, il est invité à prendre le large; il s'éloigne, et à peine est-il à un mille du rivage, que sept coups de canon à boulet sont tirés, tant contre l'embarcation que contre la frégate.

A la nouvelle de cet attentat, les amiraux Hamelin et Dundas, indignés, se promettent d'en obtenir réparation. Justement *le Banshee*, vapeur anglais, apporte le 10 avril l'ordre de commencer les hostilités; la joie est universelle à bord, les matelots illuminent les bâtiments, et escomptent, en joyeuses chansons, les périls de la future campagne. Enfin, le 17 avril, les flottes alliées quittent l'ancrage de Baltchitck et de Kavarna, et s'arrêtent le 20 dans la rade extérieure d'Odessa, le tirant d'eau des vaisseaux ne leur permettant pas d'approcher du mouillage habituel de cette ville. A peine arrivé, on remet à lord Dundas une lettre du gouverneur d'Odessa, le lieutenant général Osten-Sacken, par laquelle celui-ci proteste contre la violation du droit des gens qui lui est imputée, et rejette sur les manœuvres du *Furious*, qui se serait trop approché de terre, la responsabilité de l'agression dont il a été l'objet.

Une enquête est immédiatement commencée; sir William Lorinc et son équipage démentent le rapport d'Osten-Sacken, et leur assertion est corroborée par le témoignage des capitaines de bâtiments marchands mouillés en rade d'Odessa. Alors les deux amiraux, à titre de réparation, somment le gouverneur d'avoir à leur remettre tous les bâtiments anglais, français et russes, actuellement ancrés près de la forteresse ou des batteries d'Odessa, le prévenant que si, au coucher du soleil, il n'a pas répondu dans un sens affirmatif, ils vengeront, par la force, l'insulte faite au pavillon de l'une des escadres.

Osten-Sacken garde le silence, et, dans la soirée du 21 au 22, l'attaque est résolue et fixée au lendemain.

Voici l'état de défense d'Odessa à cette époque : la forteresse et sept batteries établies au commencement de 1854, savoir :

1° Une de dix pièces de canon, sur le môle du port de Quarantaine, protégeant l'entrée du grand port ;

2° Une de six pièces, défendant le port de Quarantaine ;

3° Une voisine de celle-là, et placée de manière à croiser son feu avec elle ;

4° Une sur le quai du port de pratique ;

5° Une de l'autre côté du golfe, au village de Dofinoftra ;

6° Deux au sud de la ville.

A six heures et demie du matin, les deux frégates françaises *le Vauban*, capitaine d'Herbinghen, *le Descartes*, capitaine Darricau, réunies aux deux frégates anglaises *le Tiger*, capitaine Giffard, et *le Sampson*, capitaine Jones, arrivent à neuf ou dix encâblures de distance devant la batterie du fort impérial, qui les salue d'un premier coup de canon. Les frégates ripostent, et comme le calibre de leurs bouches à feu est plus fort que celui des pièces ennemies, leurs coups portent mieux et plus sûrement. Le vaisseau anglais *le Sans-Pareil* et la corvette à vapeur *le Highflyer*, mouillés à la limite extrême de la portée des batteries, se tiennent prêts à servir d'appui aux frégates engagées. Aux premières décharges, la frégate à vapeur française *le Mogador*, capitaine de Wailly, la frégate à vapeur anglaise *la Terrible*, capitaine Cleverty, et nos vieilles connaissances *le Furious*, capitaine Lorinc, et *la Rétribution*, capitaine Drummont, se rapprochent en hâte du lieu de l'action pour y prendre part.

Le feu dure depuis une heure et demie, lorsque trois boulets rouges brisent les rayons des roues à aubes du *Vauban*, et mettent le feu dans sa muraille à vent ; les pompes jouent vainement, un des projectiles a pénétré entre maille, et l'incendie couve intérieurement ; alors le chef d'état-major de l'escadre, M. le capitaine de vaisseau comte Bouët-Willaumez, monte à bord du *Vauban*, et enjoint au capitaine de la frégate de se retirer momentanément au milieu des escadres, afin d'y recevoir les secours nécessaires.

Ce vide est bientôt comblé par l'entrée en lice du *Mogador*, de *la Terrible*, du *Furious* et de *la Rétribution*. Les obus des sept frégates tombent drus comme grêle sur la batterie du môle, et détruisent la moitié de ses pièces, ce qui permet à nos bâtiments de se rapprocher et de bombarder les magasins et les navires du port impérial. Tandis que les russes renforcent l'artillerie démantelée du môle, au moyen de batteries établies sur les hauteurs d'Odessa, six chaloupes anglaises se glissent dans la partie nord-ouest, que l'on a négligé de couvrir, et lancent de là force fusées à la Congrève.

A midi, *le Vauban*, qui a réparé ses avaries, rallie les autres frégates. A une heure, l'incendie ravage sur tous les points le port impérial. La poudrière de la batterie du môle saute et l'explosion tue ou blesse la presque totalité des servants de pièces. La toiture du magasin qui contient tous les objets du matériel à l'usage des paquebots à vapeur de l'État dans la mer Noire s'effondre sur elle-même, et jonche au loin le sol de débris enflammés. La caserne des cosaques et le grand magasin d'approvisionnements sont entièrement consumés, ce qui entraîne la perte d'un assez grand nombre de cavaliers, de chevaux et d'une forte quantité de grains et de fourrages. Le môle lui-même, atteint par de nombreux boulets, est gravement endommagé. Profitant du désordre résultant de l'embrasement général, les frégates s'avancent de deux encâblures et foudroient une douzaine de petits bâtiments russes abrités derrière les chaînes de la darsine. Les canons du port de commerce recommencent alors contre nos vaisseaux un feu bien nourri qu'appuient les mortiers installés sur les hauteurs; mais les frégates n'en accélèrent pas moins leur œuvre de destruction. Un seul instant, trois d'entre elles virent de bord pour répondre à la batterie de campagne installée de l'autre côté du golfe; à quatre heures, les quatre pièces de 16 de cette batterie sont hors de combat, et ce qui reste d'hommes et de chevaux se replie sur l'intérieur. Dans ce dernier engagement, nos obus incendient quelques maisons du village de Dofinoftra.

Dès lors, tous nos coups sont dirigés contre les bâtiments russes encore à flot dans le port impérial, et qui deviennent à leur tour la proie des flammes vers quatre heures et demie. Au matin du bombardement, le port d'Odessa contenait trois bâtiments à vapeur, cinquante-trois à voiles et cinq machines à draguer. Des trois bâtiments à vapeur, l'un *le Dniester*, en fer et de quarante chevaux, appartenant à l'État, reçoit plusieurs boulets dans sa coque, se remplit en moins de cinq minutes et coule; un second, *le Luba*, a l'avant de sa carène troué par seize boulets et coule aussi; le troisième, *l'Audia*, de quatre-vingt-dix chevaux, coule encore. Des cinq machines flottantes à draguer, la plus neuve est entièrement détruite, les quatre autres éprouvent des avaries plus ou moins considérables. Des cinquante-trois navires à voiles, l'un, *le Nicolas Ier*, de 600 tonneaux, est complétement brûlé, ainsi que deux bricks et une goëlette chargée de *canel-coal* de Newcastle, en destination d'Ismaïl. Le reste, qui se compose de caboteurs de divers tonnages, reçoit de nombreuses avaries.

Bref, la ruine du port est complète; celle de la ville d'Odessa, en ce moment à la merci de notre escadre, suivrait de près si on en donnait le signal à nos frégates; mais le délégué de l'empereur de Russie est seul coupable d'un attentat au droit des gens; c'est donc le port impérial seul, les magasins et les navires qu'il renfermait et les batteries qui les protégeaient de leurs feux, que les amiraux ont résolu de détruire. Ni les trente mille hommes de la garnison d'Odessa, ni les soixante-dix canons de sa forteresse et de ses batteries n'ont pu empêcher ce résultat. On donne le signal de cesser le feu, les bâtiments rallient leurs pavillons respectifs, *le Descartes* ayant reçu cinq boulets et *le Vauban* et *le Mogador* chacun quatre, mais pas un seul dans leurs machines ou chaudières.

Le nombre des tués et blessés chez les russes est de cent environ; sur les escadres, pas un homme n'a été atteint par les projectiles ennemis; seulement *le Vauban*, à la suite d'un accident arrivé à une de ses bouches à feu, a eu deux hommes tués : les matelots Boisserieux et Papo, et deux blessés : le chef de pièce Soyer et le matelot Ramée.

L'amiral Hamelin a raison de dire, en terminant son rapport du bombarbement d'Odessa :

« Un pareil résultat, monsieur le Ministre, atteste hautement l'immense supériorité du calibre et du tir des bouches à feu de nos frégate à vapeur sur celles de l'ennemi ; et si l'art suprême de la guerre consiste à faire beaucoup de mal sans en recevoir, jamais semblable maxime ne reçut une plus complète application. »

Le 17 mai suivant, le *Moniteur* enregistre les récompenses accordées aux braves de l'escadre qui se sont particulièrement distingués à Odessa.

Sur la proposition du maréchal ministre de la guerre, S. M. l'Empereur nomme chevalier de l'ordre impérial de la Légion d'honneur Abbe, 1er maître de canonnage à bord du *Mogador*, et confère la médaille militaire aux marins ci-après désignés :

Équipage du VAUBAN.

Amène, 2e maître de canonnage.
Virove, matelot de 1re classe.
Vacon, apprenti-marin.

Equipage du DESCARTES.

Courme, capitaine d'armes de 1re classe.
Angeli, 1er maître de canonnage.
Herschiller, sergent d'armes.

Équipage du MOGADOR.

Didier, matelot de 1re classe.
Duchemin, id. de 2e.
Correoc, id. id.

Équipage du VALMY.

Costa, quartier-maître de charpentage.

Équipage de la VILLE DE PARIS.

Sirodin, quartier-maître de canonnage.

Équipage du FRIEDLAND.

Turcan, 2e maître de charpentage.

Équipage du CATON.

Boutin, 2e maître de charpentage.

Quatre jours après l'affaire d'Odessa, le vent saute au nord et les deux escadres mettent à la voile en cinglant vers les côtes ouest de la Crimée. Pendant qu'elles croisent en face de Sévastopol et de Kaffa, quelques vapeurs détachés vont reconnaître les côtes d'Arménie. Le 28 avril au matin, *le Descartes,* chassant en avant de la flotte, rencontre un brick anglais qui, pris par une frégate russe la veille, a été abandonné par elle aussitôt qu'elle a reconnu les escadres. D'autres croiseurs capturent plusieurs bâtiments marchands naviguant sous pavillon moscovite et deux vaisseaux montés par huit cents soldats russes qui sont déclarés prisonniers de guerre. Enfin, *le Furious* et *le Caton,* envoyés en exploration dans la baie d'Eupatoria, y prennent résolûment sous le canon de la citadelle quatre bâtiments russes.

La flotte du czar ne quittant pas ses abris de Sévastopol et du détroit de Kaffa, en dépit de toutes ces provocations, les escadres combinées s'avancent, le 29, vers le premier de ces points; deux vaisseaux restent à l'arrière, hors de vue des terres de Crimée, afin d'abuser l'amiral russe sur le chiffre réel des forces alliées, mais cette précaution demeure inutile et les navires moscovites restent accroupis sur leurs ancres, indifférents au défi qui leur est porté.

Pendant que dix-sept bâtiments anglo-français continuent de croiser devant Sévastopol, *l'Agamemnon,* portant le pavillon du contre-amiral anglais, sir E. Lyons, *le Charlemagne, le Mogador, le Vauban,* et cinq vapeurs anglais remontent le littoral criméen et circassien, sur lequel la Russie possède seize forteresses, depuis la mer d'Azof jusqu'à l'Arménie, d'Anapa à Batoum. Les principales sont celles d'Anapa, Choubêche (Soubâchi), Cagri, Socoum-Caléh, Redoute-Caléh, Bouka, Psnad, Touaps, Vuzula et Rujack-Bay. Plusieurs ont été abandonnées, ainsi qu'on l'a vu au chapitre précédent; une autre, celle d'Ozugherti, tombe au pouvoir des circassiens, auxquels le commandant du *Charlemagne* a distribué des cartouches; en outre, les mêmes montagnards se sont installés dans le fort de Socoum-Caléh, l'un des plus importants de la côte. Le 17 mai, *le Charlemagne,* naviguant de conserve avec *le Sampson,* arrive en vue de Redoute-Caléh, que l'ennemi occupe encore; il rallie d'autres navires et somme le commandant d'évacuer la place, ce que fait celui-ci sans coup férir; les turcs investissent immédiatement la position. Quelques jours auparavant, les circassiens ont battu les russes à Touaps et à Anacria.

Au commencement de juin, les troupes du czar ne possèdent plus que les redoutes d'Anapa et de Rujack-Bay. Ces deux points, fortifiés avec soin, sont défendus par vingt mille hommes.

Un ordre du jour de l'amiral Hamelin résume ainsi les opérations des flottes alliées dans la mer Noire :

« Le port impérial d'Odessa, réduit en cendres, ainsi que tout ce qu'il renfermait; l'ennemi défié dans Sévastopol et n'osant pas en sortir; les bâtiments de commerce russes capturés en mer ou sur les rades ouvertes; les seize forts que la Russie avait échelonnés, depuis un demi-siècle, sur le littoral de la Circassie, abandonnés par elle en prévision de nos attaques prochaines; enfin, le pavillon russe, chassé de cette même mer Noire où il prétendait dominer en maître; tels sont les premiers résultats obtenus par nos vaisseaux et par les bâtiments à vapeur opérant sous leur égide. »

La croisière n'a perdu qu'un navire, *le Tiger*, qui, s'étant échoué par un épais brouillard à six mille d'Odessa, a été pris par les russes. Le capitaine Giffard, commandant ce bâtiment, emmené prisonnier, est mort de ses blessures.

Le Christophe Colomb et *le Mistral*, qui sont partis de Marseille, le 19 mars, avec le général Canrobert, sont salués, au passage de Malte, par les sympathiques hurrahs de la garnison anglaise, et touchent à Gallipoli, dans la nuit du 30 au 31 mars, au moment où vingt-quatre vaisseaux quittent la rade de la Joliette pour amener vingt mille hommes à la même destination.

D'après les instructions de l'empereur Napoléon III au maréchal St-Arnaud, en lui remettant le commandement, « la presqu'île de Gallipoli est adoptée comme lieu principal de débarquement, parce qu'elle doit être, comme point stratégique, la base de nos opérations, c'est-à-dire la place d'armes où nous mettrons nos dépôts, nos ambulances, nos approvisionnements, et d'où nous puissions avec facilité nous porter en avant, ou nous rembarquer. »

Gallipoli, situé sur un promontoire, à l'entrée du détroit des Dardanelles, offre de loin une perspective séduisante avec sa colline couverte de maisons peintes de couleurs variées, de minarets étincelants, et de massifs de cyprès et de térébinthes ; mais quand on pénètre dans ses ruelles infectes, sans air, sans lumière, quand on foule du pied sa campagne aride et nue comme celle de Rome ou le delta du Rhône, — non que la nature y soit inféconde ou épuisée, bien au contraire ! le mirage s'évanouit, l'illusion s'envole et l'on se trouve en face de la désolante réalité. Combien de nos soldats, partis de la pauvre Sologne, de l'indigente Bretagne ou de la Champagne pouilleuse, à la vue de ces jachères sans fin, cherchent le mot de cette stérilité ! Hélas ! il n'est pas ailleurs que dans la torpide indifférence des indigènes développée, jusqu'à l'atonie la plus complète, par les insatiables exactions de l'impôt.

Quoi qu'il en soit, ceux qui sont logés dans la ville, — les officiers et les employés nécessaires à l'administration, — sont les plus mal partagés, en dépit des avantages apparents de leur position ; l'œuvre de Dieu reste belle et grande encore dans sa plus âpre nudité ; l'œuvre des hommes, à peine satisfaisante à son plus haut point de perfection, devient hideuse dès qu'elle forfait à ces deux conditions rudimentaires : l'ordre et la clarté, seuls principes de beauté, de force et de vie.

A huit kilomètres de Gallipoli, sur le versant d'une colline, du faîte de laquelle l'œil embrasse la mer de Marmara et l'Archipel, dans un endroit désigné sous le nom de Boyardi-Kouyoussou, sont campés les zouaves et l'infanterie française ; les chasseurs de Vincennes occupent le plateau de Bockenne (fontaine secrète), non loin du génie, qui est le plus rapproché de la ville.

Les anglais se cantonnent au village de Boulahir, à six kilomètres en avant des lignes françaises. Sur le bord de la mer, un groupe de tentes blanches environne une tente verte, sur laquelle se déploie la bannière ottomane : c'est le dépôt du matériel gardé par des soldats turcs et un employé supérieur de l'administration.

Avant notre débarquement, le gouvernement de la Sublime-Porte a ordonné l'érection d'un camp, suffisant à un millier d'hommes, et la construction de quatre fours à cuire le pain. Ces préparatifs sont à peine achevés quand on signale nos transports, mais qu'importe?..... nos braves soldats ont manié la truelle, le marteau, la hache et le rabot, avant que d'endosser le harnais militaire; ils se mettent incontinent à l'œuvre, et bientôt la colline est un vaste atelier où les uns enfoncent les piquets et assujettissent les tentes, tandis que les autres déblaient le sol, le nivellent, tracent les rues et les empierrent; ici l'on maçonne de nouveaux fours, là on équarrit la charpente des ateliers de réparation; ceux-ci, sur des charriots attelés de bœufs, amènent la paille, — édredon du soldat en campagne, — et le bois qu'attendent les gueules béantes des fours; ceux-là, dépècent des moutons avec la précision du meilleur étalier, et le mêlent avec la quantité de riz nécessaire à la confection du pilau indigène. C'est une seconde édition de la tour de Babel, avec un mélange de tous les dialectes du sud, du nord, et de tous les patois du centre de la France, depuis la pétillante accentuation de la Cannebière jusqu'au majestueux ronflement des Flandres, depuis la nasillarde mélopée du bas-normand jusqu'au grasseyement parisien.

Et la gravité musulmane contemple avec stupéfaction le tableau; les turcs, ces somnolents petits-fils des fakirs de l'Inde, ces fanatiques des abrutissantes visions de l'opium, ne comprennent rien à l'incessante activité, à la fièvre de mouvement, à cette *furia francese*, qui est le trait distinctif de notre tempérament national.....

Nos braves leur ménagent, au reste, d'autres surprises. Si le français, comme un autre, mieux qu'un autre peut-être, sait se passer du nécessaire, il n'en est pas de même du superflu; aussi, dès le lendemain de l'installation, on improvise des restaurants et des cafés où, grâce aux vins de l'Archipel, résonnent bientôt les refrains de Vincent, de Nadaud et de Dupont, entremêlés aux chœurs traditionnels de : *La ri fla fla fla*, et de :

As-tu vu la casquette, la casquette,
As-tu vu la casquette au pèr' Bugeaud ?

Une charge de caserne, épicée et *forte en gueule*, comme eût dit Molière, est acclamée en franc argot du boulevard du Temple; le joyeux récit d'une razzia africaine est interrompu par le dernier calembour qu'ont prêté à Grassot les petits journaux; partout enfin même épanouissement, même insouciance du danger à venir, même gaieté! On rit plus, en une seule soirée, dans une de ces modestes baraques qu'il n'est arrivé de le faire dans tout Gallipoli, depuis l'an de grâce 1356 que les turcs s'en emparèrent, et les échos du promontoire, s'ils ont survécu à la mythologie grecque, doivent être surpris de retrouver dans le sifflement gouailleur et cavalier d'un zouave *en bordée* la magnifique mélodie du cantique chanté par les croisés au pied du Saint-Sépulcre, et sur laquelle un barde naïf a adapté le récit des grotesques mésaventures du bon roi Dagobert.

D'ailleurs, ce n'est pas seulement en des récréations futiles que se dépense l'exubérance de séve et le trop plein d'activité de nos soldats. Les vétérans initient les recrues au dur apprentissage du métier et les aguerrissent; leur expérience chevronne ces conscrits; grâce à eux, en un jour, les enfants sont des hommes; puis les zouaves qui, dans l'intervalle des expéditions, ont appris en Afrique le rude métier de pionnier, ouvrent une large et belle route du camp à Gallipoli, à la place de l'étroit sentier tracé par les pâtres sur la colline; les autres corps de l'armée, renouvelant les prodiges des anciennes phalanges romaines, déblayent le port et la darse, creusent des fossés pour l'écoulement des eaux et l'assainissement de la ville, nivellent les places, élargissent les quais, construisent des jetées, plantent des débarcadères, établissent des hôpitaux provisoires, transforment, en un mot, la vieille cité turque de fond en comble.

Comme nous admirons en France les routes, les aqueducs, les cirques, les ponts qu'y ont laissés les légionnaires des Césars, un jour la Turquie reconnaissante montrera avec orgueil les restes de ces travaux accomplis par nos soldats qui, double bienfait, lui auront, — en empêchant sa mort, — enseigné le travail, qui est la vie.

Malgré la multiplicité de leurs occupations, les français trouvent encore le temps de se familiariser avec leurs alliés d'outre-Manche; la première froideur a bientôt disparu, grâce à la cordialité de leurs avancés, et quoi qu'en veuillent de vieux préjugés, la France et l'Angleterre fraternisent de bonne foi et sans arrière-pensée dans la personne de leurs soldats.

Aussi, quand la division de sir Georges Brown est appelée à Scutari, où lord Raglan a établi son quartier-général, notre armée prête-t-elle un concours actif et dévoué à son embarquement. Le général Canrobert lui donne ses bateaux plats, et l'amiral Bruat toutes les embarcations de son escadre.

Durant ce temps, le maréchal Saint-Arnaud, commandant en chef de l'armée d'Orient, est arrivé le 20 avril à Marseille. Trois jours auparavant, Son Altesse Impériale le prince Napoléon, commandant la 3e division, s'y est embarqué sur *le Rolland.* Le maréchal passe en revue, le 24, la division de réserve, commandée par le général Forey, et adresse aux troupes cet ordre du jour, brillante préface de ceux qui vont suivre :

« Soldats,

» Dans quelques jours, vous partirez pour l'Orient ; vous allez défendre des alliés injustement attaqués, et relever le défi que le czar a jeté aux nations de l'Occident.

» De la Baltique à la Méditerranée, l'Europe applaudira à vos efforts et à vos succès. Vous combattrez côte à côte avec les anglais, les turcs, les égyptiens ; vous savez ce que l'on doit à des compagnons d'armes : union et cordialité dans la vie des camps, dévouement à la cause commune dans l'action.

» La France et l'Angleterre, autrefois rivales, sont aujourd'hui amies et alliées ; elles ont appris à s'estimer en se combattant ; ensemble, elles sont maîtresses des mers ; les flottes approvisionneront l'armée, pendant que la disette sera dans le camp ennemi.

» Les turcs, les égyptiens ont su tenir tête aux russes depuis le commencement de la guerre ; seuls, ils les ont battus dans plusieurs rencontres ; que ne feront-ils pas secondés par vos bataillons !

» Soldats, les aigles de l'Empire reprennent leur vol, non pour menacer l'Europe, mais pour la défendre. Portez-les encore une fois, comme vos pères les ont portées avant vous ; comme eux, répétons tous, avant de quitter la France, le cri qui les conduisit tant de fois à la victoire : *Vive l'Empereur !*

» *Le maréchal de France, commandant en chef l'armée d'Orient,*
» DE SAINT-ARNAUD. »

Le samedi, 29 avril, la garnison de Marseille garnit d'une double haie le quai de la Joliette ; une foule immense encombre les alentours, le maréchal va partir. A peine a-t-il mis le pied sur *le Berthollet,* qu'une unanime acclamation couvre le retentissement des fanfares et salue le premier pas du général en chef sur la route glorieuse où l'attend une mort prématurée.

Le 1er mai, S. A. I. le prince Napoléon, qui a touché barre à Malte, à Smyrne, à Gallipoli, arrive à Constantinople. Son bâtiment est salué de vingt et un coups de canon par les vaisseaux de guerre français, anglais et américains à l'ancre dans la rade.

Le sultan, au lieu de recevoir le prince, assis, suivant les us de l'étiquette musulmane, marche à sa rencontre jusqu'au seuil du grand salon, et met à sa disposition le palais de Fétigé-Séraï où, le lendemain, il lui rend sa visite, honneur insigne que n'ont point encore enregistré les annales de l'islamisme.

C'est au prince Napoléon qu'il est réservé d'inaugurer les services rendus par la France aux enfants de Mahomet. Le 4 mai, un violent incendie éclate dans les bazars de Constantinople ; son altesse impériale s'y porte avec les équipages du *Rolland* et de *la Pandore*, organise les travailleurs et se rend maître du feu si promptement que l'admiration des turcs se traduit par cette phrase imagée :

— L'éclair a vaincu la flamme !

Après avoir relâché une demi-journée à Malte, *le Berthollet* mouille, le 7 mai, à Gallipoli ; le maréchal débarque ; aussi soucieux que le maréchal Bugeaud, à l'école duquel il s'est formé, du bien-être du soldat, il veut juger par lui-même des soins apportés à l'aménagement des troupes. Il visite tout, les travaux de défense et les bivouacs, et recommande à plusieurs reprises de presser les travaux d'assainissement par crainte que les exhalaisons pestilentielles n'engendrent dans le camp quelque épidémie.

Le lendemain, la corvette qui le porte double la pointe du sérail et jette l'ancre devant Tophana ; le maréchal s'installe avec son état-major à Yéni-Kéüi, sur le Bosphore, en face de Béikos, où l'attendent six magnifiques chevaux, présent du sultan. A peine arrivé, il s'abouche avec le divan et se renseigne sur la position présente des turcs et des russes. Voici l'exposé de la situation tel qu'on le lui présente :

Le prince Paskiéwitsch, nommé, au commencement d'avril, général en chef de l'armée du Danube, forte de quarante mille hommes, est descendu des principautés dans la Dobrutscha pour diriger l'opération du passage des Balkans ; mais avant que de traverser l'Emineh-Dag (montagne qui protége), l'Hœmus des grecs, il faut enlever Silistrie, la place la plus forte de la rive droite, défendue par douze bastions, neuf forts détachés et une enceinte crénelée, protégée par trois blockaus, et dans ce but le prince Paskiéwitsch a demandé au gouverneur de la ville, Sali-Pacha, une entrevue qui a eu lieu devant les deux attachés d'ambassade français et anglais.

Le vieux général moscovite est allé droit au fait ; le czar Nicolas, son maître, lui a enjoint d'emporter Silistrie quand même ; ne serait-il pas sage de rendre la place pour éviter l'effusion du sang ? A la suite d'un court débat, on s'est séparé sans rien préciser ; mais les attachés d'ambassade présents à l'entrevue ont cru remarquer une tacite connivence entre les deux interlocuteurs, et, le lendemain, lorsque le prince russe est revenu pour obtenir une solution, c'est Mussa-Pacha, successeur de Sali-Pacha, qui lui a répondu :

— Si vous avez reçu l'ordre de prendre à tout prix Silistrie, prince, je me suis promis de la défendre à tout prix ; à chacun son rôle ! attaquez-la, je la défendrai.

Immédiatement, le généralissime russe a recommandé la poursuite en toute hâte des opérations destinées à l'investissement de la place ; commencées, le 5 avril, sous les ordres du lieutenant-général Krouloff, elles consistent dans l'édification de quatorze batteries à épaulement, pouvant canonner la ville et la flottille turque abritée derrière l'île Hopa.

Le 19, le major Korolenko, avec deux mille volontaires embarqués sur des chaloupes, est descendu dans les îles Hopa et Goly, et les a fortifiées de batteries, en état, neuf jours plus tard, d'inquiéter les bâtiments ottomans mouillés près de là.

Le 19, le général Gortschakoff a descendu la Dobrutscha, et, menaçant la route d'Andrinople, s'est établi sur le plateau de Bazarjick avec une armée de soixante-dix mille hommes ; Omer-Pacha, parti de son camp de Schumla avec des forces égales, est venu l'y provoquer.

Chez les russes, l'aile droite était commandée par le général Kotzebue, le centre par le général Luders, l'aile gauche par le général Gortschakoff. Chez les turcs, Mustapha-Pacha dirigeait l'aile gauche, Omer-Pacha le centre et Nakim-Pacha l'aile droite.

La violence de l'engagement s'est portée, dès l'abord, au centre des deux armées, où Omer-Pacha a été culbuté en un clin d'œil. Ayant eu le bonheur de rallier sa réserve, et protégé par un mouvement de ses ailes, il est revenu à la charge et a forcé le général Luders de se replier à son tour. L'affaire s'est ainsi dénouée sans avantage marqué et après des pertes considérables pour chacune des parties.

Sur un autre point, à Kalafat, les russes se sont approchés, le 16 avril, afin de reconnaître la place, avec cinq régiments de hussards, huit escadrons de cosaques et six pièces de canon; le gouverneur de Kalafat ayant envoyé contre eux plusieurs régiments de réguliers, deux compagnies de bachi-bouzoucks et six canons, les russes, après trois heures de combat, ont été vigoureusement repoussés jusqu'à Maglovir.

A la suite de cette peinture de la situation, le maréchal Saint-Arnaud proclame la nécessité d'arrêter une base d'opérations, et à cet effet on décide qu'une entrevue aura lieu à Varna entre les généralissimes français, anglais, turc, assistés des amiraux Hamelin et Dundas, du séraskier et du ministre de la guerre et de la marine du sultan. Le maréchal se propose de partir le 18, attendant le 17 le retour du lieutenant-colonel Dieu et du commandant Henry, députés à Omer-Pacha pour le prévenir de la réunion. Les nouvelles apportées par ces deux officiers sont satisfaisantes; le général en chef de l'armée de Roumélie les a cordialement accueillis; ses soldats sont mal vêtus, mal chaussés, mais braves et résolus. Un seul détail a navré l'âme des visiteurs, c'est le mauvais état des hôpitaux militaires : les pauvres malades y sont couchés sur le plancher, avec des haillons pour couvertures, manquant des soins les plus nécessaires, et sans que leurs officiers les visitent jamais.

Le 18, le maréchal Saint-Arnaud, lord Raglan, le séraskier et Riza-Pacha s'embarquent pour Varna et y descendent le 19, à neuf heures du matin. Omer-Pacha est arrivé, mais les amiraux des flottes alliées manquent à la réunion, retenus qu'ils sont devant Sévastopol par un brouillard intense qui défend toute évolution, sous peine de risque d'abordage. Par l'ordre du maréchal Saint-Arnaud, ignorant des causes du retard, *le Berthollet* et *le Caradoc* partent à la découverte des escadres, avec invitation pressante à lord Dundas et à son collègue de hâter leur arrivée.

Le 19, une conférence de cinq heures a lieu entre les trois généraux en chef; le maréchal Saint-Arnaud demande à Omer-Pacha le bilan de sa situation, que celui-ci dresse avec une concision toute lacédémonienne :

— Effectif complet, réparti sur divers points, cent quatre mille hommes, dont dix-huit mille à Silistrie, quarante-cinq mille à Schumla, vingt mille à Widdin et à Kalafat, six mille à Varna, — principales positions de sa ligne d'opération. Larges approvisionnements de subsistances et de munitions. Camp retranché de Schumla imprenable, tant qu'il le défendra. Pour les russes, concentration de leurs troupes autour de Silistrie; nombreux ponts jetés sur le Danube; déjà devant la place quarante-cinq mille hommes, et l'armée en compte cent trente mille, et les renforts qui lui arrivent de tous côtés porteront bientôt ce chiffre à deux cent mille.

Le maréchal l'interroge sur l'issue du siége de Silistrie, et le muchir répond que la place tiendra six semaines, mais qu'elle sera infailliblement prise. Un fait imprévu peut même amener, sous quinze jours, cet inévitable dénoûment, et alors les russes attaqueront Schumla. Les français et les anglais cantonnés à Gallipoli laisseront-ils écraser une bonne armée qui est à même de leur rendre des services, qui se battra bien et avec leur secours sauvera la Turquie?...

Le maréchal et lord Raglan sont émus de cet appel énergique; ils en comprennent la portée, et décident qu'une division française occupera, à quatre kilomètres de Varna, une position militaire où elle élèvera les ouvrages militaires nécessaires à sa défense, et qu'une division anglaise se portera à Dévena.

« Les russes, dit le maréchal, seront attaqués par des troupes fraîches, entre un grand fleuve et un camp retranché; très-sûrement nous les culbuterons si nous pouvons mettre des forces suffisantes en ligne. »

A deux heures de la nuit, les généraux montent en voiture, et partent pour Schumla; ils font une halte à Pravadi, bourgade située au bas des premières ondulations des petits Balkans, et constatent l'importance de cette position pour les probabilités de l'avenir. A Schumla, le maréchal de Saint-Arnaud et lord Raglan passent en revue les troupes d'Omer-Pacha. Les hommes sont mal armés, mal vêtus, mal chaussés surtout, mais ils manœuvrent bien. Les chevaux de la cavalerie, quoique petits et sans apparence, ne démentent pas leur origine arabe, ont beaucoup de fond et sont excellents; quant à l'artillerie, elle est aussi bien tenue et aussi bien manœuvrée que la nôtre. Le camp est, en outre, très-intelligemment disposé, et les soldats y gardent sous la tente l'ordre qu'ils doivent tenir en cas d'attaque. Mais toute médaille a son revers, et Schumla a ses hôpitaux, dont il a déjà été parlé plus haut; le maréchal compare leur état d'abandon, leur déplorable organisation avec nos hôpitaux français, d'un entretien si parfait, et où le soldat se voit transporter sans répugnance, assuré qu'il est d'y être suivi par la sollicitude de ses chefs, traité par des médecins habiles, des opérateurs expérimentés, et entouré des soins maternels des dignes filles de Saint-Vincent de Paul, ces anges de dévouement, si justement désignées sous le beau nom de Sœurs de Charité; il encourage les malades, qui lui baisent les mains en pleurant, leur distribue des secours, et sous le coup de la vive impression qu'il a ressentie, écrit au ministre de la guerre pour lui demander l'envoi de médecins et de chirurgiens français affectés au service des ambulances ottomanes.

Le soir même, la nouvelle arrive à Omer-Pacha que les russes redoublent d'impétuosité autour de Silistrie, et que chaque heure écoulée empire la situation de la place; le muchir s'empresse de mettre cette dépêche sous les yeux de ses collègues de France et d'Angleterre, qui, modifiant leur premier plan, arrêtent qu'au lieu de deux divisions, ce sont toutes leurs forces disponibles qu'ils aggloméreront à Varna et aux environs. En outre, comme Gallipoli est à vingt jours de marche de Varna, et que le trajet par mer s'accomplit en vingt-quatre heures, il est convenu que les troupes qui y sont campées adopteront ce dernier mode de locomotion.

Le maréchal, ces dispositions prises, remonte à Varna, où l'attend l'amiral Hamelin ; il lui expose la situation et met en réquisition toute la flotte pour le transport des divisions de Gallipoli. L'amiral promet de débarquer vingt-quatre mille hommes à Varna, en deux voyages, avec six frégates à vapeur françaises et six frégates à vapeur turques, remorquant de gros bâtiments.

De retour à Constantinople, le maréchal provoque la réunion d'un conseil présidé par le sultan lui-même, y démontre la nécessité d'un emprunt, qui est autorisé séance tenante, et obtient une ordonnance enjoignant aux agents de la Sublime Porte de mettre, aussi souvent qu'ils en seront requis, à la disposition du commandant en chef de l'armée française toutes les ressources du gouvernement.

En vertu de cette ordonnance, le séraskier et le capitan-pacha partent pour Gallipoli, afin de surveiller la mise en état des vapeurs et des transports turcs. Le maréchal suit la même route ; il veut faire le recensement de ses forces, activer les préparatifs, communiquer à tous l'énergie qui le dévore ; aussi, en quittant le pont du *Berthollet*, son premier soin est-il d'ordonner une revue générale. Malheureusement les vents du nord retiennent en mer la majeure partie des vaisseaux français, et le débarquement ne s'est encore effectué que pour vingt-sept bataillons d'infanterie, cinq cents chevaux appartenant à divers corps et trente pièces d'artillerie. Indépendamment de ce retard naturel, une complication de l'insurrection grecque a nécessité l'envoi au Pirée de la division du général Forey, ce qui doit, pour plusieurs semaines, priver l'armée d'Orient de sa réserve.

Sur l'ordre du maréchal, onze vapeurs français et turcs s'élancent dans l'Archipel avec mission de rallier et de remorquer les bâtiments qu'ils rencontreront. Il est important de tenir la parole donnée à Omer-Pacha, si l'on ne veut décourager les défenseurs de Silistrie et confirmer les russes dans la bonne opinion qu'ils ont de l'issue de la campagne, mais en même temps il ne faut pas risquer de compromettre, par un échec, l'influence morale attachée à nos aigles. Voici le moyen terme adopté par le maréchal Saint-Arnaud, auquel le commandement en chef des armées alliées a été dévolu : une division anglaise et la première brigade de la division Canrobert, sous la direction des généraux G. Brown et Canrobert, vont aller occuper les hauteurs, en avant de Varna, *à titre d'avant-garde;* pendant qu'elles s'y établiront, de nouveaux arrivages auront lieu, la cavalerie sera concentrée à Andrinople, et les cadres se compléteront.

Le lendemain, le maréchal passe une nouvelle revue, accompagné du séraskier et des principaux officiers d'une division d'infanterie anglaise. La ligne des troupes se profile sur un parcours de seize kilomètres, dans l'ordre du campement; le commandant en chef loue la mâle attitude du soldat, la précision de ses manœuvres, et lui rappelle que, partout, mais particulièrement dans un pays allié déjà appauvri par la guerre, la discipline, d'où naît le respect de la propriété et de la personne des habitants, est la preuve de ce qu'on pourrait appeler l'honorabilité des armées, comme elle fait leur force au jour du combat.

Le 1er juin, le général Canrobert quitte Gallipoli avec sa première brigade, son artillerie et ses bagages; la division Brown est également partie de Scutari. Après une traversée de vingt-sept heures, le premier convoi de troupes des deux nations arrive à Varna, les zouaves marchant à la tête de la colonne.

Les anglais établissent leur camp au bord du lac qui baigne le pied de la colline d'Aladyn; les français s'installent dans Varna même, et peuplent l'isolement de ses rues principales. On sait que les maisons turques n'ont en général sur la voie publique qu'une ouverture, — indispensable, — la porte; sans pitié pour la pruderie musulmane, nos soldats éventrent leurs façades, ouvrent au jour les murailles aveugles, et, grâce à ces améliorations préalables, obtiennent des boutiques que garnissent bientôt les appétissants étalages des marchands et des cantinières venus d'Afrique et de Marseille. Un ex-rapin de l'atelier Cogniet charbonne quelques esquisses pantagruéliques sur les parois blanchies à la chaux d'un immense magasin, et, le lendemain, on lit au-dessus de la porte du lieu :

Grand Restaurant de l'Armée d'Orient, pour MM. les Officiers et Sous-Officiers. — RATA NATIONAL. — *Cuisine française.* — *Vins étrangers.*

L'édilité municipale n'est pas fort avancée en Turquie, où l'insouciance du gouverné et l'apathie du gouvernant semblent d'accord pour éviter toute amélioration ; ainsi les rues sont complétement dénuées de ces écriteaux indicateurs dont l'Occident a, depuis si longtemps, apprécié l'utilité. Au bout de quelques jours, places, rues et carrefours sont baptisés et étalent fièrement leurs noms nouveaux à tous leurs angles : *rue de l'Hôpital, rue des Postes, rue Ibrahim, rue Yusuf*, etc.

L'agréable ne fait pas négliger l'utile, et pendant que les sapeurs élèvent des jetées, les zouaves, les chasseurs et le génie enrichissent le port d'un débarcadère.

Le 9 juin, le général Bosquet fait son entrée à Andrinople avec l'avant-garde de la 2ᵉ division, composée de chasseurs à pied, de chasseurs d'Afrique et d'infanterie. Hommes, femmes, enfants, turcs, grecs, arméniens ont leurs visages et leurs habits de fête ; ils forment la haie sur le passage. Rustem-Pacha, gouverneur de la ville, vient au-devant du général, qui est harangué par l'archevêque arménien et complimenté par Sélim-Pacha, aide de camp du généralissime ottoman.

De son côté, le 28 mai, la troisième division, sous les ordres de S. A. I. le prince Napoléon, s'est mise en marche pour Constantinople sur trois colonnes : l'avant-garde formée du bataillon de chasseurs à pied, la 2ᵉ brigade, la 1ʳᵉ brigade.

La route qui longe la mer de Marmara est, jusqu'à Rodosto, frayée entre des rochers et, sur beaucoup de points, impraticable à l'artillerie ; mais les chasseurs de Vincennes s'escriment vaillamment de la pince et de la pioche et déblayent le passage. Puis, leur tâche accomplie, comme leurs pères avaient égratigné la pyramide de Chéops pour y laisser cette épigrammatique inscription :

A 3,000 kilomètres de Notre-Dame! — ils burinent sur les rochers avec cet esprit français qui éclate même au milieu des plus graves préoccupations :

TRAIN DE PLAISIR POUR MOSCOU ET SAINT-PÉTERSBOURG. — TRAIN-EXPRESS. — GRANDE VITESSE.

Le 8 juin, la division arrive à Constantinople, et va planter ses tentes autour de la caserne de Daoud-Pacha, dans la vallée qui descend vers la mer. S. A. I. le prince Napoléon adresse à ses troupes l'ordre du jour suivant :

« Officiers, sous-officiers et soldats de la troisième division de l'armée d'Orient !

» Vous êtes les premiers soldats français qui, depuis les croisades, faites votre entrée dans ce pays. L'apparition de nos aigles à Constantinople restera un grand fait dans l'histoire et un grand souvenir pour chacun de vous.

» Par votre discipline, par votre respect pour les mœurs et les usages d'un peuple ami dont vous venez défendre les foyers contre une agression injuste, vous vous honorerez.

» L'Europe a les yeux fixés sur vous. Vous vous rendrez dignes de la haute mission que l'Empereur vous a confiée. »

Abdul-Medjid, devant qui le séraskier a retracé en termes admiratifs le tableau de la revue de Gallipoli, manifeste le désir d'un pareil spectacle. Descendant d'Abd-er-Rhamme, il est anxieux de juger par ses yeux si les petits-fils de Charles-Martel sont dignes de leurs fiers ancêtres, ces gaulois qui, « si le ciel se fût écroulé, l'eussent soutenu de leurs boucliers. » Ne sont-ils pas le dernier boulevard, la suprême ressource de l'empire de Mahomet?

C'est le 17 que le maréchal Saint-Arnaud doit présenter la troisième division à Sa Hautesse; Riza-Pacha a commandé pour cette revue toute la garnison de Constantinople. A dix heures, nos soldats viennent se masser sur l'immense plateau qui, borné par l'hôpital de Maltépé et la caserne de Rami-Tchiflich, domine la vallée d'Eyoub, en face de la Corne d'Or dont les hauteurs disparaissent sous des milliers de spectateurs, aussi bien que les autres coteaux du voisinage.

Les troupes françaises et ottomanes se rangent sur six lignes de profondeur, vis-à-vis la brèche du vieux rempart romain. Le 2e régiment de zouaves et l'infanterie de marine sont à la première ligne; le 20e et le 22e régiments d'infanterie légère occupent la seconde; les spahis, l'artillerie et le service administratif composent la troisième. Les troupes turques forment trois autres lignes à l'arrière. Le 19e bataillon de chasseurs de Vincennes, le génie et la gendarmerie s'échelonnent en équerre sur la droite.

Les généraux Monet et Thomas commandent les brigades. S. A. I. le prince Napoléon a la direction des manœuvres; il se tient à cheval à la tête de son avant-garde pour recevoir le sultan. A midi, celui-ci s'avance, accompagné du maréchal Saint-Arnaud, d'un général anglais et d'un nombreux état-major de pachas et d'officiers, vers un pavillon de soie verte que surmonte le globe impérial. Les états-majors français et anglais l'y rejoignent.

Alors Abdul-Medjid parcourt le front des colonnes, et la résolution empreinte sur le visage de nos soldats réagit si violemment en lui, qu'à deux reprises il lance son cheval au galop, ce que de mémoire humaine aucun de ses sujets n'a encore vu. Le défilé s'exécute par bataillons serrés en masse, les chasseurs de Vincennes et les zouaves marchant au pas gymnastique. Cette rapide allure produit une sensation profonde sur tous les spectateurs, dont l'émerveillement se traduit par un brouhaha admiratif. Un escadron de spahis ferme la colonne de la troisième division; vient à la suite une brigade turque composée d'un régiment d'infanterie, d'un régiment de lanciers et d'une batterie d'artillerie.

Après la revue, le sultan va saluer mesdames de Saint-Arnaud et Yusuf, qui ont assisté aux manœuvres en calèche découverte, et met à leur disposition, ainsi qu'à celle de madame d'Allonville, son palais et ses jardins de Thérapia.

Le lendemain de la revue, la troisième division française et ce qui reste de troupes anglaises cantonnées à Scutari, s'embarquent pour Varna.

Le corps de S. A. I. le prince Napoléon a été, en vertu d'une convention passée entre la France et la Sublime-Porte, augmenté d'une brigade turque composée d'un régiment d'infanterie, d'un régiment de cavalerie et de vingt pièces de canon.

Par une autre clause de la même convention, la France prend à sa solde quatre mille bachi-bouzoucks dont elle confie le commandement au général Yusuf. Une semblable brigade est attachée à la division anglaise, et ces irréguliers passent sous les ordres du colonel Beatson.

Enfin, un décret du 11 juin ayant autorisé la formation d'un corps de cavalerie légère, sous le nom de *spahis* d'Orient, pour le complément des cadres de l'armée, le maréchal Saint-Arnaud est autorisé à régler provisoirement les dispositions relatives à l'organisation, à l'habillement, à l'armement et à la solde de ce corps, dont chaque régiment doit être commandé par un lieutenant-colonel et comprendre quatre escadrons.

On le voit, chaque journée est bien remplie pour l'armée de terre; si l'heure de la lutte n'a pas encore sonné, l'énergie, la célérité des préparatifs auxquels concourent, sans souci de repos ou de ménagement, et l'intelligence des chefs et le dévouement des soldats, permettent de bien augurer de l'avenir.

Le maréchal se distingue au premier rang ; il est à tous et partout; à la façon dont il se multiplie, on le croirait doué du merveilleux don d'ubiquité. L'histoire, hélas! a plus d'une fois consigné de semblables symptômes.... Cette fièvre du généralissime français, comme le frisson de Henri de Guise dans la cour du château de Blois, comme l'abattement de Mirabeau après son magnifique discours contre les Jacobins, est le pressentiment d'une fin prochaine, la révolte de la matière contre l'éternel sommeil qui la menace.

L'armée navale ne reste pas non plus inactive. Le 1er juin, les vice-amiraux Hamelin et Dundas, dans une déclaration datée de Baltchick, annoncent le blocus effectif du Danube par les flottes alliées, y compris toutes les embouchures de ce fleuve qui communiquent avec la mer Noire.

Trois jours auparavant, l'escadre de la mer Noire s'est augmentée de l'escadre de l'Océan, sans emploi par suite de l'achèvement des transports de troupes. Tout en centralisant le service général, l'amiral Hamelin, commandant en chef, en qualité de doyen des vice-amiraux, décide que la flotte continuera de former deux escadres pour assurer la prompte exécution de tous les détails du service.

Voici la composition de notre état-major naval et celle de notre flotte à la suite de cette fusion :

Commandant en chef.

Le vice-amiral HAMELIN, ayant sous ses ordres directs l'escadre de la mer Noire.

Commandant en second.

Le vice-amiral BRUAT, ayant sous ses ordres l'escadre de l'Océan.

Commandants-adjoints.

Le contre-amiral CHARNER.
Le contre-amiral LUGEOL.

Chef d'état-major.

Le comte BOUET-WILLAUMEZ, capitaine de vaisseau.

Commissaire d'armée.

M. MICHELIN.

Aumônier-supérieur.

M. l'abbé CRESP.

Médecin en chef.

M. MARROUIN.

Première Escadre.

Escadre de la mer Noire.

BATIMENTS	ESPÈCES	CANONS	CHEVAUX	CAPITAINES
Le Friedland....	vaisseau de 1er rang......	120	»	GUÉRIN.
Le Valmy.......	— —	120	»	SERVAL.
La Ville de Paris	— —	120	»	RIGAUT DE GENOULLY.
Le Henri IV.....	— de 2e rang......	100	»	JEHENNE.
Le Bayard......	— de 3e rang......	90	»	BORIUS.
Le Charlemagne..	— mixte de 3e rang.	90	450	DE CHABANNES-CURTON
L'Iéna.........	— de 3e rang......	90	»	RAPATEL.
Le Jupiter.......	— —	90	»	LUGEOL.
Le Marengo......	— de 4e rang......	80	»	MARTIN.
La Belle Poule...	frégate de 1er rang......	80	»	DANGEVILLE.
La Panthère.....	transport-magasin	»	»	QUESNEL.
Le Mogador.....	frégate à vapeur.........	8	650	WARNIER DE WAILLY.
Le Descartes.....	— —	20	540	DARRICAU.
Le Vauban......	— —	20	440	D'HERBINGHEM.
Le Cacique......	— —	14	450	GUESNET.
Le Magellan.....	— —	14	450	MAGRÉ.
Le Sané.........	— —	14	450	LABROUSSE.
Le Caton........	corvette à vapeur........	4	250	POTHUAU.
La Mouette.......	aviso à vapeur.........	2	200	D'HEUREUX.
Le Dauphin.....	— —	2	200	TABUTEAU.
	Total : 20 bâtiments......	1,078	4,080	

Deuxième Escadre.

Escadre de l'Océan.

BATIMENTS	ESPÈCES	CANONS	CHEVAUX	CAPITAINES
Le Montebello......	vaisseau de 1er rang.....	120	»	BASSIÈRE.
Le Napoléon.......	— à vapeur.......	62	960	DUPOUY.
Le Suffren........	— de 3e rang......	90	»	FABRE LA MAURELLE.
Le Jean-Bart......	— mixte de 3e rang.	90	450	TOUCHARD.
La Ville de Marseille	— — de 4e rang.	80	»	LAFON-LADÉBAT.
L'Alger...........	— — —	80	»	SAISSET.
Le Caffarelli......	frégate à vapeur.........	14	450	SIMON.
Le Roland........	corvette à vapeur........	8	400	LA RONCIÈRE.
Le Primauguet.....	— —	8	400	REYNAUD.
Total : 9 bâtiments............		552	2,660	

ESCADRES RÉUNIES.

29 bâtiments, 1,630 canons, 6,740 chevaux.

Le pavillon du vice-amiral Hamelin, commandant l'escadre de la mer Noire, est arboré sur *la Ville de Paris*, et celui de son adjoint, le contre-amiral Lugeol, sur *le Valmy*. Le pavillon du vice-amiral Bruat, commandant l'escadre de l'Océan, est arboré sur *le Montebello*, et celui de son adjoint, le contre-amiral Charner, sur *le Napoléon*.

En outre, la subdivision navale sous les ordres du contre-amiral Le Barbier de Tinan, en croisière dans l'Archipel pour la surveillance des côtes de la Grèce et la répression des pirates de l'Épire, compte quatorze bâtiments dont neuf à vapeur :

BATIMENTS	ESPÈCES	CANONS	CHEVAUX	CAPITAINES
La Pomone....	frégate mixte de 3e rang.	36	220	BOUET.
La Sérieuse....	corvette à gaillards......	20	»	DELMAS DE LA PÉROUSE.
Le Mercure.....	brick de 1re classe.......	18	»	GICQUEL DES TOUCHES.
L'Olivier......	— —	18	»	DE LA MOTTE.
Le Cerf........	brick-aviso............	10	»	AUMONT.
Le Gomer......	frégate à vapeur........	16	450	LEGROS.
Le Pluton......	corvette à vapeur........	4	220	FISQUET.
Le Chaptal.....	— —	2	220	POUTIER.
Le Héron......	aviso à vapeur..........	4	200	LE BÈGUE.
Le Prométhée...	— —	4	200	LEFÈVRE.
La Mégère.....	— —	4	200	DEVOUX.
Le Narval.....	— —	4	160	BÉRAL DE SÉDAIGES.
Le Salon.......	— —	4	160	ROUSSIN.
La Salamandre.	— —	2	120	CARRELET.
	TOTAL......	146	2,150	

C'est à bord de la frégate *le Gomer* qu'est arboré le pavillon du contre-amiral commandant la subdivision.

Enfin, dix-sept frégates et corvettes à vapeur, à l'ancre dans le port de Toulon, n'attendent qu'un signal pour prendre la mer, et quatorze vaisseaux de ligne, dont sept à hélice, quittent les chantiers de construction pour former une quatrième escadre, dite *de réserve.*

Puisque la subdivision navale du contre-amiral Le Barbier de Tinan nous a conduit sur les rives de la Grèce, voyons, sans autre retard, ce qu'y est devenue l'insurrection soudoyée par la Russie.

Lacamilios Temeli occupe l'Épire avec sa bande et lève des contributions aux environs; il traîne à sa suite quelques pièces d'artillerie dont l'origine russe ne semble pas discutable. Grizanis, Bardekis, Papacosta et d'autres chefs sont battus par les turcs à Volo, à Armiro, à Janina, à Metzowo en Thessalie, à Arta, à Prévésa en Épire; enfin Tzavellas et Karaïskaki, principaux généraux des insurgés, sont, le 25 avril, chassés de Péta, centre de leurs opérations, par Osman-Pacha et Fuad-Effendi.

L'intelligence du gouvernement grec avec les révoltés est de notoriété publique; on nomme trois officiers supérieurs de l'armée qui ont reçu mission de diriger le mouvement insurrectionnel; on cite le chiffre des subsides fournis par le cabinet d'Athènes à Tzavellas, dont une lettre, livrée à la publicité, mentionne la réception d'une somme de trente mille drachmes (vingt-sept mille francs) envoyée par le ministre de la guerre, et la demande au même fonctionnaire de soixante-quatre mille thalaris (environ quatre-vingt-dix mille francs).

Forts de cet appui, les insurgés grandissent en audace, et leurs pirates osent attaquer les bateaux de transport de l'armée d'Orient. A propos de ce dernier fait, le contre-amiral Le Barbier de Tinan vient à Chalcis sur *le Gomer* et adresse des représentations aux autorités grecques, qui n'en tiennent aucun compte.

Le sultan prend d'énergiques mesures de répression, et ordonne aux grecs établis dans les possessions turques de rentrer sur le territoire de leur nation. Vainement l'ambassadeur du roi Othon, M. Metaxa, réclame un délai de six mois, Abdul-Medjid maintient l'exécution instantanée du décret d'expulsion, et nombre de négociants grecs se font naturaliser turcs pour éviter la ruine de leurs comptoirs. Cette mesure, autorisée par le code de la guerre, est sur le point d'amener un conflit entre la France et la Sublime-Porte. Un millier de grecs catholiques demandent une exemption motivée sur la différence de leur religion et du culte russe ; se voyant refuser, ils recourent à notre ambassadeur, M. Baraguey-d'Hilliers, qui insiste en leur faveur et prend un ton de plus en plus menaçant, à mesure que le sultan persiste à généraliser l'expulsion ; mais, le 10 mai, *le Moniteur* publie sur l'incident une note qui se termine ainsi :

« Il appartenait au divan de juger quels étaient ceux des sujets hellènes dont la présence pouvait ou non offrir des dangers. Si, en cette circonstance, le gouvernement de l'empereur avait à faire entendre un conseil, c'était de ne point transformer en question religieuse une question de sûreté publique.

» Tel est le sens des instructions qu'il a envoyées à Constantinople. »

Le même numéro du *Moniteur* annonce le rappel du général Baraguey-d'Hilliers, chargé d'un commandement important au camp de Boulogne.

La question grecque, au reste, a pris des proportions telles qu'elle préoccupe les esprits et attire l'attention du gouvernement. Le 14 mai, un long article inséré au *Moniteur*, après avoir rappelé tous les services rendus à la Grèce par la France, fait pressentir que cette dernière ne laissera pas impunie l'ingratitude de son obligée, et les faits confirment bientôt les insinuations de la feuille officielle.

Le général Forey, au moment de l'embarquement de sa division pour Gallipoli, a reçu du ministre de la guerre l'ordre de retarder son départ jusqu'à ce que de nouvelles instructions lui soient adressées ; c'est la mission d'aller au Pirée et d'obtenir du roi Othon une réponse satisfaisante aux demandes du cabinet français, qui lui parvient, en même temps que le gouvernement publie cette note :

« La France et l'Angleterre ne déclarent pas la guerre à la Grèce ; elles veulent soustraire le gouvernement hellénique à la funeste influence à laquelle il a cédé et lui offrir une dernière chance de salut. »

L'expédition comprend les huit mille hommes d'infanterie de la division de réserve et un régiment de marins anglais. L'embarquement a lieu les 11 et 12 mai sur l'escadre du vice-amiral Bruat, dont les différents navires se rallient dans le port de Malte du 5 au 20 mai. Le général Forey instruit alors ses troupes de leur nouvelle destination :

« Soldats, au moment où nous allions partir de Toulon pour rejoindre nos frères d'armes à Gallipoli, un ordre de l'Empereur est venu changer notre destination; c'est au Pirée que vous allez aujourd'hui pour rappeler le gouvernement grec au sentiment de ses devoirs envers la France, qui a tant fait pour lui.

» Dans cette mission, honorable pour votre division, vous vous montrerez les dignes enfants de la France, soldats braves s'il le faut, disciplinés toujours, et après avoir donné un appui aux grecs paisibles que des ambitieux ou des insensés, excités par les agents de l'étranger, voudraient entraîner à leur perte, vous continuerez votre route pour l'Orient, où vous attendent vos compagnons d'armes. »

Le 25 mai, la flotte mouille au Pirée à cinq heures du soir, sous le pavillon du contre-amiral Le Barbier de Tinan. Le lendemain, avant l'aube, des chaloupes canonnières débarquent des marins anglais et français qui s'emparent du lazaret, de la poudrière et des avenues aboutissant au quai. L'amiral capture un certain nombre de bâtiments grecs soupçonnés de piraterie, fait jeter à fond de cale les matelots et renvoie à terre les officiers, tandis que le général va reconnaître l'emplacement de son camp; il se décide pour le plateau situé entre les forts du Pirée et de Munghie, sur l'observation que la disposition du terrain abritera les troupes contre les vents du nord-ouest tout chargés des pestilentielles exhalaisons des marais d'Athènes.

Quatre mille hommes d'infanterie et le régiment de marins anglais descendent à terre une fois ces dispositions prises, et installent sur leurs affûts, mèche allumée, les canons des embarcations.

La cour de Grèce est en grand émoi à la vue de tous ces préparatifs; le roi délibère avec son conseil, et plusieurs ministres tiennent conférence sur *le Gomer* avec l'amiral, le général Forey et les ambassadeurs, MM. Wyse et Forth-Rouen. Enfin, cédant à la nécessité, le monarque hellène indique une audience solennelle pour répondre à l'ultimatum de la France et de l'Angleterre demandant le remplacement du cabinet et la déclaration d'une absolue neutralité.

A l'heure marquée, MM. Wyse et Forth-Rouen, escortés par un détachement anglo-français, pénètrent dans la salle du trône, où le roi, debout sur l'estrade, la figure chagrine, sans lever les yeux et d'une voix hésitante, leur adresse ces paroles :

— Je déclare que j'observerai fidèlement une stricte et complète neutralité vis-à-vis de la Turquie, que je prendrai sans retard toutes les mesures nécessaires pour l'effectuer, et que, dans ce but, j'appellerai à mes conseils de nouveaux ministres, qui, par leur caractère et leur intelligence, soient les plus propres à donner exécution à cet engagement de ma part.

Le même jour le nouveau cabinet, choisi sur les indications des ambassadeurs, commence ses fonctions; il proclame une amnistie en faveur des soldats qui se sont associés à l'émeute, invoque le concours des bons citoyens pour ramener la sécurité et la tranquillité dans le royaume, et adresse, par l'entremise du ministre de l'intérieur, aux préfets et sous-préfets helléniques une circulaire sur la ligne politique qu'il convient de suivre :

« Des tentatives que je n'appellerai que malheureuses ont exposé notre indépendance nationale aux plus graves dangers.

» Grâce aux impénétrables décrets de la Providence, grâce à la bienveillance des deux puissances bienfaitrices, notre patrie a encore été sauvée au moment même où elle semblait se précipiter dans l'abîme.

» Cependant la malveillance, indifférente aux circonstances critiques où se trouve la nation, redoute l'affermissement et le retour de l'ordre, qui, en fortifiant le pouvoir et en facilitant l'accomplissement de sa tâche bienfaisante, ne saurait qu'être fertile en heureux résultats.

» Habile à dénaturer la vérité et toujours prête à exploiter la crédulité des plus simples, elle s'applique infatigablement à ébranler par mille bruits mensongers le respect dû à l'autorité et à agiter les esprits dans les provinces; espérant par là rendre impossible toute amélioration matérielle et morale sous un gouvernement pour lequel elle n'éprouve aucune sympathie.

» Les faits se sont chargés et se chargeront toujours de répondre aux inventions de la malignité, si féconde qu'elle soit.

» Toutefois, il est de notre devoir d'éclairer l'opinion et de mettre la vérité à la portée de toutes les classes du peuple. Vous direz que la présence de l'armée alliée ne saurait avoir d'autre objet que de protéger notre indépendance nationale, compromise par une politique irréfléchie; vous ferez comprendre que ces soldats ont été envoyés par les deux puissances bienfaitrices qui ont créé le royaume hellénique, et qu'ils sont frères de ceux qui ont si généreusement combattu pour notre indépendance; vous affirmerez que le gouvernement actuel se propose essentiellement de faire revivre l'empire des lois, et, en entretenant des rapports d'amitié avec les puissances étrangères, d'épargner au pays les maux dont il était menacé.

» La loi donne au pouvoir des moyens suffisants pour réprimer la calomnie. Mais, ayant la conscience de sa force, et inspiré de sentiments bienveillants, le gouvernement se bornera à la combattre par son respect inviolable pour la loi, par sa sollicitude pour les intérêts de la nation, et par ses efforts incessants pour mériter l'estime de l'étranger à l'aide de la bonne foi, pour inspirer au peuple, au moyen d'une bonne administration, cette confiance dans les institutions et ce respect de la justice qui sont la meilleure garantie du bonheur des peuples et de la puissance des États.

» Telle est la mission de l'armée alliée, tel est le but de la politique intérieure du ministère actuel. Veuillez présenter à vos administrés l'une et l'autre sous leur véritable jour. Le peuple grec, avec la perspicacité qui le caractérise, comprendra sans peine le but de toutes ces manœuvres astucieuses, de toutes ces insinuations perfides, et ne tardera pas à déjouer par sa sagacité les coupables projets des perturbateurs de l'ordre public. »

Le 29, le général Forey quitte Athènes, en y laissant une garnison de trois mille hommes sous le commandement du colonel Breton du 74e de ligne, pour surveiller l'exécution des promesses du gouvernement grec, et se dirige sur Gallipoli. La précaution n'est point inutile, car, dans le courant de juin, deux mille hommes, sous les ordres de Botzaris, de Zorbos et de Tyani, luttent avec avantage en Épire contre les troupes de Fuad-Effendi, et sans la présence intimidatrice du détachement français, il ne faut pas mettre en doute le concours que leur prêteraient les héllènes.

Le contre-amiral, de son côté, donne vigoureusement la chasse aux pirates de l'Archipel. Le 4 juin, *le Chaptal,* après avoir capturé une bombarbe armée de fusils, de pistolets et d'une couleuvrine en fer, rallie à la hauteur des îles Fournes, entre Samos et Nicaria, *le Wasp,* aviso anglais à hélice, et prend avec lui plusieurs bâtiments cachés derrière les rochers. Ces bateaux sont remis avec douze prisonniers au gouverneur de Maratro-Campo, port de l'île de Samos. Quatre jours après, *le Chaptal* et *le Wasp* brûlent sur la côte nord-est de Nicaria deux bateaux et une bombarde, explorent minutieusement une dizaine d'autres bâtiments, et conduisent à Tigani ceux qui leur paraissent suspects. Le lendemain, à sept milles de ce port, *le Chaptal* capture dans les rochers le bateau de Moro, l'un des plus fameux pirates de l'Archipel, met en fuite les bandits, après une courte résistance, et ramasse sur le lieu du combat la cargaison d'un navire turc pillé la veille. Cette croisière produit un excellent effet, tant sur le commerce, dont elle relève le moral, que sur les corsaires, qu'elle effraye et paralyse.

Mais ce n'est ni en Thessalie ni en Épire qu'est le danger pour Constantinople; qu'importe un ramas d'insurgés et de bandits quand les meilleures troupes de la Russie investissent Silistrie, l'une des clefs des Balkans, qu'elle protége par sa forte position ?

Le 11 mai, le général Schilder a vainement essayé de jeter un pont entre les îles du Danube où il est campé et la rive droite; grâce à des renforts, il est plus heureux le 16, et vingt mille russes franchissent le fleuve. En même temps, un autre corps de vingt mille hommes marche de la Dobrutscha sur Silistrie, après avoir perdu beaucoup de monde à Rassowa. Les assiégeants ouvrent la tranchée le 19 et s'attaquent d'abord aux trois forts détachés de Iklani-Tabia, Ordon-Tabia, et Arab-Tabia. Cette dernière redoute, simple amas de terre, à deux mille mètres de la place, est incessamment foudroyée par douze batteries russes. Elle repousse deux assauts les 20 et 21 mai; le dimanche 28, la garnison se laisse surprendre, déjà les cosaques ont franchi le fossé et escaladé le parapet, lorsque les turcs accourent et les précipitent du haut en bas de la pente fortement ravinée. Les russes reviennent deux fois à la charge et deux fois ils sont culbutés par les albanais et les égyptiens.

Dans la nuit du 29 au 30, Mussa-Pacha sort de la place et attaque le flanc droit de l'ennemi. Le lieutenant-général russe Selvane, supposant que le fort compte moins de défenseurs, donne ordre au général-major Popoff, commandant la 2e brigade de la huitième division d'infanterie, de venir le renforcer avec quatre bataillons, et s'élance à l'assaut d'Arab-Tabia avec trois compagnies du 3e bataillon du régiment d'infanterie de Poltava, le 3e bataillon de chasseurs d'Alexopol et le 1er bataillon du régiment de chasseurs de Zamosc.

L'escarpement du rempart arrête les assaillants à moitié de l'escalade, et en faisant battre la retraite, le lieutenant-général Selvane est mortellement blessé. Son adjoint, le général-major Vessilitzky rallie les troupes et les ramène dans les tranchées. Sur un autre point, le major Popoff essaye également un assaut qui ne réussit pas davantage, et le 1er bataillon du régiment de chasseurs d'Alexopol, qu'il a lancé, le général-major prince Ouroussoff à sa tête, est obligé de se replier et de regagner la colonne.

Les défenseurs d'Arab-Tabia ne comptent dans ce combat de nuit que soixante-cinq morts et relèvent cent douze blessés. Voici, d'après l'*Invalide russe*, qui a dû chercher à les atténuer, les pertes des assiégeants.

Tués : 271, parmi lesquels le lieutenant-général Selvane et un officier subalterne.

Blessés : 440, dont un général et dix-huit officiers.

Contusionnés : 147, dont un général et dix-neuf officiers.

Au nombre des blessés figurent le major Popoff, le colonel comte Orloff, aide de camp de l'empereur, qui a le premier escaladé le rempart, le colonel Kostenda, de l'artillerie à cheval de la garde, et le lieutenant-colonel Gladysh, commandant le 1er bataillon de chasseurs de Zamosc.

Dès que le jour paraît, des bachi-bouzoucks, espérant une récompense, sortent de Silistrie et coupent les têtes des cadavres, après les avoir dépouillés; mais Mussa-Pacha, averti, prohibe ces mutilations, plus dignes des sauvages décrits par Fenimore Cooper, que de soldats civilisés, et faisant arborer le pavillon blanc, enjoint aux irréguliers de porter les morts au camp russe.

Un assaut général signale la journée du 2 juin ; pendant que les troupes des tranchées canonnent les forts, la flottille bombarde la ville. Mussa-Pacha est assis près de la porte de Stamboul, lorsqu'un éclat de grenade lui fracasse les reins. Il meurt douze minutes après, et Silistrie perd en lui son meilleur défenseur.

Un seul trait qui le peint admirablement :

Quand les émissaires du prince Paskiéwitsch sont venus lui offrir une somme considérable pour favoriser, à l'aide de manœuvres concertées d'avance avec le général russe, la reddition de la place, il leur a répondu en leur mettant sous les yeux cet article d'un code militaire dont la rédaction est son ouvrage :

— Tout commandant de place ou de forteresse qui capitulera avant quarante jours de tranchée ouverte sera fusillé.

La mort de Mussa-Pacha n'arrête pas le combat; les russes ont miné la première batterie du fort Arab-Tabia, mais, de leur côté, les turcs ont pratiqué des contre-mines, dont une éclate sous la colonne d'attaque, qu'elle jette dans le désarroi le plus complet; profitant du désordre de l'ennemi, la garnison fait une sortie et s'empare des retranchements russes. De nouvelles attaques ont lieu les 5, 7 et 13 juin; pendant l'une d'elles, le parapet du fort Arab-Tabia est renversé par une mine; aussitôt une muraille humaine le remplace, tandis que les égyptiens creusent des fosses du fond desquelles, le genou en terre et le fusil épaulé, ils tiennent l'ennemi à distance.

Au combat du 13, le général Schilder, qui surveille l'établissement d'une mine, a la jambe emportée par un boulet de canon; on l'ampute à l'ambulance de Kalarash, mais il ne survit pas à l'opération. Les généraux Paskiéwitsch et Gortschakoff ont été blessés dans une affaire précédente.

Malgré l'héroïsme de la résistance, il est facile de prévoir la fin de la lutte et d'en assigner le terme. Chaque fois qu'ils repoussent les russes, les silistriotes saluent leur victoire du cri national de : *Allah il Allah!* (Il n'y a de Dieu que Dieu!) Seulement, chaque jour ce cri perd de sa force et de son intensité; c'est que la mort a clos des lèvres ouvertes la veille. La mitraille décime aussi les russes, mais de nouvelles hordes remplacent les phalanges moissonnées, et les assiégés voient avec le sublime désespoir du courage impuissant l'inutilité de leurs efforts et de leurs sacrifices. Ils ont compté sur les méphitiques exhalaisons des marais de la Dobrutscha; mais, comme au canon, les russes payent tribut aux fièvres et au typhus sans que leur nombre semble diminuer.

— Deux mois de séjour dans les marécages, a dit Omer-Pacha à Schumla, et l'armée de Paskiéwitsch est vaincue sans combat!

Oui! si d'incessants renforts ne venaient combler les vides à mesure, et en quelque sorte fatiguer la contagion. Pauvres martyrs que ces défenseurs de Silistrie! ils ont compté sur la France, et les éléments paralysent notre action. Omer-Pacha a fait espérer une diversion, mais la concentration de cent mille hommes autour de la place, par le vieux Paskiéwitsch, qui veut en finir, le retient à Schumla. Hali-Hassan Pacha a introduit quelques troupes dans la ville, ce ne sont que des victimes de plus.

« Dieu est trop haut et la France est trop loin, » comme le disait la Pologne expirante ! !

Soudain, le 28 juin, les russes lèvent brusquement le siége, détruisent leurs ouvrages de défense, et, laissant les Balkans en arrière, repassent le Danube et prennent à marches forcées les routes de Ploïesti et de Kimpina. Leur précipitation est sans égale ; malgré l'intensité dévorante de la chaleur, on double les étapes sans accorder de repos aux malheureux soldats, que les coups de soleil et les congestions cérébrales foudroient par centaines. Pour permettre d'évaluer le désastre, il suffit de citer cet exemple : un corps de six mille hommes, parti de Silistrie, n'en compte que moitié en arrivant à Kimpina.

Deux opinions sont émises sur la cause déterminante de la retraite des russes.

Suivant la première, le bruit de la prochaine arrivée des divisions alliées a effrayé Paskiéwitsch, qui, durant les quarante jours de siége, a déjà perdu vingt-cinq mille hommes et dont le camp est ravagé par l'épidémie.

Ce n'est pas ce que pense le maréchal Saint-Arnaud. En apprenant cette nouvelle, qui l'abat, — il avait espéré une bataille, comptant sur une victoire, — le généralissime envoie à la découverte, et l'un de ses officiers d'ordonnance, le commandant de Villers, lui fait un tel rapport de l'étendue, de la solidité et de la perfection des batteries et des redoutes du camp retranché des russes, qu'il n'hésite pas à y voir l'intention bien arrêtée des généraux ennemis de se concentrer sur la rive droite du fleuve pour livrer bataille aux armées alliées, en avant et en arrière de leurs fortifications.

En outre, si les divisions françaises et anglaises s'agglomèrent à Varna, cent vingt kilomètres les séparent encore de Silistrie, de Silistrie démantelée, expirante et qu'un dernier assaut doit emporter.

La retraite ne peut donc être expliquée que par un ordre du czar et par l'obéissance passive qui, depuis le moujick jusqu'au plus haut dignitaire de l'empire, caractérise le peuple russe.

Que si l'on scrute maintenant la conscience de Nicolas Ier, en y cherchant le motif d'une décision qui affaiblit l'autorité morale de son armée, on le trouvera peut-être dans l'évidence des difficultés accumulées autour de lui, par suite des démonstrations de l'Autriche, et dans la nécessité d'amener, par l'évacuation des principautés, le cabinet de Vienne à s'interposer de nouveau entre les puissances occidentales et la Russie.

En effet, telle a dû être la secrète raison du gouvernement de Saint-Pétersbourg; aucune autre n'est plausible ni vraisemblable.

Nous le répétons : le général Canrobert, le prince Napoléon et le général Bosquet, au camp de Franka, à Varna et à l'entrée des Balkans, sont séparés de Silistrie par une distance de cent vingt kilomètres, et la ville est à bout de forces! Pas une de ses maisons qui ne soit criblée de boulets (en trente-neuf jours de siége, les russes ont tiré quatre-vingt-douze mille coups de canon)! Pas un de ses bataillons qui ne compte moins de vivants que de morts! Ce n'est plus qu'un fantôme de place défendu par des ombres. Or, à moins d'une injonction formelle et sans appel, le feld-maréchal Paskiéwitsch n'abandonnerait pas une victoire certaine devant l'éventualité d'un péril éloigné, car il a d'immenses pertes à venger, car il s'est promis un dernier laurier pour sa dernière campagne.

D'ailleurs, dès le courant de mai, le mouvement en arrière n'a-t-il pas commencé avec l'abandon de Kratowa par Liprandi? ce n'est point sur le Danube ou sur Bucharest que ce général a dirigé ses magasins, mais vers Fockschani et Slatina, où deux mille hommes de son corps ont été mis en déroute, le 28 mai, par les turcs, qui leur ont pris quatre canons. De plus, les malades et les blessés ont été transférés de Bucharest à Yassy, aussi bien que le commissariat des guerres, et la proclamation du baron de Budberg, administrateur impérial, est restée impuissante à déguiser cette évolution rétrograde :

« Rassurez-vous, disait-il aux valaques, en leur prêtant des regrets qu'ils n'avaient point ; nos troupes n'abandonneront pas votre territoire. La petite Valachie n'est évacuée que provisoirement; *la seconde ne le sera jamais.* »

Ainsi, tous les efforts des russes pour traverser le Danube, les pertes qu'a subies leur armée sous le ciel insalubre de la Dobrutcsha, leurs énormes dépenses pour l'investissement de Silistrie, tout demeure inutile, et le trimestre qui vient de s'écouler ne représente pour eux que trois mois perdus et un échec d'une haute gravité morale et matérielle.

Leurs armes ne sont pas plus heureuses sur la Baltique.

L'amiral anglais, sir Charles Napier, est au commencement d'avril dans le Sund, attendant la déclaration de guerre. Sa flotte, qui a été renforcée, se compose de quarante-neuf bâtiments jaugeant ensemble quatre-vingt-cinq mille quatre cent cinquante-quatre tonneaux, avec vingt-deux mille hommes d'équipage et deux mille trois cent quarante-quatre canons. On y compte dix vaisseaux de ligne à hélice, sept vaisseaux de ligne à voiles, quinze frégates et corvettes à hélice, dix-sept frégates et sloops à roues et à aubes, répartis en trois divisions sous les ordres du contre-amiral Chads, montant *l'Edimburgh*, du contre-amiral Corry, montant *le Neptune*, du contre-amiral Plumridge, montant *le Léopard*. Le pavillon amiral de sir Charles Napier flotte sur *le Wellington*, le plus beau vaisseau qui soit jamais sorti des chantiers d'Angleterre.

Le 4 avril, on reçoit la nouvelle officielle de la déclaration de guerre; les bâtiments des trois escadres se pavoisent instantanément et les matelots poussent trois violents hourrahs pour l'Angleterre et trois formidables grognements à l'adresse de la Russie. Le lendemain, la flotte quitte la baie de Kioge, au-dessous de Copenhague, et fait voile vers l'île de Bornholm, où elle est ralliée par l'avant-garde de l'escadre française, *l'Austerlitz;* ce nom glorieux est d'un bon présage pour l'expédition.

Le 15, l'amiral anglais débouche dans le golfe de Finlande et se porte sur Helsingfors, où se trouve une partie de la flotte russe; mais il est arrêté par les glaces, aussi bien que devant Rewel, dont il s'est approché sous la protection d'un épais brouillard. Il s'établit alors en croisière, l'escadre Chads sur les côtes de Courlande, de Windau à Polangen, l'escadre Corry dans le golfe de Livonie, vis-à-vis Riga, l'escadre Plumridge à l'entrée du golfe de Finlande, en observation devant Sweaborg.

Il n'est pas inutile d'entrer dans quelques détails sur l'état de défense du littoral russe de ce côté; en voici le rapide aperçu :

Les îles d'Oesel et de Dago qui forment le détroit d'Esthonie, mettant en communication les golfes de Livonie et de Finlande, sont défendues par d'excellentes fortifications. En suivant la côte de l'Esthonie, on trouve à Rewel une citadelle, un arsenal de marine et des batteries récemment installées pour balayer la rade; quelques ouvrages entourent Narva un peu plus haut, puis on arrive à Cronstadt, le Gibraltar de la Baltique, le boulevard de Saint-Pétersbourg, après avoir passé l'île de Hoghland, que des batteries placées au faîte d'une éminence protégent contre une descente. Bâtie sur l'île Kotline-Ostrov, Cronstadt divise le golfe en deux bras, dont l'un, celui qui longe la Carélie, est impraticable aux vaisseaux d'un fort tonnage. Les fortifications du côté gauche sont le fort Pierre, le fort Constantin, armé de cinquante canons, le fort Alexandre, armé de cent seize, et la citadelle, armée de soixante-douze; du côté droit, se succèdent le Riesbanck, de soixante canons, le Kronslott, dont Pierre le Grand fit le modèle en bois, et le fort Menschikoff; sans compter un nombre considérable de batteries et d'autres ouvrages. Bien que Cronstadt couvre Saint-Pétersbourg, la nouvelle de l'expédition dans la Baltique a déterminé le gouvernement russe à élever quatre batteries aux embouchures de la Néva. Après Cronstadt, la première place de guerre en ces parages est Wiborg, qui, défendue par une île fortifiée, est environnée d'une muraille flanquée de bastions, et reliée par un pont à une citadelle; puis apparaissent : Frédricksmann, entourée de sept bastions et de deux demi-lunes casematées, Lovisa, commandée par la forteresse de Swartholm, Ruotsinsalmi, défendue par dix-neuf bastions, Sweaborg, qui couvre Helsingfors et compte mille canons dans ses sept forteresses; c'est la place la plus importante du nord; ses ouvrages de défense, construits par les suédois, ont coûté vingt millions de rixdales de banque (cinquante millions de francs). En outre, les forts de Hangoë protégent l'entrée des golfes de Finlande et de Bothnie, où l'on rencontre encore la forteresse d'Abo et la citadelle de Bomarsund, sur le compte de laquelle nous aurons bientôt à revenir plus au long.

La flotte russe de la Baltique embrasse trente et un vaisseaux, cinquante-deux frégates, bricks et corvettes, dix yachts à vapeur et cent trente chaloupes canonnières, savoir :

BATIMENTS	ESPÈCES		CANONS	CHEVAUX
La Russie	vaisseau de ligne		120	»
L'Empereur Pierre Ier	—	—	120	»
Le Saint-Georges	—	—	112	»
L'Archangel	—	—	112	»
L'Emgeiten	—	—	84	»
Le Gunule	—	—	84	»
Le Krasnol	—	—	84	»
Le Prochor	—	—	84	»
Le Pultawa	—	—	84	»
Le Vladimir	—	—	84	»
Le Viborg	—	à hélice	84	»
Le Volga	—	—	84	»
L'Impératrice Alexandra	—	—	84	»
La Bérézina	—	—	74	»
Le Borodino	—	—	74	»
Le Brienne	—	—	74	»
L'Arcis	—	—	74	»
L'Audren	—	—	74	»
La Finlande	—	—	74	»
L'Ezéchiel	—	—	74	»
Le Katzbach	—	—	74	»
Le Smolenska	—	—	74	»
L'Ingermanland	—	—	74	»
Le Kulm	—	—	74	»
La Gimofa-Azofa	—	—	74	»
Le Natron-Meaga	—	—	74	»
Le Sisoï	—	—	74	»
Le Vilagos	—	—	74	»
La Fère Champenoise	—	—	74	»
Le Michaël	—	—	74	»
Le Kamschatcka	frégate à vapeur		16	450
L'Olaf	—	—	16	450
Le Smiloï	—	—	12	400
Le Grémiaschi	—	—	6	400
A reporter			2,628	1,700

Report		2,628	1,700
Le Grosachi	— —	6	400
Le Bogatir	— —	6	300
Le Chabroï	— —	6	300
Le Rurick	— —	6	300
La Diana	— —	6	200
L'Hercule	— —	6	200
L'Alexander-Newski	frégate à voile	58	»
La Constantine	— —	54	»
Le Césarewitz	— —	44	»
La Césarewna	— —	44	»
L'Amphitrite	— —	44	»
Le Castor	— —	44	»
L'Ajax	brick ou corvette	20	»
Le Palinure	— —	20	»
Le Paris	— —	20	»
Le Philoctète	— —	20	»
Le Prince de Varsovie	— —	20	»
Le Navarin	— —	20	»
La Dwina	— —	20	»
L'Oliwutza	— —	20	»
L'Oural	— —	20	»
Le Fœdor	— —	20	»
L'Arctic	— —	20	»
		3,152	3,400

Notons au passage que, dans la marine impériale russe, les vaisseaux de ligne et les frégates portent des canons sur les passavants du pont supérieur, ce qui augmente d'un douzième par bâtiment le chiffre des bouches à feu.

La flotte compte encore trois frégates-écoles de tir à fond plat, quinze schooners ou transports, cinquante chaloupes canonnières anciennes et vingt-quatre nouvelles, et dix yachts à vapeur de cent à cent soixante chevaux. De plus, les chantiers de Saint-Pétersbourg et de Cronstadt détiennent huit vaisseaux à hélice en construction; les machines de ces bâtiments, commandées en Angleterre, ont été saisies par le gouvernement britannique au moment de la livraison. Enfin, un ukase du 14 avril décrète la formation d'une flotte à rames de réserve sur les côtes finlandaises, et la levée de quatre légions de rameurs affectés à cette flotte, au moyen d'un appel de volontaires dans les quatre gouvernements de Pétersbourg, Novgorod, Olonetz et Twer.

Le grand-duc Constantin, sous-secrétaire d'État au ministère de la marine depuis un an et demi, est promu, dans les premiers jours d'avril, au commandement de la flotte; il a sous ses ordres l'amiral Ricord, qui était à Navarin, et le vice-amiral de Lütcke. A ce dernier est spécialement dévolue la défense de Cronstadt.

Pendant que sir Charles Napier est, avec le gros de son escadre, au mouillage d'Elfsnaben, en avant de l'archipel de Stockholm, plusieurs vapeurs détachés se portent de nouveau vers Riga, dont les glaces les repoussent. On apprend, le 5 mai, que la débâcle a eu lieu à Cronstadt, la flotte quitte Elfsnaben, et bloque, le 12, les trois ports de Libau, Windau et Riga.

Enfin, les flottes de la Baltique sont déprisonnées, les glaces ont disparu, le golfe de Finlande est libre. *L'Arrogant* et *l'Hécla* s'élancent vers le nord, avec mission de reconnaître les postes de la rade de Hangoë. Le 19, ils remontent une petite rivière, quand des coups de feu sont dirigés contre une de leurs chaloupes; l'artillerie des deux navires y répond et déloge bientôt les russes de leur embuscade. Le lendemain, ils se trouvent à portée d'une redoute, en face de la petite ville d'Eckness; le capitaine Hall, commandant *l'Hécla*, ouvre le feu, auquel riposte une batterie établie sur un promontoire. *L'Arrogant*, à son tour, envoie sa volée, et l'on voit fuir au galop un détachement d'artillerie; *l'Arrogant*, en rasant la batterie, touche terre, mais heureusement ses boulets ont démonté les canons, et il peut se relever et rejoindre *l'Hécla*. La redoute est muette; le sol est jonché d'affûts brisés, de casques, de havresacs et d'armes abandonnés par les russes; le capitaine Hall descend à terre avec une chaloupe, enlève un canon sur la plage et le transporte à son bord, comme trophée de l'expédition. Le lendemain les deux vaisseaux rallient l'escadre, et *le Wellington* leur adresse ce signal :

« Bien agi, *Arrogant* et *Hécla*; »

tandis que les autres navires se pavoisent et les saluent de trois frénétiques hourrahs.

Le 22, le capitaine Wilcox, commandant la frégate *le Dragon*, s'embosse à l'angle d'un des forts établis dans l'île de Hangoë, et lui lance des bombes qui dégradent deux de ses embrasures; en revanche, deux des canons du fort portent dans son gréement et lui font des avaries. *Le Basilic* et *la Magicienne* attaquent pendant ce temps les batteries masquées du côté de la terre; une fusillade bien nourrie les accueille. De son côté, *l'Hécla* canonne le fort Gustave-Adolphe, qui lui riposte vigoureusement.

Le 24, l'escadre continue de voguer à l'est. Le 28, l'amiral Napier déclare le blocus rigoureux des ports, rades, havres ou criques appartenant à la Russie dans la mer Baltique, sur les côtes de Courlande, d'Esthonie, de Finlande et dans le golfe de Bothnie, depuis le 55e degré 53' de latitude nord jusqu'au 65e degré 50', ce qui représente une longueur de mille kilomètres, sur lesquels on rencontre les ports de Polangen, Libau, Windau, Riga, Pernau, Hapsal, Baltishport, Rewel, Cronstadt, Viborg, Frédrichsmann, Sweaborg, Abo, l'archipel d'Aland et Uleaborg.

Le 6 juin, *l'Odin* et *le Vulture* remontent la côte de la Bothnie orientale et mouillent dans la baie de Gamla-Karlby, près des chantiers de construction. Sir Charles Wyse, premier lieutenant du *Vulture*, descend à terre, et, précédé du pavillon parlementaire, va sommer le bourgmestre d'avoir à lui livrer tout ce qui appartient au gouvernement de Russie, promettant que, cette condition effectuée, la ville et les propriétés particulières seront respectées. Le magistrat se retranche derrière l'absence d'instructions pour ne pas obtempérer à la sommation; sir Ch. Wyse, sans autre débat, regagne ses chaloupes, lorsqu'une décharge de fusils et de pièces de campagne est dirigée sur ses marins et sur lui; il veut essayer de faire tête à l'attaque, mais la position des assaillants est excellente, et force lui est de battre en retraite.

Le Vulture et *l'Odin*, empêchés par le peu de profondeur et les atterrissements de la baie de protéger leurs embarcations, comptent dans cette affaire, le premier, un tué, un blessé; le second, trois officiers et trois marins tués et quinze blessés; en outre, le feu des russes détruit la chaloupe à roue du *Vulture*.

Cet échec est promptement réparé par le contre-amiral Plumridge, à la division duquel appartiennent ces deux vaisseaux. En moins de six heures et sans brûler une cartouche, à Brateshead, il incendie quatorze navires, un immense amas de planches et de mâts, dix mille barils de goudron, et se retire éclairé par des colonnes de flamme qui s'élèvent jusqu'à cent mètres.

A Uléaborg, le premier lieutenant de la frégate à vapeur *le Léopard*, à la tête d'un détachement de trois cent cinquante hommes, s'empare de la ville, dont la majeure partie des habitants s'est répandue dans la campagne. Le gouverneur, sans essayer de résistance, accompagne les marins anglais jusqu'au chantier, où ces derniers brûlent seize navires et d'énormes approvisionnements de bois de construction. Pendant seize heures que dure l'incendie, la population qui n'a pas fui Uléaborg assiste impassible à ce spectacle, n'ayant d'autre préoccupation que celle d'échanger ses bœufs, ses moutons et ses pommes de terre contre les guinées anglaises.

Cette croisière du contre-amiral Plumridge est désastreuse pour la Russie ; en trente-six jours, elle détruit quarante-six navires à flot et sur chantier, d'un tonnage réuni de onze mille environ, cinquante mille barils de poix et de goudron, des madriers, des mâts, des mâtereaux, des planches, des voiles et des cordages pour plus de quatre cent mille livres sterling (huit millions de francs).

Le 11 juin, la flotte française aborde le golfe de Finlande ; elle a quitté Brest, le 20 avril, et mouillé, le 27, dans les dunes, où les vents contraires l'ont retenue quelques jours; le 21 mai, elle a jeté l'ancre à Kiel, où elle s'est renforcée de huit vapeurs employés jusque-là au transport de l'armée d'Orient, et, le 29, elle a repris la mer pour rallier l'escadre anglaise.

Il tarde à l'amiral Parseval-Deschênes, il tarde à ses braves matelots de confondre nos trois couleurs avec le pavillon britannique ; ne sera-ce pas en effet un magnifique spectacle que celui des nationaux de Jean Barth et de Duguay-Trouin s'unissant fraternellement aux compatriotes de Nelson pour la défense d'une même cause, et enterrant sous les plis de leurs drapeaux entremêlés de vieilles haines et des préjugés que, la veille encore, on disait éternels. On oublie le passé devant les radieuses promesses de l'avenir, et cet avenir est si proche qu'il est presque le présent.

Voici sur cette jonction des détails intéressants contenus dans une lettre d'un témoin oculaire ; elle a été publiée par *le Moniteur de la Flotte*, auquel nous l'empruntons :

« Il était deux heures du matin quand l'escadre française reconnut pour la première fois les terres de Russie. La brise mollissait beaucoup. A une faible distance, un phare se dessinait sur le gris du ciel, il n'était pas allumé. Sur toute la côte, depuis la déclaration de guerre, les feux sont partout éteints et les balises enlevées. Au point du jour, le relèvement plaça l'escadre à environ huit milles au N.-E. du phare, indiquant en même temps dans sa direction l'entrée de Baltischport.

» Le ciel, ce jour-là, fut d'une pureté remarquable, mais le soleil peu ardent. Il est loin d'être, en ces parages, aussi vif qu'en France à pareille époque de l'année ; le burnous et le caban sont encore de saison et le seront pendant toute la campagne, car le thermomètre, qui descend parfois jusqu'à six degrés au-dessous de zéro, dépasse rarement treize degrés. On distinguait facilement à la lunette la petite ville de Baltischport groupée autour de son clocher, à l'est d'une baie et sous l'abri d'un fort. Son port était désert, mais une coque de grand navire, avec bas-mâts seulement, révéla bientôt une batterie flottante mouillée en avant sur rade pour en défendre l'approche.

» La panique et la terreur se répandirent parmi les habitants lorsqu'à leur réveil ils aperçurent l'escadre naviguant majestueusement sur trois colonnes, les vapeurs éclairant la marche ; mais l'amiral Parseval-Deschênes, qui avait hâte de rejoindre ses alliés, se dirigea au N.-N.-E., et ils se rassurèrent. On pensait n'être pas éloigné de l'escadre anglaise, car les croiseurs qu'on avait rencontrés dans les eaux de Gothland avaient indiqué la baie de Barosund comme point de rendez-vous général. Malheureusement un calme désespérant surprit l'escadre au milieu du golfe. Elle mit en panne, et chacun aussitôt explora l'horizon avec la longue-vue.

» La largeur du golfe en cet endroit n'atteint pas neuf lieues ; on apercevait facilement les deux rives également basses, demi-noyées, et bordées de hauts sapins dont les tiges élancées, couronnées d'une chevelure en parasol, plongeaient leur ombre dans la transparence de l'eau et prenaient à cette distance une taille gigantesque. Pas un souffle, pas une voile ne troublaient au loin la surface du golfe, qui semblait dormir ; aussi, le soir, on put distinguer dans le sud, malgré les roches du rivage, les blanches maisons et les tours de Rewel, que frappait d'un dernier rayon le soleil couchant. La nuit, la première qu'on passait au milieu des forts russes, fut admirable.

» Le lendemain fut une journée d'émotions. L'escadre était sous voiles à neuf heures, cherchant à s'élever dans le vent qui venait du nord, lorsqu'on signala dans l'est une escadre de forts navires à vapeur faisant route sur elle. Peu d'instants après, l'horizon tout entier sembla couvert de vaisseaux. La brume qui se levait dévoilait au nord le mouillage de l'escadre anglaise. Plus de vingt navires de guerre y stationnaient en ligne. L'escadre française elle-même formait une colonne de dix-huit voiles évoluant avec ordre, et elle avait en face d'elle, parfaitement distincts, huit superbes vaisseaux à hélice qui, d'une marche rapide, couraient sur elle toutes voiles serrées, jetant au vent de longues et épaisses lignes de fumée.

» Les deux vaisseaux de tête venaient de reconnaître mutuellement leurs grades. *Le Duc de Wellington*, la merveille des chantiers d'Angleterre, guidait la division à vapeur portant le pavillon de vice-amiral. Ordre à l'armée française aussitôt d'arrêter sa marche, car on était à l'entrée des passes où se dirigeait l'escadre à vapeur.

» Comme par un mouvement électrique les deux escadres échangent alors leurs pavillons en tête du grand mât, et le canon français salue le premier ses alliés. L'amiral Parseval s'était empressé, par courtoisie, de devancer l'amiral anglais; Napier confondit son salut avec celui des français, et même une seconde salve de dix-sept coups partit encore du milieu de sa ligne, d'un des vaisseaux aux couleurs françaises; c'était *l'Austerlitz*. Jamais on ne vit spectacle plus beau, plus grand, plus émouvant.

» Cependant la division à vapeur anglaise continuait à défiler lentement et avec ses huit vaisseaux devant l'amiral français. Les deux commandants en chef venaient encore d'échanger, de leurs pavillons, un nouveau salut. Les musiques anglaises jouaient de tous côtés l'*Air de la reine Hortense* et les musiques françaises jouaient le *God save the Queen*. La jonction des escadres était noblement consommée. Le cœur du brave amiral Parseval-Deschênes, qui avait si admirablement conduit son escadre, devait battre de joie et de bonheur.

» La baie de Barosund, où les escadres sont mouillées, comprend une étendue d'environ six milles de longueur, sur sept à huit de largeur; sa profondeur moyenne est de dix-sept brasses, et le fond est très-sain, mais le contour est parsemé de roches à fleur d'eau d'un granit très-dur et polies par les vagues. Plusieurs de ces rochers forment des îlots assez étendus où l'on trouve une végétation fort triste : quelques petits sapins, des bruyères, une herbe rare, mais que peuvent apprécier les amateurs de la chasse du lièvre et du canard. L'une de ces roches possède un phare au pied duquel sont construites quelques maisons.

» Les habitants de ces lieux ont fui, laissant désertes leurs pauvres cabanes bien propres, bien tenues, leurs filets, leurs vêtements pendus aux murs et abandonnés. Ce sont des pêcheurs. Leur aisance s'explique par le voisinage d'Helsingfors, qui n'est qu'à sept lieues de cet endroit. Les deux amiraux ont adressé à leurs escadres des ordres du jour pour recommander aux marins que ces habitations et celles qui se trouveront sur tout le littoral soient respectées. Les pauvres finlandais, en apprenant cette mesure prise depuis l'arrivée des français, se sont montrés rassurés et reconnaissants.

» Du sommet de ce phare, on distingue à la longue-vue la forteresse, le port et les vaisseaux russes mouillés. On en compte sept, plus des frégates, corvettes et autres bâtiments.

» Les anglais ont voulu, par cette originalité qui leur est propre, que le czar ne perdît pas le souvenir de leur passage : ils ont gravé les noms de tous leurs vaisseaux sur les vitres du phare.

» Vue de cette élévation, la rade où mouille la flotte offre un coup d'œil magnifique. Plus de cinquante navires y sont à l'ancre, offrant, d'une extrémité à l'autre de la baie, une masse imposante de coques et de mâts de toutes dimensions, environ trois mille bouches à feu, des lignes de batteries qui se croisent, s'alignent, se confondent en tous sens. Dans les intervalles, partent des vapeurs qui sillonnent la rade, ou des embarcations pavoisées qui voltigent à la rame et à la voile, à toute heure de la journée.

» Les musiques qui jouent, le clairon, le tambour qui anime le soir la danse des matelots anglais, et par-dessus cette scène, semblant couronner l'armée au repos, les nobles couleurs de France et d'Angleterre flottant ensemble; puis, parfois, les équipages sur toutes les vergues, les hourras qui retentissent, le canon qui tonne et enfin la fumée, qui, comme un rideau, enveloppe subitement et dérobe toute la rade, c'est là un spectacle admirable, sublime dont rien ne peut donner l'idée! »

L'escadre française se compose de trente et un bâtiments de diverse nature, ainsi répartis :

BATIMENTS	ESPÈCES	CANONS	CHEVAUX	CAPITAINES
Le Tage.......	vaisseau de 2e rang......	100...	»....	FABVRE.
L'Austerlitz..........	mixte..........	100...	540....	LAURENCIN.
L'Hercule......	vaisseau de 2e rang......	100...	»....	LARRIEU.
Le Jemmapes.....	— —	100...	»....	ROBIN DU PARC.
Le Breslaw.......	— 3e rang.....	90...	»....	BOSSE.
Le Duguesclin....	— —	90...	»....	LA CHAPELLE.
L'Inflexible......	— —	90...	»....	PIRONNEAU.
Le Duperré......	— 4e rang......	80...	»....	PENAUD.
Le Trident.......	— —	80...	»....	MAUSSION DE CANDÉ.
La Sémillante....	frégate de 1er rang.....	60...	»....	CHIRON DU BROSSAIS.
L'Andromaque...	— —	60...	»....	GUILLAIN.
La Vengeance....	— —	60...	»....	BOLLE.
La Poursuivante..	— 2e rang.....	50...	»....	PRUDHOMME DE BORRE.
La Virginie......	— —	50...	»....	SÉRÉ DE RIVIÈRE.
La Zénobie.......	— —	50...	»....	HÉRAIL.
La Psyché.......	— 3e rang......	40...	»....	GUILBERT.
L'Algérie........	— —	10...	»....	FÉRÉOL DE LEYRITZ.
Le Darien.......	frégate à vapeur.......	14...	450....	DIDELOT.
L'Asmodée.......	— —	16...	450....	LAGARDE-CHAMBONAS.
La Licorne......	frégate-transport......	»....	»....	URVOY DE PORTZAMPAC.
L'Infatigable....	— —	»....	»....	DAURIAC.
Le Beaumanoir...	brick de 1re classe.....	16...	»....	DE MAROLLES.
Le Phlégéton.....	corvette à vapeur......	10...	400....	COUPVENT-DESBOIS.
Le Laplace.......	— —	8...	400....	CABOUREAU.
Le Souffleur.....	— —	6...	220....	MOULAC.
Le Lucifer.......	aviso à vapeur.......	6...	200....	DISPAN.
L'Aigle..........	— —	6...	200....	MARTINEAU-DES-CHENETS.
Le Milan........	— —	4...	200....	HUCHET DE CINTRÉ.
Le Brandon......	— —	4...	160....	CLOUÉ.
Le Fulton.......	— —	4...	160....	LE BRIS.
Le Daim........	— —	4...	120....	SALAUN.
	Totaux...	1,308	3,500	

Le vice-amiral Parseval-Deschênes a son pavillon à bord de *l'Inflexible; le Duguesclin* porte celui du contre-amiral Penaud.

L'abbé Caron est attaché à l'escadre en qualité d'aumônier supérieur.

Bien que la flotte russe présente au moins des forces égales à celle des alliés, et qu'elle ait sur cette dernière l'avantage de la connaissance des lieux, elle reste dans ses ports, abritée derrière ses forteresses.

Les amiraux Napier et Parseval-Deschênes, ayant reconnu l'inutilité d'une attaque dirigée contre Cronstadt, décident d'emporter l'île d'Aland. Cette île relie la Finlande à la Suède; elle est donc pour la Russie d'une grande importance, et l'on comprend les sacrifices faits par Alexandre et son successeur afin de s'en assurer la possession.

En 1822, le czar actuel, alors grand maître du génie impérial, a décidé l'établissement de la citadelle de Bomarsund, au fond de la baie de Lumpar.

Élevée sur un rocher qui domine une vaste étendue, cette forteresse a été construite à grands frais, avec des blocs de granit fournis par la contrée. Terminée, elle doit se composer de quinze tours reliées entre elles par une enceinte à triples bastions en granit, mais trois de ces tours seulement protégent la place, celle de Noztich, celle de Tzée et celle de Presto, chacune de vingt canons. L'enceinte continue n'a encore que deux cent cinquante mètres de longueur, et pourtant six mille ouvriers y ont été employés pendant plusieurs mois; il est vrai que l'épaisseur de la muraille est d'un mètre quatre-vingts centimètres. Le diamètre des tours est de trente mètres; la forteresse compte deux étages casematés à l'épreuve de la bombe, percés chacun de quatorze embrasures encadrées de briques.

On estime que la citadelle achevée pourra recevoir soixante mille soldats et six cents pièces de canons; aujourd'hui la garnison n'est que de deux mille quatre cents hommes avec cent quatre-vingts bouches à feu.

Nicolas aime Bomarsund, qui est son œuvre, comme Louis-Philippe aimait le musée de Versailles, sa création. Pierre Ier a bâti Cronstadt, Alexandre a fortifié Sweaborg, il fera mieux avec Bomarsund, vaste établissement naval à cheval sur les deux golfes de Bothnie et de Finlande, menaçant la Suède et commandant la Baltique, immense camp retranché pour ses armées de terre et de mer, sentinelle avancée et port principal de la Russie sur ce littoral.

Le 21 juin, *l'Hécla*, *l'Odin* et *le Valorous*, frégates à vapeur, sous la direction du capitaine Hall, incendient à l'aide de bombes des magasins d'approvisionnements, et démontent deux batteries à fleur d'eau. La perte pour les assaillants est de quatre hommes. *L'Hécla* se retire avec sa coque trouée de sept boulets, un de ses tambours traversé, et n'ayant évité de plus graves accidents que par le courage du midshipman Lucas, qui a saisi et jeté à la mer une bombe tombée sur le pont. Au reste, il a vengé par anticipation ces mutilations glorieuses, car les cadres de briques des embrasures des casemates portent la trace de ses projectiles.

Le 26 et le 27, quatre navires anglais procèdent à un nouveau bombardement, mais devant l'infimité des résultats obtenus, les deux amiraux prennent la résolution d'attendre le corps de troupes de débarquement que la France organise.

CHAPITRE V.

Le camp de Boulogne. — Corps expéditionnaire de la Baltique. — Proclamation de l'Empereur. — Arrivée d'une escadre anglaise à Calais. — Embarquement des troupes. — Un aide-de-camp du czar à Bomarsund. — Récits mensongers de *l'Invalide russe*. — Arrivée du corps expéditionnaire. — Proclamation de l'amiral Parseval-Deschênes. — Conseil tenu par les commandants en chef des forces de terre et de mer. — Prise de la tour de Tzée. — Prise de la tour de Nortich. — Reddition de la forteresse. — Épisodes du siége. — Le général Baraguey-d'Hilliers et le général Bodisco. — Embarquement des prisonniers. — Proclamation des chefs alliés aux habitants des îles d'Aland. — Traits d'humanité de nos soldats. — Récompenses au corps expéditionnaire et à la flotte de la Baltique. — Ordre de détruire Bomarsund. — Le camp de Varna. — Organisation de la cavalerie irrégulière. — Premiers cas de choléra. — Combat de Giorgewo. — Mort du duc d'Elchingen et du général Carbuccia. — L'expédition de Crimée résolue. — Expédition de la Dobrutscha. — Combats avec les cosaques. — Le choléra. — Ordre du jour du général Canrobert. — Incendie de Varna. — Ordre du jour du maréchal Saint-Arnaud. — Proclamation de l'Empereur à l'armée d'Orient.

(Juillet, Août 1854.)

Sur le rapport du vice-amiral Parseval-Deschênes, le ministre de la guerre a exposé à l'Empereur la nécessité d'envoyer des troupes de débarquement dans la Baltique pour y seconder l'action des flottes, et Sa Majesté choisit, parmi les régiments agglomérés au camp de Boulogne, un corps expéditionnaire, composé comme suit :

Commandant en chef.

Baraguey-d'Hilliers, général de division.

Commandant du génie.

Niel, général, membre du comité des fortifications.

Aide de camp.

Montiage, capitaine du génie.

Commandant-adjoint.

JOURJEON, lieutenant-colonel du génie.

Commandant de l'artillerie.

ROCHEBOUET, lieutenant-colonel d'artillerie.

Chef d'état-major.

GOUYON, colonel d'état-major.

Aumônier.

L'abbé MARTIN.

Intendance.

LECAUCHOIS-FÉRAUD, sous-intendant militaire de 1re classe.

Première brigade.

Commandant.

D'HUGUES, général de brigade.

Aide de camp.

DUCROT, capitaine d'état-major.

2e *régiment d'infanterie légère.*

SUAU, colonel.

3e *régiment de ligne.*

DUCROT, colonel.

12e *bataillon de chasseurs à pied.*

Deuxième brigade.

Commandant.

GRISY, général de brigade.

Aide de camp.

DE JOUFFROY, capitaine d'état-major.

48e *régiment de ligne.*
51e *régiment de ligne.*

Génie.

1re *compagnie de sapeurs-mineurs du* 1er *bataillon du* 1er *régiment.*

ALQUIER, capitaine.

Artillerie.

4e *batterie du* 1er *régiment d'artillerie.*

VASSE, capitaine en second.

Un détachement de la 14e batterie du 1er régiment.

Léopold, lieutenant en premier.

Un détachement de gendarmerie.

Devauge, maréchal-des-logis.

Corps médical.

Lacronique, médecin-major de 1re classe.
Noguès, aide-major de 1re classe.
Simon, pharmacien aide-major.
Capuran, adjudant d'administration près les hôpitaux.

Le 12 juillet, l'Empereur arrive à Boulogne et, sur le plateau de Vimereux, passe en revue le corps expéditionnaire; il parcourt au pas de son cheval tout le front des lignes, fait former un immense carré, se place au centre avec les généraux de l'état-major et, après avoir distribué aux officiers, sous-officiers et soldats les décorations et les médailles militaires qui leur sont affectées, il adresse cette proclamation aux troupes expéditionnaires :

« Soldats,

« La Russie nous ayant contraints à la guerre, la France a armé cinq cent mille de ses enfants! L'Angleterre a mis sur pied des forces considérables. Aujourd'hui, nos flottes et nos armées, unies pour la même cause, vont dominer dans la Baltique comme dans la mer Noire. Je vous ai choisis pour porter les premiers nos aigles dans ces régions du Nord. Des vaisseaux anglais vont vous y transporter, fait unique dans l'histoire, qui prouve l'alliance intime de deux grands peuples et la ferme résolution des deux gouvernemens de ne reculer devant aucun sacrifice pour défendre le droit du plus faible, la liberté de l'Europe et l'honneur national!

« Allez, mes enfants! l'Europe attentive fait ouvertement ou en secret des vœux pour votre triomphe. La patrie, fière d'une lutte où elle ne menace que l'agresseur, vous accompagne de ses vœux ardents; et moi, que des devoirs impérieux retiennent encore loin des événements, j'aurai les yeux sur vous, et bientôt en vous revoyant je pourrai dire :

» Ils étaient les dignes fils des vainqueurs d'Austerlitz, d'Eylau, de Friedland, de la Moskowa.

» Allez! Dieu vous protége! »

Accentuée par la voix vibrante de Sa Majesté, cette allocution pénètre aux angles les plus éloignés du carré et soulève dans tous les rangs une tempête de cris de : *Vive l'Empereur!*

Le soir même, le corps expéditionnaire prend le chemin de Calais, lieu choisi pour son embarquement. Presque au même moment où les colonnes quittent le plateau de Vimereux, l'escadre anglaise, dont Napoléon III a parlé dans sa proclamation, passe devant les ruines du Risban, se développe sur la ligne du Courgain, et salue dans la rade de Calais le drapeau national de vingt et un coups de canons, et de treize, le pavillon du contre-amiral de Lapierre.

Placée sous les ordres du commodore Grey, cette escadre se compose des bâtiments ci-contre énoncés :

L'Hannibal, vaisseau à hélice. . . . . 90 canons.
L'Algiers, — 91
Le Royal-William,— 120
Le Saint-Vincent, — 101

Le commodore Grey a son pavillon à bord de *l'Hannibal;* il attend d'être rallié par :

Le Termagant, frégate à hélice. . . . . 24 canons.
Le Sphinx, corvette à aubes. 6
Le Gladiator, — 6
Le Prince, grand steamer de la Compagnie générale.
Le Clifton, transport à voiles.
La Belgradia, —
La Colombia, —
Le Fox, —
La Julia, —
Le Herefordshire, —

Le Prince, seul, doit porter deux mille cinq cents hommes.

Son Excellence le ministre de la marine a désigné plusieurs navires pour concourir avec l'escadre anglaise au transport du personnel, du matériel et des approvisionnements de toute nature. De ces navires, les uns sont à l'ancre dans le port de Calais :

L'Asmodée, frégate à vapeur de. . . . . 450 chevaux.
Le Laplace, corvette à vapeur de. 400
La Reine Hortense, — 320

Le Goëland, aviso à vapeur de. . . . . 200 chevaux.
Le Cocyte, — 160
L'Ariel, — 120
Le Daim, — 120
Le Corse, — 120
Le Favori, bâtiment à voiles.
Le Lévrier, — .
Le Myrmidon, — .

D'autres y arrivent le 13 :

Le Tilsitt, vaisseau de ligne de. . . . . 90 canons.
Le Saint-Louis, — 90
La Sirène, frégate. 50
Le Fulton, aviso à vapeur. . . . . 160 chevaux.

Six chalands remorqués par *le Daim*, *le Cocyte*, *le Corse* et *l'Ariel*.

Le Fulton, porte les chevaux de l'état-major; les chalands sont chargés de poudre, de grains et de vivres.

Ces derniers enfin y mouillent le 18 :

La Cléopâtre, frégate de 50 canons, revenant des mers de la Chine.
Le Laborieux, corvette à vapeur de. . . . . . 220 chevaux.
Le Cassini, — 220
Le Christophe-Colomb, aviso à vapeur de.. . 160

Le contre-amiral de Lapierre, l'amiral anglais Berkeley et le commodore Grey, s'entendent à l'effet de compléter, en trois jours, les diverses opérations de l'embarquement. Pendant qu'on y procède, des troupes du corps expéditionnaire, une partie est logée chez les habitants, l'autre campe dans les dunes et sur les glacis de la citadelle, à l'endroit même où, en 1347, Eustache de Saint-Pierre et cinq notables de Calais furent, en chemise et la corde au cou, porter les clefs de la ville à Édouard III, qui avait promis d'épargner le reste des Calaisiens à la condition que six des principaux bourgeois se dévoueraient pour leurs concitoyens.

Le 13, l'Empereur arrive à quatre heures à Calais, et visite les avisos *le Corse* et *le Cocyte*, dont les lieutenants de vaisseau Foullioy et Dubuisson lui font les honneurs. Le lendemain, il inspecte les bivouacs du 3e régiment de ligne et du 12e bataillon de chasseurs à pied. Ce même jour, on procède à l'embarquement du matériel. Vers deux heures de l'après-midi, Sa Majesté monte à bord de *la Reine Hortense*, avec le maréchal Vaillant, ministre de la guerre, les généraux Baraguey-d'Hilliers et Rolin, le colonel Fleury, le commandant de Méneval et le maire de Calais, pour aller visiter l'escadre anglaise, qui forme un demi-cercle dans la rade, à environ trois milles du port. L'aviso à vapeur *le Corse*, portant le pavillon du contre-amiral de Lapierre, accompagne *la Reine Hortense*.

Une foule nombreuse encombre la jetée, les glacis du Courgain, — du haut desquels Napoléon, en 1803, a contemplé les côtes d'Angleterre, — les remparts du vieux fort Risban, et tous les points d'où l'on peut embrasser l'imposant tableau qu'offre la rade.

Dans cette ville, possédée deux siècles durant par les successeurs des Plantagenets, et reconquise en huit jours par François de Guise, dans cette ville dont la perte a tué Marie la Catholique, qui, mourante, disait :

— Ouvrez-moi la poitrine ; à la place du cœur, vous trouverez Calais !

Dans cette ville, sur les falaises de laquelle Napoléon Ier a rêvé le sort d'Harold pour la maison de Hanovre, et pour lui le rôle de Guillaume le Conquérant, les couleurs nationales de France et d'Angleterre marient leurs banderoles. Matelots anglais, marins français, fraternellement unis, vont partir de là pour aller défendre dans les mers du Nord le droit des nations et la sainte cause de la justice. Émouvant spectacle, enseignement fécond, qui, sur le flot calmé de séculaires tempêtes, font flotter un rameau d'olivier, et nous montrent au-dessus des haines sombres et des sanglantes dissensions, le but providentiel de la famille humaine : la concorde et l'amour !

Au moment où *la Reine Hortense* lève l'ancre, une salve d'artillerie l'annonce, et l'escadre y répond de tous ses canons. Les marins, rangés en ligne sur les vergues des vaisseaux pavoisés, avec le pavillon de France au grand mât, acclament l'Empereur au passage, et les spectateurs agitent, sur les hauteurs voisines, leurs mouchoirs et leurs chapeaux, en signe d'hommage et d'admiration. En arrivant au mouillage de *l'Hannibal*, dont la dunette est couverte d'un brillant état-major, Napoléon III descend avec son entourage dans un canot dont le commandant de *la Reine Hortense*, le capitaine Excelmans, tient le gouvernail. Mais le flux est à son apogée, et la violence de la houle, jointe à un vent défavorable, paralyse les efforts des seize vigoureux rameurs qui nagent vers *l'Hannibal*; il faut que l'aviso *le Corse* prenne en remorque le canot et le conduise à sa destination. L'Empereur, guidé par le commodore Grey, visite le bâtiment, félicite les officiers de l'ordre qui règne à bord, complimente l'équipage sur sa belle tenue, et, poursuivi par les enthousiastes vivats des marins britanniques, revient débarquer non loin de l'endroit où, lors de la Restauration, une empreinte de bronze signalait le premier pas de Louis XVIII sur la terre de France.

Les premiers détachements des dix mille hommes composant le corps expéditionnaire s'embarquent le 15. Chaque soldat, en vue de la température rigoureuse qu'il est appelé à affronter, est muni d'une couverture de laine; on distribue, en outre, des gobelets de fer-blanc, propres à chauffer de l'eau, des bâtons et de la toile pour des tentes, à raison d'un gobelet pour deux hommes et d'une tente pour quatre.

Le 16, *le Myrmidon*, accompagné d'une flottille de bateaux pêcheurs, opère le transférement d'une grande quantité de poudre, de boulets, de bombes de vingt-deux kilogrammes, d'obus et de boulets creux pour canons à la Paixhans; il transporte encore un parc de siége entier composé de pièces de 16, de mortiers et d'obusiers de 24. Dans les évolutions du transbordement, une lourde pièce de bois échappe aux hommes qui la soutiennent et blesse mortellement trois matelots anglais.

L'escadre anglaise appareille aux premières lueurs matinales et ne laisse dans la rade que quelques frégates au milieu des bâtiments français.

Le 18, sept bricks et goëlettes, venant du Havre, apportent des vivres au corps expéditionnaire; un de ces bricks est entièrement chargé de sucre et de café. Ce même jour, trois compagnies du 12ᵉ chasseurs et les derniers détachements du 51e de ligne s'embarquent sur les corvettes françaises *le Fulton*, *le Christophe-Colomb*, *le Cocyte*, et sur les corvettes anglaises *le Lucifer* et *le Lézard*.

Favorisée par un beau soleil, la foule a envahi les quais et la jetée, et tandis que les joyeuses fanfares des clairons répondent à l'aubade de la musique municipale de Calais rangée sur la rive, elle salue de ses applaudissements les voiles qui glissent, éployées comme de grands oiseaux blancs, et disparaissent à l'horizon.

Le 19, vient le tour des artilleurs et du dernier bataillon du 3e de ligne. L'embarquement se trouve ainsi effectué au grand complet ; le commandant en chef reste seul à terre. A neuf heures et demie du matin, le 20 juillet, il monte à bord de *la Reine Hortense* et gagne la haute mer.

Pendant que le corps expéditionnaire vogue à pleines voiles vers la Baltique, le czar dépêche un de ses aides de camp et un officier de la marine impériale en exploration à Bomarsund.

Déguisés en pêcheurs finlandais, ces deux aventureux émissaires dépistent avec adresse la surveillance de la croisière anglo-française, pénètrent dans l'île d'Aland, et en inspectent minutieusement les abords et les forces.

D'après leur rapport, détaillé avec plans à l'appui, un siége en règle doit emporter la place, mais la difficulté pour les navires à voiles de franchir les passes de la baie de Ledsund et de la baie de Lumpar leur paraît rassurante à tous égards, et ils confirment l'empereur Nicolas dans cette opinion, que les flottes alliées échoueront devant Bomarsund, et qu'il est inutile de renforcer la garnison, composée de deux mille cinq cents soldats, sous les ordres du général Bodisco.

Cette conclusion, toute prévue qu'elle était, satisfait le gouvernement, qui, pour inoculer sa confiance au peuple, autorise *l'Invalide russe* à publier des hâbleries dans lesquelles les marins de l'empire hyperboréen sont exaltés au détriment des matelots français et anglais.

N'est-il pas permis d'appliquer une légère variante à un vers fameux, et de s'écrier :

C'est du Nord maintenant que viennent les Gascons !

lorsqu'on lit des contes bleus de la nature de celui-ci :

« Le pilote Sederling était parti le 1er juillet de l'île de Ransker, dans un petit bateau, quand un steamer ennemi commença à lui donner la chasse à coups de canon. Neuf boulets passèrent au-dessus de la tête du pilote. Le steamer, ayant touché une roche sous-marine, s'arrêta, mais il envoya immédiatement à la poursuite du pilote deux chaloupes armées d'un équipage double, dont la moitié ramait, tandis que l'autre tirait des coups de fusil. Les balles sifflaient autour du pilote, mais il ne tarda pas à gagner le vent sur les anglais.

» Respirant plus à l'aise, Sederling saisit alors sa carabine et envoya deux balles aux anglais, qui lui répondirent par des salves et cessèrent de le poursuivre. »

De pareilles exagérations ne nuisent qu'à leurs auteurs; en flattant d'absurdes préjugés, elles contredisent la raison et ravalent les deux parties, sans que le sentiment national derrière lequel elles s'abritent leur soit une excuse.

Notre impartialité est entière, et nous conviendrons que la presse française a aussi ses *Invalides russes;* mais, de Paris ou de Saint-Pétersbourg, toutes les fanfaronnades n'empêcheront point ce résultat que l'héroïque résistance de l'ennemi comptera pour moitié dans la gloire de nos armes, et que sans l'allure foudroyante de nos attaques réitérées, la belle défense des russes ne serait qu'un inglorieux triomphe. Les défaites misérables ne font pas les grandes victoires, et c'est la mesure du géant vaincu qui donne au vrai la taille du vainqueur.

Le blocus des ports finlandais se poursuit, et les escadres de Cronstadt et de Sweaborg ne cherchent pas à s'y opposer. Mettant à profit les tranquilles loisirs que leur fait la prudence moscovite, les amiraux Napier et Parseval-Deschênes se livrent à une minutieuse étude de l'hydrographie de l'île d'Aland, sondent les passes, balisent les canaux, pendant que les soldats de la garnison accoudés aux embrasures, regardent impassibles les travailleurs anglo-français. Seulement ils surveillent, du haut de leur observatoire, les rapports des marins avec les paysans de l'île, et ceux de ces derniers qui montent à bord d'un bâtiment ennemi sont rigoureusement fouillés au retour.

Un jour, deux enfants de quinze et de seize ans sur lesquels on trouve quelques schellings, à la suite d'une de ces inspections, sont décapités, sans pitié pour leur âge et leur ignorance du mal, et l'on envoie les cadavres de ces victimes d'un barbare patriotisme, au lieu de leur naissance, pour y servir d'exemple.

Le 30 juillet, les vigies signalent à l'horizon plusieurs voiles; ce sont : *l'Hannibal*, *l'Algiérs*, *le Saint-Vincent*, *le Royal-William* et quelques bateaux à vapeur amenant la 1re brigade du corps expéditionnaire : le 12e régiment d'infanterie légère, le 48e régiment de ligne et le 12e bataillon de chasseurs à pied, — environ sept mille hommes. Une heure après, l'amiral Parseval-Deschênes publie cet ordre du jour :

« OFFICIERS, SOUS-OFFICIERS ET MARINS DE L'ESCADRE IMPÉRIALE DE LA BALTIQUE,

» En trois mois à peine écoulés depuis votre sortie des ports de France, escadre née de la veille, vous avez eu à satisfaire à des exigences et à vaincre des difficultés réservées d'ordinaire aux plus longues navigations.

» Aucune fatigue, aucune épreuve n'ont manqué à votre zèle et à votre dévouement : exercices et travaux incessants pour nous présenter dignement à nos amis et à nos ennemis, vigilance continuelle dans une mer trompeuse, semée d'écueils, où chaque inconvénient est un danger, influences épidémiques, aujourd'hui écartées, grâce à Dieu, mais non sans pertes cruelles, vous avez tout accepté, tout supporté avec cette parfaite discipline, ce courage calme et patient de l'homme de mer, et cette confiance mutuelle qui honore la marine française à tous les degrés de la hiérarchie.

» C'est mon devoir et c'est mon bonheur de vous en remercier. Ce que vous avez fait me répond de ce que vous ferez dans la nouvelle phase de notre campagne.

» Les flottes russes, dans leurs propres mers, paraissent décidées à ne pas accepter le combat offert par les troupes alliées. Devant Cronstadt, notre rôle allait se réduire à un blocus de cinq cents lieues de côtes.

» L'Empereur n'a pas voulu qu'il en fût ainsi : Sa Majesté a choisi et désigné un but important à nos efforts et à nos canons; je suis heureux de vous l'annoncer.

» Le brave général Baraguey-d'Hilliers arrive à la tête de dix mille hommes de nos vaillantes troupes.

» L'Empereur envoie ses aigles rejoindre nos vaisseaux pour montrer aux régions du Nord ce que peut la puissante volonté de la France armée pour une noble cause : le droit du plus faible et la liberté de l'Europe.

» La marine et l'armée sont depuis longtemps accoutumées à s'appuyer l'une sur l'autre, n'ayant d'autre rivalité que celle de bien faire.

» Qu'ils soient donc les bienvenus nos frères de l'armée : notre concours loyal et entier les attend, et bientôt, devant l'ennemi comme toujours, nous serons dans une même pensée, la gloire de la France, dans un même cri : Vive l'Empereur !

» *Le vice-amiral sénateur commandant en chef l'escadre de la Baltique,*

» PARSEVAL. »

Le 31, le général Baraguey-d'Hilliers mouille dans la baie de Ledsund, dont les amiraux Parseval-Deschênes et Plumridge lui font les honneurs. Le lendemain, sir Charles Napier, qu'une indisposition a empêché la veille, vient à bord de *la Reine-Hortense*. Un conseil, composé du général Baraguey-d'Hilliers, de l'amiral Napier et de l'amiral Parseval-Deschênes, décide, séance tenante, l'investissement à bref délai de la citadelle de Bomarsund, après quoi les trois commandants en chef des forces de terre et de mer poussent, sur *le Darien*, une reconnaissance de la place.

A la suite de cette excursion, sir Charles Napier retient ses collègues à dîner et leur offre le divertissement d'un spectacle d'amateurs. Les matelots de son équipage jouent successivement *Charles II ou le Joyeux Monarque*, et *les Jeux de la Fortune*. Improvisé comme leur théâtre, le talent des acteurs laisse à désirer, mais la bizarrerie des accoutrements, l'étrange aspect de John Bull déguisé en lady, les grotesques saillies de ces comédiens de hasard et les sympathiques trépignements de l'auditoire composent en somme une curieuse et amusante récréation.

Le 3 août, les chaloupes conduisent à terre les troupes expéditionnaires pour les reposer des ennuis de leur séjour à bord, et les ramènent après une promenade de trois heures. Durant cette excursion, le capitaine Sullivan, du *Lightning*, entre dans une ferme de l'île et demande à acheter des provisions. Le paysan s'excuse sur la défense qui leur est faite de recevoir des monnaies étrangères, ajoutant qu'au surplus les anglais ont pour eux la force et qu'ils peuvent prendre ce que, lui, n'a point droit de leur vendre. On en est là de l'entretien lorsque accourt un commissaire russe, qui, vociférant et menaçant, cherche à repousser chez lui le maître de la ferme. Craignant pour ce malheureux des violences ultérieures, le capitaine Sullivan fait un signe à ses matelots, et, en un clin d'œil, le brutal fonctionnaire est transporté dans la chaloupe et de là sur *le Wellington*, où on le garde prisonnier.

La présence de nos forces navales dans la baie de Ledsund, à l'extrémité sud de l'île d'Aland, ne permettait point de cacher à l'ennemi le but qu'on se proposait, mais, par contre, elle offrait l'avantage d'intercepter toute communication entre Aland et Abo et de priver la place de tous secours du côté de la Finlande. Le 6 et le 7 août, chacun des navires remonte dans la baie de Lumpar, au nord de laquelle est située la forteresse de Bomarsund. Pour détourner l'attention des russes, le général en chef a désigné trois points de débarquement, l'un au nord, à la hauteur de Halta, l'autre sur le versant oriental de la montagne, au sud de la baie de Tranvick, le dernier au sud-ouest de la même montagne.

Le général Niel, accompagné de cinq soldats, débarque le 7, et rampant sous les broussailles, se glissant entre les rochers, va reconnaître la position et étudier les passages par lesquels nos troupes pourront arriver à l'abri des feux de la place, ceux qui permettront le traînage de l'artillerie, et enfin les points favorables à l'établissement des batteries. Après un examen sérieux et prolongé, le général Niel conclut que la tour du sud, dominant le pays environnant et la citadelle elle-même, doit être attaquée la première. Le lieutenant-colonel Rochebouët, commandant l'artillerie, et le brigadier général S. Harry Jones, commandant le génie sur la flotte anglaise, se rangent à cet avis, qui est finalement adopté par le général en chef.

En conséquence, il est arrêté qu'à cinq cent cinquante mètres on placera une première batterie de quatre pièces de 16 et de quatre mortiers : sa destination est d'abattre la toiture en zinc percée de lucarnes par lesquelles les tirailleurs finlandais, armés de carabines à tiges, peuvent plonger au loin dans la campagne, d'égueuler les embrasures des deux étages casematés, et de tâter le granit du parement extérieur. Une seconde batterie de pièces de 32 de la marine anglaise, placée à trois cents mètres, essayera d'ouvrir la tour, tandis que, concourant au même but, quatre pièces de 30 de la marine française, établies à cent trente mètres, battront le revêtement.

L'amiral Parseval-Deschênes procède avec une louable activité, dans des conditions exceptionnelles de navigation, au remorquage des transports et au transbordement du matériel, des approvisionnements et des troupes.

Le 8 août, à trois heures du matin, le débarquement des soldats s'effectue aux trois points choisis par le général en chef, sous la protection toute prévoyante du *Duperré* et de *l'Édimburgh.*

Le général Harry Jones, avec neuf cents hommes de troupes anglaises et deux mille cinq cents hommes d'infanterie de marine française, prend terre à la hauteur de Halta, et se dirige sur Bomarsund, en occupant avec son détachement la langue de terre, entre Siby et la mer, de façon à assurer ses derrières et à fermer toute issue à ceux qui voudraient sortir de la place.

Le 12e bataillon de chasseurs de Vincennes, soutenu par le 2e régiment d'infanterie légère, s'empare des hauteurs au nord et au sud de Tranvick, et garde le point d'intersection des routes qui, de ce village, vont rejoindre la voie postale de Castelhom à Bomarsund; il est rallié à cet embranchement par le 3e et le 48e régiments de ligne. Ce dernier doit occuper définitivement les points conquis par le 12e bataillon de chasseurs et destinés à servir de camp retranché pour le débarquement de tout le personnel et du matériel de l'artillerie, du génie et de l'administration. Le 61e régiment de ligne mis à terre au sud-ouest de la montagne de Tranvick, se porte rapidement sur la route postale en avant de Castelhom.

Tous ces mouvements s'exécutent sans que nos soldats aient à brûler une cartouche, mais en revanche le trajet est pénible, tant à cause des difficultés naturelles du terrain que de la destruction, par les russes, de tous les ponceaux et des nombreux abatis jetés par eux en travers des routes. Enfin, on rend praticable à l'artillerie le chemin de Tranvick à Noza-Fimby, et les divers corps, se resserrant, complètent l'investissement de la place, en entrant en communication, près du lac de Perness, avec le détachement du général Harry Jones. Des batteries et des redoutes préparées par l'ennemi sont frappées d'impuissance par le feu de notre marine, qui contraint leurs défenseurs de les abandonner et de rentrer dans la citadelle.

Sur l'invitation du général Baraguey-d'Hilliers, les escadres réunies établissent un débarcadère plus rapproché du camp que la plage de Tranvick ; le 48e régiment de ligne est chargé de le défendre.

Dès le lendemain de l'investissement, le génie commence à fabriquer des fascines et des gabions, tandis que le général Niel, le lieutenant-colonel d'artillerie de Rocheboüet et le brigadier général Harry Jones reconnaissent, sous une grêle de balles et de mitraille, l'emplacement des premières batteries. Le travail offre de graves obstacles : on ne peut cheminer qu'au moyen de sacs à terre remplis au loin, et les pièces doivent être amenées sur des traîneaux à force de bras ; mais avec nos braves soldats, on le sait, ce qui n'est qu'impossible se fait toujours.

Dans la journée du 10, beaucoup de boulets et d'obus pleuvent sur nos avant-postes occupés par le colonel Ducrot, et le 3e régiment de ligne ; heureusement, ces projectiles sont perdus pour la plupart. Dans la nuit du 11 au 12, les sapeurs construisent le masque de la batterie n° 1 du plan du général Niel, et l'artillerie, désormais à couvert du feu de la place, travaille tout le jour à cette batterie qui consomme quinze mille sacs de terre et où les pièces sont à étages ou plutôt à ressauts. Une gabionnade en sacs de terre avec une communication en arrière relie les batteries ; en outre, un épaulement à deux cent cinquante mètres de là permet d'y embusquer des chasseurs à pied, de soutenir d'autres établissements projetés plus près de la tour de Tzée ou du sud, et de relier la gauche des troupes à un escarpement en rochers derrière lequel les soldats seront à l'abri et qui servira de parallèle. Pour connaître l'effet du canon sur le granit dans des conditions à peu près les plus favorables, la batterie n° 3, armée de six pièces de 30 et à laquelle on communique par un sentier que des branches de sapin dérobent, non aux coups, mais à la vue de l'ennemi, est établie à cent quarante mètres de la tour.

Cette ouverture de la tranchée nous coûte douze hommes tués ou blessés. Au nombre des premiers, on compte le lieutenant Nolfe du 12e bataillon de chasseurs à pied.

Le 13, à quatre heures et demie du matin, la batterie n° 1, de quatre pièces de 16 et de quatre mortiers, commence son feu ; d'abord et jusqu'à midi les russes font des coups d'embrasures très-heureux; ils touchent et détériorent trois de nos pièces; mais à partir de midi, la batterie, parfaitement servie, prend une grande supériorité. Les boulets, s'ils se brisent contre le granit, ébranlent les blocs du parement et déterminent des fissures aux angles des embrasures. Les bombes qui pleuvent sur la toiture paraissent inquiéter vivement les assiégés, et, sentant que la tour ne résistera pas à leur action, nos tirailleurs redoublent d'efforts, lorsqu'à cinq heures du soir, l'ennemi cesse son feu et hisse le pavillon blanc. Le commandant demande une suspension de deux heures pour prendre les ordres du gouverneur; le général Niel accorde une heure et envoie son rapport au général Baraguey-d'Hilliers.

— Une heure! s'écrie ce dernier, c'est cinquante-neuf minutes de trop. A l'ouvrage, tout de suite! nous ne voulons pas autre chose qu'une capitulation sans conditions.

La trêve expirée, le feu reprend de part et d'autre; les chasseurs de Vincennes tirent avec tant de précision, que l'ennemi ne peut arriver à servir ses pièces. La nuit venue, le génie français organise la batterie n° 3; de son côté, le général Jones a terminé la sienne, (le n° 2), si bien qu'au crépuscule, à une heure du matin, les assiégés aperçoivent ces nouveaux ouvrages, et, découragés, ne répondent plus aux provocations de notre artillerie. Alors, deux officiers français, M. Gigot, sous-lieutenant au 12e bataillon de chasseurs à pied, et M. Gibon, sous-lieutenant de voltigeurs au 51e régiment de ligne, suivis d'hommes déterminés, escaladent le revêtement et pénètrent dans l'ouvrage. Le colonel russe, commandant la tour, en voulant repousser cette attaque imprévue, est atteint de deux coups de baïonnette, et deux officiers et trente soldats, seul reste de la garnison qui venait d'évacuer la tour, sont amenés prisonniers au quartier-général. La plupart de ces hommes semblent abrutis par l'ivresse. En passant devant la batterie anglaise, le colonel s'écrie:

— O Angleterre, Angleterre! nous ne nous attendions pas à cela de votre part.

Un témoin oculaire nous raconte un beau trait du sapeur Maire, du 12e bataillon de chasseurs. L'un des premiers, à la suite du sous-lieutenant Gigot, il voit l'épée du commandant russe menacer la poitrine de cet officier, et s'élance au-devant du coup ; comme un peu plus tard son chef lui reproche affectueusement de s'être ainsi exposé :

— Lieutenant, répond Maire, vous étiez notre chef, et mieux vaut perdre un doigt que la tête.

L'occupation de la tour de Tzée n'est pas sans péril pour nos troupes, bien que les rendant maîtresses de presque toutes les positions qui dominent la place ; à nos bombes ont succédé celles des russes, et les maçonneries des voûtes menacent de s'écrouler en plusieurs endroits. D'ailleurs la tour de Nortich (ou du nord) prend des revers dangereux pour nous sur les terrains où les batteries contre la gorge de la forteresse devront être établies ; aussi décide-t-on de tourner contre elle la batterie anglaise demeurée sans emploi par suite de la prise de la tour du Sud.

Le 14, on transfère tous nos moyens d'attaque, bouches à feu et sacs à terre, derrière des rochers et une grande caserne en construction qui protégent les travailleurs contre les feux de la place. A la nuit, un cheminement de cent mètres est construit, et vient aboutir à un pli de terrain d'où l'on peut approcher la citadelle jusqu'à environ quatre cents mètres sans être vu. Pendant que le général Niel reconnaît l'emplacement de la batterie de brèche, l'artillerie installe sur un point abrité quatre mortiers et deux obusiers de 22 centimètres.

Le 15, à huit heures du matin, la batterie du général Jones, servie par des matelots et des soldats de marine de *l'Edimburg*, du *Hogue*, de *l'Ajax* et du *Blenheim*, sous le commandement du capitaine Ramsay, du commander Prudy, du lieutenant Somerset et d'autres officiers, ouvre son feu. Pour armer cette batterie, établie au sommet de la montagne, il a fallu qu'un fort détachement d'artillerie royale et de marins, sous la direction du capitaine Sturlett, transporte six canons de 32 à une distance de quatre milles et demi.

Bien qu'à sept cent cinquante mètres de l'ouvrage attaqué, les pièces sont servies avec une telle précision qu'une brèche se manifeste entre deux embrasures, et qu'à trois heures de l'après-midi l'intérieur de la tour est à découvert. Les assiégés arborent le pavillon blanc dans la soirée; sir Georges Ord, major de brigade du général Jones, s'empare du fort, et, reconnaissant l'impossibilité de conserver après le point du jour des communications avec les postes avancés, emmène prisonniers trois officiers et cent quinze soldats qui sont immédiatement adressés à l'amiral Napier et de là embarqués sur *le Termagant*.

La garnison se composait d'un lieutenant du génie, d'un capitaine et d'un sous-lieutenant d'infanterie et de cent vingt-neuf canonniers et soldats de ligne; elle avait pour artillerie seize canons de fer de 18 et deux canons de fer de 32.

Les russes comptent dans cette affaire six hommes tués et sept blessés. Les anglais ont deux marins tués et un blessé, entre autres le lieutenant du génie Cameron Wrottesley, atteint grièvement par un boulet qui a frappé le tourillon d'un des canons, et mort vingt minutes après avoir été transporté sur *le Belle-Isle*.

A la même heure où le général Jones a commencé de battre en brèche la tour du Nord, les mortiers et les obusiers du général Niel jettent force projectiles creux dans la place. Celle-ci riposte par une grêle de boulets et de mitraille; mais les rochers abritent notre position, et les chasseurs à pied, bien embusqués et couverts par des sacs de terre, tirent dans les embrasures et dans les lucarnes d'où les tirailleurs finlandais nous envoient des balles très-plongeantes. En outre, du côté des français, deux pièces de campagne (canons de 12 de l'Empereur) canonnent la place, en changeant de position et se retirant après chaque coup.

Depuis le commencement du siége, huit vaisseaux, dont quatre français et quatre anglais, et les vapeurs les plus fortement armés des deux escadres, c'est-à-dire *le Trident*, *le Duperré*, *l'Ajax*, *l'Edimburg*, *l'Asmodée*, *le Phlégéton*, *le Darien*, *l'Arrogant*, *l'Amphion*, *le Valorous*, *le Driver*, *le Bulldog* et *l'Hécla*, se disposent à prendre part à l'attaque de la forteresse, cherchant nuit et jour, sous le feu des tirailleurs russes, la sonde à la main, dans leurs embarcations, les fonds qui en permettront l'approche.

Jugeant le moment opportun, à cette date du 15, et pour opérer une diversion qui soulage les troupes de terre, les amiraux réunis dirigent le feu de leurs plus forts calibres sur les murailles de granit de la citadelle, et ne tardent pas à être agréablement surpris des effets de ce tir à grande portée; pour en donner l'idée, nous ne citerons qu'un exemple : une pièce du *Léopard*, monté par le contre-amiral Chads, fait éclater le granit avec un boulet plein de 120 livres.

« Par une heureuse coïncidence, dit l'amiral Parseval-Deschênes dans son rapport au ministre de la marine et des colonies, nos vaisseaux, pavoisés pour la solennité du 15 août, saluaient la fête de l'Empereur d'une manière inaccoutumée. »

Les canonniers de la flotte tirent aux embrasures à boulets pleins, sur la toiture et dans la cour intérieure à obus : des dégâts se manifestent bientôt à diverses places. Pendant ce temps, le capitaine Pelham, du *Blenheim*, entretient un beau feu avec un canon de dix pouces de diamètre, établi dans une batterie d'où l'ennemi a été délogé quelques jours auparavant. Sa position est dangereuse, mais il a mis en si bon état la batterie que les artilleurs y sont à couvert de la mitraille des assiégés.

La matinée du 15 est signalée par un événement d'importance : les russes s'obstinant à envoyer des bombes sur la tour du Sud, y allument et entretiennent un incendie que tous les efforts sont impuissants à éteindre. Après avoir reconnu qu'il y aurait grand danger à vouloir en retirer les poudres, attendu qu'on écrase partout sous les pieds des cartouches et des gargousses, on fait évacuer la position, et peu de temps après que nos soldats sont sortis, les poudres ayant pris feu, la tour saute et est presque entièrement détruite par l'explosion.

Dans la nuit du 15 au 16 le général Niel installe une première batterie de brèche de quatre pièces de 30, qui ouvre la gorge du fort qu'elle voit jusqu'au pied, à une distance de quatre cents mètres environ, et choisit un peu plus près, à trois cent quatre-vingt mètres, l'emplacement d'une seconde qui sera armée de deux pièces de 30 et des deux obusiers de 22, actuellement à la batterie des mortiers. Par son ordre, les sapeurs et travailleurs d'infanterie élèvent à la hâte le masque de cet ouvrage avec deux rangs de gabions remplis de sacs à terre, après quoi l'artillerie construit le coffre et les plates-formes.

De son côté, l'amiral Parseval-Deschênes, pour achever l'investissement de la citadelle et ôter à l'ennemi sa dernière chance de retraite, fait occuper l'île de Presto par un détachement de cinq cents hommes d'infanterie de marine, cent quatre-vingts soldats de marine anglais, mis à sa disposition par sir Ch. Napier, et quatre compagnies de débarquement des vaisseaux dirigées par le capitaine de frégate Lantheaume, second de *la Zénobie*, sous le commandement supérieur de M. le lieutenant-colonel d'infanterie de marine de Vassoigne. Cette occupation, résolûment conduite, et l'attaque de la tour de Presto, troisième et dernière sentinelle avancée de Bomarsund, produisent dans la garnison une sensation profonde. Bien qu'enveloppée de toutes parts, elle tente un dernier effort et pointe ses canons sur la batterie de brèche, où elle a nos soldats sous les yeux et pour ainsi dire sous la main ; elle nous blesse quatorze hommes en arrière; mais ses boulets, tirés de bas en haut, ne peuvent traverser le parapet. Un de ces projectiles passe à côté du général Baraguey-d'Hilliers qu'accompagne, en qualité d'aide de camp, le capitaine du *Driver*, sir Arthur Cochrane, fils du comte de Dundwald.

La batterie de mortiers et d'obusiers continue son feu sans désemparer, aussi bien que celle du capitaine Pelham, qui, aidée du lieutenant Close et du contre-maître Wildman, cause de notables dommages à la citadelle et s'attire le périlleux honneur d'être prise pour point de mire par la majeure partie des bouches à feu de Bomarsund. Voyant cela, l'amiral Napier ordonne à l'*Edimburg*, à l'*Ajax*, à l'*Arrogant*, à l'*Amphion*, au *Valorous*, au *Sphinx* et au *Driver*, qui se trouvent à portée de leurs canons de dix pouces de diamètre, et aux mortiers français en batterie sur la côte, d'envoyer à l'ennemi une bombe et un boulet toutes les cinq minutes ; les navires obéissent, et, après quelques décharges, la garnison, effrayée des ravages de notre artillerie, hisse le pavillon blanc.

Le colonel Gouyon, chef d'état-major de l'armée de terre, le capitaine de frégate de Surville, aide de camp de l'amiral Parseval-Deschênes, et le capitaine Hall, du *Bulldog*, envoyé par l'amiral Napier, pénètrent dans la place, que le général Bodisco leur rend sans conditions. Le colonel Gouyon appelle alors le colonel Suau du 2me léger, qui est de tranchée avec un bataillon de son régiment, et quelques compagnies du 12e bataillon de chasseurs à pied; mais au moment où ces troupes se présentent aux portes de la citadelle, une scène de tumulte éclate dans les rangs de la garnison; des coups de fusil sont échangés. Les plus exaltés, parmi les russes, veulent faire sauter le fort; il en est même un qui exécuterait ce projet désespéré, sans la bravoure du soldat Bellanger du 6me d'artillerie, qui lui arrache sa torche et le renverse à ses pieds. L'ordre enfin se rétablit; quand les amiraux français et anglais se rencontrent avec le général en chef à Bomarsund, tout y est calme, et la garnison, au nombre d'environ deux mille hommes, défile devant les troupes alliées et se rend au camp des anglais, où elle déjeune, après quoi elle est conduite aux chaloupes, distantes de trois kilomètres, par un fort détachement d'infanterie de marine que commande le capitaine Suger.

Les officiers semblent consternés, principalement le lieutenant-colonel du génie, Alexandre Kranshold, qui a organisé la défense de Bomarsund, et le vieux général Bodisco. Ce dernier, non sans quelque hésitation, demande au général Baraguey-d'Hilliers de certifier qu'il a fait son devoir:

— Assurément, général, répond l'interpellé; je rends hommage à la bravoure avec laquelle vous vous êtes défendu, à la prudence dont vous avez donné la preuve en ne prolongeant pas une lutte inutile; et pour gage de ma haute estime, je vous prie de reprendre cette épée que nulle main n'aurait tenue plus dignement que la vôtre.

Envoyé à bord de *l'Inflexible*, le gouverneur de Bomarsund y est reçu avec les honneurs militaires dus à son grade par l'amiral Napier en personne, qui lui tend la main et lui témoigne la considération méritée par son âge, sa bravoure et ses malheurs.

Outre les deux mille prisonniers dont nous venons de parler, la citadelle renferme environ quatre cents blessés; on y trouve dans les tours quarante-six pièces en batterie, et dans le réduit cent trente-neuf bouches à feu, y compris quatre pièces de campagne, prêtes à être attelées, et trois mortiers, plus un grand approvisionnement de poudre, de projectiles, d'armes, d'outils, etc.

Les prisonniers, embarqués sur des steamers, sont envoyés au commodore Grey, dans la baie de Ledsund; puis, tandis que les chefs rédigent leurs rapports officiels, nos soldats, au lieu de jouir d'un repos dont ils ont si grand besoin, parcourent en tous sens les ouvrages de la citadelle, et regardent avec une enfantine curiosité les marques nombreuses de leur adresse et de leur intrépidité. Bien que l'aspect intérieur prouve l'excellence du tir des navires, les murs ne sont pas endommagés au point qu'avec une garnison si forte, sans une brèche et dans un fort casematé, le gouverneur fût forcé de se rendre; mais, après la prise des deux forts avancés, avec une batterie de brèche élevée devant lui et prête à jouer, sans aucune espérance de secours, il n'aurait fait, en résistant plus longtemps, que prolonger en pure perte l'effusion du sang. D'ailleurs, des ordres formels de l'empereur de Russie, révélés par les officiers, entravaient la défense au point de l'annihiler.

En effet, il était interdit, même au cas d'un péril imminent, de toucher aux fondements des fortifications.

C'est le religieux respect qu'on a eu pour cet ordre de ne pas découvrir les abords de la place qui a permis à nos batteries de brèche de s'établir à l'abri du feu des assiégés.

Au milieu des blessés, nos soldats oublient que naguères encore ils combattaient ces mêmes hommes; ils les consolent et les encouragent avec une sensibilité peut-être un peu bien brutale dans sa forme, mais au fond pleine de cœur.

— Pauvres vieux, murmure un chasseur de Vincennes, le sourcil froncé et en tortillant sa moustache, vous n'êtes pas à la noce! C'est la faute à *la payse*, et il frappe sur le canon de sa carabine Minié. Ah! nom d'un nom! c'est égal; si j'avais su, j'aurais pas visé si juste.

Le soldat français est là tout entier; ardent et brave à l'heure de la lutte; bon et compatissant dans la victoire.

Des divers épisodes individuels qui ont signalé le siége, il en est deux qui honorent la marine anglaise, et nous nous plaisons à les enregistrer:

La Pénélope se trouvant échouée sous le canon de l'ennemi, les marins employés par le contre-amiral Chads au transport des canons de la batterie du général Jones oublient leur fatigue, laissent là leur dîner, courent à leurs embarcations, portent secours à *la Pénélope*, et après cette fatigante récréation, reprennent leur tâche comme si de rien n'était.

Le lieutenant anglais Bytheson, de *l'Arrogant*, et un interprète, déguisés en pêcheurs, vont s'embusquer dans des buissons, au bord de la route de poste. Quatre courriers arrivent; Bytheson et l'interprète, armés de revolvers, leur barrent le chemin et s'emparent de leurs dépêches. Mais ce coup de main n'a pas les conséquences qu'en espéraient ses auteurs, les courriers ne portant ce jour-là aucune dépêche du gouvernement russe.

En résumé, chacun a bravement fait son devoir, soldats de terre et de mer, anglais et français; une part de ce grand résultat revient de droit à la parfaite intelligence qui n'a pas cessé de régner entre les chefs, malgré la différence des nations, malgré la diversité des armes et ce bon accord, ce concours de chacun à la cause commune, ce dévouement de tous pour chacun, ne sont pas les faits les moins remarquables du siége de Bomarsund.

Le 10 août, une proclamation du czar, adressée aux habitants de l'île d'Aland, et lue publiquement dans tous les villages, a accusé les alliés de venir en Finlande avec des intentions de pillage, de carnage et d'incendie. Le vol, le viol et l'assassinat y sont représentés comme la conséquence naturelle du passage des français et des anglais. Aussi les habitants d'Aland, effrayés par ces calomnies, ont-ils fui dans les bois pour éviter les atrocités dont ils se croient menacés; mais, le 27 août, la déclaration suivante, lue dans toutes les églises, et rapidement propagée, a pour effet de ramener dans leurs foyers les pauvres fugitifs :

« Nous, soussignés, les généraux en chef des armées combinées de terre et de mer, permettons, par la présente, aux autorités de ces îles, de continuer à remplir leurs fonctions respectives, et nous comptons qu'elles le feront avec zèle et circonspection. Dans les temps de troubles et de guerre, il est du devoir de tout bon citoyen de se dévouer tout entier au maintien de l'ordre et de la paix. Il ne faut pas que les classes inférieures se laissent égarer en s'imaginant qu'il n'existe ni loi ni ordre, car l'un et l'autre seront maintenus aussi strictement qu'auparavant.

» Depuis les derniers événements qui ont changé l'aspect de ces îles, le blocus a été levé, et le public est informé qu'on peut librement faire le commerce avec la Suède aux mêmes conditions et avantages que ci-devant. Chacun est averti de n'avoir aucune communication avec l'ennemi ou la Finlande, et quiconque sera convaincu de les assister de quelque manière que ce soit, sera puni rigoureusement.

» BARAGUEY-D'HILLIERS.
» CHARLES NAPIER.
» PARSEVAL-DESCHÊNES.
» HARRY JONES. »

On proclame en outre que les personnes et les propriétés seront respectées, qu'on payera toutes les denrées mises en réquisition pour les besoins de l'armée, et les plus incrédules se rassurent. La conduite de nos soldats et de nos marins est, au reste, bien faite pour affermir cette confiance. La garnison a, par ordre du czar, détruit toutes les habitations particulières dans un certain rayon autour de la forteresse, en sorte que nombre de paysans, ruinés par cette mesure, ne trouvent plus que des décombres là où ils avaient laissé leurs modestes héritages. Les charpentiers de nos navires les aident à reconstruire des cabanes, et, en attendant que leurs champs ensemencés puissent les nourrir, chaque escouade prélève sur sa gamelle *la part à Dieu*, qui est consacrée aux plus nécessiteux. Les chefs, de leur côté, viennent en aide à cette bienfaisance du soldat, et répartissent aux vieillards, aux femmes et aux enfants, la farine, l'orge et les autres provisions abandonnées par la garnison dans les magasins de la citadelle.

Divers faits intéressants signalent nos premiers jours d'occupation. Nous empruntons le suivant à la correspondance de M. Alfred Launoy, l'un de nos officiers :

« En traversant un bois dévasté, près des ruines fumantes d'une riche maison, nous aperçûmes avec étonnement une jeune fille d'environ seize ans assise au milieu des décombres et versant des larmes de désespoir. Sa figure douce et charmante portait l'empreinte de la souffrance et de la douleur. En nous voyant, elle parut vouloir fuir; mais bientôt, reconnaissant l'uniforme français, elle se rassura.

» Nous approchâmes, et après l'avoir saluée avec respect, nous l'interrogeâmes en français et en anglais. Elle nous répondit dans cette dernière langue et nous fit le récit de ses malheurs.

« Son père, riche propriétaire du pays, faisait de grandes affaires en bois avec un jeune négociant anglais, établi aux environs de Stockholm. Ce jeune homme eut occasion de la connaître dans un voyage en Suède, et la demanda en mariage. Ses propositions furent agréées ; la jeune fille allait voir son bonheur s'accomplir, lorsqu'une lettre de son fiancé tomba entre les mains de la police russe. Cette lettre, toute de tendresse et d'amour, entièrement étrangère à la politique, devint sa perte et celle de sa famille. Son père, déclaré suspect, fut envoyé en exil, et on la renferma elle-même dans une maison de correction.

» Lorsque les français et les anglais s'emparèrent de Bomarsund, elle quitta son indigne prison et se rendit à la maison paternelle, qu'elle trouva en feu. La soldatesque russe, quelque temps avant le siége, avait brûlé, par ordre de l'empereur, les villages et les habitations des alentours, et réduit les habitants à la plus affreuse misère.

» La jeune fille, recueillie par les français, a été l'objet des soins les plus touchants ; un petit vapeur suédois, qui part demain pour Stockholm, la conduira en Suède, où l'attend le jeune négociant anglais qui doit unir son sort au sien. »

La France accueille avec enthousiasme la nouvelle de la prise de Bomarsund ; elle doit récompenser les vainqueurs, et ne se montre pas ingrate !

Par décret impérial du 28 août, le général Baraguey-d'Hilliers est élevé à la dignité de maréchal de France.

Un second décret du même jour nomme dans l'ordre impérial de la Légion d'honneur :

Armée de terre.

—

GRAND-OFFICIER.

NIEL, général du génie.

COMMANDEURS.

GRESY, général de brigade.

D'HUGUES, général de brigade.

OFFICIERS.

Génie.

JOURJEON, lieutenant-colonel.

Intendance.

LECAUCHOIS-FÉRAUD, sous-intendant de 1re classe.

3e régiment de ligne.

DUCROT, colonel.
DE BOISTERTRE, chef de bataillon.

2e régiment d'infanterie légère.

SUAU, colonel.
LACRONIQUE, médecin-major de 1re classe.

48e régiment de ligne.

DEGRAVE, capitaine.

CHEVALIERS.

Aumônerie.

L'abbé MARTIN, aumônier du corps expéditionnaire.

État-major.

DUCROT, capitaine.
DE JOUFFROY, capitaine.

3e régiment d'artillerie.

VASSE, capitaine en second.
LÉOPOLD, lieutenant en premier.
PEUGNIEZ, garde de 2e classe.
BELLANGER, artilleur.

1er régiment de génie.

MONTIAGE, capitaine en premier.
ALQUIER, capitaine en second.
BOISVIEUX, garde du génie de 1re classe.

12e bataillon de chasseurs à pied.

DE LABATTUT, capitaine.
MARAIS, id.
MOCHAIN, lieutenant.
GIGOT, sous-lieutenant.
MAIRE, sapeur.

3e régiment de ligne.

ROUX, capitaine.
BÈCHE, id.
JEANSON, id.
GAILLARD, soldat.

48e régiment de ligne.

GRUNDLER, capitaine.
BERTRAND, id.
GRANDERYE, id.
GRANIER, lieutenant.
MARIE, soldat.

51e régiment de ligne.

JOANNÈS, capitaine.
FRITSCHLER, id.
EVO, lieutenant.
ARMAND, caporal.

2e régiment d'infanterie légère.

DELMONT, capitaine.
CHARLES, id.
CASANOVA, lieutenant.
RICAULT, soldat.

Détachement de gendarmerie.

DEVAUGE, maréchal des logis.

Service de santé.

SIMON, pharmacien aide-major.
CAPURAN, adjudant d'administration.

Subsistances.

BLOCH, officier-comptable.

Un décret du même jour confère la médaille militaire aux sous-officiers et soldats dont les noms suivent :

1er régiment d'artillerie.

OUSSET, maréchal des logis.
BLANC, id.

1er régiment de génie.

IMBERT, caporal.
ROQUEL, sapeur.
LEJUIF, id.

12e bataillon de chasseurs à pied.

CAUTERELLE, sergent-major.
BABOI, sergent.
JEANTIEN, id.
ROCHE, id.
PATRY, id.
DELATTRE, caporal.

SURMONT, chasseur.
POTIER, id.
REVOL, id.
BENTZ, id.
BERNER, id.
SUREMAN, id.
KRAMP, id.
JACQUES, id.
LAURENT, id.
FOURNIER, id.
PRIOLAUD, id.

3e régiment de ligne.

GHYS, sapeur.
GILBERT, soldat.
GUILLOT, id.
WOLF, id.
DAMON, id.

48e régiment de ligne.

BOUVIER, sergent.
MUYARD, id.
COLONNA, id.
BARBE, sergent.
EVRAIN, id.

51e régiment de ligne.

CHABRE, sergent.
LECOAT, caporal.
MORIN, soldat.
CORDELIER, id.
MELLON, soldat musicien.

2e régiment d'infanterie légère.

DREVILLE, sergent-major.
CHENEAUX, caporal.
COURTENT, soldat.

7e compagnie des ouvriers d'administration.

TOUZEAU, caporal.

Service de santé.

GODOT, infirmier-major, sergent.
BERNARD, infirmier.

Un décret du même jour nomme dans l'ordre impérial de la Légion d'honneur :

Armée de mer.

GRAND'-CROIX.

PARSEVAL-DESCHÊNES, vice-amiral, commandant en chef l'escadre de la Baltique.

COMMANDEUR.

MAUSSION DE CANDÉ, capitaine de vaisseau.

OFFICIERS.

PIRONNEAU, capitaine de vaisseau.
PRUDHOMME DE BORRE, id.
DIDELOT, id.
DE SURVILLE, capitaine de frégate.
FOUET, id.

1er régiment d'infanterie de marine.

AVEZAC-LAVIGNE, chef de bataillon.
DOISNEL, capitaine.

CHEVALIERS.

Aumônerie.

L'abbé CARON, aumônier supérieur de l'escadre.

Commissariat.

DE KERMADEC, sous-commissaire.

1er régiment d'infanterie de ligne.

ANDRÉ, capitaine.
BAILLOU, soldat.

2e régiment d'infanterie de marine.

THIERRY, capitaine.
HARIVEL, id.
RUILLIER, id.
GARNIER, lieutenant.
LEPORTIER, soldat.

Sur les bâtiments de l'escadre.

DEFLOTTE, lieutenant de vaisseau.

ALLIX, lieutenant de vaisseau.
BOUYER, id.
PERRON, id.
DE VAUGUYON, id.
LE LOARER, id.
DUBRAT, enseigne de vaisseau.
CAUBET, id.
LESTIC, id.

Timonerie.

TUGDUAL, maître.

Charpenterie.

GUÉVEL, maître.

Manœuvriers.

BRONDEL, 1er maître.

Service de santé.

CHÉRON, chirurgien de 1re classe.
GRAS, id.

Un décret du même jour confère la médaille militaire aux marins, sous-officiers et soldats de marine dont les noms suivent :

Équipages.

DARRAS, sergent d'armes.
JOSEPH, matelot.
BERGOT, id.
MILON, id.

Canonnerie.

QUINQUIS, quartier-maître.
DECAMPS, id.
LEBRUN, id.
BELLER, 1er maître.
MONNIER, 2e maître.
AUGIER, id.
DROALIN, id.

Timonerie.

LEGUEN, 2e maître.
MEUNIER, id.

Manœuvriers.

TROISJOURS, quartier-maître.
MAHOT, id.
MIGNON, id.
SAGE, 2e maître
LAVENANT, 2e maître

Voilure.

ROUSSEAU, 1er maître.
MOUISSE, 2e maître.

Charpenterie.

MESNAGE, 1er maître.
PRÉGENT, 2e maître.
ROUGEOT, 1er maître.
ANDRIEU, id.

Calfat.

TAULANNE, 1er maître.

Mécaniciens.

RIPOTEAU, 1er maître.

Service de santé.

MAZE, infirmier.

Régiment d'artillerie de marine.

PEUGEL, sergent.
JACQUENOD, caporal.
DEL, id.
PFINSTAG, canonnier.

1er régiment d'infanterie de marine.

SAINT-MARC, sergent-major.
RACCORD, id.
BOULET, sergent.
COUTY, id.
ECHASSON, caporal.
SCHAECK, sapeur.
DOLAS, canonnier.
ROULOT, id.
GÉRÔME, id.

2e régiment d'infanterie de marine.

JOUSSELIN, sergent.
MORISOT, id.
LECH, sapeur.
OCHET, id.

Enfin, un dernier décret du même jour publie les promotions suivantes :

Artillerie de marine.

Lieutenant-colonel.

Fribaut, chef de bataillon, commandant l'artillerie dans la Baltique.

Chef de bataillon.

Régnaut, capitaine.

Capitaine.

De Dompierre, lieutenant.

Malgré les rapports envoyés par l'amiral Napier et les généraux Niel et Harry Jones à leurs gouvernements respectifs sur la possibilité de garder la citadelle de Bomarsund dans l'état où elle se trouve actuellement, la France et l'Angleterre arrêtent d'un commun accord la destruction de tous les ouvrages de défense de l'archipel d'Aland et l'évacuation de Bomarsund. L'ordre en arrive au corps expéditionnaire le 28 août; immédiatement, le général Niel et le lieutenant-colonel Jourjeon mettent à l'œuvre les soldats du génie; ceux-ci commencent les travaux par Presto, et la tour de cette île, sentinelle avancée de la citadelle, la seule des trois qui ait résisté à l'attaque des 14, 15 et 16, s'écroule le 31 août aux acclamations des flottes et des troupes de terre.

En Orient, les faits marchent moins vite.

A la nouvelle de la levée du siége de Silistrie, le maréchal de Saint Arnaud presse la concentration des troupes à Varna. Les amiraux Hamelin et Bruat lui prêtent un concours actif et dévoué; grâce à eux, neuf mille hommes sont débarqués en un jour, parmi lesquels le corps du général Forey, arrivant de Grèce. Les 1re, 2e et 4e divisions sont ainsi au complet; la 2e division, sous les ordres du général Bosquet, arrivera le 8, précédée, à deux jours de distance, par l'artillerie, et les brigades de cavalerie des généraux d'Allonville et Cassaignolle.

Pour remercier la marine impériale, le maréchal publie cet ordre du jour :

« Varna, 1er juillet 1854.

» Soldats,

» Pour vous rapprocher de l'ennemi, vous venez de mettre en quelques jours cent lieues de plus entre la France et vous. Depuis que vous l'avez quittée, votre activité, votre énergie, ont été à la hauteur des difficultés qu'il fallait vaincre; mais vous ne les auriez pas dominées sans le concours dévoué que vous a offert la marine impériale.

» Les amiraux, les officiers, les marins de nos ports et de nos flottes se sont voués à la pénible mission de transporter vos colonnes à travers les mers. Vous les avez vus livrés aux plus durs travaux pour réaliser des opérations d'embarquement et de débarquement souvent répétées, et nous pouvons dire qu'ils se sont disputé l'honneur de hâter la marche de nos aigles.

» Témoin de cette loyale confraternité des deux armées, je saisis avec bonheur l'occasion qui s'offre à moi de lui rendre hommage ; et j'irai demain porter solennellement aux flottes des amiraux Hamelin et Bruat des remercîments auxquels j'ai voulu associer chacun de vous et qui s'adresseront à la marine impériale tout entière.

» *Le maréchal de France, commandant en chef l'armée d'Orient,*
» DE SAINT-ARNAUD. »

Comme l'annonce la proclamation, le généralissime se rend, le lendemain, à bord du vaisseau amiral avec tout son état-major, et exprime en personne sa gratitude aux commandants des escadres de la mer Noire et de l'Océan. Cette visite, à laquelle la flotte s'est préparée avec une propreté minutieuse, coquetterie des ménagères de Frise et de toutes les marines de l'Europe, est saluée par les joyeuses acclamations de nos matelots rangés en ligne sur les bâtiments pavoisés.

Varna, où se trouve à cette heure le quartier général des armées alliées, est une ville bulgare, à mi-chemin des bouches du Danube et de Constantinople ; elle s'élève à l'extrémité d'une vallée resserrée entre les contre-forts des Balkans, qui, en se prolongeant dans la mer Noire, forment la baie de Varna. Le plateau qu'occupent les troupes anglo-françaises, borné au nord par les Balkans, au sud par les remparts de la ville, est protégé au levant et au couchant par quatre forts détachés ; fortement ondulé, le terrain y disparaît sous des vergers, des vignes, des bouquets d'ormes et de frênes, au milieu desquels se détachent, par groupes ou capricieusement isolées, les tentes de nos soldats.

L'intelligence la plus cordiale règne entre les français et les anglais, qui sont les uns pour les autres un objet de spectacle et s'étudient curieusement. Ce n'est pas seulement la différence des uniformes, dont quelques-uns étranges, — chez les premiers celui des zouaves, chez les seconds celui des highlanders, — qui provoque leur mutuelle attention, c'est encore et surtout l'allure et le mouvement particuliers à chacun.

La marche militaire d'un peuple ne ressemble jamais à celle d'un autre : le français laisse pendre ses bras à droite et à gauche, et les agite pour favoriser l'action du corps, avançant le bras droit avec la jambe gauche et *vice versa*; l'autrichien se balance avec des airs déhanchés en exagérant l'allure française; le prussien, substituant au mouvement naturel un mouvement étudié, a pris l'habitude de l'amble comme la girafe, et avance toujours le bras et la jambe du même côté; le russe balance ses bras en avant du corps par un mouvement de droite à gauche, assez semblable au geste que l'on ferait pour engager un tambour à battre sa caisse; l'anglais, raide, tout d'une pièce, marche d'un pas automatique et sans remuer ses bras, qui retombent verticalement sur les hanches.

La désinvolture aisée, les brusques façons de nos soldats causent donc aux troupes de lord Raglan un ébahissement égal à celui qu'éprouvent nos *africains* et nos conscrits devant les mouvements anguleux et l'allure compassée des habits rouges et des *sans-culottes* (les highlanders).

« On dirait tous généraux du Gymnase déguisés en *pious* (1), comme le fait gaîment observer un enfant de Paris. »

Au reste, l'aspect de la division anglaise, avec ses beaux et vigoureux soldats, ses uniformes éclatants, est superbe. Ses manœuvres sont plus lentes que les nôtres, mais l'exécution n'en est pas moins parfaite, et, somme toute, le tempérament flegmatique de nos alliés offre cela de bon, que, s'il ne les précipite pas en avant, il les empêche de reculer, comme l'atteste, sur le champ de bataille de Waterloo, le pli de terrain qui recouvre deux régiments d'écossais tués jusqu'au dernier homme, sauf un tambour, sur la ligne même que Wellington leur avait tracée avec son épée, en leur défendant de s'en écarter.

Cette entente des deux peuples se manifeste par des galanteries à l'adresse de leurs chefs respectifs; si lord Raglan vient au camp français, nos musiques exécutent spontanément le *God save the Queen* ou le *Rule Britannia;* si le maréchal Saint-Arnaud passe devant les tentes anglaises, nos airs nationaux frappent ses oreilles; elle se traduit encore

(1) Abréviation du terme argotique de *pioupiou*, pour désigner un simple soldat.

par le libre échange des produits particuliers à chaque pays: nos africains révèlent aux enfants de la Tamise les mystères de l'absinthe, en apprennent la recette du grog au genièvre, et quelle que soit la liqueur, fraternisent avec eux le verre à la main.

Dans ce campement de Varna, hâtons-nous de le dire, nos soldats sont aussi bien que possible ; ils couchent sous des tentes ; chaque homme est muni d'une ceinture de flanelle, et reçoit du pain frais, de bonne viande, du café matin et soir. En outre, toute corvée est récompensée par une ration de vin.

Omer-Pacha arrive le 4 à Varna, et le 5 il assiste à une revue des 1re, 3e et 5e divisions au camp de Franka. Le maréchal lui en fait les honneurs, accompagné de lord Raglan, des amiraux Hamelin, Dundas, Lyons et des officiers des deux flottes.

La ligne de bataille s'étend par bataillons en masse le long du plateau; sur le versant de la montagne, en face de la rade de Varna, la cavalerie et l'artillerie forment deux lignes. Le muchir admire la magnifique tenue de nos troupes, qui, de leur côté, remarquent le contraste choquant que présente le somptueux costume du pacha, étincelant d'or, constellé de pierreries, en regard de l'équipement délabré des lanciers dont il est accompagné.

Après la revue, nos soldats accostent ces derniers et s'enquièrent de la façon dont ils sont traités.

— Vous donne-t-on des vivres? demandent-ils.

— Oui, nous en recevons.

— Êtes-vous contents?

— Nous le sommes.

— De quelle nature sont ces vivres?

— Du pain.

— Et après.....?

— Rien que du pain; le sultan ne peut faire davantage.

— Avez-vous une solde?

— Assurément.

— Quelle est-elle?

— Vingt-huit piastres (5 fr. 60 c.) par mois.

— Vous la touchez régulièrement?

— Nous n'avons rien reçu depuis neuf mois, le sultan ne peut nous payer.

— Et vous ne murmurez pas?

— Contre qui? le sultan est plus malheureux que nous.

La grandiose simplicité de ce désintéressement si voisin de l'héroïsme impressionne nos troupiers, au nombre desquels se trouve cependant plus d'un des braves ouvriers qui, en 1848, mettaient trois mois de misère au service de la république, et leur émotion se traduit par diverses réflexions que celle-ci résume toutes :

—Qu'est-ce qu'on nous disait donc des turcs? mais, nom d'un nom ! ce sont des hommes, — et *des bons*.

C'est le maréchal qui a invité Omer-Pacha à se rendre à Varna pour se concerter avec lui et lord Raglan sur les mesures à prendre.

L'Autriche persiste dans ses hésitations. Les russes ont cent dix mille hommes : quarante mille avec Liprandi, trente-six mille avec Gortschakoff, trente-quatre mille avec Baumgartner, Danneberg, Sawonioroff et Chruleff. Les armées alliées sont séparées du Danube par une contrée où les russes n'ont laissé que ruine et dévastation. Faut-il, loin de nos vaisseaux, s'aventurer à franchir le fleuve, sans une appréciation possible des conséquences de ce mouvement? Après un lucide résumé de la situation présenté par le maréchal, on décide que le corps d'armée d'Omer-Pacha se partagera en trois divisions, à Rustchuck, à Silistrie et à Schumla, et qu'en attendant un mouvement de l'Autriche en Valachie, les troupes alliées resteront sur la défensive.

Précisément, un envoyé autrichien, le lieutenant-colonel Kalick, arrive au quartier-général de Bulgarie avec une lettre du feld-zengmeister, baron de Kess, commandant en chef l'armée autrichienne, annonçant que son gouvernement est disposé à entrer dans la petite Valachie, pour y occuper les positions abandonnées par les russes et prévenir un retour offensif de ces derniers. La dépêche pose à ce sujet la nécessité d'un concert entre les divers généralissimes, avant l'entrée des bataillons autrichiens sur le territoire de la Turquie. Au vague de ces ouvertures, il est fait une réponse pleine de réserve.

Tout en s'occupant de la direction éventuelle de ses opérations futures sur le Danube, le maréchal de Saint-Arnaud étudie les moyens qui lui permettraient de transporter tout ou partie de ses colonnes sur tel point de la côte de la mer Noire qui serait choisi pour être le théâtre d'une action de vigueur. La frégate à vapeur *le Vauban* opère sur ce littoral une reconnaissance détaillée, à laquelle prennent part des officiers spéciaux appartenant aux deux armées et à la flotte. En outre, une commission empruntée aux mêmes corps discute, sous la présidence du maréchal, la question du transport et du débarquement des troupes.

Des instructions du ministre de la guerre qui lui recommandent de rester à Varna, sans descendre vers le Danube, afin que l'armée soit toujours prête à être emportée par la flotte et puisse recevoir le plus rapidement possible ses renforts et ses ravitaillements, a déterminé cette mesure.

Les turcs, d'ailleurs, ne nous attendent pas pour commencer les hostilités sur le fleuve; ils occupent au nombre de quinze mille les environs de Kalarash et de Giurgewo. Le 5 juillet, à quatre heures du matin, deux compagnies débarquent dans l'île Moukan-Oglou, en aval de Giurgewo, et y improvisent une redoute qu'ils arment de quatre pièces de canon. Une escouade de cosaques qui avait la garde de l'île s'est enfuie à leur approche, et la batterie russe de Smurda, sur la rive gauche du Danube, est trop éloignée pour inquiéter leur prise de possession.

Le 7, Hassan-Hakki-Pacha, commandant le corps impérial de Rutschuck, confiant dans un faux rapport qui lui annonce l'évacuation de Giurgewo, envoie à neuf heures du matin dans l'île de Kama, située au pied de Rutschuck, deux cents hommes sous les ordres de Beïram-Pacha et de Béher-Pacha. Cette petite troupe, au débarquement, se trouve en face du 38ᵉ régiment de la dixième division, qui dirige sur elle un feu bien nourri, sans parvenir à lui faire lâcher pied. Neuf bataillons d'infanterie et un bataillon de chasseurs, sous les ordres d'Ali-Pacha et de Méhémet-Marali-Pacha, accourent renforcer les turcs, tandis que les phalanges russes s'augmentent de huit bataillons d'infanterie, de quatre escadrons de hussards, de quatre escadrons de uhlans, et de quatre pièces de campagne, amenés en hâte de Slaposia et de Giurgewo par les généraux Villebois et Seymonoff.

Soutenus par le feu de la forteresse de Rustchuck, les turcs attaquent vigoureusement les russes, qui bientôt les enveloppent; la mêlée devient furieuse, on se bat à l'arme blanche, presque corps à corps, mais après dix heures et demie de cette lutte acharnée, les troupes du czar battent en retraite, détruisent les ponts qui existent sur le Danube et au détroit de Giurgewo, et incendient les embarcations et les établissements militaires du port de cette ville.

Leur perte, dans cette journée, est évaluée à cinq mille hommes, tant tués que blessés; du côté des ottomans, on compte cinq cent sept tués et six cent cinq blessés.

La nouvelle de ce combat est accueillie à Bucharest par une panique générale; le baron de Budberg fait, sur l'heure, empaqueter les archives des divers ministères, et place à la porte de ces administrations un piquet de cosaques, chargés de fouiller, à leur sortie, tous les employés. Cette vexation n'est pas la seule qu'on impose aux valaques, M. de Nesselrode, qui ne les trouve pas assez dévoués à la cause de la Russie, recommande, au nom du czar, une sévérité excessive à M. de Budberg, et celui-ci, conformément à ces instructions, persécute et incarcère ceux des habitants qui lui sont suspects de sympathie pour les turcs,

Le 13 juillet, le cabinet de Saint-James adresse à lord Raglan des instructions sur la ligne d'opérations à suivre; ces instructions interdisent toute lutte sur le Danube, et ordonnent une expédition en Crimée. En voici, d'ailleurs, l'exact résumé dans une dépêche du ministre de la guerre au maréchal Saint-Arnauld:

« Se bien garder d'entrer dans la Dobrutscha et de poursuivre les russes au delà du Danube; réserver toutes les troupes, tous les moyens pour tenter une expédition en Crimée et *faire le siége de Sévastopol;* ne renoncer à cette entreprise capitale qu'après avoir acquis la conviction raisonnée d'une disproportion évidente des forces de la défense avec celles de l'attaque, disproportion qui ne pourrait que s'accroître si l'expédition n'était pas immédiatement effectuée. Un corps ottoman, commandé par des officiers français et anglais, serait chargé de s'emparer de Pérékop et de fermer l'isthme à l'ennemi, ou bien de faire une diversion en Circassie, en s'emparant d'Anapa et de Soukoum-Caléh, les seules positions que la Russie ait gardées sur ces côtes. »

Le 7 juillet, l'Autriche a demandé à la France d'appuyer, par l'envoi d'une division, le corps de troupes qu'elle veut établir dans les principautés, et S. E. M. Drouyn de Lhuys a prévenu S. E. le maréchal Vaillant que l'Angleterre *ne veut pas* compromettre son armée avec les fièvres meurtrières de la Moldavie.

Il est, au reste, temps de se hâter, car une épouvantable maladie, le choléra, décime nos troupes. Le midi de la France, où il exerce ses ravages, l'envoie avec ses renforts de troupes à Malte, d'où il gagne le Pirée et de là Gallipoli; dans les premiers jours de juillet, la chaleur tropicale qui règne à Varna, au point de tarir les fontaines et de dessécher les ruisseaux, détermine des malaises subits et des vomissements, funestes avant-coureurs du fléau asiatique, dont on signale le premier cas le 9 juillet.

A Gallipoli, le 6 juillet, quelques jours après la mort de sa mère, le général duc d'Elchingen vient de passer une revue; il descend de cheval, lorsqu'il sent les premières atteintes de la terrible maladie. Pendant que M. Girard, premier médecin du camp, et le colonel Duhesme s'empressent autour de lui, il dépêche son aide de camp, le capitaine Klenenberg, à l'aumônier de la brigade, le père jésuite Gloriot, qui se hâte d'accourir.

En le voyant entrer, le duc lui tend la main et lui dit :

— Monsieur l'aumônier, je tiens à ce qu'on sache que c'est moi qui vous ai fait appeler : je veux mourir en bon chrétien.

Puis il se confesse, et après avoir reçu l'absolution, croise ses mains sur sa poitrine, offre à Dieu le sacrifice de sa vie, et lui adresse la prière la plus touchante pour sa femme et ses enfants, dont l'aîné, Michel Ney, sous-officier au 7me régiment de dragons, parti la veillle pour Varna, ne pourra recevoir dans un dernier baiser, le dernier soupir de son père.

Sa prière finie, le duc d'Elchingen dit à M. l'abbé Gloriot :

— Revenez dans une heure ou deux, vous m'administrerez l'extrême onction.

A trois heures, l'aumônier revient en effet, et voyant le général assoupi, il le réveille avec ménagement.

— Faites, mon père, murmure le malade, je suis tout à vous.

La pieuse cérémonie achevée, le duc paraît se rendormir; à huit heures l'agonie commence. L'abbé Gloriot récite à son chevet les prières des mourants, entouré de l'état-major qui sanglote silencieusement. Au dernier verset, le général duc d'Elchingen a cessé de vivre.

Michel Ney, rappelé à Gallipoli, reçoit la sainte et douloureuse mission de rapporter en France le cœur paternel, et de préparer sa mère à la perte qui vient de la frapper. Le corps est inhumé à Gallipoli; c'est le général Carbuccia, commandant la brigade de la légion étrangère, qui conduit le deuil; trois jours après, il meurt lui-même victime du choléra.

Cette double perte impressionne vivement l'armée de Gallipoli; les plus rigoureuses mesures de salubrité sont prescrites dans les bivouacs et autour du camp; mais, bien qu'elles soient religieusement observées, la mort continue sa tâche et chacun est agité de funestes pressentiments. Une lettre de l'abbé Gloriot à l'évêque de Beauvais trace ce tableau de la situation :

« Sous l'impression d'épouvante que cause le choléra, les sentiments religieux se raniment dans tous les cœurs; les officiers sont les premiers à recourir à mon ministère, et ils viennent me trouver à toutes les heures du jour et de la nuit. J'entends souvent leur confession en me rendant d'un hôpital à l'autre; d'autres fois, je les rencontre m'attendant sur les escaliers intérieurs de l'hôpital. Je m'appuie sur la rampe; ils se mettent à genoux à mes côtés et reçoivent le pardon de leurs fautes. Quand ils m'aperçoivent dans les rues, ils descendent de cheval, me remercient affectueusement, et ajoutent presque toujours :

— Ah! mon père, si je suis atteint, ne manquez pas de vous rendre au premier appel.

Le service des hôpitaux et des ambulances pour l'armée d'Orient est organisé avec un soin tout particulier et de manière à suppléer à l'insuffisance des ressources locales, sur quelque point que se trouvent nos troupes. Il se compose de :

Douze hôpitaux mobiles pour cinq cents malades chacun.	6,000
Un hôpital de dépôt pour mille malades. . . .	1,000
Un deuxième hôpital de dépôt, au Pirée, pour cinq cents malades.	500
Une réserve de sept cent cinquante fournitures complètes.	750
Ce qui assure le service des hôpitaux pour. . . .	8,250 malades.

Chacun de ces hôpitaux est abondamment pourvu du nécessaire; un seul exemple : l'approvisionnement en linge peut faire face à cent quatre-vingt mille pansements.

Le régime alimentaire des hôpitaux est représenté par neuf millions neuf cent mille kilogrammes de conserves diverses, représentant six cent vingt mille portions de malades.

Le service des médicaments comprend quinze pharmacies complètes, pouvant suffire chacune au service hospitalier de cinq cents malades, soit sept mille cinq cents malades, pendant trois mois. Un dépôt central de pharmacie, installé à Constantinople, détient les réserves nécessaires pour ravitailler, pendant six mois, les quinze pharmacies mobiles.

En outre, le théâtre des opérations a reçu des cantines d'ambulance pour douze mille hommes, indépendamment des quarante-cinq cantines régimentaires, remises aux divers corps, à mesure de leur embarquement.

Le maréchal a réclamé, en faveur de nos pauvres malades, les soins maternels, la sollicitude inquiète et constante des bonnes sœurs de charité, et bientôt cinquante de ces dignes hospitalières débarquent au Pirée, à Gallipoli, à Constantinople, où leurs vertus, leur abnégation, leur dévouement, rappellent aux turcs les traditions de dévouement, d'abnégation et de vertus des pères de la Merci. La supérieure des saintes filles de Vincent de Paul, en envoyant les premières missionnaires, donne l'espoir que ce chiffre de cinquante sera très-prochainement doublé.

Enfin, tandis que le service médical prend ses mesures pour repousser la contagion, l'administration militaire s'efforce, à l'aide d'un bon régime, de la prévenir. La ration réglementaire de viande est portée de deux cent cinquante grammes à trois cent cinquante, et est composée de viande fraîche deux jours sur trois. La ration réglementaire de pain est élevée de sept cent cinquante grammes à mille, et une forte ration de sucre et de café, remplacée de temps en temps par une distribution de vin, est accordée chaque jour au soldat.

Voici le tableau détaillé des rations distribuées à l'armée d'Orient depuis le commencement de la campagne jusqu'à la fin de juillet :

VIVRES-PAIN.

Farine, représentant en blé soixante-seize mille sept cent quintaux-métriques, fournissant. . . .	7,670,000 rations.
Biscuit, trente-cinq mille cinq cent quatre quintaux métriques, fournissant.	4,830,000
Riz, seize mille six cent quintaux métriques, fournissant.	27,740,000
Total.	40,240,000

VIVRES-VIANDE.

Viande sur pied, vingt-six mille quintaux métriques, fournissant	5,200,000 rations.
Bœuf salé, mille cinq cent soixante-dix quintaux métriques, fournissant.	520,000
Lard salé, cinq mille cent trente quintaux métriques, fournissant.	2,140,000
Total.	7,860,000

LIQUIDES.

Vin, cinq mille deux cent soixante-quinze hectolitres, représentant.	2,110,000 rations.
Eaux-de-vie, cinq cent quatre-vingt-onze hectolitres, représentant.	946,000
Café et sucre, deux mille cent quintaux métriques, représentant en rations mixtes.	5,730,000
Total.	8,786,000

Indépendamment des fours permanents, construits sur divers points, vingt-quatre fours de campagne expédiés de France assurent la transformation de la farine en pain.

Et comme rien de ce qui intéresse la santé et le bien-être du soldat n'est omis par l'administration, aux effets réglementaires d'habillement et d'équipement dont chaque homme est pourvu, on ajoute tous les objets que les prévisions d'un hiver rigoureux sur la mer Noire font reconnaître utiles : cravates de laine, ceintures de flanelle, couvertures, etc., etc.

Espérons que tant de précautions ne demeureront pas infructueuses, et que bientôt les affligeants tableaux dont nous venons de retracer le crayon s'effaceront pour ne plus reparaître.

On a lu au début du précédent chapitre l'évasive réponse adressée par M. de Nesselrode au comte Valentin Esterhazy et au baron de Werther, au sujet de leurs communications touchant l'évacuation des provinces danubiennes. Cette réponse ne satisfait pas les puissances occidentales et, le 22 juillet, M. Drouyn de Lhuys adresse à notre ambassadeur à Vienne, M. de Bourqueney, une dépêche où, après avoir rétorqué les sophismes du ministre russe, il expose que : la Russie a abusé de son protectorat sur la Moldavie et la Valachie pour traiter ces provinces à l'égal de ses propres possessions; qu'elle a établi sur la mer Noire un appareil exagéré de forces navales, menace éternelle contre la Sublime Porte; que le commerce de toutes les nations a à souffrir de la possession sans contrôle par elle de la principale embouchure du Danube; que la fausse interprétation du protectorat religieux mentionné au traité de Kaïnaragig est la cause première de la guerre actuelle.

En conséquence, le gouvernement français estime qu'il faudrait, dans l'intérêt de l'Europe :

1° Que le protectorat exercé jusqu'ici par la cour impériale de Russie sur les principautés de Valachie, de Moldavie et de Servie cessât à l'avenir, et que les priviléges accordés par les sultans à ces provinces dépendantes de leur empire fussent, en vertu d'un arrangement conclu avec la Sublime Porte, placés sous la garantie collective des puissances;

2° Que la navigation du Danube, à ses embouchures, fût délivrée de toute entrave et soumise à l'application des principes consacrés par les actes du congrès de Vienne;

3° Que le traité du 13 juillet 1841 fût révisé de concert par les hautes parties contractantes, dans un intérêt d'équilibre européen et dans le sens d'une limitation de la puissance de la Russie dans la mer Noire;

4° Qu'aucune puissance ne revendiquât le droit d'exercer un protectorat officiel sur les sujets de la Sublime Porte, à quelque rite qu'ils appartiennent, mais que la France, l'Autriche, la Grande-Bretagne, la Prusse et la Russie se prêtassent leur mutuel concours pour obtenir de l'initiative du gouvernement ottoman la consécration et l'observance des priviléges religieux des diverses communautés chrétiennes, et mettre à profit, dans l'intérêt réciproque de leurs coreligionnaires, les généreuses intentions manifestées par S. M. le sultan, sans qu'il en résultât aucune atteinte pour la dignité et l'indépendance de sa couronne.

S. E. M. Drouyn de Lhuys conclut en demandant à l'Autriche et à la Prusse l'exécution de la convention du 20 avril. Le même jour, lord Clarendon expédie à l'ambassadeur anglais près la cour autrichienne, le comte de Westmoreland, des instructions identiques. Les deux gouvernements ainsi rappelés à leurs engagements cherchent à traîner en longueur la solution, et protestent près des cabinets de Paris et de Londres du bon vouloir de la Russie. Cependant ils soumettent le traité d'alliance à la diète germanique, et celle-ci y adhère par l'adoption de cette résolution :

« La Diète germanique, considérant que S. M. l'empereur d'Autriche et S. M. le roi de Prusse ont communiqué à la haute Confédération allemande le traité d'alliance offensive et défensive du 20 avril, en l'invitant à y accéder ; prenant en considération et reconnaissant les motifs qui ont porté les deux hautes puissances d'Autriche et de Prusse à conclure ce traité et à le communiquer à l'organe constitué de la Confédération ; se rappelant sa haute mission de protéger les intérêts communs de l'Allemagne contre toute lésion, même en dehors du territoire de la Confédération ; guidée par le vœu de mettre en œuvre l'union, la fidélité et la force allemandes pour le bien de la patrie commune en accédant audit traité, arrête, en se fondant sur l'article 2 de l'acte fédéral et les articles 1, 35 et 47 de l'acte final du Congrès de Vienne :

» 1° La Diète accède, au nom de la Confédération germanique, au traité conclu entre l'Autriche et la Prusse, à l'effet de former une alliance offensive et défensive pour la durée de la guerre qui a éclaté entre la Russie d'une part, la Porte, l'Angleterre et la France de l'autre, traité dont voici la teneur..., ainsi qu'à l'article additionnel de l'article 2 dudit traité dont voici la teneur..., en prenant acte de la présente déclaration et étant convenu que S. M. l'empereur d'Autriche et S. M. le roi de Prusse rempliront les obligations qui leur incombent en vertu de l'article 11 de l'acte fédéral au moyen de toute leur puissance allemande et non allemande.

» 2° Les mesures nécessaires pour l'exécution de la présente résolution formeront l'objet d'une résolution spéciale. La commission nommée dans la séance du 24 mai est chargée de les préparer et de se mettre en rapport dans ce but avec la commission militaire. »

Le czar, irrité d'abord de l'attitude de la Prusse et de l'Autriche, sur la reconnaissance desquelles il avait escompté tout au moins une neutralité absolue, revient bientôt à de plus pacifiques dispositions, et propose, par l'entremise du prince Gortschakoff, d'évacuer les principautés à la condition que les puissances belligérantes n'y entreront pas. Sur l'objection qui lui est faite de l'inadmissibilité de cette clause, il se résigne à une évacuation pure et simple, — qui d'ailleurs a le double avantage de soustraire ses troupes à la pernicieuse influence de contrées insalubres et de les masser derrière le Pruth de façon à surveiller tout à la fois l'Autriche, si elle entre dans les provinces danubiennes, et les armées alliées au cas d'un débarquement en Crimée.

Le 26 juillet, le baron de Budberg adresse cette proclamation aux habitants de la Valachie :

« S. M. l'empereur de toutes les Russies, roi de Pologne et protecteur des principautés de Moldavie et de Valachie, protecteur de tous ceux qui professent la foi grecque orthodoxe, a résolu de faire quitter aux troupes impériales, pour un terme très-court, les contrées insalubres du Danube, pour les retirer dans les terrains plus sains des montagnes.

» L'ennemi a cru, dans son étroitesse de vues, que nous reculions parce que nous avions peur de lui, et a cherché à nous attaquer pendant la marche de nos vaillants soldats. Mais à peine le prince Gortschakoff, commandant en chef, eut-il ordonné à ses troupes de repousser l'ennemi, que celui-ci s'enfuit honteusement, en abandonnant ses armes et ses munitions, que nos troupes emportent avec elles.

» Lorsque la saison sera plus favorable, nous reviendrons à vous en armes pour vous délivrer pour toujours de ces turcs barbares. Notre retraite se fera avec précaution et sans précipitation, afin que l'ennemi ne puisse croire que nous fuyons devant lui. »

Le baron de Budberg publie encore un rescrit impérial, qui confie la gestion des affaires publiques au conseil administratif du pays, et une lettre du prince Gortschakoff au prince Constantin Kantacuzène, président de ce conseil, pour lui rappeler que la Russie a traité avec des soins particuliers les blessés de Sinope, et demander, en faveur des blessés russes que l'armée laisse derrière elle, une équitable réciprocité d'égards et de bons procédés.

Les russes se dirigent par trois routes parallèles vers la petite rivière du Séreth, cherchant à entraîner dans leur retraite les milices valaques qu'ils ont jointes au gros de leur armée; mais celles-ci refusent obstinément. Alors le général Aurep, qui commande l'arrière-garde, les somme de livrer leurs armes; nouveau refus du colonel Vladoïano, des autres officiers, des soldats. Craignant de recourir à la force, dans les conditions où il se trouve, le général Aurep s'avise d'un stratagème, renouvelé de l'enlèvement des sabines par les bandits de Romulus. Il invite les valaques à un banquet d'adieu; ceux-ci, avant que d'entrer dans la salle, mettent leurs fusils en faisceaux, se débarrassent de leurs casques en cuir, de leurs gibernes et de leurs sabres, et s'empressent de faire honneur au festin, avec une partie des russes; pendant ce temps, l'autre partie s'empare des armes et les entasse sur les fourgons qui détalent immédiatement. Quand ce vol leur est connu, les valaques veulent protester: mais les cosaques, n'ayant plus rien à craindre d'hommes désarmés, leur arrachent leurs vêtements et les abandonnent dans un état presque complet de nudité.

C'est le 2 août qu'a commencé la grande retraite et, d'après les ordres du général Osten-Sacken, à la fin du mois l'évacuation doit être absolue et définitive. L'avant-garde part de Fockschany le 4 et passe le Pruth sous les ordres du général Liprandi; artillerie, équipages de pont, matériel et bagages remontent par toutes les routes de la province, tandis que les troupes défilent à travers champs, protégées par le général Luders, qui, de son cantonnement de Galats couvre les flancs de l'armée.

Le choléra, si rapide que soit la marche des russes, va plus vite qu'eux, et les force de convertir vingt et un villages en hôpitaux, entre Oursitchemi et Ohiletschki.

On se rappelle qu'un décret a autorisé l'annexion à l'armée française d'un corps d'irréguliers, sous le titre de *Spahis d'Orient*, et que l'organisation et le commandement en ont été confiés au général Yusuf. Dans l'opinion du maréchal Saint-Arnaud, ces bachi-bouzoucks, derniers représentants des huns d'Attila comme les cosaques russes, en exécration aux populations qu'ils pillent, terreur des contrées qu'ils ravagent, formeront une excellente colonne mobile pour harceler l'ennemi, une fois qu'on les aura assouplis et façonnés au joug de la discipline européenne. S'il est dans l'armée française un homme capable de mener à bien cette tâche ingrate, c'est incontestablement le général Yusuf, l'organisateur des mamelucks algériens, le hardi capitaine des gendarmes maures.

Autorisé par le gouvernement ottoman à choisir, parmi les quatorze mille irréguliers de l'armée turque, quatre mille hommes des mieux montés, le maréchal demande à Omer-Pacha de lui envoyer des bachi-bouzoucks à Varna, où le général Yusuf commence la formation des spahis d'Orient. Le muchir, tout en ne voyant pas d'un bon œil l'incorporation d'une partie de sa cavalerie dans les divisions françaises, défère aux sollicitations de son collègue, et lui adresse plusieurs bandes d'irréguliers, en le prévenant que l'un des principaux chefs, l'agha Bel-Khassim, refuse d'entrer avec sa cavalerie dans le nouveau corps, sous le prétexte que ses conditions avec sa compagnie ne mentionnent pas cet engagement. Le muchir ajoute que le service des bachi-bouzoucks étant tout volontaire et spontané, il ne se croit pas en droit de violenter leurs préjugés ou leurs caprices. En outre, plusieurs chefs, de ceux qui se sont rendus à Varna, s'empressent de retourner à Schumla dès qu'ils connaissent les propositions du généralissime français. Comme le motif de leur antipathie à servir dans nos rangs est le même pour tous, il nous suffira de citer une des protestations expédiées à Omer-Pacha :

« Au serdar Ekrem Omer-Pacha,

» Nous, cavaliers zaptgies de Koniah, du commandement du Kolassy » Jussufaa.

» Vous nous avez ordonné de venir à Varna; nous nous y sommes » rendus, et nous avons fait le service avec les troupes françaises. Le » commandant de ces troupes a voulu nous faire quitter celles de notre » patrie et nous enrôler dans ses rangs. Nos soldats ne consentent pas » à cela. Par cette raison, la troupe s'en est allée à Schumla.

» J'ai voulu déconseiller les soldats, en les suivant jusqu'à Jéni- » bazar, avec mes propos; ils me répondent :

» — Nous sommes prêts à donner nos têtes dans une guerre du » padischah contre ses ennemis. Si nous mourons comme soldats de » notre padischah, nous mourrons comme des martyrs et ayant quelque » mérite devant Dieu; mais en entrant au service étranger et servant » pour de l'argent, nous mourrons comme des mercenaires, en exposant » par là, pour toujours, nos familles à la honte.

» *Signé* dervis ALI, chef des zaptgies. »

Quoi qu'il en soit de ces scrupules mal entendus, le général Yusuf parvient à compléter six régiments d'un effectif de trois mille chevaux. Le maréchal, qui est impatient de juger à l'œuvre les spahis d'Orient, mande leur organisateur le 19 juillet, et lui annonce qu'un rapport du colonel Desaint, envoyé en exploration dans la Dobrutscha, après l'évacuation de Silistrie, estime à dix mille hommes le chiffre des russes restant dans cette province, dont sept mille d'infanterie éparpillés à Matchin, Matihe, Toutcha et Babadagi, et deux régiments de hussards et un millier de cosaques aux environs de Kustendjé; trente-cinq pièces de canon accompagnent ces troupes.

Ce rapport a suggéré au commandant en chef des armées alliées l'idée d'une expédition dans la Dobrutscha, afin de prouver à l'ennemi que les français avancent plus vite encore qu'il ne recule, de satisfaire à la légitime impatience du soldat d'en finir avec la monotone oisiveté de la vie des camps, et principalement de combattre par les distractions de la marche et par le changement d'air l'influence épidémique.

En conséquence, il invite le général Yusuf à se porter avec ses trois mille hommes vers Babadagi, où se trouve le gros des russes; à Kustendjé, il ralliera les quinze cents zouaves du colonel Bourbaki, qui a reçu des ordres en conséquence, et ses mouvements seront appuyés par les trois divisions échelonnées entre les camps, Bajardzick et Baltchick, de manière à répondre au premier de ses appels. Seulement, comme les troupes vont recevoir une nouvelle destination, il importe de se hâter; le temps manque pour établir des dépôts intermédiaires de Varna à Kustendjé, la colonne expéditionnaire devra donc emporter quatre rations de biscuit et trois rations d'orge par cavalier. En arrivant à Kustendjé, elle recevra par mer des subsistances en biscuit et en orge pour quatre mille hommes et quatre mille chevaux pendant douze jours, laps de temps réputé suffisant pour l'exécution du coup de main; car le maréchal n'a pas de plus grande ambition :

« Inquiéter les russes de manière à leur donner à penser qu'on veut les poursuivre en Valachie, rien de plus, rien de moins. »

Le général Yusuf quitte Varna le 22, avec les spahis d'Orient. La 1re division, sous les ordres du général Espinasse, remplaçant le général Canrobert, qui explore le littoral criméen, est partie la veille, augmentée d'un escadron du 1er hussards, et emportant des vivres d'ordinaire pour quinze jours. La 2e brigade de ce corps doit s'arrêter à Mangalia; le 7e régiment de ligne de la 1re brigade a ordre de stationner entre ce point et Kustendjé, où le reste de la brigade, composé d'un bataillon de chasseurs de Vincennes et du 1er régiment de zouaves, campera avec faculté de pousser jusqu'à Sitiskoï, le 7e régiment de ligne venant le remplacer à Kustendjé. La 2e division, sous les ordres du général Bosquet, quitte ses tentes, le 22, à quatre heures du matin, emportant quatre jours de vivres dans le sac, deux jours d'orge sur les chevaux, et traînant à sa suite, sur trois cent soixante-dix arabas (1), le complément de dix jours de toute nature. Elle a deux jours pour se rendre à Bajardzick, d'où elle gardera les routes de Silistrie, de Rassowa et de Mangalia.

Le 23, le maréchal écrit au général Espinasse de pousser sa 2e brigade jusqu'à Mangalia, que va occuper le général Bosquet, tandis que la 3e division, commandée par Son Altesse Impériale le prince Napoléon, le remplacera à Bajardzick.

— Il faut sa part au canon ! a-t-il dit un jour. Hélas ! ce n'est pas ce danger qu'auront à affronter nos soldats sur le chemin où nous allons les suivre.

De Varna à Kustendjé, on compte les étapes suivantes :

Du camp de Franka à Kapakli	11	kilomètres.
De Kapakli à Tchatal-Tchesmé	18	»
De Tchatal-Tchesmé à Kavarna	17	»
De Kavarna à Sattelmuch-Gol	22	»
De Sattelmuch-Gol à Mangalia	26	»
De Mangalia à Orgloukoï.	20	»
D'Orgloukoï à Kustendjé	27	»

Une chaleur des tropiques embrase l'atmosphère ; mais de Varna jusqu'aux environs de Kavarna la route serpente à travers des forêts dont le feuillage abrite nos soldats contre le soleil ; au début de la troisième étape, c'est un véritable désert qui s'étend devant la colonne : plus un arbre, plus un accident de terrain ; partout la plaine hérissée de chardons et de hautes herbes flétries, qui montent jusqu'à la ceinture. La marche est pénible sur ce sol, assez semblable aux prairies du

(1) L'*araba* est une espèce de charrette particulière à la Bulgarie et aux autres populations des rives du Danube.

nouveau monde décrites par les romanciers américains, et dont la monotonie n'est que rarement interrompue par quelques flaques d'eau croupie. Les villages sont rares et d'un aspect misérable; les bulgares qui les habitent s'enfuient à notre approche, abandonnant leur pauvre hutte de pierres sèches; ils suivent de loin les traces des russes, qui les ont fanatisés.

Un simple fait établira péremptoirement la portée de l'influence moscovite sur ces malheureux.

Lors de notre installation à Varna, le maréchal a loué aux habitants, pour les besoins du service, huit cents voitures bouvières, à raison de trois francs par jour, indépendamment de la nourriture du conducteur et de l'attelage; connaissant les préventions hostiles des bulgares contre nous, il a pris soin de faire régulièrement payer les journées, et pourtant, en une seule nuit, cent cinquante ont déserté, et les autres, surveillés de près, ont brisé ou brûlé leurs arabas, plutôt que de les voir souiller en les laissant à notre solde.

Un témoin oculaire, M. Maurice, trace le tableau suivant de l'émigration bulgare :

« C'était à six lieues de Varna, l'endroit s'appelait Samenick. Notre bivouac était établi dans une immense clairière, simulant un carré dont chaque face touchait presque la lisière du bois. A vingt-cinq pas, s'enfonçait dans le taillis un chemin qui venait du village.

» Pendant une heure, ce chemin se couvrit de voitures d'émigrants. Quel curieux et touchant tableau !

» Chaque famille a deux voitures attelées de bœufs; tout le mobilier y est entassé : dans l'une, les vêtements, dans l'autre, les meubles. Toute la famille accompagne.

» Le père, bulgare au cou bronzé et nu, au bonnet de laine brune épaisse enfoncé jusqu'aux yeux, ouvre la marche et conduit l'attelage. La charrette suit pesamment et grince sur ses essieux, comme si elle se plaignait pour tous.

» L'aîné, jeune homme ou jeune fille, conduit le second attelage, voiture plus petite. Derrière, vient la mère, qui marche gravement et veille à la fois sur les richesses de la famille et sur les enfants groupés autour d'elle; les jeunes filles de douze ans portent les tout petits enfants sur leur dos, comme les pauvres bohémiennes, ou bien elles portent sur l'épaule une longue tige d'érable, le support de la tente qui abritera la famille dans le bois. Les autres enfants piétinent autour de la mère et regardent avec étonnement *la ville immense* (le camp français) qui s'est élevée soudain dans la plaine où, le matin encore, ils ne voyaient que leurs troupeaux.

» Les voitures sont recouvertes de nattes; si la natte manque et laisse à découvert la pauvre fortune de la maison, c'est que l'aïeule, bonne vieille femme trop âgée pour suivre à pied la colonne, a pris place sur les hardes.

» Certaines familles n'ont plus de chef, la fille aînée le remplace en tête du convoi. Les jeunes gens généralement sont absents. Il y a dans ces groupes de la tristesse et quelque chose de patriarcal.

» Le visage des émigrants n'exprime pas l'effroi. Ces gens voient des étrangers qui prennent place chez eux, ils se retirent; c'est la résignation de la servitude.

» En quittant le foyer, les liens de famille se resserrent. Chaque membre, jeune ou vieux, a sa fonction. La femme, compagne courageuse, donne la force aux enfants; la fille aînée leur donne l'exemple. C'est une scène digne d'un bon pinceau. »

La colonne expéditionnaire arrive le 25 à Mangalia, où elle est rejointe par le général Yusuf, les spahis d'Orient et un régiment de lanciers turcs. Mangalia, ruinée par les russes durant la campagne de 1828 à 1829, a été dévastée de nouveau par les hordes de cosaques, et n'offre plus qu'un amas de décombres, au milieu desquels circulent, hébétées par le désespoir, quelques vieilles femmes.

Le lendemain, à quatre heures du soir, les troupes se remettent en route. A mesure qu'elles avancent, le paysage apparaît plus désolé. Les villages incendiés, les jardins bouleversés, les moissons foulées au pied des chevaux, les puits comblés ou empoisonnés par les cadavres qu'on y a jetés, tel est le navrant panorama qui se déroule aux regards attristés de nos soldats, depuis Mangalia jusqu'à Orgloukoï. Soudain, auprès des fortifications romaines connues sous le nom de ***Muraille de Trajan***, un orage terrible vient ajouter à la désolation du tableau, et, ruisselante de pluie, trempée jusqu'aux os, la division achève dans la boue son étape jusqu'au lac de Pallas où elle installe son camp à quatre kilomètres environ de Kustendjé.

C'est le 28 juillet; le même soir, l'avant-garde des spahis d'Orient, commandée par le capitaine de Preuil, rencontre les cosaques et les attaque vigoureusement. Dans la chaleur de l'engagement, le capitaine de Preuil est cerné par un escadron ennemi, a son cheval tué sous lui et reçoit neuf coups de lance, avant qu'un chef des bachi-bouzoucks sous ses ordres puisse le dégager.

Le général Yusuf, content de la bravoure déployée par nos nouveaux auxiliaires et voulant stimuler leur émulation, détache sa plaque de grand officier de la Légion d'honneur et la remet au spahi qui a le plus contribué à la délivrance du capitaine, en lui disant :

— Prends cette décoration; tu me la rendras le jour où je te donnerai la croix de la Légion d'honneur. C'est la récompense du dévouement et du courage que vous avez montrés, toi et tes soldats.

Averti par ses éclaireurs que trois régiments russes occupent les environs, le général Yusuf mande au général Espinasse qu'il se met à leur recherche avec douze cents zouaves, sa cavalerie et quatre pièces de canon, et l'invite à porter en avant sa division, pour appuyer ses opérations, si besoin est.

Le lendemain, à Karnasani, les spahis d'Orient, ayant à leur tête le chef de bataillon Magnan, rencontrent de nouveau les cosaques, qui, au nombre de trois cents, sont culbutés par un des régiments de la brigade, sous les ordres de M. Benner, ex-officier au 7e de ligne. Mais de nouveaux escadrons font, à leur tour, rétrograder ce régiment jusqu'au moment où le reste de la brigade vient à son aide. Les bachi-bouzoucks se battent bravement et forcent l'ennemi à la retraite du côté de Babadagi, où ils le poursuivraient sans la défense qui leur en est faite par le commandant Magnan et le capitaine d'état-major de Sérionne. A la suite de cette affaire, deux mille moutons, abandonnés par les russes, tombent entre nos mains.

Le plan du général Yusuf consiste à surprendre l'ennemi à Babadaji, où il s'est concentré : les ordres sont donnés en conséquence, mais, à six heures du soir, lorsqu'on sonne le départ, cinq cents hommes restent étendus à terre, foudroyés par le choléra, qui a doublé les étapes pour nous rejoindre. Deux heures après, trois cent cinquante agonisants envient le sort de cent cinquante de leurs camarades dont la mort a terminé les souffrances. La retraite est immédiatement ordonnée ; on enterre les morts, on charge les malades sur les chevaux de la cavalerie et de l'artillerie, et l'on se met en route.

Le 31 juillet, les spahis d'Orient rencontrent la 1re division fuyant aussi devant le fléau redoutable et regagnant le bivouac de Pallas, où elle a laissé un bataillon, quelques malades, les sacs de l'infanterie et une section d'ambulance. C'est dans la nuit du 30 juillet, au bivouac de Kergeluck, que cette division a ressenti les premières atteintes du mal, et avant le lever du soleil, les tentes regorgeaient de morts. Les deux troupes ont le même besoin de secours et sont également impuissantes à se venir en aide ; leur réunion n'aurait d'autres résultats que d'offrir des aliments nouveaux à l'intensité de la contagion ; les spahis d'Orient continuent à se diriger sur Mangalia, tandis que la colonne du général Espinasse rallie sa réserve au bord du lac Pallas.

Chaque arme paye son tribut au monstre asiatique, mais le corps des zouaves est particulièrement décimé ; on dirait qu'allié des russes, le choléra devine en eux leurs plus redoutables adversaires.

Le général Espinasse se hâte d'évacuer ses malades sur Kustendjé, où le vapeur *le Pluton* doit les recueillir ; quant aux hommes valides, il leur annonce qu'il va les reconduire à Varna, lorsque arrive le général Canrobert, amené par *le Cacique*.

Peu d'officiers généraux sont aimés du soldat comme l'est le commandant en chef de la 1re division, le général Canrobert, qui, à ce point de vue, semble avoir hérité la succession du maréchal Bugeaud. En effet, si d'autres rivalisent son habileté militaire, nul ne possède, à l'égal de lui, cette sollicitude paternelle, cette bienveillance infatigable, irrésistible, qui joignent, dans le cœur des troupes, au sentiment du devoir, les deux puissants mobiles de l'affection et du dévouement. Le général Canrobert est une de ces âmes d'élite qui ne faiblissent jamais devant leur mission, si pénible qu'elle soit, quelques sacrifices qu'elle leur impose! Il se sent responsable de toutes ces existences dont il a charge, et sa vie militaire s'use à la réalisation de ce grand problème si bien défini par l'Empereur :

— PEU DE SANG VERSÉ POUR UN GRAND RÉSULTAT.

A peine sa présence est-elle signalée au camp, qu'elle y opère une heureuse réaction ; les agonisants chez lesquels on ne soupçonnait plus qu'un souffle de vie se traînent hors des tentes, et l'entourent en lui criant :

— Vous venez nous sauver, mon général ; emmenez-nous, emmenez-nous !

Dans leur touchante superstition, ils s'accrochent à la jupe de sa capote d'uniforme, comme si sa personne rayonnait le salut, et que son seul contact dût les guérir.....

Aux premiers pas du général à travers le camp, il se trouve en face d'un zouave dont il a été le colonel en Afrique :

— Eh bien, général, pas de chance, lui dit ce dernier. Quinze ans de Kabyles, de Flittas et de Beni-Menasser, un tas de campagnes, neuf blessures, et mourir ici comme un chien enragé !

Son chef l'exhorte au courage et lui tend la main ; le soldat va s'en saisir, lorsqu'un éclair lui traverse l'esprit, et, se rejetant brusquement en arrière, il s'écrie avec une douloureuse résignation :

— Merci, mon général, mais on dit que ça s'attrape !

A cette preuve de l'affection que lui portent ses soldats, le commandant de la première division ne peut retenir une larme ; puis, comprenant la nécessité de relever le moral des troupes, il va de malade en malade, et, comme Bonaparte à Jaffa, se penche sur eux, les réconforte par de bonnes paroles et fait luire à leurs yeux l'espérance d'une gloire prochaine. Aux mots de bataille et de victoire, un suprême sourire illumine le visage des mourants, mais le fléau les a touchés, ils sont à lui, et chaque minute aggrave la situation.

Dans la nuit du 31 juillet, les chevaux et les mulets du corps des officiers d'artillerie emportent à Kustendjé plus de huit cents malades.

Tout retard serait mortel; aussi le lendemain la division commence-t-elle à battre en retraite. Un bataillon du 27e régiment de ligne et le bataillon du 9e régiment de chasseurs de Vincennes forment l'arrière-garde et sont chargés du transport des malades; tous les deux sont plus tard mis à l'ordre du jour de l'armée, pour le soin avec lequel ils se sont acquittés de cette difficile mission.

Un trait de dévouement signale cette retraite.

M. Paul Péreira, sous-lieutenant au 27e régiment de ligne, ressent soudainement les premiers symptômes du choléra; ne voulant pas effrayer ses soldats, il se laisse insensiblement distancer par la colonne, et bientôt, terrassé par une recrudescence du mal, s'affaisse en travers de la route. A ce moment, un capitaine de zouaves, M. Antoine Abbatucci, petit-fils du général de la république, vient à passer. Son cheval s'arrête devant le corps qui lui barre le chemin ; le capitaine met pied à terre, relève M. Péreira, et reconnaît en lui un compatriote, un ami de collége. Après l'avoir embrassé et lui avoir donné les premiers soins, il l'installe sur sa monture et le reconduit jusqu'au camp de Varna, d'où le malade sort quelques semaines après parfaitement guéri.

La journée du 2 août augmente tellement les ravages du typhus dans la première division, qu'on est obligé de requérir les chevaux de main et les mulets des officiers, les litières, les arabas et les cacolets ne suffisant plus aux besoins de l'ambulance. Pour surcroît de fatalité, les vivres sont épuisés, et le général Canrobert, en même temps qu'il charge le capitaine du bâtiment affecté au transport des malades de lui faire expédier de Varna des rations à Mangalia, dépêche son aide de camp, le capitaine Mancel, au général Yusuf.

Cet officier marche toute la nuit avant que de rattraper les spahis; enfin il les atteint et demande à leur commandant de faire tous les sacrifices possibles afin d'envoyer des subsistances et des moyens de transport à la colonne. Le général réunit ses bachi-bouzoucks, leur trace le tableau de la malheureuse situation où se trouve la première division, qui sacrifie ses enfants pour le salut de leur religion et de leur pays, et à laquelle il faut à tout prix porter des vivres. Électrisés par la parole puissante de leur chef, dominés par son émotion, les bachi-bouzoucks lui répondent d'une voix unanime :

— Nous ne leur en porterons pas sur nos chevaux, mais sur nos épaules.

Justement un convoi de subsistances vient d'arriver à Mangalia ; on en charge six cents chevaux, y compris ceux des officiers Magnan, chef d'escadron, Abdalaï, chef d'escadron du 4e régiment de chasseurs d'Afrique, Faure, capitaine, de Sérionne, aide de camp du général Yusuf; et le détachement, la bride en main, fait vingt-quatre kilomètres pour rejoindre la division qu'il rencontre à une journée de marche de Mangalia. Un escadron de lanciers turcs est chargé d'aller convoyer les cholériques restés en arrière avec le général Espinasse.

Quelques jours après son installation à Mangalia, le général Canrobert publie l'ordre du jour suivant, afin de relever le soldat de l'affaissement moral où l'entretiennent les ravages de la contagion :

« OFFICIERS, SOUS-OFFICIERS ET SOLDATS DE LA PREMIÈRE DIVISION,

» Le fléau qui, depuis huit jours, n'a cessé de peser sur nos rangs, a à peu près disparu. La Providence, en vous l'envoyant, a voulu éprouver votre courage, votre résignation ; ces vertus de l'homme de guerre ont été chez vous au-dessus du mal, dont il lui a plu de vous frapper. A l'exemple de vos pères, à Jaffa, vous avez montré devant le choléra le même front serein qui rendit les glorieux vainqueurs des Pyramides et de Monthabor encore plus grands devant la peste qu'ils ne l'avaient été devant l'ennemi, et attira sur eux l'admiration de l'histoire.

» Je vous remercie, mes camarades, de votre dévouement. J'en rends compte à votre général en chef, dont la sollicitude vous suit, et qui, après avoir pourvu à vos besoins, m'écrivait :

« Je vous loue du calme et de l'ordre qui ont régné dans votre colonne, au milieu » des circonstances difficiles où se révèle la véritable valeur de ceux qui comman- » dent et de ceux qui obéissent. »

» Chefs et soldats, vous avez été ce que vous serez toujours, les enfants d'élite de la France; fermes devant le danger, sous quelque forme qu'il se présente, et sans cesse prêts à donner à notre patrie et à notre Empereur une existence qui leur appartient et qui est entre les mains de Dieu.

» Sous peu, nous aurons gagné des contrées saines où votre santé sera complétement rétablie, et après les regrets donnés à nos compagnons qui ont succombé, il ne nous restera plus de ces mauvais jours que le souvenir des vertus qu'ils ont fait ressortir en vous, vertus qui font l'orgueil et la consolation de votre général, et sont le sûr garant de vos prochains succès contre l'ennemi.

» Bivouac de Mangalia, 7 août.

» CANROBERT. »

Comme le personnel médical est insuffisant pour les besoins du service, chaque corps fournit aux ambulances un détachement commandé par un officier et deux sous-officiers. Enfin des bâtiments mouillent dans la rade de Mangalia et reçoivent environ deux mille cholériques. Le 9, le général Espinasse et le lieutenant-colonel de Senneville, chef d'état-major du général Canrobert, sont transférés du bivouac de Tchabla, où le fléau les a frappés, dans la cabine du *Vauban*.

La première division, aussitôt l'embarquement de ses malades, rejoint à Varna la deuxième et la troisième divisions, qui, bien qu'atteintes par l'épidémie, ont moins souffert que les troupes des généraux Canrobert et Yusuf.

Les détails de cette désastreuse expédition donnent lieu en France à tant de commentaires que le gouvernement croit devoir publier dans *le Moniteur* ces deux notes :

« Le bruit de la mort du général Espinasse s'étant répandu, nous le démentons avec plaisir. Rentré en France presque mourant, il est vrai, du choléra, cet officier général est assez bien rétabli pour retourner prochainement en Orient; il est venu à Boulogne prendre congé de l'Empereur, et il attend les ordres de Sa Majesté pour le maréchal Saint-Arnaud. »

« L'opinion publique s'est vivement préoccupée de la situation d'une partie de notre armée dans la Dobrutscha, et on a prétendu que le général Espinasse, commandant la 1re division en l'absence du général Canrobert, était cause, par des marches forcées et par son imprévoyance, des pertes que le choléra avait fait éprouver. Le général Espinasse s'est borné à exécuter ponctuellement les ordres qui lui étaient transmis. Il n'a fait avec sa division, au delà de Kustendjé, qu'une marche de cinq heures pour appuyer le général Yusuf, commandant l'avant-garde composée des bachi-bouzoucks, auxquels s'étaient joints 1,500 zouaves. Afin de les moins fatiguer, le général Espinasse leur avait fait laisser leurs sacs en arrière dans une position qu'il était sûr de reprendre le lendemain.

» Bien plus, dans ce bivouac de Kerjeluck, où le choléra a sévi avec tant de violence et que des récits mensongers présentent comme dénué de toute ressource, on n'a manqué ni d'eau courante ni de viande fraîche. Sans doute, dans un pays malsain comme la Dobrutscha, l'expédition a pu aggraver les effets de la maladie, mais il y aurait injustice à en imputer les résultats funestes uniquement aux marches forcées ou à l'imprudence des généraux. »

Durant la fatale incursion de nos troupes dans la Dobrutscha, Omer-Pacha, à la tête de quatre-vingt-treize mille hommes, marche sur les derrières des russes évacuant la Valachie. Les lanciers turcs et les irréguliers qui le précèdent en éclaireurs n'aperçoivent pas même les traînards de l'ennemi, mais en revanche on suit ses traces aux nombreux ravages qu'il a exercés sur sa route.

De Giurgewo à la rivière d'Argis, de Leuci à Aufa, la campagne n'est qu'une vivante image de la destruction; ponts coupés, villages déserts, moissons saccagées, partout la désolation et la ruine.

Les russes sont venus en amis dans les principautés, si l'on s'en rapporte à leurs proclamations ; alors, comme le dit la légende d'une caricature publiée à Bucharest après leur départ :

— Ces amis-là ne sont pas des turcs.

Omer-Pacha, reconnaissant l'inutilité de sa poursuite, redescend à Giurgewo et y construit une enceinte continue, protégée par huit redoutes. Il jette, avec le concours des pontonniers anglo-français, sur le grand bras du Danube à Rutschuck, un pont de treize cent soixante-huit mètres de longueur, et l'inaugure en grande pompe. Un arc de triomphe aux couleurs de la France, de l'Angleterre et de la Turquie, commande la tête du pont; à l'autre extrémité, une batterie de vingt-quatre pièces de canon mêle, de minute en minute, sa formidable voix aux acclamations de la foule. Le muchir, en grand costume, avec la plaque et le grand cordon de la Légion d'honneur, traverse le pont, sur lequel les pontonniers constructeurs forment la haie ; il est accompagné d'un nombreux état-major où brillent les uniformes de France, d'Angleterre, de Turquie, d'Autriche et de Prusse.

Après une courte allocution où il rappelle le double but qu'a la fête : de solenniser tout à la fois l'évacuation de la Valachie par les russes et l'édification du pont de Rustchusk, chef-d'œuvre qui éternisera sur le Danube le souvenir du passage des armées alliées, le généralissime ottoman réunit sous une tente les officiers des diverses nations, et leur offre un banquet, tandis qu'une tente parallèle reçoit les sous-officiers et soldats. Si les menus diffèrent, l'enthousiasme et la joie sont les mêmes des deux côtés.

Le 7 août, l'avant-garde de l'armée ottomane entre à Bucharest et partage la garde des barrières de la ville avec la milice valaque, à laquelle elle abandonne l'exclusive possession de tous les autres postes. La plus stricte discipline est recommandée par Halim-Pacha, chef de l'avant-garde, et les contrevenants sont punis de la bastonnade ou des arrêts, suivant la gravité du délit.

Pendant ce temps, Omer-Pacha organise trois camps : à Negoechti, à Ohilechti et à Colentina. Sur chacun de ces points, les caissiers des détachements sont chargés d'acquitter les bons de logement délivrés par les quartiers-maîtres, et les soldats ont ordre de payer comptant tout ce qu'ils achètent.

Ces soins pris, le muchir arrive le 22 août à Bucharest, où les sympathies de la population lui ont préparé une entrée triomphale. Plus de trois mille voitures, appartenant aux boyards et aux riches marchands, encombrent la chaussée sur une longueur de plusieurs kilomètres, tandis que les piétons s'entassent sur les bas côtés, comme nous le voyons à Paris, aux jours de réjouissances publiques. Tout le monde, sans distinction de sexe et de fortune, a des fleurs à la main. Après deux heures d'attente, apparaissent les dorobanz ou gendarmes valaques, envoyés comme gardes d'honneur au-devant du muchir ; un escadron de lanciers turcs les suit, et derrière ces derniers, s'avance dans une magnifique voiture, attelée de huit chevaux, Omer-Pacha, vêtu d'une tunique bleue brodée d'or, ayant au cou le portrait du sultan, entouré de diamants, en sautoir le grand cordon de la Légion d'honneur, et sur la poitrine les plaques de cet ordre, du Nicham et de Mitidjé. A ses côtés est assis le prince Constantin Cantacuzène, magnifiquement habillé d'une tunique bleue brodée d'argent, et portant, au milieu de nombreuses décorations, le grand cordon — rare aujourd'hui — de l'ordre de la Couronne de Fer, institué à Milan par Napoléon Ier.

Derrière la voiture caracole un brillant état-major composé des membres du ministère valaque, des officiers d'ordonnance du prince Stirbey, du chef du divan Hamazan-Effendi, des pachas Saïd, Halim, Achmed, Zadig, Skander-Bey, et d'officiers français, anglais, ottomans. Deux escadrons de lanciers et deux régiments d'infanterie valaque ferment la marche. Un des régiments d'infanterie valaque fait tache au milieu de cette foule resplendissante et bigarrée des plus vives couleurs. C'est celui que les cosaques du général Aurep ont dépouillé à Bouzeo et dont le nouvel uniforme se réduit à une veste et un pantalon de couleur brune, avec le fez ottoman pour coiffure. Douze mille hommes de cavalerie et d'infanterie turques, un peloton de soldats du génie français, un peloton de soldats anglais accompagnent le cortége. Omer-Pacha est applaudi sur toute la ligne; il répond à ces marques de sympathie suivant l'usage turc, en envoyant des baisers. Une fois entré dans la ville, les bouquets pleuvent sur sa voiture de chaque fenêtre. Plusieurs de ces galants sélams s'égarent en route et tombent aux mains de nos officiers qui les consultent curieusement, sans rien deviner à leur mystérieux langage.

Sur la place s'élève une tente au seuil de laquelle le métropolitain arrête Omer-Pacha pour le complimenter au nom du clergé et des boyards. La réponse du général ottoman est courte, mais claire et pleine de promesses. Nous en extrayons ces deux passages :

« Sa Majesté impériale sera bien charmée de voir justifiée la confiance qu'elle a toujours mise dans le peuple roumain, et sa sollicitude paternelle ne cessera de s'étendre aussi sur ce pays et de travailler au bonheur de ses habitants.

» Les preuves de sympathie que vous avez données aux troupes placées sous mon commandement sont comprises et appréciées par elles, et elles sauront s'en rendre dignes par leur discipline. Au reste, je ferai tout ce qui est en mon pouvoir pour avancer le bonheur de votre brave et fidèle nation. »

Au métropolitain succède une députation de la jeunesse valaque qui dépose aux mains d'Omer-Pacha une adresse en ces termes :

« ALTESSE,

» Libres d'exprimer les sentiments de sympathie et de gratitude envers leur auguste suzerain, les roumains ont salué avec la plus vive joie l'entrée de l'armée impériale à Bucharest. La présence de Votre Altesse parmi nous et l'appui de son armée victorieuse nous font espérer que nos souffrances vont cesser et que la nation roumaine va enfin jouir de ses anciens droits, priviléges et institutions garantis par les hatti-shériffs de la Sublime Porte. Nous croyons, en venant présenter à Votre Altesse cette humble supplique, remplir un double devoir envers notre auguste suzerain et envers le pays.

» Jusqu'ici le protectorat russe n'a eu pour la Roumanie d'autres avantages que de la désorganiser et d'étouffer chez elle tout élément de prospérité. Aujourd'hui une ère nouvelle commence pour nous. En repoussant l'envahisseur, la Sublime Porte vient de nous prouver une fois de plus que sa haute sollicitude n'a pas cessé de veiller aux destinées de ce pays, à la conservation de ses droits et à l'inviolabilité de son territoire. C'est pourquoi ses fidèles roumains croiraient manquer à un devoir sacré si, en présence des événements, ils restaient dans l'inaction.

» Nous exprimons donc un vœu général du pays en suppliant humblement Votre Altesse d'épuiser toutes les ressources militaires des principautés. Jusqu'à l'accomplissement définitif du noble but que se propose notre auguste suzerain, tout ce qui est en âge ou capable de porter les armes dans ce pays serait heureux et fier de combattre à côté de l'armée ottomane, qui, sous le commandement de Votre Altesse, vient de se couvrir d'une gloire éternelle. »

Quand la députation de la jeunesse valaque s'est retirée, des élèves de l'école d'agriculture présentent des couronnes au généralissime, qui les remercie avec effusion de cœur et va passer une revue des armées turque et roumaine au camp de Colentina. Après la revue, Omer-Pacha se retire sous une nouvelle avalanche de fleurs, et aux cris de : « *Vive le sultan! vive Omer-Pacha!* » regagne son quartier général de Cotroceni.

Si les russes ont affranchi de leur présence les provinces danubiennes, ils n'en semblent pas plus incliner pour cela vers une solution pacifique. Un ukase impérial appelle aux armes le ban et l'arrière-ban de tous les cosaques de la Russie, et cette réserve seule forme une imposante armée dont le contingent comprend les cosaques d'Europe, ceux de Sibérie, ceux du Caucase et les baskirs.

Les cosaques européens embrassent les pulks du Don, de la mer Noire, d'Astrakan, de la petite Russie, de la mer d'Azoff, du Danube, de l'Oural et de Meschéria, représentant un total de	60,000	chevaux
Les cosaques sibériens se composent des pulks d'Orembourg, de Sibérie, de Tobolsk, de Tomsk, de Feniseisk, d'Irkustseck, de Sebaikil, de Jakusk, de la Tartarie, de Charazai, de Tenginsk, représentant un total de.	40,000	»
Les cosaques caucasiens comprennent les pulks du Kuban, du Volga, de Stawropol, de Gor, de Greben, de Masdock, de Kislar et de Coper, représentant	10,000	»
Les baskirs comptent un effectif de	15,000	»
Total. . .	125,000	chevaux

Dès que la nouvelle de ces appels de troupes arrive aux puissances occidentales, elles réunissent à nouveau leurs plénipotentiaires à Vienne, et, d'une note solennellement échangée entre ces derniers, le 8 août, il ressort que la tranquillité de la Turquie, par rapport à la Russie, ne peut être solide et durable :

1° Si le protectorat exercé jusqu'à présent par la cour impériale de Russie sur les principautés de Valachie, de Moldavie et de Servie ne cesse pas à l'avenir, et si les priviléges accordés par les sultans à ces provinces dépendantes de leur empire ne sont pas placés sous la garantie collective des puissances, en vertu d'un arrangement à conclure avec la Sublime Porte, et dont les dispositions régleraient en même temps toutes les questions de détail;

2° Si la navigation du Danube, à ses embouchures, n'est point délivrée de toute entrave et soumise à l'application des principes consacrés par les actes du congrès de Vienne;

3° Si le traité du 13 juillet 1841 n'est pas révisé de concert par toutes les parties contractantes dans un intérêt d'équilibre européen;

4° Si la Russie ne cesse de revendiquer le droit d'exercer un protectorat officiel sur les sujets de la Sublime Porte, à quelque rite qu'ils appartiennent, et si la France, l'Autriche, la Grande-Bretagne, la Prusse et la Russie ne se prêtent leur mutuel concours pour obtenir de l'initiative du gouvernement ottoman la consécration et l'observance des priviléges religieux des diverses communautés chrétiennes, et mettre à profit, dans l'intérêt commun de leurs coreligionnaires, les généreuses intentions manifestées par S. M. le sultan, sans qu'il en résulte aucune atteinte pour sa dignité et l'indépendance de sa couronne.

En vertu de la même note, les conditions particulières que chaque gouvernement voudra mettre à la conclusion de la paix avec la Russie sont réservées, et les plénipotentiaires s'engagent solidairement, pour les nations qu'ils représentent, à ne discuter aucune proposition du cabinet de Saint-Pétersbourg, qui n'impliquerait pas, de sa part, une adhésion pleine et entière aux principes sur lesquels il est déjà tombé d'accord avec les deux autres puissances.

L'Autriche, par l'entremise du comte Esterhazy, exhorte, le 12 août, la Russie à souscrire aux quatre conditions. Une semblable invitation lui est adressée le lendemain, au nom de la Prusse. La note de M. de Manteuffel est même beaucoup plus explicite que celle de M. Buol, et résume très-nettement les points litigieux :

« Le czar lui-même se sera convaincu de la nécessité d'obvier à l'avenir aux inconvénients et aux dangers qui, pour la Russie, comme pour le repos de l'Europe, s'attachaient aux institutions qui formaient le droit public des principautés danubiennes et de la Servie, et la sollicitude éclairée de Sa Majesté Impériale pour ces pays ne méconnaîtra pas les avantages et les bienfaits que pourra leur assurer une garantie collective de leurs priviléges par les puissances européennes.

» La libre navigation du Danube ne saurait que répondre aux véritables intérêts du commerce russe, et, bien que les entraves auxquelles elle est assujettie aux embouchures de ce fleuve ne soient point encore entièrement écartées, l'esprit élevé de l'empereur et les déclarations réitérées de son cabinet ne laissent point de doute sur leur ferme intention d'y mettre une prompte fin.

» Quant aux privilèges des sujets chrétiens du sultan, ce n'est pas seulement en adoptant le protocole du 9 avril que Sa Majesté Impériale s'est déclarée d'accord avec le principe d'une sollicitude solidaire et collective des puissances pour le sort de nos coreligionnaires ; mais la même pensée avait déjà présidé aux ouvertures que le cabinet de Saint-Pétersbourg avait faites à ce sujet, il y a quelque temps, à Berlin ; et comme l'indépendance et la souveraineté du sultan ont été si souvent et si hautement proclamées comme conformes aux vues de l'empereur, Sa Majesté ne voudra pas refuser son concours aux efforts réunis des puissances pour concilier l'amélioration du sort des rayas chrétiens avec les intérêts du gouvernement ottoman, en assurant à ce dernier l'initiative dont il a besoin pour maintenir son indépendance et sa dignité.

» Enfin, le traité du 13 juillet 1841 a été le résultat de conjonctures tellement particulières, que sa révision par toutes les puissances contractantes ne saurait, en principe, rencontrer des difficultés; et la Russie, comme puissance limitrophe de la mer Noire, semble même spécialement appelée à l'examen des importantes questions qui s'y rattachent. »

L'obstination de Nicolas Ier résiste aux sollicitations de la Prusse et de l'Autriche. Cette dernière, au reste, n'attend pas la réponse du czar pour exécuter la convention qu'elle a passée avec la Sublime Porte relativement à l'occupation des provinces danubiennes, et le baron de Hess reçoit des ordres en conséquence, à son quartier-général de Czernowitz, dans la Bukowine, où, à égale distance du 3e corps, cantonné à Lemberg, en Gallicie, et du 4e, qui occupe les abords d'Hermanstadt, en Transylvanie, il peut, à son gré, franchir le Pruth, au nord de la Moldavie, ou entrer dans cette province en franchissant le Sereth (la Moldave), qui la sépare de la Valachie.

Le feld-zeugmeister envoie le colonel Kalick à Omer-Pacha, afin de concerter avec lui les premières opérations, et adresse aux habitants des principautés une proclamation dans laquelle il annonce sa prochaine arrivée:

« Je viens parmi vous, dit-il, pour éloigner les calamités de la guerre, et ramener les bénédictions de la paix. Recevez avec confiance les troupes impériales, elles le mériteront par leur bonne conduite et leur excellente discipline.

» En revanche, j'attends de la population l'ordre et la tranquillité, et des autorités tous les secours nécessaires au logement et à l'approvisionnement de l'armée, pour les besoins de laquelle des indemnités seront immédiatement payées. »

A côté de cette proclamation, paraît la suivante, émanant du commissaire spécial de la Porte Ottomane :

« VALAQUES !

» Sa Majesté Impériale le sultan, notre gracieux souverain, dans sa haute et paternelle sollicitude envers tous ses sujets sans distinction aucune, s'est plu à vous donner un nouveau témoignage de sa bienveillance en daignant me nommer son commissaire impérial dans la principauté de Valachie pour veiller à votre bien-être et rétablir l'ordre, qui a été si malheureusement troublé par l'injustice et par l'arbitraire du gouvernement russe.

» En vous faisant part de cette gracieuse détermination de Sa Majesté Impériale, je m'empresse de vous faire connaître ce qui suit :

» La Sublime Porte ayant conclu une convention spéciale avec le gouvernement de Sa Majesté Impériale et Royale Apostolique, comme elle en avait préalablement conclu avec les gouvernements de France et de la Grande-Bretagne, je dois vous informer que, selon la teneur du susdit acte, des forces militaires autrichiennes entreront provisoirement dans les deux principautés. La présence de ces troupes en Valachie ne doit nullement vous inquiéter, puisqu'elles y entrent comme appartenant à une des puissances amies et alliées de la Sublime Porte ; elles ne vous seront aucunement à charge, puisqu'elles payeront exactement et en argent comptant tout ce dont elles auront besoin de faire l'achat dans le pays.

» Les russes ayant définitivement quitté les principautés, l'état précédent du pays doit être rétabli.

» Les anciens priviléges et immunités sont et seront toujours maintenus; et vous verrez encore par là que le maintien de ces priviléges n'est dû nullement aux traités qui sont déjà annulés, mais bien à la sollicitude bienveillante et paternelle de Sa Majesté Impériale le sultan, notre souverain, dont l'honneur et la gloire y sont profondément intéressés.

» Valaques, votre pays a bien souffert; mais sous l'égide protectrice de notre gracieux souverain, tout va rentrer dans un état normal. En attendant que les circonstances en permettent un plus heureux développement, vous devez continuer à obéir aux lois qui vous régissent, et à conserver pour elles ce sentiment de respect qui est si indispensable au bonheur et à la prospérité d'un pays. A cette condition, rien ne sera plus facile et plus doux que de maintenir l'ordre et la tranquillité publics, auxquels notre auguste souverain m'a chargé de veiller avec soin.

» Je place toute ma confiance dans vos sentiments de dévouement et de fidélité à Sa Majesté Impériale, notre bien-aimé souverain, et dans votre légitime affection au pays qui vous a vus naître.

» *Le commissaire impérial ottoman, général de division :*

» DERVISCH. »

Il répugne à l'orgueil du czar de confesser l'évacuation forcée des principautés, et leur occupation par les autrichiens ; dans une position aussi critique, Falstaff, roué de coups, prétend qu'il s'est fait battre pour attiédir sa bouillante valeur ; usant d'un moyen analogue, l'empereur de Russie, par un ordre du jour adressé à tous les corps de son armée, annonce :

1° Qu'il a ordonné, dans sa haute sagesse, aux troupes de Moldavie et de Valachie, d'en sortir pour se tourner du côté où le danger est le plus grand ;

2° Qu'afin de *protéger les principautés contre une invasion de l'armée turque*, l'ancien allié de la Russie s'est engagé à les occuper en attendant.

Le 22 août, le feld-maréchal-lieutenant Corononi, commandant le corps d'occupation sous la direction supérieure du feld-zeugmeister baron de Hess, passe la frontière au défilé des monts Karpathes dit *Rothen-Thurm* (de la Tour rouge) avec deux brigades du camp d'Hermanstadt ; d'autres détachements autrichiens entrent en Moldavie, par Bistritz, et en Valachie par Botza et Prediala.

L'Autriche a eu raison de prendre l'avance sur la réponse du cabinet de Saint-Pétersbourg, car cette réponse est un refus péremptoire, catégorique, absolu, définitif, ainsi qu'il ressort de ces deux dépêches de M. le comte de Nesselrode aux ambassadeurs russes de Vienne et de Berlin.

« Saint-Pétersbourg, 16—26 août 1854.

» *Au prince Gortschakoff, à Vienne,*

» J'ai reçu les communications que le cabinet autrichien nous a adressées, à la date du 10 août, et je les ai soumises à l'empereur.

» En accédant à la demande qui nous avait été faite, par l'Autriche de ne pas pousser plus avant nos opérations militaires dans la Turquie et de rappeler nos troupes des principautés, nous avons eu exclusivement en vue les intérêts autrichiens et allemands, au nom desquels cette demande nous avait été faite. La concession demandée devait avoir pour nous les conséquences les plus graves. Elle nous enlevait, comme nous l'avons déjà fait remarquer au gouvernement autrichien, le seul point militaire qui pouvait rétablir en notre faveur l'équilibre des positions, sur l'immense théâtre des opérations de la guerre. Il y a plus, elle devait nous exposer irrémédiablement au danger de voir se jeter en masse sur nos côtes d'Asie et d'Europe, dans la mer Noire, les forces militaires de la France, de l'Angleterre et de la Turquie.

» Malgré ces inconvénients et ces dangers évidents, nous nous étions néanmoins, tenant compte des vœux de l'Autriche et de l'Allemagne, déclarés prêts à nous retirer volontairement et complétement des principautés du Danube. Nous renoncions même à toutes les conditions de réciprocité de la part de nos adversaires, nous ne demandions absolument rien de ceux-ci. Nous nous bornions à exprimer à l'Autriche le désir d'être informés des garanties de sécurité qu'elle était personnellement en mesure de nous offrir; en d'autres termes et dans la prévision qu'il n'était pas en son pouvoir de nous assurer un armistice, nous désirions savoir si du moins après que l'évacuation serait accomplie, et que, par conséquent, les engagements contractés par elle vis-à-vis des puissances occidentales seraient remplis, nous pouvions compter que l'Autriche cesserait de faire cause commune avec ces puissances, dans le but hautement avoué d'amener l'abaissement moral et matériel de la Russie.

» En même temps, et pour donner une preuve de nos intentions pacifiques, nous nous déclarions prêts à adhérer d'avance aux principes inscrits dans le protocole du 9 avril. Au lieu de répondre directement à des questions qui lui étaient adressées directement, l'Autriche a cru devoir soumettre l'affaire aux puissances occidentales et faire dépendre de ces dernières la résolution que nous attendions d'elle seule. Il était évident que le sacrifice que nous étions prêts à faire en vue de ses intérêts particuliers et des intérêts de l'Allemagne tout entière ne pouvait avoir de valeur aux yeux de la France et de l'Angleterre, et que ces deux cours, dont le but est d'humilier et d'affaiblir la Russie en prolongeant la guerre, ne se montreraient pas disposées à entrer dans la voie de la conciliation. C'est là malheureusement ce qu'a prouvé la communication que le comte Esterhazy nous a faite. En réalité, le cabinet autrichien nous transmet actuellement, comme résultat de ses conférences avec les cours de Paris et de Londres, des bases nouvelles de paix, lesquelles, en ce qui touche la forme, sont rédigées de la manière la moins convenable pour une adoption honorable, et sur la signification desquelles nous ne saurions nous tromper, attendu que, d'après l'aveu du gouvernement français, tel qu'il est constaté sans réserve par la publication officielle de sa réponse au cabinet de Vienne, ce qu'on entend par l'intérêt de l'équilibre européen ne signifie pas autre chose que l'anéantissement de tous nos traités antérieurs, la destruction de tous nos établissements maritimes, lesquels, par suite de l'absence de tout contre-poids, sont, dit-on, une menace perpétuelle contre l'empire ottoman, et la restriction de la puissance russe dans la mer Noire.

» Ce sont là néanmoins les bases que le gouvernement autrichien nous recommande; et, quoiqu'il nous exhorte à les accepter sans réserve, il n'en croit pas moins devoir nous informer que, pour ce qui les concerne, les puissances maritimes ne les considèrent nullement comme définitivement arrêtées, et se réservent de les modifier en temps opportun, suivant les chances de la guerre; de telle sorte que notre acceptation des bases ne suffirait pas pour nous fournir même la prévision certaine de la cessation des hostilités. Le gouvernement autrichien va plus loin encore : il nous déclare qu'à son avis ces bases résultent des principes du protocole, et qu'elles sont les conditions nécessaires d'une paix solide et durable; en conséquence, il nous informe qu'il s'y rallie complétement, et il a même pris vis-à-vis des puissances occidentales l'engagement formel de ne traiter avec nous sur aucune autre base.

» Dans de telles circonstances, il devient superflu pour nous d'examiner des conditions que l'on déclare mobiles et susceptibles d'être modifiées en même temps qu'on nous les pose, des conditions qui, si elles devaient rester telles qu'on vient de nous les proposer, supposeraient une Russie affaiblie par l'épuisement d'une longue guerre, et qui, si la puissance passagère des événements nous forçait jamais de les accepter, loin d'assurer une paix solide et durable à l'Europe, comme semble le croire l'Autriche, ne livreraient cette paix qu'à des complications sans fin. L'empereur, en accédant, comme il l'a fait, aux principes posés dans le protocole, n'avait pas l'intention de leur donner la signification qu'on y attache. Le sacrifice immense que nous étions prêts à faire aux intérêts particuliers de l'Autriche et de la Prusse devant rester sans compensation de la part de l'Autriche, et celle-ci, au lieu d'y voir un moyen de se dégager des obligations qu'elle avait contractées jusqu'ici, ayant cru, au contraire, devoir se lier par des obligations plus fortes et plus étendues encore aux puissances qui nous sont hostiles, nous regrettons vivement de ne pouvoir donner de suites à ces dernières communications. Nous croyons que, dans notre situation présente, nous avons épuisé la mesure des concessions compatibles avec notre honneur, et, comme nos intentions franchement pacifiques n'ont pas été accueillies, il ne nous reste qu'à suivre de force la voie de nos adversaires, c'est-à-dire à laisser aux éventualités de la guerre à déterminer définitivement la base des négociations. Le gouvernement autrichien sait déjà que des motifs, tirés uniquement des nécessités stratégiques, ont porté l'empereur à ordonner à ses troupes de prendre position derrière le Pruth. Revenus ainsi dans notre pays et nous tenant sur la défensive, nous attendrons dans cette position que des ouvertures équitables nous permettent de concilier les vœux que nous faisons pour la paix avec notre dignité et nos intérêts politiques, en évitant de donner lieu par nous-mêmes à de nouvelles complications, mais décidés en même temps à défendre résolûment notre territoire contre toute agression étrangère, de quelque part qu'elle vienne.

» Votre Excellence aura la bonté de porter la présente dépêche à la connaissance du comte de Buol.

» Recevez, etc.

» NESSELRODE. »

« *A. M. le baron de Budberg, à Berlin.*

» Saint-Pétersbourg, 14-26 août 1854.

» MONSIEUR LE BARON,

» Le baron de Werther a placé sous nos yeux les communications de son cabinet en date du 1er-13 dernier.

» Le gouvernement prussien, y examinant les quatre points qui viennent d'être proposés par les puissances occidentales et adoptés par l'Autriche, émet l'opinion que ces points seraient de nature à former la base d'une entrée en négociations pour la paix, et, comme tels, nous en recommande l'adoption.

» Je crois superflu, monsieur le baron, d'énumérer ici les raisons qui ne nous permettent point d'entrer même dans l'examen des nouvelles conditions qu'on nous pose. Ces raisons se trouvent suffisamment développées dans la réponse, en copie ci-jointe, que nous venons d'adresser à l'Autriche, et que vous voudrez bien porter à la connaissance du cabinet de Berlin, en le priant de s'y référer.

» Nous regrettons profondément de n'avoir pu, en cette occasion, déférer une fois de plus à ses suggestions amicales. Mais comme c'est d'après ces mêmes suggestions, et, pour ainsi dire, sous sa dictée qu'ont été rédigées les dernières ouvertures de notre part, auxquelles l'Autriche vient de répondre d'une manière si différente de celle que l'approbation du gouvernement prussien nous avait permis d'espérer, il ne s'étonnera sans doute pas que nous ne puissions nous départir des bases de négociations qu'il avait lui-même jugées équitables et satisfaisantes. C'est en vain que nous avons fait tous les sacrifices qui dépendaient de nous aux intérêts de l'Autriche et de l'Allemagne.

» Au moment où, même avant de connaître quelles sécurités nous offrirait l'Autriche, nous lui présentions, par l'évacuation des principautés, un moyen de se délier des obligations du protocole, elle a cru devoir, par l'interprétation abusive qu'elle donne à cet acte, s'engager encore plus avant vis-à-vis des puissances occidentales dans la voie qui l'entraîne à nous imposer avec elles des conditions qui, dans la pensée hautement avouée de celles-ci, ont pour but d'humilier et d'abaisser matériellement la Russie, non pour assurer, comme elles le prétendent, l'équilibre européen, mais pour le changer à leur bénéfice exclusif ou le compromettre indéfiniment.

» Nous avons suffisamment prouvé par nos concessions successives de quel côté se trouvaient réellement les dispositions pacifiques. Aucune de ces concessions n'a été accueillie; chacune, au contraire, n'a servi qu'à amener de nouvelles exigences. Il ne nous reste donc plus, à notre grand regret, qu'à accepter la position qu'on nous crée et qu'à attendre des événements une occasion plus favorable pour entamer les négociations d'une paix qui ne cessera jamais de former notre désir le plus sincère.

» L'empereur vous charge de vous expliquer dans ce sens auprès du gouvernement prussien en portant la présente dépêche à sa connaissance.

» Recevez, etc.

» *Signé* NESSELRODE. »

Ce nouvel échec des tentatives diplomatiques a pour contre-coup un redoublement d'activité du côté des armées alliées, chez lesquelles depuis longtemps d'ailleurs, on se prépare à la guerre, conformément au précepte antique : — *Si vis pacem, para bellum!*

Dès l'origine de la campagne, le maréchal Saint-Arnaud a entrevu la possibilité d'une descente en Crimée, et de nombreux croiseurs sont envoyés à diverses reprises en reconnaissance sur le littoral de cette province. Les russes gardent l'expectative et se bornent à une rigoureuse surveillance; des cosaques échelonnés le long des côtes partent au galop sitôt qu'ils aperçoivent un vaisseau étranger et vont prévenir le poste le plus rapproché. Quant à la mer, pas une seule voile russe ne s'y montre!

Le 18 juin, cependant, le vaisseau français *le Descartes* et les frégates anglaises *le Furious* et *le Terrible*, croisant de conserve devant

Sévastopol, se trouvent en vue de quatre corvettes et de deux frégates à vapeur tirant des bordées entre le port et le cap Chersonèse, au sud de la ville; immédiatement, ils se rangent en ligne, *le Descartes* au centre ; les ennemis exécutent le mouvement pareil; on voit des soldats se presser sur les ponts ; un de leurs canons envoie même un boulet qui tombe hors de portée. Ainsi provoqués, nos bâtiments se rapprochent et ouvrent le feu; mais devant cette menaçante démonstration, les russes virent de bord et rentrent sous le canon de Sévastopol.

Le lendemain, nos aventureux croiseurs défient sans plus de succès deux vaisseaux à trois ponts et deux frégates qui évoluent près de la ligne d'embossage de la rade. Ce parti pris de longanimité offre à nos marins l'excellente occasion d'observer la ville et le port, et ils ne s'en font faute. C'est ainsi qu'ils constatent la présence à l'ancre de cent neuf bâtiments représentant deux mille deux cents bouches à feu de tout calibre, savoir : dix-sept vaisseaux, quatre frégates, cinq corvettes, douze navires à vapeur, sept avisos et soixante-quatre chaloupes canonnières. C'est ainsi encore qu'ils étudient la topographie des fortifications dont un ingénieur français a doté Sévastopol.

Car, fait à noter en passant, cette Russie qui aspire à régner sur le monde n'a pas la première vertu des dominateurs, l'idée créatrice. Douée au même degré que les chinois d'une grande puissance assimilatrice, elle copie habilement, mais jamais elle n'invente. Péterhof rappelle Versailles, disent les flatteurs de l'empereur Nicolas! Versailles, soit! mais Versailles sans Bossuet, Corneille, Racine, Molière, sans Colbert et Louvois, sans Lebrun, Lesueur, Poussin et Lulli, sans Turenne et Villars; c'est Versailles comme le Mirabeau du salon de Curtius est un grand homme.

Pompée disait :

— En frappant de mon pied l'Italie, j'en ferai sortir des soldats!

Les czars ont frappé du pied la Russie, et il n'en est sorti que des chambellans, gentlemen parfaits, hommes du monde accomplis, d'accord! mais plutôt faits pour orner un salon que peupler un grand siècle. Qui a organisé l'école polytechnique de Russie? Bazaine, français! Qui a élevé la colonne Alexandrine? M. de Montferrand, français. Qui a vivifié l'université de Saint-Pétersbourg? M. de Gour, français encore. Qui a creusé les canaux, ouvert les routes, fouillé les mines de la Russie? Poirier, Carbonel, Sainte-Aldegonde, français toujours. Sur vingt directeurs d'usines, dix-neuf sont français. Pourtant avouons-le, on a secoué notre joug lorsqu'il s'est agi de construire le chemin de fer de Saint-Pétersbourg à Tzarkoe-Selo, et ce travail a été confié à un ingénieur.... allemand, M. Goetschner. Quant aux ingénieurs russes, la médisance leur impute nombre d'accidents pareils à celui qui mit en religion le père Grüber, supérieur des jésuites à Saint-Pétersbourg et l'ami de M. de Maistre :

Le père Grüber était ingénieur à Vienne; chargé de construire un pont sur le Danube, il crut merveilleux de détourner le fleuve et de travailler ainsi tout à son aise. Le pont fut achevé très-solidement; mais le Danube obstiné ne voulut jamais rentrer dans son ancien lit. On eut, de cette façon, un pont sans rivière près d'une rivière sans pont, ce que le gouvernement d'Autriche prit en mauvaise part; d'où la destitution du futur supérieur des jésuites de Saint-Pétersbourg.

Nous pourrions donner ici le relevé des observations de nos croiseurs sur les fortifications de Sévastopol, mais nous préférons en ajourner la publication; un moment doit venir où l'opportunité s'en fera mieux sentir.

Tout, en effet, semble pousser les armées alliées à transporter devant cette place le théâtre de la lutte. A la suite d'une dépêche du gouvernement britannique, que lord Raglan considère *comme emportant l'ordre d'attaquer Sévastopol*, les généraux et les amiraux des deux puissances occidentales se réunissent en conférence secrète le 18 juillet.

Lord Raglan, l'amiral Dundas, le contre-amiral Lyons, stimulés par la pressante énergie de leurs récentes instructions, votent unanimement l'expédition, à laquelle adhèrent les chefs français. A la suite de cette décision, on arrête qu'une commission, composée, pour la France, du général Canrobert, des colonels Trochu, Lebœuf, et du chef de bataillon du génie Sabatier; pour l'Angleterre, du général Brown et d'officiers supérieurs de l'artillerie et du génie, partira en exploration dans la mer Noire, et, s'approchant des côtes plus qu'on ne l'a encore essayé, relèvera les points restés douteux dans la topographie du littoral, et jugera de la possibilité d'un débarquement.

Le maréchal Saint-Arnaud dissimule son anxiété, et pourtant elle est grande. Le siége de Sévastopol n'est pas un coup de main, c'est toute une campagne. On parle de prendre Pérékop et de couper l'isthme; mais le mouillage de Pérékop est interdit aux gros bâtiments, mais le climat de cette contrée est mortel.... Enfin, le rapport de la commission éclaircira ces doutes. Un autre plan, d'une réussite plus certaine, s'il est moins ambitieux, lui agréerait presque davantage.

Ce serait, en opérant un double débarquement sur la côte asiatique, au nord et au sud, l'attaque simultanée des citadelles d'Anapa et de Socoum-Caléh, les dernières forteresses occupées par les russes en cette contrée. La garnison de ces deux forts est d'une vingtaine de mille hommes; il serait facile d'en avoir raison, et le maréchal veut avant tout une victoire prompte qui relève l'énergie de l'armée et recouvre d'un brillant linceul les nombreuses victimes inglorieusement tombées sous les coups de l'épidémie.

La visite d'une députation des montagnards du Daghestan le fait secrètement incliner du côté de ce dernier projet.

Le 25 juillet, Méhémed-Emin, beau-frère de Schamyl et son naïb ou lieutenant sur le versant occidental du Caucase, arrive à Varna, accompagné de cinquante chefs circassiens, sur la frégate à vapeur *le Vauban,* qui était allée transporter un détachement d'osmanlis à l'embouchure du Tchuruck-Sou. Il offre, ainsi que les montagnards de son escorte, de soulever les tribus du Caucase et d'appuyer de quarante mille fusils le mouvement offensif qu'effectueraient, sur la côte asiatique, les armées alliées.

Le maréchal ordonne en l'honneur des chefs circassiens une grande revue, et sans rien arrêter avec eux, les engage à inquiéter, quoi qu'il arrive, les russes le plus possible.

La commission d'exploration revient le 28 juillet, et rend compte de ses opérations au conseil. Elle a rasé les côtes d'assez près pour se trouver à portée des boulets russes, sur la distance qui lui était assignée, c'est-à-dire trois lieues au nord, trois lieues au sud de

Sévastopol. Après avoir bien vu, bien étudié, elle déclare le débarquement possible sans témérité, répond du succès, si les troupes sont vigoureuses, les mesures bien prises et les ressources suffisantes, et indique la Katcha comme l'emplacement le plus sûr et le plus favorable pour aborder.

Malheureusement, le choléra est toujours dans sa période ascendante à Varna, où, malgré les ambulances-succursales, installées en plein air sur divers points, tous les malades ne peuvent trouver place dans les hôpitaux. Le contingent de cholériques des 1re, 2e et 3e divisions vient encore surcharger l'insuffisance de ces cadres, et la flotte, elle-même, paye son tribut au fléau. Nonobstant, on commence les préparatifs en donnant ordre à l'artillerie de s'exercer au maniement des chalands de nouveau modèle, construits dans les chantiers de Constantinople, pour le transbordement de son matériel.

Ces chalands, au nombre de quarante, portent chacun deux pièces avec leurs avant-trains engerbés sur elles ; l'une est à l'avant, l'autre à l'arrière, et le centre, demeuré libre, reçoit les douze chevaux d'attelage et les dix-huit conducteurs et servants. Lorsque le chaland touche terre, il faut un quart d'heure environ pour mettre les pièces en état d'ouvrir leur feu.

Enfin, l'épidémie semble décroître ; grâce à d'immenses tentes-ambulances, placées au sommet des collines, dans une atmosphère plus saine que celle de la plaine, grâce encore à un renfort de médecins et d'infirmiers, arrivés de Constantinople, grâce surtout aux soins pieux des sœurs de charité, la fréquence des attaques diminue, les cas de guérison se multiplient, et le maréchal Saint-Arnaud peut annoncer aux troupes la fin du fléau dans cet ordre du jour :

« Au milieu des pénibles épreuves que nous venons de traverser, j'ai puisé des consolations dans les actes de dévouement que le péril commun a fait naître et dans la vigueur morale qu'ont montrée, pendant la durée de l'épidémie, ceux qui obéissent et ceux qui commandent dans cette armée.

» La première division, surprise pendant ses marches par l'invasion du fléau, s'est trouvée dans la situation la plus douloureuse ; mais l'ordre, l'espérance et le calme n'ont pas cessé d'y régner comme dans les meilleurs jours, et elle a renouvelé sous ce rapport les beaux exemples qu'avait donnés avant elle la garnison de Gallipoli.

» Je loue comme ils le méritent et je remercie avec effusion les officiers et les soldats qui viennent de s'honorer ainsi aux yeux de l'armée en combattant, avec une énergie que rien n'a pu vaincre, les difficultés d'une situation qui aurait pu étonner, à certains moments, des courages moins éprouvés.

» Les regrets que je donne à ceux de nos camarades que nous avons perdus et qui sont morts dignement à leur poste de combat, sont tempérés par la satisfaction que j'éprouve de me voir entouré de tant de braves gens. Je sais que je puis tout attendre d'eux, et j'envisage avec une sécurité profonde les efforts qu'il me reste à leur demander pour mettre fin à notre grande entreprise.

» Au quartier général de Varna, le 8 août 1854.

» *Le maréchal commandant en chef,*

» A. DE SAINT-ARNAUD. »

Et ce n'était pas seulement en Bulgarie que l'épidémie disparaissait, c'était encore à Gallipoli, où les indigènes avaient reçu nos soins comme nos propres soldats, ainsi que l'atteste cette lettre au général Levaillant, commandant le camp français :

« Gallipoli, 12 août 1854.

» MONSIEUR LE GÉNÉRAL,

» J'ai l'honneur de vous informer que M. le docteur de l'intendance sanitaire est venu ce matin m'annoncer, grâce à Dieu, l'heureuse nouvelle que le choléra a fini par disparaître, et nous avons tous l'espérance de n'avoir plus à regretter de nouvelles victimes. Ainsi le calme commence à renaître après l'orage. C'était, en effet, une formidable tempête que cette crise du choléra que nous avons essuyée ! c'était un ennemi implacable qui s'acharnait contre nous avec tant de furie ! Mais de quelles armes savantes ne vous êtes-vous point servi pour le combattre ! Je vous dois, monsieur le général, une éternelle reconnaissance pour les mesures que vous avez prises, toutes tendant à extirper les germes du fléau, comme aussi je dois vous remercier du dévouement qu'ont montré les hommes placés autour de vous.

» Je croirais manquer à ma conscience en ne plaçant pas en première ligne M. le colonel Adam, commandant la place. De quel zèle infatigable n'était-il pas animé lorsqu'au plus fort de l'épidémie il veillait avec un soin particulier à la propreté de la ville, à l'inhumation des décédés et jusqu'à la nourriture des habitants ! Ses conseils nous ont été d'une très-grande utilité et ont puissamment contribué à faire disparaître un moment plus tôt la calamité qui nous accablait. M. l'intendant de Molines, poussé de son côté par un intérêt tout paternel pour la consolation des habitants, a, je ne l'ignore pas, accordé toute espèce de facilités à MM. les docteurs qui se dévouaient pour soigner les habitants délaissés, mourant de misère et de maladie.

» Les bénédictions du peuple retentissent chaque jour pour vous d'abord, monsieur le général, ainsi que pour tous ceux qui se sont sacrifiés au salut de l'humanité souffrante. Les noms chéris des docteurs qui ont si fièrement bravé la mort pour porter des secours aux agonisants du pays, m'ont été communiqués par M. le colonel commandant la place, et je dois vous faire savoir que j'ai fait un rapport à mon gouvernement de ce qui s'est passé pendant le choléra et dans lequel je signale les noms de ceux qui se sont le plus dévoués. Nul doute que le gouvernement de Sa Majesté Impériale le sultan saura tenir compte à chacun des services qu'il a rendus dans des circonstances aussi graves.

» Il est un nom encore digne d'être placé parmi ceux que je viens de signaler : c'est celui de M. Spiro Xanthopulo, docteur sanitaire des Dardanelles, que le gouvernement a envoyé ici depuis l'apparition du fléau. J'aime à vous le faire savoir, monsieur le général, M. Xanthopulo a eu de nombreuses conférences avec M. le colonel Adam pour la propreté de la ville, à laquelle il a beaucoup contribué. Il est inutile de dire que M. Xanthopulo a soigné avec un désintéressement sans égal un grand nombre de familles prolétaires de toutes religions.

» J'ai rempli le devoir sacré que m'impose ma position en vous rendant compté de la conduite pleine de dévouement de M. le colonel Adam, de M. de Molines et de celle de MM. les docteurs. Il m'en reste encore un, et celui-là je le remplis aussi avec joie : c'est celui de vous prier, pour la seconde fois, de vouloir bien, monsieur le général, agréer le tribut de ma reconnaissance, celui de mes profonds remercîments et l'expression de ma très-haute considération.

» *Le gouverneur, chargé des affaires des troupes auxiliaires à Gallipoli,*

» RASCHID. »

Mais la fatalité réserve une dernière épreuve à nos troupes dans le campement de Varna, qui nous aura coûté, avec celui de Gallipoli, six mille de nos meilleurs soldats, dont cent cinquante officiers de tous grades.

Le 10 août, à sept heures et demie du soir, un liquoriste grec approchant une lumière d'un tonneau d'alcool y met le feu ; ses vêtements s'enflamment, il remonte éperdu dans sa boutique, y embrase, en cherchant des secours, d'autres spiritueux, et de là l'incendie se propage à travers la ville. L'étroitesse des rues, la combustibilité des matériaux employés à la construction des maisons, favorisent l'action du feu, et bientôt Varna n'est plus qu'un immense océan de flammes roulant, sous l'impulsion du vent, ses vagues rougeâtres et ses tourbillons de fumée.

Tandis que les musulmans s'entassent dans les mosquées, implorant le secours du prophète, que les grecs déménagent leurs meubles et leurs effets les plus précieux, nos soldats s'élancent vaillamment dans toutes les directions et disputent à l'incendie ses victimes. Des traits innombrables de courage et de dévouement signalent cette première heure : nous en citerons deux au hasard :

Un jeune chasseur de Vincennes entend des cris au premier étage d'une maison dont le magasin brûle au rez-de-chaussée; il applique une échelle au balcon, escalade lestement les barreaux et enfonce d'un coup de poing la fenêtre. Deux jeunes filles, deux sœurs, se tiennent étroitement embrassées, attendant la mort.

— Faites excuse si j'entre ainsi sans être annoncé, mais ça presse; allons, mesdemoiselles, détalons.

Ce disant, il va pour emporter l'une des jeunes filles, mais celle-ci se cramponne à sa sœur et lui indique par ses gestes qu'il faut les sauver toutes les deux ou qu'elles mourront ensemble.

— Hé ben, c'est gentil d'être pas égoïste, et je vous recommanderai pour le prix Montyon, ma petite odalisque!... Heureusement on a pratiqué le gymnase, système Amoros, et les reins sont solides, reprend le chasseur; puis, saisissant une des sœurs, il l'installe à califourchon sur ses reins tandis qu'il assied l'autre sur son bras gauche, et ainsi chargé, il redescend dans la rue, où il dépose son double fardeau sain et sauf, et court à de nouveaux dangers.

Dans une maison voisine, on a évacué tous les habitants, sauf la propriétaire, une pauvre vieille femme venue de Marseille afin de trafiquer avec l'armée.

— Et moi, s'écrie-t-elle en pleurant, et moi, l'on va donc me laisser mourir parce que je ne suis plus ni jeune, ni jolie...

— Soyez tranquille, on a sa mère, répond un zouave qui vient d'escalader le balcon, une bonne vieille comme vous! Tant pis si je me roussis, mais avant tout, honneur au sexe! Il l'emporte, et, derrière lui, la maison s'effondre dans le brasier qu'il vient de traverser au pas gymnastique.

La réverbération des flammes a été aperçue des camps, et les colonnes se dirigent en courant vers la porte d'Ibrahim sous la conduite du général Bosquet. Déjà le maréchal Saint-Arnaud, les généraux Martimprey, Bizot et Thiry sont au milieu des travailleurs qu'ils encouragent; c'est que le péril est imminent, un péril immense, incalculable; les flammes envahissent la rue qui monte du port à l'intérieur, et c'est à droite de cette rue que s'élèvent les trois magasins où sont les munitions de l'armée, deux mille quintaux de poudre représentant huit millions de cartouches et plus de quatre-vingt mille coups de canon. De ces poudrières, une seule est en pierre; les deux autres sont construites en pans de bois et toutes trois ne sont protégées que par des toitures en tuiles plates sur lesquelles commencent à pleuvoir les flammèches et les brandons enflammés.

Les compagnies du génie entaillent à coups de hache les murailles, tandis que les artilleurs étendent sur les toits des draps mouillés. Adossés aux murs des magasins à poudre, les généraux et les officiers supérieurs donnent l'exemple de l'intrépidité; de huit heures du soir à quatre heures du matin, ils occupent sans désemparer ce poste où la lutte est acharnée et la mort presque certaine, mais précisément à ces causes leur place est là, et non ailleurs.

— Où sera le danger vous me trouverez, a dit le maréchal à ses aides de camp en les dépêchant sur différents points.

Le jeu des pompes et la sape luttent sans relâche et en désespérés contre le torrent de flammes qui, par vingt canaux, épanche ses nappes incandescentes autour des poudrières. Pendant cinq minutes, on croit tout perdu, les soldats du génie sont rejoints par le feu au moment où ils attaquent une maison voisine des magasins de munitions. Une seule hésitation, et l'incendie se fraye un passage! et du levant au ponant, du sud au septentrion, Varna s'allume en un instant comme les villes maudites de l'Écriture! et dans cette gigantesque fournaise, disparaît notre brave armée, l'espoir de la France, le salut de la Turquie, le châtiment du czar! Mais Dieu ne permettra pas ce désastre... Les officiers eux-mêmes manient la hache; leurs coups redoublés brisent les poutrelles, éventrent les façades; la maison se lézarde, surplombe, chancelle et s'écroule en lançant dans l'air de hautes colonnes d'étincelles.

— Vaincre ou mourir! criaient les travailleurs en s'encourageant. Ils ont vaincu: et s'il reste un foyer brûlant encore, il est circonscrit et l'on n'en a plus rien à craindre.

Les anglais dont le dépôt de poudre est situé plus loin l'ont intrépidement déblayé, malgré l'averse incandescente qui les inondait, et leurs soldats du génie ont emporté au pas de course les barils hors de la ville.

On estime la perte totale à huit millions; au nombre des édifices détruits on compte les magasins de campements français, où le feu a dévoré une assez grande quantité de vivres et d'effets d'habillement et d'armement, et les grands magasins anglais.

Quant aux pertes particulières, voici ce qu'écrit à ce sujet un témoin oculaire, avec peut-être un léger grain de rancune et de partialité :

« Varna n'est peuplée que de marchands français, anglais, maltais et smyrniotes. Tous ces gens sentent la rue de la Verrerie, la Cannebière, l'épicerie enfin, et gagnent beaucoup d'argent. L'incendie ne les a pas ruinés, bien au contraire; ils se rattrapent sur le prix des denrées, et nous payons tout des prix fabuleux. »

L'incendie s'est étendu sur une longueur de trois cent cinquante mètres et une largeur de cent quatre-vingt-cinq. Les deux tiers de la ville, du côté du port, ne sont plus qu'un amas de ruines fumantes, du milieu desquelles, cinq jours durant, jaillissent sur différents points des jets de flamme qu'on étouffe aussitôt. Le 11, pendant toute la journée, les pompes inondent les murs des poudrières, et les pierres sont à ce point brûlantes qu'elles absorbent l'eau instantanément.

Dès que l'on est maître du feu, on s'enquiert de son origine et l'opinion générale l'attribue aux grecs qu'auraient soudoyés les agents de la Russie. On cite à l'appui les faits suivants :

Une main inconnue a barricadé la porte d'Ibrahim, entre les camps et l'intérieur de la ville, dans le but évident de retarder l'arrivage des secours.

Plusieurs grecs ont été vus alimentant les flammes avec leurs propres meubles qu'ils leur jetaient à dévorer.

Un sapeur français a fendu la tête d'un misérable au moment où celui-ci cherchait avec une torche à embraser des baraques en bois, à l'arrière des poudrières. On a trouvé sur le cadavre un poignard et des pistolets.

Le maréchal prescrit une enquête minutieuse, mais elle n'apporte aucun éclaircissement, et, jusqu'au jour de la justice divine, l'impunité demeure acquise aux coupables, — si coupables il y a eu.

Profitant du désordre occasionné par l'embrasement de Varna, cent dix bachi-bouzoucks, du corps des spahis d'Orient, désertent avec leurs armes dans la nuit du 10 au 11, et vont rejoindre ceux de leurs camarades qui, depuis le retour du général Yusuf, leur ont donné l'exemple. Le fanatisme d'un côté, de l'autre l'horreur de la discipline expliquent ces évasions qui se renouvellent encore les nuits des 11 et 12.

Le commandant en chef rassemble les irréguliers et les engage à s'expliquer catégoriquement. Ils lui répondent en demandant en masse à quitter le service de la France et à retourner dans leur pays, laissant entrevoir que, de toute manière et quoi qu'on fasse, ils abandonneront très-prochainement notre drapeau.

Le général Yusuf, comprenant ce que pourrait avoir de funeste, au milieu d'une bataille, une désertion si formellement résolue, avertit le maréchal Saint-Arnaud et lui conseille le licenciement du corps des spahis d'Orient, qui est prononcé par un arrêté à la date du 15 août 1854.

Les puissances occidentales, averties des ravages commis par les irréguliers sur leur passage, même en Turquie, ont depuis longtemps déjà demandé le renvoi de ces troupes au sultan. La malheureuse tentative de civilisation faite par le maréchal sur ces barbares décide la Sublime Porte, et sauf quinze cents bachi-bouzoucks incorporés dans l'armée, le reste est renvoyé à sa vie errante et sauvage.

Les irréguliers d'Asie acceptent, sans murmurer, leur dissolution; mais les albanais se montrent plus rétifs, et, aux environs de Giurgewo, ce n'est qu'après effusion de sang, qu'ils rendent leurs armes aux égyptiens et se laissent transporter sur la rive droite du Danube.

Le choléra, nous l'avons dit, diminue de jour en jour au camp de Franka, mais, en revanche, il décime les flottes alliées, dont les amiraux se réunissent le 19 à Baltchick pour se consulter sur l'opportunité du débarquement en Crimée, dans les circonstances défavorables où l'épidémie place les équipages de nos navires. D'un commun avis, l'amiral Dundas et l'amiral Hamelin se prononcent pour l'ajournement de l'expédition. Le maréchal, averti de cette conférence et de son issue, convoque un grand conseil et ouvre la discussion par un lucide résumé de la situation. Il parle haut et ferme, sans ambages et sans artifices de rhéteur, fort qu'il est de sa conscience, confiant qu'il est dans son droit. Après avoir déroulé le passé qui, sans profit, nous a coûté si cher, il expose l'avenir avec ses chances heureuses et ses éventualités défavorables; puis, quand il a tout dit, il demande une décision, débattue, amendée, si l'on veut, en ses prémisses, mais dont la conclusion soit formelle et sans appel.

Un avis contradictoire est émis et rétorqué aussitôt; la discussion s'échauffe; l'opposition au sentiment du maréchal, assez violente au début de la conférence, perd du terrain, et lorsque arrive le vote, lord Raglan, appelé le premier, répond : Oui! et entraîne lord Dundas, jusqu'alors le plus hostile à la mesure. L'amiral Hamelin imite son collègue et vote affirmativement. Quant aux amiraux Bruat et Lyons, ils n'ont pas quitté un instant le parti de l'expédition. Le maréchal complète alors l'unanimité des suffrages et lève la séance par ces paroles :

— C'est chose convenue et *irrévocablement arrêtée*, l'expédition aura lieu. Réunissons nos efforts, maintenant, pour ne perdre ni un jour, ni une heure, ni une minute.

Le lendemain, il rassemble chez lui tous les généraux, dont plusieurs sont opposés au projet, non pour leur demander un avis, mais pour les prévenir du prochain embarquement des troupes et leur révéler le plan de l'opération et les résultats qu'il en espère. Le colonel Trochu est alors engagé à lire la dépêche qu'il vient de lui dicter. Nous en extrayons le passage suivant :

« L'inaction était-elle possible aux deux armées campées à Varna? Ni l'honneur militaire, ni l'intérêt politique ne le permettaient. Il fallait forcer l'ennemi à nous craindre. Frapper la Russie dans la Crimée, l'atteindre jusque dans Sévastopol, c'était la blesser au cœur.

» Un terrible fléau s'est abattu sur nous et a jeté la mort dans nos rangs; le feu a anéanti une partie de nos approvisionnements et de ceux de nos alliés; la saison déjà avancée nous menace; mais la force inébranlable de la volonté et l'énergie du cœur triompheront de tous ces obstacles. Les préparatifs s'achèvent; vers la fin du mois, les troupes seront embarquées, et, avec l'aide de Dieu, elles débarqueront bientôt en Crimée, sur le sol même de la Russie.

» Certes, nos ressources ne sont peut-être pas aussi complètes que l'on aurait pu le désirer; nous n'avons pas une armée très-nombreuse, le courage et l'élan des troupes en décupleront le nombre; rien n'est impossible à des soldats comme les nôtres et à l'union fraternelle des deux nations. »

Chaque général, après cette lecture, est invité, en ce qui le concerne, à hâter les préparatifs de départ de sa division ou de sa brigade.

Le prince Napoléon, qui, souffrant de fièvres contractées dans les marécages de la Dobrutscha, se reposait au château de Thérapia, habité par madame de Saint-Arnaud, arrive au camp en même temps que le duc de Cambridge.

Le 21 août, six frégates à vapeur, parties de Gallipoli, mouillent à Varna, où elles doivent embarquer et conduire à Baltchick le 5e régiment d'infanterie légère, le 46e régiment de ligne, la compagnie d'élite de la légion étrangère, le 8e régiment de cuirassiers, le 7e régiment de dragons et l'artillerie. Une notable partie du parc de siége est à destination.

A cette même date, S. E. le ministre de la guerre écrit au commandant en chef de l'armée d'Orient :

« Comme vous, je pense, maréchal, que, plus le débarquement de vos troupes sera prompt et rapide, plus le succès est assuré.

» C'est pour cela que je vous fais expédier tous les vapeurs que le ministre de la marine, par un sublime effort, a pu réunir à Toulon; vous ne sauriez trop en avoir.

» C'est par le transport d'un personnel et d'un matériel immenses, fait d'un seul coup de Varna en Crimée, que la France et l'Angleterre montreront la puissance de leurs moyens et la force irrésistible de leur alliance, non-seulement dans leur lutte actuelle, mais dans toutes les autres que l'avenir tient probablement en réserve. »

En effet, cinq cents navires de transport, à voiles ou à vapeur, sont à la disposition des généralissimes pour le transbordement de leurs troupes. En outre, l'administration militaire française a expédié à Varna un nombre illimité d'outils de campement, comme pioches, pelles, haches, serpes, faux, faucilles, bissacs, couvertures, tentes, bidons, indépendamment d'un assortiment varié d'effets de pansage.

Cinquante mille français, vingt-cinq mille anglais, vingt mille turcs et vingt-cinq mille matelots forment l'effectif de l'expédition. La flotte de guerre se compose de soixante-deux bâtiments, savoir :

Vingt-cinq vaisseaux de ligne à voile ou à vapeur, dont quinze français et dix anglais.

Vingt-neuf frégates ou corvettes, dont quinze françaises et quatorze anglaises.

Huit vaisseaux turcs.

Le 25 août, cet ordre du jour du maréchal Saint-Arnaud annonce à nos troupes l'expédition de Crimée :

« OFFICIERS, SOUS-OFFICIERS ET SOLDATS DE L'ARMÉE D'ORIENT,

» Vous avez déployé beaucoup de calme et d'énergie au milieu de circonstances douloureuses qu'il faut oublier.

» L'heure est venue de combattre et de vaincre. L'ennemi ne nous a pas attendus sur le Danube. Ses colonnes démoralisées, détruites par la maladie, s'éloignent péniblement. C'est la Providence, peut-être, qui a voulu nous épargner l'épreuve de ces contrées malsaines; et c'est elle aussi qui nous appelle en Crimée, pays salubre comme le nôtre, et à Sévastopol, siége de la puissance russe, dans ces murs où nous allons chercher ensemble le gage de la paix et de notre retour dans nos foyers.

» L'entreprise est grande et digne de vous. Vous la réaliserez à l'aide du plus formidable appareil militaire et maritime qui se vît jamais. Les flottes alliées, avec leurs trois mille canons et leurs vingt-cinq mille matelots, vos émules et vos compagnons d'armes, porteront sur la terre de Crimée une armée anglaise, dont vos pères ont appris à respecter la haute valeur, une division choisie de ces soldats ottomans qui viennent de faire leurs preuves à vos yeux, et une armée française que j'ai le droit et l'orgueil d'appeler l'élite de notre armée tout entière.

» Je vois là plus que des gages de succès, j'y vois le succès lui-même.

» Généraux, chefs de corps, officiers de toutes armes, vous partagerez et vous ferez passer dans l'âme de vos soldats la confiance dont la mienne est remplie.

» Bientôt nous saluerons ensemble les trois drapeaux flottant sur les remparts de Sévastopol de notre cri national : *Vive l'Empereur!*

» Au quartier-général, à Varna, le 25 août 1854.

« A. DE SAINT-ARNAUD. »

Le 28 août, l'amiral Hamelin fait afficher à bord de tous les bâtiments l'ordre d'embarquement et de débarquement. En voici les principales dispositions:

« La flotte française navigue dans le sud de la flotte anglaise; les amiraux, chefs de la flotte, en tête de leurs escadres, et par le travers l'un de l'autre, à petite distance. L'escadre turque derrière la flotte française.

» Quand l'amiral signalera de mouiller, les bâtiments devront, autant que possible, jeter l'ancre dans l'ordre où ils naviguent.

» Les vaisseaux de combat mouilleront par sept brasses, sur une étendue de un mille.

» Les 2e, 3e et 4e lignes, mouilleront à une encâblure, l'une derrière l'autre.

» Les bâtiments de transport mouilleront à demi encâblure les uns des autres.

» Les vaisseaux turcs, au large du convoi.

» La 1re division de l'armée sera embarquée sur les vaisseaux de combat de la 1re ligne, avec un pavillon carré rouge pour signalement.

» La 2e, sur les vaisseaux-transports de la seconde ligne, avec un pavillon blanc.

» La 3e sur les vaisseaux-transports de la troisième ligne avec un pavillon bleu.

» La 4e, sur les frégates et corvettes non pourvues de matériel d'artillerie.

» Chaque navire fera confectionner un ou deux jeux de ces trois sortes de pavillons, pour le service de ses embarcations. Ces dernières devront arborer sur leur étrave le pavillon de la division qu'ils conduiront à terre. Sur la plage, trois pavillons semblables seront plantés aux points désignés par les généraux de division, pour servir de ralliement aux canots chefs de groupe et aux chalands, porteurs de leurs troupes. La 1re brigade sera débarquée dans le sud de son pavillon; la 2e dans le nord.

» Comme il y a un certain nombre de bouches à feu à mettre à terre en même temps que ces troupes, et aussi des chevaux appartenant aux officiers généraux et supérieurs débarqués, les frégates et corvettes à vapeur, chargées de cette artillerie ou de ces chevaux, mouilleront dans le voisinage des vaisseaux, tant pour recevoir d'eux le chaland où ils devront embarquer le matériel d'artillerie, que pour leur envoyer leurs canots-tambours remorqués par leurs propres embarcations et dans lesquels on devra embarquer autant de troupes que possible.

» Toutes les embarcations devront coopérer au débarquement, sauf les chaloupes des quatre vaisseaux à trois ponts de l'escadre française; ces dernières, armées en guerre, et pourvues de fusées à la congrève, avec affûts de bord comme de terre, auront mission de coopérer à la protection du débarquement.

» Le premier voyage de débarquement devra donner ce résultat:

Vaisseaux de combat.

» Un trois-ponts envoie à terre	6 canots qui portent	175	hommes	
	2 chalands........	270	—	à 135 l'un
	2 canots-tambours et leurs remorqueurs	220	—	
		665	—	
» Deux trois-ponts............				1,330 hommes
» Un deux-ponts envoie à terre	6 canots qui portent	240	hommes	
	2 chalands........	270	—	à 135 l'un
	2 canots-tambours et leurs remorqueurs	220	—	
		730	—	
» Quatre deux-ponts............				2,920 —

Vaisseaux-transports.

» Un trois-ponts envoie à terre	6 canots qui portent	175	hommes	
	1 chaland.........	135	—	
	2 canots-tambours et leurs remorqueurs	220	—	
		530	—	
» Deux trois-ponts............				1,000 —
» Un deux-ponts envoie à terre	6 canots qui portent	240	hommes	
	1 chaland.........	135	—	
	2 canots-tambours et leurs remorqueurs	220	—	
		595	—	
» Quatre deux-ponts............				2,380 —
» Trois deux-ponts ayant leurs chalands chargés du matériel de l'artillerie...				1,380 —
» Les canots de *la Pomone*, *la Tisiphone*, *l'Euménide*, *la Mégère*, *le Dauphin* et *la Mouette* débarquant les cinq cents hommes de *la Pomone*............				500 —
» TOTAL...........				9,570 hommes

soit l'effectif de la 1re division, et une partie de la 2e et de la 3e.

» Si toutes les mesures prescrites s'exécutent avec ordre et intelligence, une trentaine de mille hommes, pourront, par un beau temps, être mis à terre, ainsi qu'une quarantaine de bouches à feu, depuis le lever jusqu'au coucher du soleil. »

Le 30 août, les troupes anglaises reçoivent les communications suivantes :

« 1° L'invasion de la Crimée ayant été résolue, les troupes s'embarqueront sur les bâtiments de transport qui s'assembleront à Baltchick, et se rendront avec les flottes combinées à leur destination.

» 2° Quand il sera ordonné aux troupes de débarquer, elles devront entrer dans les bateaux, selon l'ordre où elles se trouveront dans les rangs.

» 3° Elles devront s'asseoir ou se tenir debout, suivant qu'il sera jugé convenable, et dès qu'une fois elles seront placées, il leur faudra rester parfaitement tranquilles et observer le silence.

» 4° Elles devront porter avec elles, mais non pas sur elles, leurs havresacs ; et en quittant les bateaux, elles se les chargeront sur le dos ou les placeront sur la plage, dans l'ordre où elles se tiendront, selon qu'il leur sera prescrit.

» 5° Les régiments se formeront en colonnes contiguës, à un quart de distance.

» 6° Elles ne chargeront pas avant d'avoir débarqué, et elles ne le feront pas alors sans en recevoir l'ordre.

» 7° Les chevaux fournis pour le service seront débarqués après le débarquement des troupes.

» 8° Les officiers et les soldats devront porter du pain et de la viande salée pour trois jours et apprêtée. Les soldats auront leur bidons plein d'eau.

» 9° Les outres d'eau seront également débarquées et placées avec les munitions de réserve; et les chevaux destinés à ce service, si l'on peut les prendre, ce qui est maintenant douteux, seront amenés sur le rivage aussitôt qu'on le pourra.

» 11° Il est nécessaire que les officiers n'emportent, dans le premier cas, sur la plage, que les objets qu'ils peuvent porter eux-mêmes.

» 11° L'état-major du service médical, attaché aux divisions et aux brigades, débarquera en même temps qu'elles.

» 12° Les batteries débarqueront avec les divisions auxquelles elles sont attachées, aussi bien que les sapeurs qui sont dans une situation semblable. Ces derniers porteront avec eux ce qu'il leur faudrà d'outils et d'instruments à faire des retranchements.

» 13° La division de cavalerie légère débarquera la première. Quatre compagnies du 2e bataillon de la brigade des carabiniers seront attachées à chacune des brigades de la division et formeront l'avant-garde.

» 14° Suivra la première division, puis la seconde, la troisième et la quatrième.

» 15° La cavalerie sera prête à débarquer, mais elle ne débarquera point avant qu'elle n'en reçoive l'ordre spécial; elle prendra avec elle des grains et des fourrages pour trois jours.

» 16° Les autorités navales pourvoiront au débarquement de ce qu'il faut justement de chevaux des officiers de l'état-major, et il est recommandé à ces officiers de mettre sur leurs chevaux des grains et des fourrages pour trois jours.

Ordre du débarquement.

» Quand les troupes seront dans les chaloupes, elles se formeront sur le côté des vaisseaux qui fait face au rivage et d'où elles débarqueront, prêtes à se former en ligne de front, au signal qu'en donnera *l'Agamemnon*. Les bateaux devront se tenir à vingt pieds de distance des rames et avirons les uns des autres.

» Ils devront observer attentivement les signaux, afin que l'ordre de se former en ligne ne soit pas pris pour celui de s'avancer. C'est en ligne et de front qu'ils s'avanceront : ils devront apporter le plus grand soin à conserver la ligne, afin qu'aucun bateau ne la dépasse ou ne se trouve en arrière ; mais tous se dirigeront vigoureusement et avec ensemble vers le rivage, en observant le plus rigoureux silence.

Arrangements.

» Il sera attaché à chaque division un vapeur de guerre pour donner assistance en cas de besoin pendant qu'on sera en mer. *Le Triton* et *le Spitfire* recevront l'ordre de mouiller comme points de limite pour la division légère, et comme étant un guide général pour les autres.

» Les bateaux de la flotte qui débarqueront l'infanterie seront rangés en division : dans l'une, les chaloupes et les bateaux des troupes; dans une autre, les bateaux à tambour de roues de vapeurs ; dans une troisième, les bateaux du service de transport.

» Tous les officiers auront copie de ces instructions.

» Tous les équipages des bateaux porteront dans leurs havresacs leurs provisions du jour, et leur ration d'eau-de-vie dans une petite gourde.

Instructions du service médical.

» Dans le cas où l'armée aurait à effectuer un débarquement sur une côte ennemie, se trouvant face à face avec des troupes qui lui opposeraient de la résistance, les soldats, avant que de quitter les vaisseaux, devront prendre un bon repas, et apprêter avant le départ tout ce qui paraîtra nécessaire pour être servi. Pour cela, le porc vaut mieux que le bœuf, parce qu'avec les légumes que les soldats peuvent trouver sur la plage, il donne plus de vigueur.

» Les fonctionnaires du service médical débarqueront avec les derniers bateaux de leurs régiments, et porteront avec eux leurs havresacs, leurs appareils à pansement et les civières, si l'ennemi s'oppose au débarquement, de façon à pouvoir faire porter sur-le-champ les blessés aux bateaux, qui les transporteront aux vaisseaux réservés pour les recevoir. On aura soin que chaque vaisseau employé à ce service soit pourvu d'eau et d'une tasse en corne. »

De son côté, le prince Menschikoff, qui commande à Sévastopol, a concentré sur le littoral criméen tous les condamnés disséminés dans les citadelles d'Alexandrowsk, de Bachnut, de Slawiansk et de Tchugujew, et leur fait élever des retranchements qu'il inspecte avec soin. Il excite les travailleurs, encourage les vaillants et châtie les paresseux; on dit même qu'à Pérékop, le 24 août, il a souffleté un major pour n'avoir pas instantanément exécuté un de ses ordres. Cette brutalité a son excuse en ce qu'elle est inhérente à la hiérarchie russe. Ainsi le prince Menschikoff, sans un murmure, recevrait de l'empereur l'indigne traitement que lui-même a infligé à l'un de ses inférieurs.

A Odessa, le commandant de place Armenkoff organise en milices civiques tous les habitants capables de porter les armes, tandis que le gouverneur Krusenstern, après avoir évacué les blés sur Tirasopol, cherche par cette proclamation, du 30 août, à parodier l'héroïsme de Rostopchin à Moscou :

« HABITANTS D'ODESSA,

» L'ennemi se montre de nouveau en vue de notre ville plus fort que jamais. Nous sommes armés et bien préparés. Nous saurons nous opposer de la manière la plus énergique à toute tentative de débarquement de l'ennemi. Mais les canons des bâtiments ennemis ont une longue portée. Cependant ne vous effrayez pas, il y a aussi des moyens pour résister à ce danger. Préparez des toiles et des peaux mouillées, et jetez-les sur les bombes que l'on pourrait lancer sur la ville. Il faudra tenir des seaux d'eau sur les toits pour pouvoir immédiatement éteindre les incendies. Si néanmoins l'ennemi, fort de ses canons à longue portée, continue opiniâtrément le combat, nous nous retirerons à Tirasopol après avoir réduit la ville en cendres pour que l'ennemi n'y trouve pas un abri. Malheur à celui d'entre vous qui resterait en arrière pour éteindre l'incendie!

» KRUSENSTERN, *gouverneur*. »

Mais qu'importent ces vaines démonstrations, notre armée précipite ses préparatifs. L'énergie du maréchal semble s'être à tous inoculée. Lui-même, malgré son anévrisme, se multiplie et donne à chacun l'exemple, oubliant ses souffrances à force de les dissimuler. A tous ces enthousiasmes, à tous ces dévouements qui couvent, impatients de se faire jour, il ne faut qu'une étincelle ; cette proclamation de l'Empereur vient en déterminer l'explosion :

« SOLDATS ET MARINS DE L'ARMÉE D'ORIENT,

» Vous n'avez pas encore combattu, et déjà vous avez obtenu un éclatant succès. Votre présence et celle des troupes anglaises ont suffi pour contraindre l'ennemi à repasser le Danube, et les vaisseaux russes restent honteusement dans leurs ports. Vous n'avez pas encore combattu, et déjà vous avez lutté avec courage contre la mort. Un fléau redoutable, quoique passager, n'a pas arrêté votre ardeur. La France et le souverain qu'elle s'est donné ne voient pas sans une émotion profonde, sans faire tous les efforts pour vous venir en aide, tant d'énergie et tant d'abnégation.

» Le premier consul disait en 1799 dans une proclamation à son armée :

« La première qualité du soldat est la constance à supporter les fatigues et les » privations, la valeur n'est que la seconde. »

» La première, vous la montrez aujourd'hui; la seconde, qui pourrait vous la contester? Aussi nos ennemis, disséminés depuis la Finlande jusqu'au Caucase, cherchent avec anxiété jusqu'à quel point la France et l'Angleterre porteront leurs coups, qu'ils prévoient bien être décisifs, car le droit, la justice, l'inspiration guerrière sont de notre côté.

» Déjà Bomarsund et deux mille prisonniers viennent de tomber en notre pouvoir. Soldats ! vous suivrez l'exemple de l'armée d'Égypte; les vainqueurs des Pyramides et du mont Thabor avaient comme vous à combattre des soldats aguerris et la maladie; mais, malgré la peste et les efforts de trois armées, ils revinrent honorés dans leur patrie.

» Soldats ! ayez confiance en votre général en chef et en moi. Je veille sur vous, et j'espère, avec l'aide de Dieu, voir bientôt diminuer vos souffrances et augmenter votre gloire. Soldats ! à revoir.

» NAPOLÉON. »

CHAPITRE VI.

Destruction de Bomarsund. — Départ des flottes. — Les russes ruinent le fort de Hangoë. — Les prisonniers russes en France et en Angleterre. — Le choléra à Bomarsund. — Visite à Flaca. — Touchante allocution du pasteur. — Les portraits de l'Empereur Napoléon et de l'Impératrice Eugénie. — Les lauriers de Bomarsund. — Fin de la campagne de la Baltique. — Récompenses aux officiers, sous-officiers et soldats qui se sont particulièrement distingués pendant l'épidémie.— Embarquement des troupes de Crimée. — Retards des Anglais. — Rapport de l'intendant-général. — Nouvelle commission d'exploration. —Débarquement à Eupatoria. — Fausse attaque sur la baie de Katcha. — Ordre du jour du maréchal Saint-Arnaud. — Lettre des généraux alliés à Omer-Pacha. — Marche des troupes. — La cavalerie anglaise et les cosaques. — Bataille de l'Alma. — Ordres du jour du maréchal Saint-Arnaud et de lord Raglan. — Promotions et décorations qui en sont la suite. — Épisodes de la journée. — Soins aux blessés. — Départ de ces derniers pour Constantinople. — Le général Thomas. — Passage de la Katcha et du Belbeck. — Occupation de Balaklava. — Mort du colonel Tarbouriech. — Le commandement en chef est remis par le maréchal au général Canrobert. — Mort du maréchal.

(SEPTEMBRE 1854.)

Voici quelle est, au 1er septembre, l'état des fortifications de Bomarsund: La tour de Tzée a sauté sous les boulets russes, après sa prise par nos soldats; les anglais ont ruiné celle de Nortich, et celle de Presto a été détruite par le général Niel. Vingt fourneaux de mine, répartis dans les casemates du grand fort et reliés entre eux par une mèche de plus de deux mille mètres de longueur, sont prêts à jouer.

Le 2, dans la matinée, les tambours battent le rappel et annoncent que l'œuvre de destruction touche à son terme. Aussitôt chacun s'éloigne de la citadelle pour courir aux collines, du sommet desquelles on peut sans danger contempler le spectacle. Les habitants de l'archipel se mêlent, sur cet amphithéâtre, à nos soldats et à nos marins; aucune expression chagrine ne se lit sur le visage de ces indigènes; c'est qu'ils comprennent, en leur naïf instinct, que la forteresse était bien plus, pour eux, une menace qu'une protection.

A sept heures et demie, les soldats du génie allument la mèche et se replient, en courant, sur les spectateurs. Des détonations successives ébranlent le sol et se répercutent dans les échos de la falaise; on dirait que des milliers de canons tonnent à la fois; d'énormes blocs de granit, lancés en l'air comme la pierre d'une fronde, jonchent au loin le plateau de leurs débris calcinés; les tourbillons de flammes embrasent l'horizon et, dans les nuages de fumée, sifflent, sinistres éclairs, des grappes d'obus. A peine le regard a-t-il eu le temps d'embrasser l'ensemble de cette magnifique horreur, qu'il ne reste plus de l'imposante citadelle de Bomarsund qu'un amas informe de ruines, sur lesquelles l'incendie darde ses mille langues de feu.

Après cette exécution des ordres qu'elles ont reçus, les troupes expéditionnaires regagnent la baie de Ledsund, les généraux et l'état-major sur *le Fulton*, et *le Phlégéton* remorquant le vaisseau amiral *l'Inflexible* qui, le dernier, déroule les couleurs nationales dans la baie de Lumpar.

Quelques jours auparavant, le 27 août, sur le bruit de l'entrée des croiseurs anglo-français dans le golfe de Finlande, les russes ont eux-mêmes détruit la citadelle d'Hangoë, comprenant la tour de Meyerfeld, celle de Gustave-Adolphe et le grand fort de Gustafsvarn.

Une convention du 10 mai, promulguée le 29 août, a ainsi réglé le sort des prisonniers :

1° La France et l'Angleterre se répartiront d'une manière égale, autant que possible, les prisonniers de guerre ;

2° Si l'un des deux pays en a à entretenir un plus grand nombre, tous les trois mois le compte de l'excédant des dépenses sera établi et le gouvernement de l'autre pays lui remboursera cet excédant.

3° Il en sera de même si un des deux pays en a un certain nombre pendant un plus long temps à sa charge.

En vertu de cette convention, mille des prisonniers de Bomarsund sont remis au commodore Grey et les mille autres embarqués sur *la Sirène* et *la Cléopâtre*.

Le général Bodisco, prisonnier sur parole, est conduit au Hâvre avec sa femme et son fils par la frégate à vapeur *le Souffleur*; il est accompagné d'un capitaine du génie, du neveu de ce capitaine, appartenant au corps des cadets, et d'un autre officier; sa suite se compose d'un soldat finlandais et d'une femme de chambre. Le gouvernement français l'ayant autorisé à résider où il voudra, à l'exception de Paris, le général se retire à Evreux, après un séjour d'une semaine au Havre dont la population lui témoigne de sympathiques égards et une affectueuse déférence.

Au reste, il faut le dire à la louange de notre pays, les prisonniers russes sont partout bien accueillis. Dans le faubourg Saint-Antoine, les nombreux ouvriers de ce quartier industriel fraternisent avec eux chez les marchands de vin; ils poussent même si loin la bonne réception que le commandant de l'escorte est obligé d'intervenir en leur faisant observer que de nouvelles libations retarderaient forcément la marche du convoi.

— Bah! laissez donc, sergent, la patrie est pour eux au fond de la bouteille! répond avec l'à-propos français un des amphitryons.

Et les russes s'éloignent aux cris cent fois répétés de :

— *Bono* français! *bono* français!

C'est l'île d'Aix, à l'embouchure de la Charente, qui est assignée pour lieu de détention aux prisonniers. Ils y arrivent, le 15 septembre, au nombre de neuf cent quatre-vingt-dix-huit, dont vingt-neuf officiers et neuf cent soixante-neuf sous-officiers et soldats. Parmi ces derniers, on compte trois soldats de la garde impériale, quelques cosaques du Don et du Dniester; le reste appartient à l'artillerie et au vingt-deuxième régiment de ligne.

Par ordre du général Baraguey-d'Hilliers, les officiers ont conservé leurs armes. Leur uniforme se compose d'une tunique bleue avec revers et collet rouge écarlate, d'une casquette plate, bleue, avec bourdaloue rouge; les épaulettes sont d'argent, variant de grosseur et de rangs de franges, suivant les grades. L'uniforme des soldats se compose d'une longue capote gris-marron par dessus un habit vert foncé à courtes basques, avec collet et passe-poils rouges, d'un pantalon bleu, d'une casquette plate, noire, à visière recourbée, entourée d'un bourdaloue rouge. Tous portent les moustaches et les cheveux en brosse comme nos troupes; quelques-uns seulement ont les favoris d'ordonnance. Seize femmes et une quarantaine d'enfants accompagnent les captifs. Deux d'entre elles sont particulièrement intéressantes: la première a perdu son mari pendant la traversée et reste veuve avec trois petites filles; la seconde s'est par erreur embarquée sur un vaisseau français, tandis que son mari faisait partie du détachement remis au commodore Grey. Ces femmes sont généralement laides, mais leur simple toilette est toujours d'une exquise propreté; avec leurs foulards de couleur noués en fanchon sur la tête, elle ressemblent aux marchandes de balais bavaroises; toutes ont les cheveux blonds, à l'exception d'une juive qui est très-brune.

La garnison de l'île d'Aix est renforcée de deux compagnies détachées du 6e régiment de ligne, lors de l'installation des prisonniers. On loge ces derniers dans les bâtiments affectés jadis aux captifs arabes et dans le fort Liodot qui défend l'entrée de la Charente. Un pavillon de l'hôpital et l'aile du génie militaire sont mis à la disposition des officiers, avec des lits pareils à ceux qu'on affecte aux malades dans les hôpitaux. Les soldats sont couchés, comme nos troupiers au bivouac, sur un sac de campement rempli de paille, avec une bonne couverture de laine pour se couvrir. Leur nourriture se compose de pain de munition, blanc comme celui de deuxième qualité et bluté au vingtième, de deux cent cinquante grammes de viande fraîche et de six décagrammes de légumes secs (haricots, pois, lentilles, fèves etc.); ils s'en montrent fort satisfaits, surtout du pain; celui qu'ils mangeaient à Bomarsund était noir et mélangé de terre et de paille. Étant assez bien fournis d'argent, ils joignent à cet ordinaire de fréquentes rasades d'eau-de-vie et de nombreuses pipes de tabac.

Les officiers affichent une extrême sobriété; ils prennent le thé matin et soir et dînent vers deux heures. Ainsi que leurs soldats, ils fument beaucoup.

Les deux premières semaines, on laisse aux captifs tout leur temps, sous la condition de répondre à trois appels, deux aux heures des repas et un au milieu de la journée; mais, plus tard, on les emploie aux fortifications de l'île qui exigent des réparations, et ils s'acquittent de corvée avec bonne humeur et docilité.

Le soldat russe est traité par ses chefs avec un dégradant mépris; il semble être à leurs yeux pétri d'un plus grossier limon, animé d'une intelligence moins noble qu'eux-mêmes, et, chose bizarre! ces officiers affectent tous une grande austérité de principes religieux, et se disent les fervents disciples du Nazaréen qui a prêché la fraternité, en conseillant aux hommes de s'aimer les uns les autres, et l'égalité en annonçant que les premiers seraient les derniers et les derniers les premiers! Ah! s'ils avaient au cœur un peu de l'esprit de ces maximes dont les mots reviennent incessamment sur leurs lèvres, ils comprendraient que ce déshérité est leur frère, et, comme dans la parabole du samaritain, ils verseraient l'huile et le vin sur ses blessures. Alors, au lieu de soldats-machines évoluant apathiquement autour du cercle des prescriptions, ils auraient, ainsi que nous, des troupes ardentes, attelant au devoir leur intelligence et leur dévouement, et le poussant ainsi jusqu'à l'héroïsme.

Quand un de leurs chefs passe devant les prisonniers, c'est à peine s'il répond par un dédaigneux regard à leur salut respectueux; aussi se montrent-ils honorés et reconnaissants du signe de tête que leur envoient, en pareille circonstance, les officiers français. Nos troupiers poussent avec eux la familiarité plus loin, et s'ingénient de cent mille façons à leur donner des talents de société, à leur inculquer le beau langage et à les façonner aux belles manières.

Ici, trois cosaques apportent toute leur attention à la confection d'une soupe à la française qu'ils s'obstinent, en dépit des observations de leur professeur, à avaler en partie double, le pain d'un côté, le bouillon de l'autre.

Là, les artilleurs, prenant des leçons de boxe et de savate, mesurent la terre avec une infatigable patience. Plus loin, c'est la canne et le coup de tête des *bons gars* de la Bretagne qu'on enseigne aux chasseurs de la ligne.

Ailleurs, un autre groupe écoute, bouche béante, un vieux chevronné qui, en argot de caserne, lui explique les règles de la langue française. Pauvre langue! à l'entendre ainsi parlée, Montaigne la déclarerait plus que jamais ondoyante et variable, et ni Boileau, ni Vaugelas, ni Patru ne la reconnaîtraient.

La récréation succède à la classe; elle se compose immanquablement de chansons et de noëls de corps de garde, dont les russes sont autorisés, vu leur peu de pratique de notre idiôme, à ne répéter que le refrain. Rien de plus comique que ces enfants du Nord détonnant gravement : *Drinn drinn* ou *Sur l'air du Tra la la la.*

Un des correspondants auxquels nous empruntons ces détails familiers ajoute :

« De notre côté, nous avons lié connaissance avec les officiers russes, auxquels nous avons fait une cordiale réception. Ils se sont rendus à notre invitation en grande tenue et revêtus de leurs uniformes, qui sont assez bien, quoique un peu simples et trop sombres. Pendant toute la soirée, la conversation a été très animée, et leurs confidences nous ont éclairci bien des points qui restaient obscurs ou douteux pour nous. Du reste, ils sont très-sages et fort modérés dans leurs appréciations; aussi nous avons pu, sans indiscrétion, aborder sur la politique les questions les plus scabreuses sans crainte de les froisser ou d'être froissés par eux. Le gouverneur civil, qui est officier aux tirailleurs de la garde impériale, M. Furihielm, paraissait surtout touché de notre accueil :

» — Nous ne sommes que des machines de guerre, m'a-t-il dit; une fois hors du champ de bataille, nous n'avons plus d'ennemis, nous n'avons que des frères, comme le prescrit toute religion.

» Le colonel paraît fort instruit, surtout en artillerie; il connaît toutes nos armes, vante beaucoup la carabine de nos chasseurs, qu'il met bien au-dessus de l'arme des chasseurs-tirailleurs russes, quoique celle-ci soit plus légère et plus courte.

» Un des officiers les plus distingués est le lieutenant-colonel du génie Alexandre Kranshold, qui a vu, comme l'ont dit les journaux, le général Niel venant reconnaître l'emplacement de la batterie dirigée contre la tour principale, et ne comprend pas qu'il ait pu échapper à la mitraille qu'on a lancée contre lui.

» Il blâme énergiquement le système de fortifications adopté en Russie. A Bomarsund, les casemates étaient si mal disposées, qu'après plusieurs coups de canon tirés, les soldats étaient aveuglés et asphyxiés par la fumée. Le même vice de construction existe à Cronstadt et à Sévastopol.

» Outre ces officiers, la réunion comptait encore le lieutenant-colonel major Guillaume Tamelakh, qui commandait la place à Bomarsund, le lieutenant-colonel d'artillerie, le commandant de l'infanterie et le major commandant les tirailleurs; enfin, dix-huit capitaines, lieutenants-capitaines, lieutenants et sous-lieutenants. Tous sont finnois ou polonais, sauf un cosaque et trois russes pur sang. L'officier cosaque est en capote comme les soldats; il paraît, du reste, qu'en temps de guerre, les officiers, pour ne pas être reconnus par l'ennemi, doivent porter la capote du soldat.

» En dépit de certaines appréciations peu bienveillantes, tous les soldats russes que j'ai vus sont très-propres. »

Les prisonniers échus à l'Angleterre sont moins favorisés que les nôtres; on les loge sur des pontons où une ration quotidienne, soit de biscuit, soit d'une livre et quart de pain frais, et d'une quantité raisonnable de sucre, de thé, de chocolat, de gruau, de viande fraîche, de légumes et de fruits, leur est assurée. Ce n'est pas que les russes aient d'ailleurs à se plaindre de mauvais procédés en Angleterre, bien au contraire. Ainsi, le capitaine Stewart, du *Termagant*, conduisant à Sheerness le capitaine du génie Swearoff, le capitaine Millart et le lieutenant Blüm, tous trois avec leurs femmes, et cent quatre-vingt dix-neuf soldats russes, offre un dîner d'adieu aux officiers et aux dames, avant que de les déposer sur le ponton *le Devonshire*. Swearoff porte au dessert un toast au capitaine et le remercie de ses bons soins pendant la traversée. Le capitaine Stewart lui fait raison en émettant le vœu d'une prompte libération.

Ainsi encore, un peu plus tard, lorsque cent soixante-dix des prisonniers de Sheerness, dont quinze officiers et cinq femmes, sont transférés à Lewes, dans l'ancienne prison du comté de Sussex, ils sont, à toutes les stations du chemin de fer, l'objet des égards et des prévenances des autres voyageurs.

Nous ne pouvons clore nos pages sur l'expédition de la Baltique, sans y mentionner le passage du choléra. Comme au Pirée, à Gallipoli et en Bulgarie, le fléau a sévi dans l'archipel d'Aland. Le 16 juillet, un cas est signalé à bord du vaisseau français *l'Austerlitz* ; le lendemain même de la prise de Bomarsund, la contagion envahit l'île d'Aland.

Les tentes et les baraques de l'ambulance, installée au village de Fimby, sont encombrées en quelques heures, et ce n'est pas trop des efforts combinés des aumôniers, des médecins, des pharmaciens, des infirmiers et des employés de l'intendance, pour combattre l'invasion de l'épidémie et en arrêter le développement. Les équipages de nos vaisseaux sont également affectés, mais nulle part on ne souffre comme dans l'île de Presto. Les compagnies d'infanterie de marine qui ont été débarquées sur ce point, relèvent quatorze victimes en prenant terre. Heureusement le digne commandant de l'escadre, M. le vice-amiral Parseval-Deschênes veille à tout, et au bout d'une heure, un service de santé est organisé et fonctionne à Presto. Le nombre des agents subalternes étant insuffisant, les aumôniers, les officiers, les soldats s'improvisent infirmiers, présentent les boissons aux malades, les roulent dans les couvertures de laine, les frictionnent, qui avec des morceaux de flanelle, des pans d'habits russes, qui avec du foin, voire des orties. C'est que les objets de pansement font défaut comme les bras, tant l'irruption du mal a été soudaine, imprévue, envahissante......

Les amiraux et tout le corps d'officiers ne quittent pas les ambulances, encourageant les hommes valides, consolant les malades et recevant les dernières volontés des agonisants, testaments naïfs qui parlent tous de la patrie, la grande famille, de la famille, la sainte patrie. De ces doigts que la mort va glacer et raidir, s'échappent de modestes économies, des bagues, des montres, des boucles de cheveux qui iront consoler au pays une vieille mère ou une jeune fiancée. Un breton remet à son capitaine deux francs qui payeront deux messes pour le repos de son âme; un autre, charge l'aumônier de *l'Algérie* d'adresser en son nom, au village natal qu'il a scandalisé par le spectacle de ses erreurs de jeune homme, des excuses publiques.

Beaucoup en réchappent et peuvent réclamer aux dépositaires les gages de leurs dernières volontés; ceux qui succombent sont inhumés avec une sollicitude filiale. Chaque cadavre a son linceul, sa bière et sa tombe; une croix de bois, portant le nom et le grade du mort, surmonte chaque fosse, et la piété de quelque frère d'armes y ajoute ou des gazons en croix, ou des arbres verts que les indigènes promettent de respecter.

La flotte anglaise, atteinte comme la nôtre, compte aussi des victimes; le seul équipage du *Termagant* a dix-sept morts sur quarante-trois malades.

Enfin nous allons quitter cette terre en y laissant, face à face, la forteresse écroulée et notre cimetière; mais avant le départ, les habitants de Flacca, l'un des plus forts villages de la baie de Ledsund, invitent nos officiers à leur venir faire les adieux.

Dans une salle de la maison commune que décorent les portraits de l'Empereur et de l'Impératrice des français, encadrés de fleurs et de feuillages, une modeste collation a été dressée; le maire, les syndics des hameaux environnants, le pasteur et les notables de Flacca en font les honneurs à nos officiers avec une touchante cordialité, puis, à la fin, le pasteur, beau vieillard à cheveux blancs, leur adresse en suédois une allocution que l'interprète traduit ainsi :

« MESSIEURS LES OFFICIERS,

» Au moment où vous allez quitter à jamais nos campagnes pour retourner en France où vous attendent les objets chers à votre affection, recevez l'expression de notre sincère reconnaissance pour la manière pleine de bienveillance et d'humanité dont vous nous avez traités.

» Nous avons été des amis pour vous et vos dignes alliés.

» Vous avez protégé nos familles, respecté nos propriétés, secouru nos misères.

» Merci ! nobles étrangers ! Que l'empereur qui commande à votre grande et magnanime nation reçoive les sentiments de profonde gratitude de nos cœurs reconnaissants, lui qui vous a envoyés.

» Bientôt. vous serez loin.... Dans quelques jours la neige blanchira nos bois et nos plaines ; la terre d'Aland reposera sous son enveloppe de glace.

» Retirés dans nos maisons, agenouillés autour du foyer, à l'heure de la prière, nos pensées se reporteront vers vous.

» Nous demanderons à Dieu qu'il rende la paix au monde, qu'il vous donne le bonheur que vous méritez, à vous et à votre brave amiral, que nous avons appris à aimer et à admirer. »

Au moment de partir, un officier, désignant les portraits de Napoléon III et de l'Impératrice Eugénie, demande s'il ne pourrait pas s'en procurer de semblables, afin de les emporter en France (ces portraits, coloriés à la manière allemande, sont d'une ressemblance frappante et de beaucoup supérieurs aux enluminures de nos marchands d'estampes) ; on lui répond que chaque habitant de Flacca possède un pareil exemplaire, mais quelque prix qu'il y mette, nul ne veut lui céder le sien.

— Vous allez les retrouver vivants, laissez-nous leurs images, dit chacun en éludant ses offres.

Et comme il interroge le pasteur sur la cause de cette affection des alandais pour nos souverains :

— Ah ! c'est qu'ils doivent être bons, ceux-là qui ont de pareils enfants ! réplique mélancoliquement le vieillard.

Tout est prêt sur la flotte pour l'appareillage ; la saison rigoureuse va venir et les gros temps ne sauraient permettre aux vaisseaux de haut bord d'arriver à Cronstadt ; d'un commun accord, les commandants français et anglais déclarent terminée l'expédition dans la Baltique, et l'amiral Parseval-Deschênes ramène à Cherbourg son escadre, tandis que le commodore Grey croise devant Rewel et dans le golfe de Bothnie, jusqu'au jour où les glaces ferment les ports russes.

Avant que de quitter Bomarsund, un détachement de nos marins, comme, aux jours de la Grèce antique, les prêtres d'Apollon, lors des Daphnéphories, a parcouru tous les jardins, en quête d'une branche de laurier pour la rapporter à l'Empereur; mais, bien que des laurinées la famille soit nombreuse, — depuis l'utile laurier-cerise jusqu'à l'agréable laurier-rose, — il n'y a pas aperçu l'ombre d'un daphné.

— Mes enfants, s'est écrié un vieux maître d'équipage, ne vous étonnez point de la chose; la gloire ne connaissant pas le chemin de ces latitudes rhumatismales, son arbuste ne saurait s'y trouver, mais, aujourd'hui que nous y avons passé, il en poussera; nos canons n'ont pas ménagé la graine.

— Avec tout ça, l'Empereur n'aura pas son bouquet! fait observer un matelot.

— Tu crois?... eh bien! et ces sapins que nous venons de planter sur la fosse de nos défunts! coupons-en quelques branches, camarades, ça sera les lauriers de Bomarsund; on peut leur donner cet avancement, elles ont ombragé des braves.

Et sur ce mot, chacun a coupé un rameau vert, dont, plus tard, le faisceau est remis à l'Empereur, au camp de Boulogne.

Notre expédition dans la Baltique ne sera pas infructueuse, et la destruction des fortifications d'Aland donnera au czar la mesure de nos forces. Pourquoi faut-il que le choléra soit venu moissonner des hommes qu'avait respectés la mitraille ennemie!... Grâce à Dieu, la France s'est montrée assez forte pour tenir tête à son double adversaire, et sur les deux champs de bataille, elle a vaincu! ici, par sa bravoure; là, par sa science et son dévouement.

Ah! le maréchal Saint-Arnaud disait vrai à Varna:

— La France est la grande nation!

Notre assimilation de l'ambulance des cholériques à un champ de bataille n'a rien d'hyperbolique, nous n'en voulons pour preuve que les nombreuses victimes laissées par le corps de santé militaire sur le théâtre de sa lutte avec le fléau: les médecins-majors Poutier et Lagèze, les aides-majors Musard, Plassan, Claquard, Stéphani, Dumas et Gérard. Ceux-là aussi sont des héros, mieux encore, des martyrs..... et leurs palmes valent toutes les autres! Murat, Désaix, Kléber, braves entre les plus braves, ne pâlirent-ils pas en voyant Desgenettes s'inoculer, à Jaffa, le virus pestilentiel?

C'est donc à juste titre que l'Empereur accueille la nouvelle de la défaite de l'épidémie comme une victoire, et récompense ceux qui se sont signalés aux ambulances.

A cette occasion, des décrets des 21 septembre, 11, 14 et 21 octobre, nomment, dans l'ordre impérial de la Légion d'Honneur :

Armée d'Orient.

COMMANDEUR.

Lévy, directeur médical de l'armée.

OFFICIERS.

Intendance.

De Molines, sous-intendant de 1re classe.
Bligny-Bondurand, id.
Du Cor de Duprat, id. de 2e classe.

Corps médical.

Salleron, médecin principal de 2e classe.
Perrier, médecin major de 1re classe.
Grillois, id.
Eichacker, id.

CHEVALIERS.

Aumônerie.

L'abbé Gloriot.

28e régiment d'infanterie de ligne.

Grosjean, lieutenant.

23e régiment d'infanterie légère.

Gosse, sous-lieutenant.

Gendarmerie d'Afrique.

Chastain, brigadier à cheval, détaché.

Corps médical.

Haspel, médecin major de 1re classe.
Latour, id. de 2e classe.
Pellier, id. de 2e classe.
Brumens, aide-major de 1re classe.
Burlureaux, id.
Vaghette, id.
Bertrand, id.
Seigle, id.
Raoult-Deslongchamps, id.
Barberet, id.
Castaing, id.
Cuignet, id.
Tirard, aide-major de 2e classe.
Constantin, id.
Delune, id.
Cavaroz, id.
Xanthopulo, médecin turc, envoyé à Gallipoli.
Jeannel, pharmacien principal de 2e classe.

Intendance.

Gayard, adjudant de 1re classe.

Administration.

Delcambre, officier comptable de 1re classe.
Deprez, id. de 2e.

Service des hôpitaux.

Sauvage, adjudant en premier.
Clavette, infirmier-major sergent.

Flotte de la mer Noire.

OFFICIERS.

Aumônerie.

L'abbé Cresp, aumônier supérieur de la flotte.

Corps médical.

Marroin, chirurgien principal de l'escadre de la Méditerranée.
Beau, chirurgien de 1re classe.

CHEVALIERS.

Aumônerie.

L'abbé Bellée.

L'abbé Gros.
L'abbé Dégerine.

Corps médical.

Gourrier, chirurgien de 1re classe.
Leroy de Méricourt, id.
Bourgarel, id.
Pellegrin, chirurgien de 2e classe.

Manœuvriers.

Tournier, 1er maître.

Corps expéditionnaire de la Baltique.

Corps médical.

Bonacorsi, aide-major de 1re classe.

Cinq décrets des 15 et 21 septembre, 14 et 21 octobre et 4 novembre confèrent la médaille militaire aux sous-officiers et soldats dont les noms suivent :

Armée d'Orient.

3e régiment du génie.

Léonard, caporal.

9e régiment d'artillerie.

Bresson, canonnier.

13e régiment d'artillerie.

Poujade, maréchal-des-logis.

1er régiment de hussards.

Kœstel, brigadier.
Stadler, hussard.

1er régiment de zouaves.

Bulton, sergent.
Roy, id.
Boutet, id.
Delafargues, caporal.
Darnault, id.
Curet, id.
Lainé, zouave.
Marionneau, id.
Duval, id.
Rémond, id.
Barron, id.
Levai, id.

1er bataillon de chasseurs à pied.

Drouard, sergent.
Mazen, caporal.

3e bataillon de chasseurs à pied.

Monthuy, chasseur.

9e bataillon de chasseurs à pied.

Feray, caporal.
Gros, chasseur.
Papier, chasseur.

Bataillon de tirailleurs algériens.

Lekal-ben-Kassem, soldat.

7e régiment d'infanterie de ligne.

Ferrand, sergent.

20e régiment d'infanterie de ligne.

Lassagne, sergent-major.
Maestracci, sergent.
Delibes, caporal-sapeur.
Odru, caporal.
Brugeiroux, voltigeur.
Perroncel, id.
Lapierre, id.
Borsat, id.
Chervalier, id.

27e régiment d'infanterie de ligne.

Bontus, sergent-major.
Lesueur, caporal.
Gelos, grenadier.
Chapy, voltigeur.

28e régiment d'infanterie de ligne.

Delaporte, sergent.

46e régiment d'infanterie de ligne.

Gautier de la Guistière, sergent.

23e régiment d'infanterie légère.

Bodin, sergent.

2e escadron du train des équipages.

Thomassin, maréchal-des-logis.
Tribalet, 2e soldat.

Service des hôpitaux.

Maillot, infirmier-major sergent.
Candalon, id.
Schwaizer, id.
Duval, id.
Seignau, id.
Rigal, infirmier-major caporal.
Renaudy, id.
Brossy, infirmier soldat 1re classe.
Lemoux, id.
Huck, id.

Flotte de la mer Noire.

Régiment d'artillerie de marine.

Legros, sergent.

1er régiment d'infanterie de marine.

Maurice, sergent.

Équipages.

Legall, matelot de 1re classe.
Oster, matelot de 3e classe.
De Leusse, novice.

Artillerie de bord.

Steimbach, quartier-maître canonnier.
Hétet, 2e maître.
Santoni, id.

Manœuvriers.

Moureau, quartier-maître.

Voilure.

Gazielle, 1er maître.
Brouquier, id.
David, 2e maître.
Donnaud, id.
Solaro, id.

Service des hôpitaux.

Bardoux, infirmier-major.
Albert, id.
Amalric, id.
Baher, id.
Chauvin, id.
Lazennec, 1er infirmier.
Blanc, 2e infirmier.

Corps expéditionnaire de la Baltique.

2e régiment d'infanterie légère.

Belbèze, sergent.
Monier, caporal.

L'embarquement de l'armée d'Orient s'effectue le 1er septembre dans la rade de Baltchick; on n'a pu y procéder la veille à cause de la violence du vent qui aurait broyé les chalands chargés de troupes contre le flanc des navires. L'escadre turque rallie la flotte ce même jour, et le lendemain, dans la soirée, arrive sur *le Berthollet* le maréchal Saint-Arnaud, qui s'installe à bord du vaisseau-amiral *la Ville de Paris*. Le gros temps empêchant le transbordement des chevaux retient en vue de Varna les vaisseaux anglais; on les attend vainement le 3; enfin le 4, l'amiral Dundas écrit qu'il va lever l'ancre, et, sur le signal de l'amiral Hamelin, la flotte appareille à quatre heures du matin, par une fraîche brise du nord-ouest, les huit vaisseaux turcs à droite vers l'est, l'escadre de l'amiral Bruat au centre, et à gauche, l'escadre de l'amiral Hamelin.

Dans la soirée, lord Dundas écrit que les transports arrivés manquent d'eau et qu'il ne partira que le lendemain à l'aube. Le jour se lève, la matinée s'écoule et les vigies ne signalent aucune voile à l'horizon. Tandis que la flotte louvoie, le maréchal adresse par le capitaine du *Caton* une dépêche à lord Raglan dans laquelle il se plaint vivement de ces retards successifs. Le lendemain, à trois heures, *le Caton* revient apportant la nouvelle que l'escadre anglaise a appareillé le matin, à la suite d'une altercation assez chaude entre l'amiral Dundas et l'amiral Lyons, qui voulait partir la veille.

C'est le 8, à l'île des Serpents, que l'escadre anglaise et les deux convois, remorqués par des vapeurs, rallient la flotte ; le coup d'œil est véritablement imposant, formidable, magnifique : au milieu de la haute mer, unie comme une glace, et sous un ciel d'une éblouissante sérénité, — l'un des aspects les plus grandioses de la nature, — s'alignent sur trois rangs et montés par soixante mille hommes, cinq cents navires qui, avec leurs forêts de mâts, auxquels s'accrochent les agrès comme de gigantesques lianes, et dont les voiles grises, les pavillons omnicolores semblent le feuillage et les fleurs, matérialisent la plus vigoureuse personnification de la puissance humaine.

Durant les jours d'attente, M. l'intendant militaire Blanchot adresse, de la rade de Baltchick, au maréchal ministre de la guerre, un rapport sur l'organisation administrative de l'expédition. A ce rapport, en date du 5 septembre, nous empruntons les deux renseignements qui suivent :

Administration.

Le personnel de l'intendance attaché au quartier général se compose de :

MM.	Blanc de Molines, sous-intendant militaire de 1re classe.		
	De Séganville,	*id.*	2e classe.
	Viguier,	*id.*	*id.*
	Lévy, adjoint de 1re classe.		

Un sous-intendant et un capitaine faisant fonctions d'adjoint sont attachés à chacune des quatre divisions.

Le service des ambulances ne pouvant être organisé en Crimée dès les premiers jours, M. Bondurand, sous-intendant militaire, reste à Varna, chargé de surveiller les hôpitaux sur lesquels on évacuera les blessés jusqu'à nouvel ordre. L'intelligence et l'expérience de ce fonctionnaire qui exerce cette spécialité depuis l'ouverture de la campagne lui ont valu ce poste de confiance.

Approvisionnements.

Les vivres, calculés pour trente mille rationnaires, se composent de :

Biscuit.	25 jours	rations de repas et de soupe.
Farine.	15 »	
Riz	45 »	rations à 90 grammes.
Sel	55 »	
Sucre	50 »	ration double.
Café.		
Salaisons.	17 »	
Viandes fraîches . .	10 »	
Vin.	800,000 rations.	
Eaux-de-vie.	400,000 «	

Le jour de la réunion des flottes, une nouvelle conférence entre les généraux et amiraux alliés se tient à bord de *la Ville de Paris*; seul, lord Raglan est absent. On a appris que les russes occupent l'embouchure de la Katcha; il importe donc de déterminer un autre lieu de débarquement. Le maréchal, en proie à une fièvre violente, quitte la séance en annonçant qu'il fera suivant la décision de lord Raglan, auquel il engage les autres membres d'en référer. Les amiraux Hamelin et Lyons, les colonels Trochu et Steel, montent alors sur *le Caradoc*, et y consultent le généralissime anglais; mais cette visite est sans résultat décisif, et ce n'est qu'à la reprise de la séance sur *la Ville de Paris*, qu'on décrète une nouvelle exploration du golfe de Kalamita.

A six heures, la commission déléguée reçoit les dernières instructions du maréchal, empêché par ses souffrances de l'accompagner, et fait voile vers la côte d'Eupatoria. Ses membres appartiennent aux deux nations et sont :

Sur *le Primauguet*, corvette à vapeur française : le général de division Canrobert, le général d'état-major de Martimprey, le général d'artillerie Thiry, le général du génie Bizot, l'amiral Bruat, les colonels Trochu et Lebœuf.

Sur *le Caradoc* : les généraux anglais lord Raglan, Burgoyne, Rose et Brown, et sur *l'Agamemnon*, le contre-amiral Lyons.

Le Sampson accompagne l'expédition pour la protéger de ses canons, si besoin est.

Les quatre navires se rapprochent du littoral et le longent à petite distance depuis le cap Chersonèse jusqu'au cap Loukoul. A Sévastopol, rien n'est changé, mais à la Katcha, au Belbeck, à l'Alma, les russes ont organisé la défense et installé des camps. Trente mille hommes environ sont répartis entre ces diverses positions. Remontant plus au nord, la commission finit par découvrir, entre la rivière d'Alma et Eupatoria, une plage intermédiaire, située par le parallèle de quarante-cinq degrés de latitude, complétement découverte et on ne peut plus propice à un débarquement de troupes; puis, rasant la côte d'Eupatoria qu'aucune fortification ne protége et où même la résidence d'une garnison lui semble douteuse, elle constate la nécessité d'occuper cette ville, qui sera le point d'appui des armées et des flottes, et abritera dans son immense lazaret les troupes mises à terre.

A la suite de cette reconnaissance, lord Raglan assemble les officiers de la commission, et leur demande de prendre une résolution prompte qui sera soumise à la sanction du généralissime français et des amiraux en chef. Le général Canrobert, que le maréchal a chargé de défendre le premier projet, comme offrant l'inappréciable avantage d'opérer la descente sur un point plus rapproché de Sévastopol et à proximité de l'eau douce, s'acquitte de sa mission; il fait ressortir qu'à l'endroit proposé en dernier lieu, nos soldats seront séparés de la rivière par une distance de vingt kilomètres et qu'ils auront nécessairement à souffrir; mais lord Raglan insiste pour l'adoption du second plan qui n'exige pas un débarquement de vive force, et la majorité se ralliant à son opinion, il est décidé :

1° Que le débarquement, au lieu de s'effectuer sous le feu de l'ennemi, dans les baies de Katcha et de l'Alma, aura lieu sur la plage intermédiaire entre les rivières et Eupatoria, au lieu dit *Old-Fort* (Vieux-Fort), à sept lieues nord de Sévastopol.

2° Que le même jour, deux mille turcs, un bataillon français, un bataillon anglais, deux vaisseaux turcs et un vaisseau français occuperont Eupatoria.

3° Que trois ou quatre jours après le débarquement, l'armée se mettra en marche dans le sud, sa droite appuyée à la mer et à une escadre de quinze vaisseaux ou frégates à vapeur, qui la suivra le long du littoral, pour la protéger de son artillerie et assurer ses approvisionnements.

Le 11, la commission est de retour; elle soumet sa résolution au maréchal et aux amiraux Dundas et Hamelin. Le premier, qui, depuis le 6, n'a pas quitté le lit où le clouent les douleurs aiguës de son anévrisme, domine le mal par un énergique effort, et essaye à son tour de ramener les opinions à l'ancien projet; mais les généraux anglais persistent à défendre l'œuvre des derniers explorateurs; ils font valoir qu'à peu de distance d'Old-Fort s'élève, au milieu de plantureux pâturages peuplés de beaux troupeaux, le gros bourg de Starve-Ukrelemi. Le maréchal cède de guerre lasse; d'ailleurs, il a tant désiré la lutte, que partout où elle s'offre, elle est la bienvenue.....

Le 12, les escadres et les convois cinglent vers Eupatoria sur une ligne d'étendue de plus de sept lieues; à quatre heures de l'après-midi, *le Primauguet* porte au *Caffarelli* une dépêche qui prescrit au commandant du bord et au général Forey de nouvelles dispositions ainsi énoncées :

« Les frégates et corvettes portant les troupes de la 4e division (*le Descartes* et *le Primauguet* exceptés) devront se tenir prêtes à aller, avec les vaisseaux anglais, jeter l'ancre devant la rivière de Katcha, soit avant, soit après le mouillage de la flotte, suivant le signal qui leur en sera fait, et opérer une fausse attaque et un débarquement simulé dans cette baie. Le commandant de ces bâtiments réunis devra donc, dans l'après-midi et surtout dans la nuit, opérer tous les préparatifs de ces débarquements, lancer des fusées, tirer des coups de canon.... Ces bâtiments effectueront ensuite leur départ, de manière à avoir rallié la flotte au jour.

» La baie d'Eupatoria sera le refuge où la flotte devra jeter l'ancre en cas de survents. »

Debout, sur la dunette de *la Ville de Paris,* le maréchal interroge avec sa longue vue l'horizon.

— Mes belles journées, mes nobles fatigues des expéditions contre Bou-Maza et les kabyles vont donc recommencer! dit-il à ceux qui l'entourent, et son front rayonne l'enthousiasme... Soudain, il tressaille en portant la main à sa poitrine.... Le mal est toujours là terrible, incessant, implacable. Une expression d'amer découragement se peint sur le visage du maréchal, il quitte le pont, s'enferme dans sa chambre et écrit au ministre de la guerre la lettre suivante :

« Monsieur le Maréchal,

« Ma situation, sous le rapport de la santé est devenue grave. Jusqu'à ce jour, j'ai opposé à la maladie dont je suis atteint tous les efforts d'énergie dont je suis capable et j'ai pu espérer pendant longtemps que j'étais assez habitué à souffrir pour être en mesure d'exercer le commandement, sans révéler à tous la violence des crises que je suis condamné à subir.

» Mais cette lutte a épuisé mes forces. J'ai eu la douleur de reconnaître dans ces derniers temps et surtout pendant cette traversée, durant laquelle je me suis vu sur le point de succomber, que le moment approchait où mon courage ne suffirait plus à porter le lourd fardeau d'un commandement qui exige une vigueur que j'ai perdue, et que j'espère à peine recouvrer.

» Ma conscience me fait un devoir de vous exposer cette situation. Je veux espérer que la Providence me permettra de remplir jusqu'au bout la tâche que j'ai entreprise, et que je pourrai conduire jusqu'à Sévastopol l'armée avec laquelle je descendrai demain sur la côte de Crimée. Mais ce sera là, je le sens, un suprême effort, et je vous prie de demander à l'Empereur de vouloir bien me désigner un successeur.

» Veuillez, etc.

» *Le maréchal commandant en chef,*

» A. de Saint-Arnaud.

« *A bord du vaisseau* la Ville de Paris, *le* 12 *septembre* 1854. »

C'est que plus il se rapproche du but et mieux il comprend la déplorable situation de l'armée, se trouvant sans commandant en chef. Déjà même, et craignant que la réponse ministérielle n'arrive trop tard, il a parlé d'envoyer quérir le général Morris, le plus ancien de grade des officiers généraux de l'armée d'Orient, lorsque le général Canrobert, dont il s'est fait accompagner sur *la Ville de Paris*, entre chez lui et lui dit :

— J'apprends, monsieur le maréchal, que vous vous inquiétez du choix de votre successeur. Avant que de prendre une décision sur laquelle vous auriez à revenir, permettez-moi de vous communiquer cette dépêche.

Sur ces mots, il lui remet une lettre close, à la date du 12 mars, et conçue en ces termes :

« AU GÉNÉRAL CANROBERT,

» Par ordre de l'Empereur, vous prendrez le commandement en chef de l'armée d'Orient, si quelque événement de guerre ou de maladie empêchait le maréchal de Saint-Arnaud de conserver ce commandement.

« Le maréchal, ministre de la guerre,

« VAILLANT. »

— Merci, mon cher Canrobert, s'écrie, après avoir lu, le malade qui tend la main au général; vous savez combien je vous aime et la confiance que j'ai en vous ; maintenant, je suis tranquille.

Dans la nuit du 12 au 13, une bourrasque du nord-est jette un peu de confusion dans les convois ; plusieurs bâtiments restent en arrière, et pour laisser le temps aux vapeurs de les rallier, l'amiral Hamelin signale le mouillage à l'entrée de la baie de Kalamita, au fond de laquelle est bâti le gros bourg d'Eupatoria.

— Tiens ! ces gueux de russes ont copié Montmartre, s'écrie un enfant de Paris, en apercevant les cinquante moulins éparpillés sur la colline, à l'est de la ville.

Le maréchal qui a résolu de faire occuper ce point par un bataillon anglais, un bataillon français, deux bataillons turcs et de l'infanterie de marine, — en tout trois mille hommes, — sous les ordres du général Yusuf, envoie en parlementaires les colonels Trochu et Steel, accompagnés d'un détachement et appuyés par trois frégates à vapeur. Ces officiers trouvent la ville évacuée ; pas un uniforme, à l'exception d'une centaine de malades et du major-gouverneur, qui, à la première sommation du colonel Trochu, lui répond :

— Nous sommes tout rendus, faites ce que vous voudrez.

La population tartare accueille avec de grandes démonstrations de joie les soldats français ; les femmes leur baisent les mains comme à des libérateurs, enfin la réception est si satisfaisante que, sur le rapport des parlementaires, le maréchal décide qu'un bâtiment et quelques compagnies d'infanterie de marine suffiront à l'occupation d'Eupatoria.

La journée du 13 est entièrement consacrée au ralliement des convois ; quelques heures avant la nuit, les généraux Canrobert et de Martimprey partent sur *le Primauguet* et *la Mouette* pour faire une dernière reconnaissance et indiquer à ces deux navires la position exacte que doivent occuper les colonnes de l'escadre. A deux heures et demie du matin, deux fusées lancées de *la Ville de Paris* annonçent à l'amiral Dundas que son collègue se dispose à appareiller et, peu de temps après, vaisseaux et frégates à vapeur, attelés les uns aux autres, se dirigent vers la plage d'Old-Fort. *La Ville de Paris*, remorquée par *le Napoléon*, tient la tête; près d'elle nagent *l'Ajaccio*, *le Berthollet* et *le Dauphin*, destinés au service des ordres de l'amiral. A l'avant filent à toute vapeur *le Primauguet*, *le Caton*, *la Mouette*, qui vont aligner près du rivage des bouées de couleur différente, comme indication du mouillage des diverses colonnes.

Le convoi anglais, sous la conduite de *l'Agamemnon* et du *Sans-Pareil*, se développe sur notre flanc. Quant à l'escadre anglaise, elle se dirige à la voile vers la baie de Katcha où l'amiral Dundas doit, au moyen d'une fausse attaque, donner le change à l'ennemi.

A sept heures du matin, l'amiral Hamelin signale le mouillage *suivant le plan convenu* et, dix minutes après, *la Ville de Paris*, larguant ses remorques, laisse tomber l'ancre au poste assigné devant la plage.

Les chaloupes et canots prennent immédiatement la mer, et les chalands remorqués par chaque vaisseau sont accostés le long du bord. A sept heures quarante minutes, l'embarquement des troupes de la première division commence à bord de tous les navires sur lesquels cette division a été répartie.

Les vigies placées dans les huniers ne signalent aucun mouvement de troupes sur la côte ; — ou l'amiral Menschikoff n'a pas cru devoir chercher à empêcher un débarquement protégé par trois mille bouches à feu sur une plage ouverte, ou il attend ailleurs l'attérage.

Quoi qu'il en soit, et par précaution, l'amiral Hamelin détache les chaloupes des quatre vaisseaux à trois ponts qui sont armées en guerre et approvisionnées de fusées à la congrève ; il leur ordonne d'aller prendre poste, deux à l'angle nord de la plage, deux à l'angle sud, leurs feux se croisant avec ceux du *Descartes*, du *Primauguet* et du *Caton*, qui se sont embossés aussi près de terre que le leur a permis leur tirant d'eau et de manière surtout à balayer avec leurs obus la falaise du sud par où l'ennemi pourrait se présenter.

Grâce à cette disposition, l'artillerie ennemie sera prise en écharpe, si elle vient pour contrarier nos opérations.

A huit heures dix minutes, un immense cri de : *Vive l'Empereur!* accueille l'ordre de commencer la mise à terre. Une baleinière de *la Ville de Paris* nage vigoureusement vers la rive, emportant le général Canrobert et le contre-amiral Bouët-Willaumez, tandis que le capitaine Anne Duportal, nommé commandant de la plage, s'y rend de son côté. Un quart d'heure après, le général Canrobert s'élance le premier sur la grève et plante le pavillon français en Crimée.

C'est le 14 septembre 1854, quarante-deuxième anniversaire du jour solennel où la grande armée est entrée à Moscou, avec Napoléon Ier (14 septembre 1812).

Les matelots de la baleinière creusent le sol et dressent les guidons destinés à indiquer aux différentes divisions l'emplacement où elles doivent se former. Un détachement d'infanterie de marine, de fuséens-marins et d'artilleurs de marine de *la Ville de Paris*, commandé par le capitaine de cette frégate, s'installe sur la falaise du sud prêt à recevoir amis et ennemis. Pendant ce temps, l'*Ajaccio*, *le Dauphin* et *la Mouette*, remorquant les chalands et les embarcations chargés de soldats, luttent de vitesse; l'honneur de toucher la plage le premier aiguillonne cette émulation, mais la manœuvre est si parfaite que tous les trois arrivent pareils. A neuf heures vingt minutes, les troupes débarquent en masse et se forment aussitôt. La première division au complet foule le sol russe; elle est presque immédiatement suivie de son artillerie, débarquée par *le Pluton* et *l'Infernal* dans des chalands désignés à l'avance.

Les transports déposent vivement les hommes dont ils sont chargés et retournent aux vaisseaux avec l'aide du *Rolland*, du *Lavoisier* et de plusieurs avisos à vapeur. Bientôt les deuxième et troisième divisions, l'artillerie et le génie se succèdent à terre sans interruption.

Le maréchal, du haut de la dunette de *la Ville de Paris*, suit avec intérêt les opérations du débarquement, qui s'accomplissent avec une célérité prodigieuse, presque mathématiquement et sans un accident qui vienne les troubler ou les interrompre. En vingt-deux minutes, on a transbordé six mille soldats qui manifestent bruyamment leur satisfaction « de ne plus être encaqués comme des harengs. » Sur certains bâtiments, ils ont été véritablement fort gênés; ainsi *le Valmy*, comptait trois mille hommes à bord, et, durant treize jours, ce n'est qu'à de longs intervalles que chacun a pu conquérir un petit coin du pont pour s'y reposer.

Ce débarquement, qui, suivant l'expression d'un témoin oculaire, s'opère avec autant d'aisance qu'à Saint-Cloud ou au quai d'Orsay, est un curieux spectacle à contempler :

Ici, des soldats impatients sautent en riant dans la mer qui déferle et ne permet pas aux canots d'arriver jusqu'à terre; là, de plus timides se font véhiculer sur le dos des marins; ces derniers, dans l'eau jusqu'aux épaules, tirent les barques et dirigent les ballots, les tonneaux, les caisses, les chevaux et les mulets qu'on jette à la mer; ces pauvres bêtes nagent jusqu'au bord, prennent pied, se secouent, et soudain sont à nouveau submergées par la lame; alors elles se décident à gravir la falaise; d'autres épouvantées regagnent la pleine mer, où il faut les aller chercher à la nage. Enfin, c'est un tableau plein d'animation et de pittoresque, aussi mouvementé que le port de Bercy, mais d'une couleur bien autrement saisissante.

A dix heures, les troupes anglaises touchent terre, les officiers en tête, chacun ayant le havresac avec deux kilogrammes de viande salée, le manteau roulé en bandoulière, le bidon au côté et le revolver à la ceinture. Les soldats portent les mêmes rations que leurs chefs, plus une couverture, une paire de souliers et une paire de chaussettes.

Au lieu des chalands sur lesquels l'armée française charroie son artillerie, nos alliés emploient des embarcations jumelées recouvertes d'une plate-forme qui reçoit les pièces.

Pendant ce débarquement, on voit un officier russe, escorté de quelques cosaques, s'avancer à cheval du côté du rivage, mettre pied à terre, s'asseoir à portée du canon, prendre des notes sur les mouvements des alliés et se retirer aussi tranquillement qu'il est venu.

La plage et la falaise sont tellement encombrées de troupes qu'une attaque de l'ennemi n'est plus probable; aussi l'amiral rappelle *le Caton*, et lui donne mission de faire mouiller entre la terre et les vaisseaux tous les navires du convoi qui ont quitté à la voile la baie d'Eupatoria, et rallient l'escadre en grand nombre.

La première brigade de la première division occupe militairement la droite des hauteurs; la gauche est gardée par la deuxième brigade, se reliant avec la seconde division qui, conduite par le général Bosquet, a pris la position à elle assignée par le plan général, aussi bien que la division de S. A. I. le prince Napoléon. Les soldats de cette dernière, campés à huit kilomètres de la mer, près de la route de Sévastopol, trouvent sur la plaine des blés coupés et abandonnés par les paysans dans la précipitation de leur fuite ; leurs mains expertes ont bientôt disposé ces gerbes en lits moelleux sur lesquels ils se promettent de goûter les douceurs d'une sieste réparatrice. Chaque brigade établit ses grands gardes, ses petits postes et ses postes de soutien.

Dans la division anglaise, sir Georges Brown, qui a débarqué le premier, avec un détachement de tirailleurs, monte à cheval et pousse une exploration à travers la campagne; mais des cosaques, placés en embuscade, se mettent à sa poursuite, et le forcent de regagner ses quartiers au galop.

A midi, les vaisseaux turcs, mouillés depuis une heure, aident au transbordement de nos soldats ; il en reste un si petit nombre sur les navires que l'amiral ordonne de consacrer exclusivement les chalands au transport des chevaux et de l'artillerie. Bientôt le complément de cette dernière, les chevaux des états-majors et ceux d'un escadron de spahis sont débarqués.

Soudain, une vive canonnade retentit dans la baie de Katcha, à trois lieues au sud de la plage d'Old-Fort; c'est la diversion effectuée par les huit bâtiments à vapeur anglo-français, que l'on aperçoit au loin rasant la côte.

Le journal de la quatrième division expose ainsi ce semblant d'attaque :

A la hauteur de l'Alma, l'escadrille signale à mi-côte un camp de six à sept mille russes avec deux avant-postes sur chacun des revers de la rivière et un détachement de cosaques en observation le long de la plage. Les frégates anglaises envoient des obus, *le Caffarelli* lâche sa bordée, les russes ne répondent pas.

Alors, protégées par le feu du *Coligny* et du *Caffarelli*, des chaloupes amènent à terre des soldats comme pour un débarquement, et s'y maintiennent assez longtemps, à une distance de cent mètres environ. Le poste le plus avancé, recevant les obus de nos bâtiments, roule ses tentes et se replie sur le grand camp.

La flottille s'avance vers le sud, constate la présence de deux postes à l'embouchure de la Katcha, et, décrivant une courbe à la naissance du golfe de Sévastopol, remonte au lieu du débarquement général.

A la brise du nord de la matinée a succédé le calme; l'escadre anglaise, après avoir fait mine de descendre vers la Katcha, vient mouiller dans les eaux de son convoi.

Il est deux heures; le maréchal, impatient de se mettre à la tête de l'armée, quitte avec son état-major *la Ville de Paris*. A peine à terre, il monte à cheval et parcourt la ligne des troupes auxquelles il adresse cet ordre du jour :

« 14 septembre, *pendant le débarquement sur les côtes de Crimée.*

» SOLDATS,

» Vous cherchez l'ennemi depuis cinq mois; il est enfin devant vous, et nous allons lui montrer nos aigles. Préparez-vous à subir les fatigues et les privations d'une campagne qui sera difficile, mais courte, et qui élevera devant l'Europe la réputation de l'armée d'Orient au niveau des plus hautes gloires militaires de l'histoire.

» Vous ne permettrez pas que les soldats des armées alliées, vos compagnons d'armes, vous dépassent en vigueur et en solidité devant l'ennemi, en constance dans les épreuves qui vous attendent.

» Vous vous rappellerez que nous ne faisons pas la guerre aux paisibles habitants de la Crimée, dont les dispositions nous sont favorables, et qui, rassurés par notre excellente discipline, par le respect que nous montrerons pour leur religion, leurs mœurs et leurs personnes, ne tarderont pas à venir à nous.

» Soldats! à ce moment où vous plantez vos drapeaux sur la terre de Crimée, vous êtes l'espoir de la France; dans quelques jours, vous en serez l'orgueil!

» Vive l'Empereur!

» *Le maréchal commandant en chef,*

» A. DE SAINT-ARNAUD. »

Insensiblement, de gros nuages noirs s'amoncèlent au sud de l'horizon, le vent s'élève et, avec lui, une forte houle; en prévision du mauvais temps, l'amiral signale aux navires les plus rapprochés de la plage de mouiller au large. *Le Caton* et *le Roland* les remorquent successivement, puis, cette tâche accomplie, ils mouillent eux-mêmes dans le sud de l'escadre, pour parer aux brûlots. A la nuit, le grain indiqué par l'état de l'atmosphère éclate; le vent siffle de l'ouest; la lame est grosse et crache son écume jusqu'au pied des falaises; le transbordement de l'artillerie et des chevaux offre des dangers, aussi l'amiral en chef donne-t-il l'ordre de suspendre l'opération. Mais se trouvent déjà à terre : les trois divisions d'infanterie au complet, munies de quatre jours de vivres, leurs bagages et leurs chevaux, les compagnies du génie et tout leur outillage, plus de cinquante pièces d'artillerie avec leur matériel, les chevaux des spahis et ceux du maréchal et de l'état-major.

A la droite des troupes, la mer Noire moutonne; autour d'elles s'étend à l'infini une vaste plaine dont le riche terrain, délaissé par la culture, n'offre que des chardons, du thym, du serpolet et de l'absinthe sauvage. Dans ces steppes, l'eau et le bois manquent complétement;

pour obtenir la première, on est obligé de creuser des trous au fond desquels on puise une eau saumâtre due aux infiltrations de la mer et que les procédés chimiques ne dessalent que fort imparfaitement. De plus, il n'est pas question de pain ce jour-là, le biscuit y supplée sur toute la ligne; mais, en revanche, nos éclaireurs font main-basse sur un beau troupeau de bœufs, composé d'une centaine de bêtes environ. La douleur du bouvier tartare, à la capture de son bétail, n'est rien à côté de son hébétement, lorsqu'on lui en remet la valeur en bel et bon or. La main crispée sur les napoléons qu'on lui a comptés, il semble, comme le pêcheur des contes arabes ou le bûcheron du Brocken, s'attendre à les voir se métamorphoser en feuilles sèches ou en charbons éteints; aussi, sous l'influence d'une terreur superstitieuse, éprouve-t-il chaque pièce, l'une après l'autre, en lui faisant toucher la médaille bénite de saint Alexandre Newski, qu'il porte au cou. Sa joie, une fois qu'il est convaincu de la réalité de son trésor, ne saurait se dépeindre; il se sauve à toutes jambes vers son village, et y montre à tous l'irrécusable témoignage de la probité des armées alliées.

Un instant après, ses compatriotes accourent au camp avec des œufs, des volailles, des moutons, qu'ils cèdent à des prix fort raisonnables; on en peut juger par cet échantillon, relevé sur le carnet d'un fourrier :

Cinquante œufs.	1 fr.	20 c.
Trois poulets.	1	80
Deux dindons.	3	»
Un mouton.	1	50

Une députation de tartares s'adresse à lord Raglan pour obtenir de la poudre et des armes; elle lui fait connaître que la Russie a laissé la population de Crimée dans une ignorance complète au sujet de la guerre, et lui apprend que le choléra a tué vingt mille hommes de la garnison de Sévastopol.

La nuit du 14 au 15 fatigue énormément les troupes alliées; jusqu'au matin, une pluie torrentielle les inonde; les français ont encore quelques tentes à leur disposition, mais dans le camp anglais il n'en existe qu'une seule improvisée par les soldats de sir de Lacy-Evans, pour leur général. Le duc de Cambridge et sir Georges Brown couchent sous une charrette renversée; quant aux officiers et soldats, ils passent la nuit, roulés dans leurs couvertures, au milieu de flaques d'eau dont l'humidité a bien vite transpercé le tissu de laine qui les enveloppe. Pour comble de malheur, impossible en ce déluge d'allumer du feu, d'y sécher le linge de rechange et d'y préparer, pour se réconforter, le grog national.

Le lendemain, quoique la bourrasque continue, on procède au débarquement de la 4e division; l'état de la mer rend l'opération difficultueuse et même dangereuse. Plusieurs chevaux glissent des chalands et gagnent la rive à la nage; les canots ne peuvent attérir; force est aux soldats d'entrer dans l'eau jusqu'à la poitrine; la chaloupe que montent le général Forey et son état-major chavire sur les brisants, quelques officiers tombent à la mer, mais on leur vient en aide et aucun ne périt.

Le maréchal, averti dans la matinée qu'on a aperçu un fonctionnaire russe et un petit poste d'infanterie à quelques kilomètres des avant-postes, fait transmettre à M. de Molène, par le colonel Trochu, l'ordre de capturer le détachement, et surtout le fonctionnaire dont les papiers peuvent offrir des renseignements intéressants. M. de Molène, lieutenant de spahis, part avec soixante cavaliers, ayant pour guide un tartare déguisé en spahis; il traverse un gué, cerne le village et s'empare, presque sans coup férir, du poste à côté duquel se trouve tout attelée la voiture du fonctionnaire, qui s'apprêtait à gagner Sévastopol. Invité à accompagner au camp français le détachement, ce dernier obéit sans difficulté; quant aux fantassins russes, on les empile sur des charriots tartares, et le convoi s'achemine triomphalement vers le quartier-général, où, à l'entrée de la tente du maréchal, il dépose en faisceau les premiers fusils conquis sur l'ennemi. La division anglaise, en le voyant défiler, a poussé trois hourras en son honneur.

Ce coup de main est d'un bon augure, et la nouvelle en circule rapidement dans le camp, à l'intime satisfaction du maréchal qui entend aux alentours nos troupiers manifester leur énergie et leur entrain par des plaisanteries comme celles-ci :

— C'est fini de l'orage. Voilà le baromètre qui remonte au beau fixe et marque : *Victoire.*

— Menschikoff est un homme de précaution, il envoie des fourriers préparer les logements des prisonniers que nous allons lui faire. Etc., etc.

Le 16, on achève de débarquer les chevaux et le matériel, et l'armée se trouve au complet : la 1re division dans le sud, appuyant sa droite à la mer ; la 2e et la 3e formant une courbe allongée vers l'est, et la 4e dans une direction oblique par rapport au rivage, et sa droite en avant du quartier-général du maréchal Saint-Arnaud. Les anglais ont leur gauche au nord. Les turcs sont à l'arrière.

On ne saurait passer sous silence l'habileté de notre marine, en cette circonstance ; — pour le devoir ainsi compris, les plus grands éloges ne sont que justice. Malgré les complications de l'opération et les contre-temps atmosphériques, tout s'est accompli suivant le plan arrêté et dans un laps de temps relativement très-court, si l'on envisage l'importance du matériel d'une armée de soixante mille hommes :

Quatre-vingt-quatre pièces d'artillerie de campagne, en ne comptant qu'une pièce par mille hommes, — proportion la plus réduite.

Vingt-quatre pièces de réserve et de position : soit, en tout, quatorze batteries de six pièces, dont deux obusiers.

Quatre cent trente-quatre voitures, et dix-huit cents chevaux, une batterie comportant trente et une voitures attelées, chacune, de quatre chevaux.

La forge, les caissons à gargousses, les caissons à cartouches d'infanterie de chaque batterie.

Les caissons d'outils du génie.

Les fourgons et les approvisionnements de l'administration des vivres.

Les voitures et civières d'ambulance.

Les chevaux de la cavalerie et des états-majors.

Les bagages de chaque corps.

Le gros matériel, les pièces de siége, les munitions, etc., etc.

Les difficultés étaient si nombreuses et si réelles, que la Russie commençait à ne plus croire au débarquement.

Odessa, toute meurtrie encore de nos boulets, a solennisé avec de grandes démonstrations l'anniversaire de sa fondation, ne se préoccupant plus de l'éventualité d'un nouveau bombardement; et la célébration de cette fête inspire à l'*Invalide russe* ce trop long et très-inopportun sarcasme :

« Où sont donc, s'écrie-t-il, les flottes alliées? sur quelles côtes se promènent leurs vaisseaux innombrables? quels sont les plans et les projets que couvent les cerveaux de Dundas et d'Hamelin? (Traduction littérale du texte.) De quel beau fait pensent-ils régaler les nouvellistes européens? Quel est le nouveau mensonge qu'ils veulent inscrire dans l'histoire? Où sont les pyramides qui les contemplent depuis quarante siècles? Sur quelle zone espèrent-ils retrouver un Waterloo ou un Marengo? Verrons-nous enfin les résultats inouïs, les victoires éclatantes qu'on promet à l'Europe depuis si longtemps?

» Le temps se passe, chaque jour les eaux de la mer Noire deviennent plus obscures, l'air fraîchit, l'équinoxe est aux portes? Où est la terrible *Armada*? Veut-on répéter aux Tuileries et à Windsor les paroles de Philippe II: « Je ne les ai pas envoyés pour faire la guerre aux » tempêtes? » Où sont les ennemis? Sur les côtes de la Tauride, près d'Anapa, d'Ismaïl? Où flottent leurs pavillons? Mais qu'importe à Odessa? Odessa a célébré, dans la pompe et la magnificence, les fêtes des princes impériaux, la fondation de la ville, et les braves étudiants du lycée de Richelieu qui ont porté le 22 avril des munitions à la batterie Schegoleff. *Macte animo, sic itur ad astra.*

» Le général Armenkoff a harangué les artilleurs d'Odessa :

— « Enfants, priez avec ferveur, servez fidèlement, résistez avec » courage et tirez juste. »

» Des salves de canon ont accompagné ces paroles, et quand cette journée de fête a été finie et que les feux de joie ont été éteints, Odessa s'est endormie d'un sommeil paisible. »

Pauvre Odessa! elle n'a pas eu le temps de cuver son délire que le télégraphe électrique lui transmet la nouvelle de la descente des armées alliées à Old-Fort, et le même rédacteur de *l'Invalide russe* écrit, sur le verso de son dithyrambe, cette piteuse justification de l'inaction du prince Menschikoff, qui, somme toute, pouvait nous tuer une dixaine de mille hommes, — s'il était impuissant à empêcher notre attérage :

« L'aide de camp général prince Menschikoff, commandant les troupes en Crimée, a porté à la connaissance de S. M. l'Empereur que, le 1—12 de ce mois, une nombreuse flotte anglo-française s'est montrée en vue d'Eupatoria, et qu'ensuite un corps considérable d'infanterie, avec quelque cavalerie, a opéré une descente entre Eupatoria et le village de Kaptougaï; à l'approche de l'ennemi, tous les habitants ont évacué la ville, ainsi que tous les villages des alentours.

» Le prince Menschikoff, reconnaissant l'impossibilité d'attaquer l'ennemi sur une plage unie, commandée par le feu de la flotte, a concentré la majeure partie de ses forces dans une position avantageuse, où il se disposait à recevoir les assaillants. Il ajoute en terminant que les troupes sous ses ordres, enflammées de zèle et de dévouement au trône et à la patrie, attendent avec impatience le moment de combattre l'ennemi. »

La descente inattendue d'une nombreuse armée sur leurs côtes effraye les paysans, et bon nombre de ces indigènes se réfugient à Sévastopol, laissant derrière eux voitures, chevaux et troupeaux; mais rien de cela ne se perd, grâce au zouave, le *doctor subtilis et mirabilis* de la razzia, le saint Vincent de Paul du bétail abandonné.

L'un d'eux ramène au camp un bœuf superbe; le colonel Tarbouriech le rencontre et lui demande :

— Où as-tu pris cela ?

— Je ne l'ai pas pris, mon colonel ; pauvre orphelin sans feu ni lieu, sans père ni mère, sans bourgeois ni bourgeoise, abandonné du ciel et des hommes, il m'a inspiré de la pitié et je l'adopte.

— D'où vient ce bœuf, enfin ?

— Ce bœuf, vous prenez ça pour un bœuf, mais ce n'est qu'un veau, aussi vrai que ceux de Pontoise et comme le cantinier n'en a jamais marié de plus authentique avec des carottes et des petits oignons; seulement il est fort pour son âge?

— Pourquoi l'amènes-tu?

— Ne vous inquiétez pas! je veux lui faire un sort..... Un échange de bons procédés, quoi! je le nourrirai, il me nourrira, nous nous nourrirons ensemble et tour à tour! Donnes-moi de quéqu't'as, j'te donnerai de quéqu'j'ai.

— Prends garde, le maréchal défend la maraude; on assure même qu'il est question de fusiller sur l'heure et sans jugement tous les délinquants.

— Lui! notre ancien commandant, allons donc! ses zouaves seraient cuits sur toute la ligne..... Une seconde édition du massacre des innocents..... Oh! non! D'ailleurs, ce qui tombe dans le fossé est pour le soldat, c'est de règle ça.

— Oui, mais gredin, vous voyez des fossés partout.

— Ah! dame, on ne sait pas bien sa géographie, c'est la faute de la mutuelle. Un peu pus d'éducation, et nous serions tous officiers.

Un autre zouave, plutôt que de rentrer les mains vides au quartier, revient avec deux femmes tartares au bras, — les premières dont il soit donné à nos soldats de contempler les visages rectangulaires, les nez aplatis et les yeux écartés.

En somme, les troupes sont moins mal dans ce mauvais bivouac d'Old-Fort que les premières heures ne l'auraient fait supposer. C'est du moins ce qui ressort du rapport du maréchal au ministre de la guerre, dont voici un extrait :

« Les tartares commencent à arriver au camp; ils sont très-doux, très-inoffensifs et paraissent très-sympathiques à notre entreprise. J'espère que nous obtiendrons par eux du bétail et des transports. Je fais payer avec soin toutes les ressources qu'ils nous offrent, et je ne néglige rien pour nous les rendre favorables. C'est un point très-important.

» En tout notre situation est bonne et l'avenir se présente avec de premières garanties de succès qui semblent très-solides. Les troupes sont pleines de confiance. La traversée, le débarquement étaient assurément deux des éventualités les plus redoutables qu'offrait une entreprise qui est presque sans précédents eu égard aux distances, à la saison, aux incertitudes sans nombre qui l'entouraient. Je juge que l'ennemi qui laisse s'accumuler à quelques lieues de lui un pareil orage sans rien faire pour le dissiper à son origine, se met dans une situation fâcheuse, dont le moindre inconvénient est de paraître frappé d'impuissance vis-à-vis des populations. »

Si l'on paye leurs denrées aux indigènes chez lesquels le sentiment de la propriété a été plus fort que la crainte de notre invasion et qui sont restés dans leurs habitations, on se montre moins scrupuleux à l'égard des émigrés. A chaque instant, nos troupiers se faufilent dans les jardins et les maisons abandonnés où ils trouvent en quantité d'excellents fruits, des légumes, des œufs et des volailles qui servent à varier l'ordinaire de campagne.

« Savez-vous quel est le nouvel uniforme adopté par nos soldats, nous écrit à cette époque un officier? Le crayon fidèle de deux hommes de ma compagnie qui détalent là-bas vous en donnera l'idée :

» Lié à l'avant du képi, un superbe dindon qui a la gouailleuse prétention de parodier l'aigle de Russie ; une douzaine de poulets en guise d'épaulettes ; pour buffleteries, des chapelets d'oignons et de carottes ; une ceinture de choux et de pastèques alternés ; un panier d'œufs remplaçant le sac, et un barillet de vin la giberne. Joignez à cela sur un couvercle de panier, disposé en éventaire, un amas de raisins, et vous aurez l'exacte photographie de mes coquins qui hurlent à tue-tête :

» — Chasselas Menschikoff, deux sous l' tas ! comme s'ils traînaient encore le haquet des quatre saisons dans les faubourgs de Paris.

» Du reste, le raisin de Crimée est digne de toutes les Erigones du dix-huitième siècle, et ne déparerait pas les fameuses treilles de Thomery. Nos alliés pourtant affichent pour eux un certain mépris. La bonne Angleterre qui ne possède que le cep de Henri VIII, à Hampton-Court, dédaigne toutes les autres vignes et ne voit que du verjus, en dehors des grappes nationales. »

L'eau douce manque toujours, mais les caboteurs-marchands, à la suite de l'armée, commencent à apporter du vin et des liqueurs : seulement les patrons de ces bâtiments, grecs pour la plupart, rançonnent impitoyablement le soldat, et lui vendent de mauvais vin ordinaire trois francs la bouteille, sept francs l'eau-de-vie, cinq francs l'absinthe, quatre francs la demi-bouteille de champagne, etc., etc.

L'armée anglaise est comparativement plus malheureuse que la nôtre, comme le prouve ce fragment de lettre d'un grenadier du 55e régiment de ligne anglais :

« Nous avons fait sept milles dans la nuit du 16 septembre, par un temps des plus froids et une pluie battante, sans autre abri que nos manteaux et nos couvertures. Dans la prévision d'une attaque nocturne, nous avions été obligés de garder nos sacs, nos gibernes et nos armes. Un grand nombre de mes camarades se couchèrent sur le sol; mais d'autres, rassemblant des bottes de foin ou de paille à défaut de bois, allumèrent du feu, se groupèrent à l'entour et passèrent la nuit à causer et à chanter des chansons. Bien leur en prit, car plusieurs des malheureux qui s'étaient couchés furent le lendemain cousus dans leurs couvertures, endormis du sommeil éternel !

» Il y avait un gros village à un mille de notre camp; mais les habitants s'étaient enfuis. Les français ont la permission de marauder et nous ne l'avons pas. Ils ont visité ce village au nombre de trois ou quatre cents, et en ont ramené des bestiaux, de la volaille, du linge, des barils de vin. Les pauvres soldats anglais les regardaient et n'osaient même prendre un morceau de bois pour faire chauffer leur café, de peur d'être jugés par une cour martiale. »

Le 17, les généralissimes français et anglais annoncent en ces termes leur débarquement à Omer-Pacha :

« ALTESSE,

» Nous avons débarqué heureusement au nord de Sévastopol; l'ennemi n'a opposé aucune résistance lorsque nous nous sommes emparés de ces positions.

» Cette circonstance a produit la plus profonde impression sur les populations tartares, qui ne nous cachent pas leurs sympathies.

» Le matériel et l'artillerie sont débarqués. Nous marchons sur Sévastopol avec la plus entière confiance dans le succès de notre grande entreprise. »

C'est ce même jour que le maréchal espère quitter le bivouac d'Old-Fort; mais, comme à Baltchick, la division anglaise n'est pas prête et le départ est remis au lendemain, onze heures du matin. Voici à ce moment l'effectif exact de l'armée alliée, d'après les chiffres officiels :

France.		
Infanterie. . .	24,800 h.	27,600 h. — 72 bouches à feu.
Artillerie . . .	2,500 »	
Génie.	300 »	
Angleterre.		
Infanterie. . .	23,600 h.	27,600 h. — 65 bouches à feu.
Artillerie . . .	2,000 »	
Cavalerie . . .	1,200 »	
Génie.	800 »	
Turquie.		
Infanterie. . .	6,000 »	6,000 h. »
	Total :	61,200 h. 137 bouches à feu.

Au rapport de nos prisonniers, la Russie n'a pas, en Crimée, plus de soixante mille hommes ; encore sont-ils disséminés sur divers points. La rapidité de nos mouvements préviendrait la concentration de ces forces éparses, le maréchal le comprend, mais son activité s'émousse contre les lenteurs de la locomotion anglaise.

Les généraux Canrobert, Thiry et Bizot profitent de l'inaction forcée de nos divisions, pendant cette journée, pour pousser, sur *le Primauguet*, une nouvelle reconnaissance aux abords de l'Alma et de la Katcha, et voir si les dispositions de l'ennemi sont restées les mêmes.

Le 18, lord Raglan s'excuse, sur de nouveaux empêchements, de ne pouvoir encore se mettre en route. Le maréchal lui répond que, sans attendre d'autre ajournement, il va lancer son ordre de départ pour le lendemain matin à sept heures.

En effet, dans la matinée du 19, l'armée alliée s'ébranle. La division Canrobert, marchant par bataillon, en colonne par peloton, l'artillerie au centre, forme l'avant-garde ; la seconde division, chacune de ses brigades marchant en colonne par division, couvre le flanc droit; la troisième division, le flanc gauche; le contingent turc et la division Forey composent l'arrière-garde. L'armée française représente ainsi un losange dont les bagages occupent le centre.

Cet ordre de marche est appuyé à gauche par les anglais; à droite, par la flotte qui suit le mouvement avec une admirable régularité. Cette dernière compte neuf vaisseaux et autant de frégates et d'avisos à vapeur : l'amiral a laissé à Eupatoria *l'Iéna* pour assurer de l'eau aux équipages, et dépêché à Varna le reste de l'escadre, qui doit y embarquer neuf mille hommes et neuf cents chevaux.

Le soleil flamboie ; l'atmosphère est lourde et brûlante; nos soldats, affaiblis par la privation d'eau potable depuis quatre jours, s'avancent péniblement à travers une plaine ici pierreuse comme la Camargue, là ondulée de dunes sablonneuses qui cèdent sous le pied et ajoutent à la fatigue. Les colonnes appuyées à la mer souffrent moins, parce qu'elles suivent les sentiers frayés par les tartares qui les parcourent fréquemment avec des arabas attelés de dromadaires.

Au bout d'une heure, la lassitude est telle que le maréchal ordonne une halte de cinquante minutes. Il l'emploie à parcourir le front des colonnes avec lord Raglan, les généraux Bosquet, Forey et plusieurs officiers :

— J'espère que vous vous battrez bien, dit-il au 55e régiment de ligne anglais en passant.

— Vous l'espérez? soyez-en sûr ! réplique une voix partie des rangs. Réponse fière et digne d'un français.

A une heure, on arrive enfin sur les bords du Bulganack, où nos soldats étanchent leur soif avec une sorte de sensualité; les anglais, dont la marche est plus lente et qui ont laissé beaucoup de traînards en route, n'y trouvent plus qu'une eau boueuse, « pareille à celle d'une auge à porcs. » Les russes ne cherchant pas à disputer le passage de la rivière, notre avant-garde fait bientôt halte sur les hauteurs qui dominent la vallée de l'Alma, en face des positions russes, dont on distingue parfaitement les lignes, malgré les deux lieues qui nous en séparent. Pour l'intelligence de ce qui va suivre, une rapide esquisse de la topographie locale est nécessaire.

Qu'on se représente une chaîne de collines d'une hauteur de cent à cent trente mètres, commençant à la mer et s'étageant, sur un parcours de huit à dix kilomètres, à travers la plaine où expirent ses dernières ondulations. Avant les cataclysmes diluviens, ces collines n'offraient qu'un seul et même bloc sillonné de gorges profondes; mais sous l'action destructive des eaux, elles se séparèrent un jour à leur centre et sur toute leur longueur, l'un des côtés restant debout, taillé à pic, l'autre s'écrasant dans sa chute et n'offrant plus qu'une sorte d'éminence ravinée, tandis qu'entre eux l'Alma établissait son lit. L'identité des caractères géologiques, le parallélisme des plis de la droite et des gorges de la gauche dont ils semblent la continuation, confirment la vraisemblance de cette hypothèse scientifique.

C'est sur les mamelons de la droite que s'est installée l'armée française, la première division au centre, avec la deuxième à l'est et la troisième à l'ouest.

A deux heures de l'après-midi, lord Cardigan se porte en avant avec sa brigade de cavalerie légère; ce que voyant, le prince Menschikoff détache à sa rencontre les dragons de la deuxième brigade de la dix-septième division de cavalerie légère, neuf escadrons de cosaques et une batterie d'artillerie à cheval du Don. Devant la supériorité de ces forces, lord Cardigan se replie en bon ordre sur la réserve, malgré le feu des canonniers russes. Lord Raglan envoie des batteries en toute hâte, et à la première décharge, l'ennemi fait volte-face et redescend vers les avant-postes de la division Canrobert. Au quartier-général, on croit qu'il vient nous attaquer, et l'on se dispose à le bien recevoir. La division se forme en bataille sur deux lignes, et le maréchal lance une batterie montée au-devant des dragons russes. Nos premiers obus, habilement dirigés, tombent, en les éclaboussant, au milieu de leurs escadrons, qui regagnent les hauteurs, poursuivis par les huées françaises et les grognements anglais. Lorsqu'ils ont complétement disparu, un cri formidable de : *Vive l'Empereur!* ébranle toute notre ligne.

Ce premier engagement coûte aux anglais quatre blessés. En outre, le lieutenant-colonel Lagondie, attaché par l'Empereur à l'état-major de lord Raglan, en revenant de communiquer avec S. A. I. le prince Napoléon, a cru rallier la cavalerie anglaise et est tombé au milieu d'un régiment russe qui l'a emmené prisonnier.

Les troupes restent en bataille une heure environ, puis rentrent dans leur campement; il est manifeste qu'une nouvelle sortie de l'ennemi n'est pas à craindre, et que maintenant il attendra notre attaque.

En effet, le prince Menschikoff se croit inexpugnable sur les hauteurs de l'Alma; ainsi, il écrit à l'empereur Nicolas diverses lettres où cette opinion se reproduit sans cesse, et toujours plus fortement enracinée :

— « J'ai laissé débarquer tranquillement l'ennemi, pour le rejeter dans la mer. En tous cas, la formidable position de l'Alma le retiendra toujours au moins trois semaines. Au surplus, *s'il me forçait d'emblée sur l'Alma, il ne resterait plus qu'à lui ouvrir Sévastopol.* »

— « J'occupe une position formidable, imprenable; dans six semaines, les français ne m'auront pas débusqué de là, fussent-ils cent mille de plus; *c'est plus difficile à prendre que Sévastopol!* J'ai sommeil, je vais me coucher; j'ai le temps de dormir avant que les français ne soient ici. »

A cinq heures, le maréchal réunit devant sa tente les officiers généraux français et leur communique le plan de bataille dont il a concerté l'ensemble avec lord Raglan. En voici le résumé succinct :

Tandis que l'armée anglaise exécutera un mouvement tournant sur la droite des russes, une division française attirera l'attention de ces derniers sur leur gauche et maintiendra la communication avec la flotte. Le gros de l'armée forcera le centre de l'ennemi.

La division Bosquet, augmentée du contingent turc, est chargée du premier mouvement. Les 1re et 2e divisions opéreront au centre. La 4e division formera la réserve.

Des vaisseaux anglo-français, serrant la côte, couvriront la marche et l'attaque de la division Bosquet.

L'aile droite, composée de la 2e division et des turcs, partira à cinq heures et demie; l'aile gauche, formée par les anglais, à six heures ; le centre à sept heures.

A la suite de cette communication générale, chaque chef reçoit ses instructions spéciales avec un tracé détaillé de l'emplacement affecté à ses troupes.

Le colonel Trochu et le général Rose, officier général anglais délégué auprès du maréchal, se rendent alors auprès de lord Raglan pour lui soumettre en détail le plan dont il a accepté l'ensemble. Le généralissime des troupes de la Grande-Bretagne approuve toutes les dispositions, ainsi que l'heure choisie, et convient avec les envoyés de son collègue que les généraux anglais, le prince Napoléon et le général Canrobert arrêteront d'un commun accord la simultanéité de leurs mouvements.

Autant la journée a été étouffante, autant la nuit est froide; les hauteurs se couronnent de feux qui, par leur étendue, permettent aux alliés d'évaluer les forces des russes.

Voici le sommaire aperçu de la position de ces derniers :

D'abruptes collines d'une hauteur de trois cent cinquante à quatre cents pieds, partant de la mer, longent l'Alma l'espace de cinq kilomètres, tournent en amphithéâtre autour d'une large vallée et se terminent à une crête dont la pente moins difficultueuse va se perdre au loin dans la plaine. Sur le plateau que forment ces collines les russes sont installés au nombre de quarante-cinq mille.

La rivière est guéable, mais ses bords sont escarpés sur nombre de points et la précaution qu'a eue l'ennemi de couper les saules qui l'ombrageaient en rend le passage dangereux, parce que rien n'y abrite plus le soldat. En face de la position, sur la rive de l'Alma, s'élève le village de Bourliouk ; on voit à côté un pont en partie ruiné par les cosaques. En avant du point où finissent les hauteurs s'ouvre béante une profonde tranchée qui en défend les abords. Un peu en arrière, une puissante batterie armée de canons de position couvre la droite. Toutes les éminences qui commandent la rivière sont amplement pourvues d'artillerie, et sur les pentes s'entassent des masses d'infanterie, tandis que la réserve — douze mille hommes de la garde et trois mille dragons — garde les faîtes suprêmes.

Au reste, tel est l'effectif des troupes du prince Menschikoff et leur disposition sur le terrain :

Quarante-deux bataillons, seize escadrons et quatre-vingt-quatre pièces.

Infanterie : 8 bataillons et 16 pièces de la 14ᵉ division d'infanterie, 16 bataillons et 36 pièces de la 16ᵉ division, 12 bataillons et 24 pièces de la 17ᵉ division, 4 bataillons de la brigade de réserve de la 13ᵉ division, le 6ᵉ bataillon de tirailleurs, le 6ᵉ bataillon combiné de sapeurs et de marins. Cavalerie : la 2ᵉ brigade (hussards) de la 6ᵉ division de cavalerie légère, avec la batterie légère nᵒ 12 d'artillerie à cheval et la batterie nᵒ 4 d'artillerie du Don.

Le centre de l'ordre de bataille est formé sur le bord de la berge escarpée de la rivière, vis-à-vis le village de Bourliouk, et l'aile gauche sur une hauteur à environ deux verstes de la mer; l'aile droite forme la partie la plus faible de la position.

En avant de la ligne de bataille, sur la rive droite de la rivière, le village de Bourliouk et les vignobles les plus voisins sont occupés par des tirailleurs.

En réserve, derrière le centre, sont postés trois régiments d'infanterie (de Volhynie, de Minsk et de Moscou) avec deux batteries légères à pied; sur leur droite, deux régiments de hussards avec deux batteries légères à pied; sur leur gauche, deux régiments de hussards avec deux batteries à cheval, et derrière l'aile droite le régiment de chasseurs d'Ouglitch.

Un bataillon de réserve (du régiment de Minsk) a été détaché pour occuper le village d'Ouloukoul en arrière du flanc gauche de la position, tout près du rivage de la mer.

Esquissons maintenant le tableau de la bataille, avec les modifications apportées par l'imprévu à l'audacieuse et savante stratégie du plan du maréchal, qui consiste, comme nous l'avons dit, à tourner l'ennemi sur la gauche et sur la droite, tandis qu'on attaquera son centre, de façon à l'enfermer dans un triangle de fer et de feu.

Au petit jour, le général Yusuf arrive au quartier général de la 2ᵉ division, chargé, par le commandant en chef de l'armée française, de diriger dans cette journée le contingent turc. A cinq heures et demie, les deux brigades du général Bosquet et les ottomans s'ébranlent et marchent vers l'Alma, parallèlement à la côte, et à un kilomètre environ de cette dernière. De notre centre, on voit parfaitement leurs bataillons se masser dans la plaine, mais, en revanche, chez les anglais rien n'indique qu'on se dispose au mouvement simultané contre la droite des russes, arrêté entre les généralissimes.

Étonnés de cette inaction, le général Canrobert et le prince Napoléon se rendent auprès de sir de Lacy-Evans, lui rappellent les instructions de la veille, en l'engageant à se hâter; le général anglais répond qu'il n'a pas d'ordres et qu'il faut en référer à lord Raglan. Le général Canrobert repart au galop et va prévenir le maréchal de ce contretemps, Celui-ci dépêche d'un côté le commandant Renson au chef de la deuxième division, avec ordre de s'arrêter jusqu'à ce que nos alliés soient prêts à appuyer son mouvement, et de l'autre le colonel Trochu au généralissime anglais.

Lord Raglan rejette ses lenteurs sur l'arrivée tardive d'une partie de ses troupes, qui, empêchées par leurs bagages, n'ont atteint le bivouac que fort avant dans la nuit, et promet de regagner le temps perdu. Mais cela n'est déjà plus en son pouvoir; le colonel Trochu a à parcourir huit kilomètres sur un sol accidenté, encombré, et si précipitée que soit sa course, il est dix heures et demie quand il revient rendre compte de sa mission, et ce n'est que vingt minutes après que l'ordre de marcher est transmis au général Bosquet.

Ce dernier a profité d'ailleurs de son repos. Par ses ordres, des pelotons de chasseurs d'Afrique se sont éparpillés en éclaireurs à travers la plaine, jusqu'aux rives de l'Alma. Lui-même, accompagné de son état-major, du chef d'escadron Lefrançois, commandant l'artillerie, et du chef de bataillon Dumas, commandant le génie, est allé reconnaitre les passages, sous la protection des tirailleurs.

Deux se sont offerts à lui : le premier, très-rapproché de la mer, est un sentier à peine frayé qui escalade le raide escarpement des hauteurs et peut, non sans d'immenses difficultés vaincues, conduire l'infanterie sur les crêtes; le second, plus éloigné d'un kilomètre, se compose d'un étroit ravin qui part d'un village incendié au bord de la rivière, et monte jusqu'au sommet des pentes. Les talus déchirés par de nombreuses anfractuosités, hérissés de racines, sont également accessibles à l'infanterie, mais l'opinion générale est que jamais l'artillerie ne se tirera de ce passage. Seul, le commandant Lefrançois émet un avis contraire; il ne nie pas que l'entreprise ne soit pénible, mais impossible, il le conteste, et, conformément à son opinion, il est décidé qu'on la tentera.

Pendant que son général inspecte les chemins qui vont la conduire à la victoire, la division procède tranquillement à l'importante opération du déjeuner. Les moissons fauchées qui couvrent le sol lui fournissent tout à la fois des javelles pour la coction de son café et des gerbes pour s'y reposer des fatigues de la marche.

Sur la mer, *le Vauban, le Roland, le Lavoisier, le Berthollet, le Primauguet, le Spitfire, le Caton, le Descartes* et *le Caffarelli,* qui sont venus mouiller, la veille, en face de l'embouchure de l'Alma, s'apprêtent à seconder les troupes de terre, bien que la hauteur des falaises leur interdise une action décisive. Depuis le matin, les équipages perchés dans les haubans et les huniers, à cheval sur les barres, entassés sur les passerelles des tambours des vapeurs, « font la queue » pour jouir de l'émouvant spectacle qui va se dérouler sous leurs yeux.

Malheureusement, nous l'avons dit, les lenteurs des anglais ont déjoué en partie les calculs du maréchal. Il espérait surprendre les russes par la rapidité de ses manœuvres, et l'inaction de nos troupes au milieu de la plaine a permis à l'ennemi d'apprécier nos dispositions et de parer aux éventualités. Le prince Menschikoff, vieux soldat rompu aux ruses de la guerre, a deviné l'importance secondaire de l'attaque de la seconde division et dégarni son aile gauche, protégée suffisamment d'ailleurs, il le croit ainsi, par l'escarpement à pic des rampes pour renforcer son centre et sa droite, contre lesquels il pressent que donnera le gros de l'armée alliée.

A onze heures, le général Bosquet, commandant en personne la brigade d'Autemarre et suivi de son artillerie, se dirige vers le second passage, celui du ravin près du village incendié; la deuxième brigade et le contingent turc, sous les ordres des généraux Bouat et Yusuf, gagnent au pas de course celui qui longe la plage, en appuyant à droite pour traverser l'Alma à son embouchure.

De chaque côté de la barre, l'eau a peu de profondeur, mais à gauche elle repose sur un fond de vase, où deux chevaux de hussards, envoyés pour éprouver le gué, s'enfoncent à vue d'œil et qu'on a mille peines à retirer ; il faut donc la franchir à droite sur la chaussée de sable formée des attérissements de la mer et explorée la veille par l'équipage du *Roland*. Seulement cette chaussée est d'une telle exiguïté qu'on ne peut passer qu'un à un. Les soldats s'y engagent résolûment, ayant de l'eau jusqu'à la ceinture et secoués par les lames, mais le chemin est impraticable à l'artillerie, et sur le conseil du colonel Raoult, son chef d'état-major, le général Bouat envoie sa batterie à la brigade d'Autemarre, qu'elle rejoint l'après-midi sur le plateau.

La rivière franchie, le 3e bataillon de chasseurs à pied, le 7e léger et le 6e régiment de ligne, composant la brigade Bouat, abordent le sentier reconnu le matin par le général Bosquet. Il est encaissé entre des roches dont les flancs rapprochés ne permettent le passage qu'à un homme de front, et sa pente est si raide que les officiers doivent se tenir à la crinière de leurs mulets et de leurs chevaux pour ne pas tomber ; aussi l'ascension de la colonne s'accomplit-elle lentement et le feu tonne depuis longtemps lorsqu'elle débouche à l'arrière du plateau.

La brigade d'Autemarre effectue plus aisément la traversée de l'Alma ; aucun obstacle sérieux ne s'oppose non plus à elle sur le parcours du village incendié, et elle touche la tête du ravin sans avoir été inquiétée. Il y a là un temps d'arrêt fort court mais solennel ; dans toutes les poitrines une secrète angoisse étreint les cœurs, qui battent plus vite ; c'est une de ces heures où l'on vit des années en une minute. Les officiers adressent à leurs hommes les recommandations d'usage en pareille occurrence, d'avoir du sang-froid, de ne pas tirer sans ordre, etc. Puis le général Bosquet fait un signe, et les zouaves s'élancent sur les pentes de chaque côté du ravin. Là, pas de sentier frayé, le talus à pic, inaccessible aux chèvres, mais non aux *africains*.

Une broussaille flétrie, une touffe d'herbe pulvérulente, une légère aspérité, la moindre déchirure du sol, voilà leurs points d'appui; parfois l'un d'eux vient à céder et l'homme roule jusqu'au bas de la pente; celui-là ne s'en montre que plus ardent à recommencer; les flancs du ravin se hérissent de zouaves; celui qui a rencontré un appui quelque peu résistant s'y maintient et tend la jambe aux camarades qui grimpent à ses côtés. Si le prince Menschikoff, suivant à la lettre ses bravades, repose, et que le ciel lui envoie le même songe qu'à Jacob, il doit voir de singuliers anges étagés sur son échelle.

En moins de cinq minutes, les premiers zouaves atteignent le plateau supérieur. Les soldats de Lamarque à Caprée ont mis plus de temps, et l'ascension était moins difficile. Cinquante cosaques environ échangent avec eux quelques coups de feu, puis se replient sur le gros de l'armée russe.

Aussitôt l'occupation des crêtes effectuée, le général Bosquet s'élance dans le ravin en chargeant le commandant de Barral de la prompte expédition de la première batterie d'artillerie. Protégés par le feu des tirailleurs, les attelages partent au galop, toute autre allure entraînant de force la chute des voitures, et bientôt les premières pièces apparaissent au sommet de l'escarpement, conduites par le chef d'escadron de Barral et le capitaine Fiévet, commandant la première batterie.

Ces premières bouches à feu sont placées à la limite des crêtes, en potence sur l'armée ennemie; à peine une pièce est-elle dégagée de son avant-train qu'elle commence son feu, et ce coup de canon parti de nos batteries ouvre la journée; l'artillerie française élève la voix la première; c'est elle aussi qui dira le dernier mot.

A cette détonation, le maréchal et son état-major, qui, du haut d'un mamelon, suivent anxieux les évolutions des divers corps, braquent leurs lunettes sur les hauteurs.

— Voici les russes qui canonnent la seconde division, dit un officier en apercevant les batteries.

— Non! s'écrie le maréchal, non, grâce à Dieu! je vois des pantalons rouges, c'est Bosquet! il a déjà gravi les hauteurs; je reconnais là mon vieux Bosquet d'Afrique.

Rien que de juste dans cet hommage rendu au commandant en chef de la 2e division; mais si l'on tient compte de la froideur existant entre le maréchal et le général Bosquet, on le trouvera aussi honorable pour celui qui l'adresse que pour celui qui en est l'objet.

Sainte fraternité que celle du drapeau! elle annihile les antipathies et, pour la gloire de la mère-patrie, réunit dans la communion du sacrifice les frères divisés.

Un officier russe est allé en toute hâte avertir son généralissime de l'arrivée des zouaves sur le plateau. Le prince se croit tellement inattaquable de ce côté qu'il traite de folles billevesées le rapport de son inférieur et lui enjoint de retourner sur les lieux pour y constater son erreur. Celui-ci revient annoncer que ce n'est plus seulement l'infanterie ennemie qui envahit les hauteurs, mais qu'il a vu l'artillerie y prendre position. L'amiral Menschikoff lui répond par un coup de cravache accompagné d'un flot d'épithètes injurieuses, et dépêche son aide de camp vers l'endroit où l'on prétend que débouchent les colonnes alliées, avec mission de lui rendre un compte exact de la situation.

Lorsque l'aide de camp lui confirme le témoignage du premier officier, le prince reste un instant consterné. L'une des causes de cet abattement mérite d'être relatée :

Comme les races antiques, les peuples primitifs ont la superstition des présages, — bons ou mauvais. En Russie, où la civilisation n'est qu'une croûte de glace sur un abîme de barbarie, cette croyance fatidique existe aussi bien chez les classes élevées que dans les couches inférieures de la société. C'est dire que le prince Menschikoff la partage comme le dernier cosaque de son armée. Or, la veille, à Sévastopol, sur la place du théâtre, au moment où les habitants éperdus, furieux et poussés par le courage de la peur, sommaient le généralissime russe de laisser sortir de la ville les femmes, les enfants et les effets les plus précieux, la colère de la foule a été détournée par un incident de funeste augure : sur la toiture du théâtre s'abattaient des vols innombrables d'hirondelles, qui, à un coup de canon d'alarme parti du fort Constantin, ont ouvert leurs ailes et disparu à l'horizon, devançant d'un mois l'époque habituelle de leur émigration.

« Pourquoi? demande M. le docteur Félix Maynard, auquel on doit la révélation de ce détail. Est-ce qu'elles ont l'instinct des horreurs d'un siége? Est-ce qu'elles devinent que bientôt l'atmosphère de cette contrée sera empoisonnée par les conflagrations de la poudre et que la mitraille écrasera les maisons où elles maçonnèrent leurs nids? Ce n'est pas sans raison qu'elles avancent ainsi l'heure du départ, surtout quand il leur reste encore de nombreux beaux jours à passer et que les jeunes couvées possèdent à peine des ailes assez puissantes pour entreprendre un voyage de long cours. »

Ainsi a pensé la foule terrifiée, ainsi a pensé le prince qui s'est efforcé de dissimuler ses angoisses sous ce cri sauvage :

— Les ennemis sont venus ! eh bien, nous leur ferons la guerre, la guerre au couteau jusqu'à ce que nous leur en ayons brisé la lame dans le ventre.

L'audacieuse escalade de la 2e division lui semble une première justification du mauvais présage de la veille, et malgré lui de tristes pressentiments l'agitent; mais le général surmonte les terreurs de l'homme, et avise aux moyens de parer le coup qui le menace. Cinq batteries, chacune de huit bouches à feu, sont expédiées sur la droite et se rangent à huit cents mètres environ des français, deux de pièces de 12 et une de licorne (obusiers du calibre de 0m, 17), appuyées à la dernière crête, deux à cheval du calibre 6 sur la gauche.

Le bataillon du 3e régiment de zouaves, couché dans un pli de terrain à cent mètres en avant de nos batteries, attend l'occasion d'agir, ayant à sa tête le colonel Tarbouriech et le chef de bataillon Dubos, qui, du haut de leurs chevaux, assistent impassibles à l'engagement de notre artillerie contre les canonniers russes. La brigade d'Autemarre s'est rangée à l'arrière, amenant la batterie de la 2e brigade, qui, commandée par le capitaine Marcy, a immédiatement commencé son feu à droite de la première. Ce renfort est largement compensé par l'entrée en ligne chez l'ennemi de deux nouvelles batteries à cheval. Il a quarante bouches à feu, et nous douze.

Debout, sous une grêle incessante de boulets, le général Bosquet stimule l'ardeur de nos artilleurs, qui soutiennent sans faiblir cette lutte inégale pendant une heure et demie. Servants et chevaux roulent décimés par la mitraille ennemie ; les vides sont aussitôt remplis, et notre feu continue avec la même énergie. Trente-deux roues sont brisées, mais la Providence a laissé intactes toutes nos pièces ; soudain deux régiments de cavalerie russe et une batterie à cheval s'ébranlent comme pour tourner la droite de notre position et prendre en rouage les batteries Fiévet et Marcy, que ce mouvement, s'il réussit, doit anéantir. Le commandant de Barral devine le danger et fait pleuvoir des obus sur les ennemis, tandis que le général Bouat se porte en avant avec sa brigade, et les escadrons qui se voient déjà cernés s'éloignent au galop.

Ce fait d'armes sans précédents de douze pièces résistant à quarante et restant maîtresses du terrain doit être attribué à la supériorité du nouveau système d'artillerie française : autrefois on employait deux calibres, 8 et 12 ; chaque batterie, composée de six pièces, quatre canons et deux obusiers, n'en comprenait en réalité que quatre ou deux, selon qu'elle tirait à boulets ou à obus ; aujourd'hui on a adopté le calibre unique de 12, et chaque pièce lance indifféremment l'un ou l'autre des deux projectiles.

Pendant que la première division effectue son mouvement, les autres corps d'armée attendent le signal de l'attaque dans l'ordre suivant, en partant de la droite : ceux du général Canrobert et du prince Napoléon ; ceux de sir de Lacy-Evans, de sir Georges Brown et du duc de Cambridge. Les généraux Forey et Cathcart commandent les réserves française et anglaise.

A peine le canon du général Bosquet a-t-il retenti, que le maréchal réunit les commandants en chef des divisions, et leur dit en désignant les versants sur lesquels les russes échelonnent rapidement leurs colonnes :

— Que chacun de vous attaque droit devant soi et suive pour manœuvrer ses propres inspirations. Il faut à tout prix arriver sur ces hauteurs ; je n'ai pas d'autres instructions à donner à des hommes dans lesquels j'ai toute confiance.

Immédiatement la marche sonne partout, et les masses d'infanterie descendent les pentes qui conduisent à la rivière. La 1re division s'avance sur deux lignes en colonne, sa 1re brigade précédée des bataillons de chasseurs à pied éparpillés en tirailleurs. Le colonel Bourbaki, du 1er de zouaves, et son régiment ont mission d'emporter les quelques maisons groupées en amont du village d'Almatamack et défendues par des tirailleurs embusqués derrière les haies de jardins, les murs des cours, les bouquets d'arbres, les plis de terrain, partout enfin où ils ont trouvé un abri sûr. Malgré les vides que le tir des russes fait dans leurs rangs, les zouaves fondent comme une avalanche sur le bord de l'Alma, — très-ravinée à cet endroit.

Les soldats du génie se mettent en devoir d'entailler le talus ; mais avant qu'ils n'aient remué la première pelletée de terre, les zouaves ont escaladé les arbres qui ombragent la rivière, et se glissant le long des maîtresses branches, se trouvent, au moyen d'un élan vigoureux, sur l'autre rive. Vainement le 33e régiment de Moscou arrive au pas de charge pour empêcher cette audacieuse descente ; une batterie de la 1re division, bien que réduite à quatre pièces par l'épidémie de la Dobrutscha, dirige contre lui un feu si meurtrier qu'elle le force à la retraite. Les zouaves et les chasseurs à pied s'élancent alors à l'escalade, et les autres régiments de la division qui, l'arme au pied, attendaient impassibles, sous une averse de mitraille, s'ébranlent à leur tour aux cris mille fois répétés de : *Vive l'Empereur! Vive le maréchal!*

Les généraux, comme pour une solennité, ont revêtu la grande tenue; autour d'eux se pressent les intendants et les aumôniers, qui, malgré le danger, sont bravement à leur poste, le bréviaire sous le bras.

On est au bord de l'Alma, dont le lit, sur ce point, est profondément encaissé :

— Allons, mes enfants, dit en souriant le maréchal aux soldats du 39e de ligne, retroussez-vos jupes et passez l'eau.

— Les canards l'ont bien passée!

— Les chevilles mouillées, un vrai bain de dames.

— Pas à fond de bois! répondent avec entrain les troupiers.

Alors, soutenus par les tirailleurs, dont les carabines Minié font merveille et portent presque à chaque coup la mort dans les rangs des russes, les bataillons entrent dans l'eau et reparaissent bientôt sur l'autre rive, non sans échanger de joyeuses plaisanteries sur le bain froid qu'ils viennent de prendre. L'artillerie, après quelques efforts, est obligée de rebrousser chemin et d'aller chercher, pour gravir la hauteur, le ravin qui a servi de route aux batteries de la seconde division. A ce moment, l'abbé Parabère, aumônier en chef de l'armée d'Orient, dont le cheval vient d'être tué, s'élance à califourchon sur un des canons du commandant Huguenet, et arrive sur cette monture d'une nouvelle espèce au sommet du plateau. Nos braves artilleurs admirent ce trait de courage et rebaptisent à l'instant même la pièce, qui dorénavant s'appellera *le Parabère.*

La première ligne de la division du prince Napoléon se porte sur le village de Bourliouk, incendié par les russes. Pendant qu'elle sonde la rivière, les batteries ennemies la foudroient, mais le prince établit, en personne, à droite du village, les douze pièces du commandant Bertrand, et, protégé par leur feu, le général Monet franchit l'Alma avec le 2e régiment de zouaves, commandé par le colonel Cler, et le régiment d'infanterie de marine, sous les ordres du colonel Duchâteau. A peine ont-ils refoulé les tirailleurs russes, qu'une batterie cachée se démasque et vomit la mort dans nos rangs. Le prince Napoléon, qui suit le mouvement offensif des deux régiments, est sur le point d'être atteint par un obus, lorsque, prévenu du danger par le général Thomas, chef de sa deuxième brigade, il se jette de côté, ainsi que ce dernier. Le projectile passe en ricochant à côté d'eux, et frappe à la cuisse le sous-intendant militaire Leblanc. Bientôt, il devient nécessaire d'appuyer la première brigade, qu'une dizaine de pièces russes, défendues par un seul bataillon, et distantes d'environ trois cents mètres, prennent en écharpe. Le général Thomas part à la tête du 22e léger, le conduit sur l'autre rive, et lui donne ordre d'enlever à la baïonnette la batterie russe, tandis qu'il secondera le mouvement avec le 20e léger; mais, au moment où, devançant ce dernier régiment, il lui indique la route à suivre pour s'abriter des feux plongeants qui nous déciment, le général reçoit une balle dans l'aine et se voit forcé d'abandonner le champ de bataille.

C'est l'instant où la première division atteint les hauteurs. L'ennemi tourne contre elle les sept batteries qui, depuis une heure et demie, s'acharnent sur la division Bosquet sans pouvoir la débusquer de sa position. A sept cents mètres des colonnes du général Canrobert, s'élève une tour en pierres blanches destinée à un télégraphe; c'est là que le prince Menschikoff a installé son quartier-général. Soudain, à l'arrière de ce bâtiment, paraît un carré long d'infanterie qui marche en avant et menace d'écraser nos régiments, dont l'artillerie n'est pas encore arrivée. Le capitaine de Bar, officier d'ordonnance du général Canrobert, va, par ordre de ce dernier, demander une batterie au général Bosquet, et, un instant après, les six pièces du capitaine Fiévet labourent à mitraille ces masses imposantes qui déjà ne sont plus qu'à deux cents mètres de nos troupes. Chaque décharge emporte des files entières; la confusion désorganise les lignes; en vain les officiers cherchent à ramener leurs soldats débandés; l'un d'eux, sans préoccupation des boulets qui fauchent les hommes à droite et à gauche, parcourt les rangs, arrête les fuyards, et les saisissant avec une rage sublime, les enlève de terre, comme doué d'une force surhumaine, et reforme les pelotons, qu'il ramène à la charge. C'est vraiment un beau spectacle à contempler que la lutte désespérée de son courage contre la panique générale.

— Le brave officier! s'écrie le général Bosquet, si j'étais près de lui, je l'embrasserais!

M. de Bazancourt, au livre duquel nous empruntons cet épisode, oublie d'ajouter que cet intrépide capitaine est, un peu après, coupé en deux par un boulet, à la tête de sa compagnie.

Le maréchal, entouré de son état-major, suit du haut d'un tertre les évolutions des divers corps; en voyant les troupes de la 1re et de la 3e divisions offrir leurs poitrines à la mitraille ennemie, sans que leur élan en soit comprimé, il s'écrie à diverses reprises :

— Oh! les dignes fils d'Austerlitz et de Friedland!

Puis, emporté par son enthousiasme, il s'élance au galop et parcourt le front des lignes, adressant aux différents régiments de chaleureuses allocutions. Et cependant il est en proie à une fièvre dévorante. Plus d'une fois, vaincu par la douleur, il est obligé de se faire soutenir sur son cheval par deux cavaliers. Vainement ses aides de camp l'invitent à prendre un peu de repos, il reste treize heures en selle, dissimulant ses souffrances, et puisqu'il ne peut vaincre la mort, cherchant du moins à mourir debout et de la mort d'un soldat.

— Il n'y aura donc pas aujourd'hui de boulet pour moi ? murmure-t-il souvent.

C'est ainsi qu'était à la bataille de Fontenoi le maréchal de Saxe. Presque mourant, il avait visité ses postes dans une mauvaise carriole d'osier empruntée à un paysan et, au premier coup de canon, s'était fait hisser sur son cheval pour n'en descendre qu'après la victoire. Frédéric de Prusse, bon juge en semblable matière, écrivait à ce sujet :

« Agitant, il y a quelques jours, la question de savoir quelle était la bataille de ce siècle qui avait fait le plus d'honneur au général, tout le monde tomba d'accord que c'était sans contredit celle dont le général était à la mort lorsqu'elle se donna. »

Le maréchal, voyant la lutte engagée sur tous les points, fait avancer la réserve, avec ordre au général Forey d'appuyer d'une de ses brigades la division Canrobert et de porter l'autre vers la droite au secours du général Bosquet. Le général d'Aurelle exécute le premier mouvement, et la brigade de Lourmel le second. Tandis que les troupes défilent au pas de course devant le mamelon qu'occupe le maréchal, celui-ci crie au général d'Aurelle :

— D'Aurelle, allez vous mettre, sans perdre une minute, à la disposition de Canrobert, qui a grandement à faire là-haut. Allez, je compte sur vous.

— Vive l'Empereur ! répond celui-ci en agitant son képi et accélérant sa marche.

L'artillerie descend au gué de l'Alma, mais sa marche est lente et menace de retenir longtemps la brigade au repos :

— En avant ! dit le général d'Aurelle, et aussitôt le 39e régiment de ligne, ayant à sa tête le brave colonel Beuret, se jette dans le courant, et, se soutenant aux roues de l'artillerie, gagne l'autre bord, y laisse ses sacs, pour avoir une plus grande liberté de mouvements, et grimpe à l'assaut du plateau. Il y trouve les 1er et 2e régiments de zouaves et le

1er bataillon de chasseurs à pied aux prises avec la mitraille ennemie, qui les décime sans leur faire perdre un pouce de terrain. Les batteries de la réserve, conduites par le commandant La Boussinière, répondent aux batteries russes établies à droite et à gauche du télégraphe, mais nous perdons beaucoup de monde, et la cavalerie s'apprête à nous charger. Il ne faut pas attendre son choc, qui peut décider la bataille en faveur des russes; le colonel Cler, envisageant cette terrible éventualité, crie d'une voix tonnante à son régiment :

— A moi, mes zouaves! à la tour! à la tour! et il part au galop dans la direction du télégraphe.

Le 1er et le 2e régiments de zouaves, les chasseurs à pied, le 39e régiment de ligne, guidés par le général d'Aurelle, les colonels Bourbaki et Beuret, se précipitent à sa suite et vont se heurter aux baïonnettes russes, qui plient sous l'irrésistible impulsion de cette avalanche humaine. La lutte s'engage corps à corps, haletante, désespérée; les hommes s'étreignent et se renversent, se mordant, se déchirant, s'étranglant avec une rage indicible; on foule aux pieds les morts, et les blessés, dans un effort suprême, s'attaquent aux jambes de ceux qui restent debout, ne pouvant les frapper au cœur; mais l'approche simultanée de la division Bosquet, sur la gauche, de l'armée anglaise, sur la droite, met fin à cette boucherie, et l'ennemi bat en retraite.

Le colonel Cler s'élance dans la tour et arbore au sommet l'aigle du 2e de zouaves, en criant : *Vive l'Empereur!* Derrière lui, le sergent-major Fleury, de la 5e compagnie du 1er bataillon du 1er régiment de la même arme, gravit les échafaudages supérieurs; il y plante le fanion de sa compagnie; trois balles de mitraille l'atteignent au cœur et à la tête et il tombe. A son tour, le sous-lieutenant Wilfrid Poidevin arbore le drapeau de son régiment, quand un boulet l'atteint en pleine poitrine et le renverse. Héroïque jeune homme! à la revue du 17 septembre, au bivouac d'Old-Fort, le maréchal lui a dit :

— Vous portez un drapeau, monsieur, mais j'espère bien que vous m'en apporterez un russe avec celui-là?

— Je ferai de mon mieux, maréchal! a-t-il répondu, et il a tenu parole.....

Le général Canrobert arrive au galop, suivi de sa division, pour aider les hardis conquérants du télégraphe, lorsqu'un éclat d'obus ricoche de son épaule à sa poitrine et le renverse de son cheval. Au-dessus des cris de triomphe que poussent nos soldats vainqueurs, s'élève ce cri, qui les domine tous :

— Le général Canrobert est tué !

Retracer la douloureuse stupeur des troupes nous serait impossible ; tous les visages ont pâli, tous les cœurs ont cessé de battre. Sur plus d'une figure noircie par la poudre on voit couler des larmes, et l'on entend mille imprécations ainsi formulées :

— Gredin de sort ! dire que ce coup-là pouvait aussi bien m'attraper ! L'armée n'a pas de chance !

— Menschikoff me payera celle-là.

— Nous mangerons les russes jusqu'au dernier.

— Notre général pour une victoire, c'est trop cher ! etc., etc.

Mais à la consternation succède l'enthousiasme, aux larmes une joie frénétique, quand reparaît, le bras en écharpe, le général, qui demande son cheval et se remet en selle. A ce moment le maréchal arrive sur le plateau ; il félicite devant ses colonnes S. A. I. le prince Napoléon de sa belle conduite durant l'action, puis s'arrête devant les zouaves, se découvre et leur dit :

— Merci, zouaves !

Cet hommage d'une simplicité si grandiose électrise toute l'armée, qui le ratifie par d'unanimes acclamations, tandis que les zouaves, — rougissant pour la première fois, — semblent se demander d'où leur vient cet excès d'honneur. Le maréchal reçoit alors la nouvelle par le général de Martimprey que les batteries ennemies arrêtent nos alliés dans leur mouvement offensif.

— Allons aux anglais ! dit-il, et il donne l'ordre aux trois divisions de se porter en toute hâte sur la gauche.

L'heure est venue de raconter les opérations de l'armée anglaise et nous prions le lecteur de revenir en arrière avec nous.

Au début de la bataille, l'armée anglaise s'avance sur deux rangs contigus avec le front des deux divisions couvert par l'infanterie légère et une batterie d'artillerie à cheval. La 2e division, commandée par le lieutenant-général de Lacy-Evans, forme la droite, appuyée à la gauche de S. A. I. le prince Napoléon. La division légère, commandée par le lieutenant-général sir Georges Brown, occupe la gauche. Derrière sir de Lacy-Evans est le lieutenant-général Richard England, avec la 3e division, et derrière sir Georges Brown, S. A. R. le duc de Cambridge, avec la 1re. La 4e division, commandée par le lieutenant-général Georges Cathcart, et la cavalerie, sous les ordres du major-général comte de Lucan, forment la réserve.

Les deux premières divisions attaquent le village de Bourliouk, qui est immédiatement incendié par les russes. Ne voyant pas à se diriger sous les tourbillons de flammes et de fumée, les troupes se divisent, et deux régiments de la brigade Adams passent la rivière à droite du village, tandis que la 1re brigade traverse à gauche sous les ordres du major-général Pennefather. La division légère a déjà franchi l'Alma droit en face de l'ennemi. Un feu roulant dirigé contre ces vaillantes troupes ne les arrête pas; foudroyé par dix-huit pièces de gros calibre, le 33e de ligne est presque anéanti, mais le reste de la division s'avance en bon ordre, et la 1re brigade, commandée par le major-général Cadrington, s'empare d'une redoute avec l'aide du général de brigade Buller et de quatre compagnies de chasseurs, sous les ordres du major Norcott. Les pertes subies par le 7e, le 23e et le 33e régiment l'obligent bientôt à abandonner cette position, lorsque le duc de Cambridge vient appuyer son mouvement; les russes, débordés sur leur gauche, concentrent leurs forces en face de Bourliouk et arrêtent les anglais. C'est le moment où nous intervenons. La batterie Toussaint, dirigée par le commandant la Boussinière, inonde d'obus le flanc des colonnes ennemies et y porte le désordre. Profitant de cette heureuse diversion, la brigade des gardes à pied, sous les ordres du major-général Bentinck, et la brigade des highlanders, commandée par sir Colin Campbell, attaquent à droite et à gauche les carrés russes. La division Brown débouche sur les hauteurs; l'ennemi perd de sa résolution, ne sachant où faire face; une volée de fusées à la Congrève multiplie dans ses rangs la confusion ; reconnaissant son impuissance, il se retire sur toute la ligne. La bataille est gagnée!

Les russes se dirigent vers la Katcha, jalonnant le chemin de morts et de blessés; leurs bataillons se rallient dans la plaine, où l'artillerie du général Bosquet ouvre à boulets roulants leurs carrés. Malheureusement nous n'avons pas de cavalerie, et celle du comte de Lucan, embourbée dans les marais de l'Alma, ne peut poursuivre l'ennemi.

— Que n'ai-je mes chasseurs d'Afrique! dit le maréchal, l'armée du prince Menschikoff ne reverrait pas Sévastopol.

Bien qu'abattu par la fièvre et la fatigue, le maréchal refuse d'abandonner déjà le champ de bataille; cette victoire ardemment désirée et à laquelle il a sacrifié quelques-uns des jours qui lui restaient à vivre, il la veut contempler sur le front rayonnant des vainqueurs. Une heure encore à la gloire, et que la mort vienne, il ne lui disputera plus sa proie. Alors comprimant les lancinantes douleurs du mal, redressant sa taille affaissée, l'œil fier, il parcourt les lignes, se découvre là où des vides accusent nos pertes, et adresse aux troupes cet ordre du jour :

« Soldats,

» La France et l'Empereur seront contents de vous!

» A Alma vous avez prouvé aux russes que vous étiez les dignes fils des vainqueurs d'Eylau et de la Moskowa. Vous avez rivalisé de courage avec vos alliés les anglais, et vos baïonnettes ont enlevé des positions formidables et bien défendues.

» Soldats, vous rencontrerez encore les russes sur votre chemin, vous les vaincrez encore, comme vous l'avez fait aujourd'hui, au cri de: *Vive l'Empereur!* et vous ne vous arrêterez qu'à Sévastopol ; c'est là que vous jouirez d'un repos que vous aurez bien mérité.

» Champ de bataille d'Alma, le 20 septembre 1854. »

Ce fragment de lettre d'un zouave du 1er régiment résume pittoresquement le récit que nous venons de faire :

« Hauteurs de l'Alma, 22 septembre.

» Le 19 l'armée s'est mise en marche; quatre jours de privations de bonne eau nous avaient un peu fatigués. Le soir on a campé sur une petite position occupée par des éclaireurs russes, d'où l'on distinguait parfaitement, après une plaine de deux lieues, les hauteurs formidables où quarante mille ennemis voulaient nous tenir en échec. Leur cavalerie s'étant un peu avancée, on l'a chassée à coups de canon. Le lendemain, en route pour la bataille !

» A midi l'action s'engage ; les tirailleurs commencent la lutte, les balles sifflent, et on commence à mordre la poussière. Les zouaves du 1er régiment passent la rivière sous le canon ennemi, posent les sacs et attendent la charge. Quand elle sonne, on s'élance. Le brutal ronfle. Les russes veulent nous couper le passage. Comme ils n'ont que du canon, ça renverse et n'arrête pas. On commence à monter : déjà leurs tirailleurs avaient fui ; leurs masses en font autant, et nous commençons à marcher sur leurs morts.

» Sous la mitraille et sous les balles, nous arrivons au haut. Le 1er chasseurs à pied, vieux d'Afrique, arrive peu après, puis le 2e zouaves, et, à cinq bataillons, nous flanquons la chasse à toute la clique. Les russes s'étaient formés en carré derrière le fort, pendant que les plus déterminés entouraient le rempart.

» En avant ! en avant ! et nous nous ruons sur le fort, et notre drapeau y flotte ; coupé en deux par un éclat, il est relevé aussitôt. Naturellement le reste de l'armée travaillait de son côté, mais on ne voit guère que devant soi dans ce moment-là. Le carré russe est enfoncé par nos balles seules, et bonsoir ! C'est là qu'une balle m'a baisé la joue gauche, une égratignure.

» L'artillerie française et le reste des divisions arrivent au moment où les pièces russes recommençaient à tonner contre nous. On leur en a tué en masse avec le canon dans leur retraite.

» Les écossais, selon leur héroïque tradition, ont monté sur les pièces ennemies l'arme au bras.

» Nous soignons les blessés ennemis comme les nôtres. On les embarque à mesure.

» Les matelots courent sur le champ de bataille et veulent avoir qui un fusil, qui un bouton, tous des bottes pour laver le pont cet hiver. Ils ont tout vu de dessus les vergues et les haubans et sont émerveillés.

Nous avons eu le plaisir d'entendre crier par nos camarades : Vivent les zouaves !

» Le premier pas est fait ! les russes ont beau tout brûler dans leur retraite, ils se flambent eux-mêmes. »

Voici maintenant le rapport du maréchal Saint-Arnaud à S. M. Napoléon III :

« *Au quartier général, à Alma. Champ de bataille d'Alma, le* 21 *septembre* 1854.

» SIRE,

» Le canon de Votre Majesté a parlé !... Nous avons remporté une victoire complète. C'est une belle journée, sire, à ajouter aux fastes militaires de la France, et Votre Majesté aura un nom de plus à joindre aux victoires qui ornent les drapeaux de l'armée française.

» Les russes avaient réuni, hier, toutes leurs forces, tous leurs moyens pour s'opposer au passage de l'Alma. Le prince Menschikoff les commandait en personne. Toutes les hauteurs étaient garnies de redoutes et de batteries formidables.

» L'armée russe comptait quarante mille baïonnettes venues de tous les points de la Crimée; le matin il en arrivait encore de Théodosie : six mille chevaux, cent quatre-vingts pièces de canon de campagne ou de position.

» Des hauteurs qu'ils occupaient, les russes pouvaient nous compter homme par homme, depuis le 19, au moment où nous sommes arrivés sur le Bulganach.

» Le 20, dès six heures du matin, j'ai fait opérer par la division Bosquet, renforcée de huit bataillons turcs, un mouvement tournant qui enveloppait la gauche des russes et tournait quelques-unes de leurs batteries.

» Le général Bosquet a manœuvré avec autant d'intelligence que de bravoure. Ce mouvement a décidé du succès de la journée.

» J'avais engagé les anglais à se prolonger sur la gauche pour menacer en même temps la droite des russes, pendant que je les occuperais au centre; mais leurs troupes ne sont arrivées en ligne qu'à dix heures et demie. Elles ont bravement réparé ce retard. A midi et demi, la ligne de l'armée alliée, occupant une étendue de plus d'une grande lieue, arrivait sur l'Alma, et elle était reçue par un feu terrible de tirailleurs.

» Dans ce moment, la tête de la colonne Bosquet paraissait sur les hauteurs : je donnai le signal de l'attaque générale.

» L'Alma fut traversée au pas de charge. Le prince Napoléon, à la tête de sa division, s'emparait du gros village d'Alma sous le feu des batteries russes. Le prince s'est montré digne en tout du beau nom qu'il porte. On arrivait en bas des hauteurs sous le feu des batteries ennemies.

» Là, sire, a commencé une vraie bataille sur toute la ligne, bataille avec ses épisodes de brillants hauts faits et de valeur. Votre Majesté peut être fière de ses soldats, ils n'ont pas dégénéré : ce sont des soldats d'Austerlitz et d'Iéna.

» A quatre heures et demie, l'armée française était victorieuse partout.

» Toutes les positions avaient été enlevées à la baïonnette au cri de: *Vive l'Em-*

pereur! qui a retenti toute la journée. Jamais je n'ai vu d'enthousiasme semblable: les blessés se soulevaient de terre pour crier. A notre gauche les anglais rencontraient de grosses masses et éprouvaient de grandes difficultés, mais tout a été surmonté.

» Les anglais ont abordé les positions russes dans un ordre admirable sous le canon, les ont enlevées et ont chassé les russes.

» Lord Raglan est d'une bravoure antique, au milieu des boulets et des balles, c'est le même calme qui ne l'abandonne jamais.

» Les lignes françaises se formaient sur les hauteurs en débordant la gauche des russes, l'artillerie ouvrait son feu. Alors ce ne fut plus une retraite, mais une déroute : les russes jetaient leurs fusils et leurs sacs pour mieux courir.

» Si j'avais eu de la cavalerie, sire, j'obtenais des résultats immenses, et Menschikoff n'aurait plus d'armée; mais il était tard, nos troupes étaient harassées, les munitions d'artillerie s'épuisaient, nous avons campé à six heures du soir sur le bivouac même des russes.

» Ma tente est sur l'emplacement même de celle qu'occupait le prince Menschikoff, qui se croyait si sûr de nous arrêter et de nous battre, qu'il avait laissé sa voiture. Je l'ai prise avec son portefeuille et sa correspondance ; je profiterai des renseignements précieux que j'y trouve.

» L'armée russe aura pu probablement se rallier à deux lieues d'ici, et je la trouverai demain sur la Katcha, mais battue et démoralisée, tandis que l'armée alliée est pleine d'ardeur et d'élan. Il m'a fallu rester ici aujourd'hui pour évacuer nos blessés et les blessés russes sur Constantinople, et reprendre à bord de la flotte des munitions et des vivres.

» Les anglais ont eu quinze cents hommes hors de combat. Le duc de Cambridge se porte bien; sa division et celle de sir G. Brown ont été superbes. Moi, j'ai à regretter environ douze cents hommes hors de combat, trois officiers tués, cinquante-quatre blessés, deux cent cinquante-trois sous-officiers, et soldats tués, mille trente-trois blessés.

» Le général Canrobert, auquel revient en partie l'honneur de la journée, a été blessé légèrement par un éclat d'obus qui l'a atteint à la poitrine et à la main : il va très-bien. Le général Thomas, de la division du prince, a reçu une balle dans le bas-ventre, blessure grave. Les russes ont perdu environ cinq mille hommes. Le champ de bataille est jonché de leurs morts, nos ambulances sont pleines de blessés. Nous avons compté une proportion de sept cadavres russes pour un cadavre français.

» L'artillerie russe nous a fait du mal, mais la nôtre lui est bien supérieure. Je regretterai toute ma vie de ne pas avoir eu seulement mes deux régiments de chasseurs d'Afrique. Les zouaves se sont fait admirer des deux armées ; ce sont les premiers soldats du monde.

» Veuillez agréer, sire, l'hommage de mon profond respect et de mon entier dévouement.

» *Le maréchal* A. DE SAINT-ARNAUD. »

Ce qu'il faut le mieux admirer dans cette relation où le lyrisme épique s'allie si heureusement à la concision militaire, c'est la modestie du maréchal, qui ne parle que des autres et laisse dans l'ombre sa propre gloire. On ne saurait mieux la comparer qu'au rapport de la victoire de Staffarde adressé à Louis XIV par le maréchal de Catinat. Ce dernier s'y effaçait entièrement aussi, au point qu'après lecture, les courtisans se demandaient :

— Catinat en était-il?

— Gardez-vous d'en douter! répliqua Louis XIV. On peut avoir besoin de détails sur les services d'autrui; les siens sont connus d'avance, et son rapport vous prouve qu'il sait aussi bien dire que bien faire.

Il n'est pas sans intérêt de lire, après les relations des nôtres, le rapport suivant adressé par le prince Menschikoff à l'empereur de Russie; c'en est le meilleur et le plus éloquent corollaire :

» A midi les ennemis se portèrent sur l'Alma et attaquèrent résolûment notre position. Leur aile droite était formée par les français et leur aile gauche par les anglais.

» L'armée turque était restée en réserve derrière les troupes françaises.

» Les unes et les autres s'avancèrent avec précision en lignes déployées sous la protection d'une chaîne épaisse de tirailleurs armés de carabines. Nos tirailleurs reçurent l'ennemi par un feu bien dirigé, et en peu d'instants une vive fusillade s'engagea sur toute la ligne de bataille. Dès le commencement du combat, les nombreux tirailleurs ennemis, armés de carabines à balles coniques, firent de grands ravages dans nos rangs. Un grand nombre de commandants tombèrent les premiers victimes de cette arme meurtrière, et cette circonstance exerça nécessairement une grande influence sur la marche ultérieure du combat.

» Après avoir occupé les vignobles de la rive droite de l'Alma, les bataillons ennemis se formèrent en colonnes, passèrent la rivière et se déployèrent de nouveau en ligne de l'autre côté, malgré le feu constant de nos batteries. Le prince Menschikoff donna ordre à la première ligne de recevoir l'ennemi à la baïonnette pour le rejeter sur la rivière. A plusieurs reprises nos bataillons, précédés de leurs intrépides chefs, se précipitèrent à la charge, baïonnette en avant, mais chaque fois accueillis par le terrible feu roulant de la ligne déployée, ou par l'épaisse chaîne de tirailleurs à carabines, ils furent repoussés avec de grandes pertes. L'infanterie ennemie supportait avec fermeté et sans broncher le feu parfaitement dirigé de notre artillerie; les bataillons déployés se couchaient à terre et s'abritaient derrière les accidents de terrain, tandis que leurs tirailleurs fusillaient nos artilleurs. Dans une de nos divisions de huit pièces, tous les servants et tous les chevaux furent jetés sur le carreau.

» Pendant que ce combat acharné avait lieu au centre de la position et à notre aile droite, l'aile gauche, malgré la distance où elle se trouvait de la mer, était atteinte par les projectiles de la flotte. A l'abri du feu de cette artillerie marine, une colonne française ayant en tête des troupes d'Afrique (nommées zouaves) traversa la vallée de l'Alma près du rivage de la mer et gravit rapidement la falaise par un sentier à peine tracé le long d'un étroit ravin. L'apparition de ces troupes sur notre flanc et presque même sur nos derrières obligea le prince Menschikoff à faire avancer, de la réserve, les régiments de Minsk et de Moscou avec quelques escadrons de hussards; mais les français étaient déjà parvenus à établir sur les hauteurs une batterie qui accueillit nos réserves par un feu très-vif. Ces deux régiments furent contraints de se replier.

» Alors le prince Menschikoff, voyant son aile gauche tournée, le centre et l'aile droite ne pouvant plus se maintenir à la suite des pertes énormes qu'ils avaient faites, commença à ramener toutes ses troupes vers la Katcha. Afin de couvrir leur retraite, il fit avancer la brigade de hussards. Cette mesure, et peut-être aussi les pertes considérables qu'il devait avoir éprouvées, arrêtèrent la poursuite de l'ennemi. Il resta sur l'Alma, et nos troupes, passé minuit, traversèrent la Katcha.

» Dans ce combat sanglant les deux partis ont considérablement souffert. Nous avons eu dix-sept cent soixante-deux hommes tués, deux mille trois cent quinze blessés et quatre cent cinq atteints de contusions. Quarante-cinq officiers supérieurs et subalternes sont au nombre des morts. Parmi les blessés on compte quatre généraux (le lieutenant général Kvitsinsky, chef de la 16e division ; le major Stchelkanoff, commandant la brigade de la même division; le général major Goguinoff, commandant de brigade de la 17e division, et le général major Kourtianoff, commandant du régiment d'infanterie de Moscou) et quatre-vingt-seize officiers supérieurs et subalternes.

» La perte de l'ennemi n'est pas connue avec certitude. D'après quelques rapports elle surpasserait même la nôtre; mais dans tous les cas il est impossible que l'attaque opiniâtre de leurs bataillons sous la grêle de nos boulets et de notre mitraille n'ait également coûté fort cher aux alliés. »

Ce rapport honore le prince Menschikoff; il y rend justice aux siens sans calomnier ses adversaires; il y respecte la vérité, et le fait mérite d'être signalé! il est assez rare chez les sujets de la sainte Russie, à preuve cette note publiée à Varsovie par ordre du prince Paskiéwitch après la bataille de l'Alma :

« Le 20 septembre une rencontre a eu lieu entre nos troupes et celles des alliés sur les bords de l'Alma. Le prince Menschikoff, réalisant son plan de campagne d'engager seulement au combat l'avant-garde de son armée et de se replier sur Sévastopol, a conduit les troupes sous ses ordres aux abords de la forteresse et y a pris une forte position. On croyait que d'autres combats auraient encore lieu sous peu de jours. Nous avons perdu sur l'Alma mille hommes tués et blessés, mais l'ennemi nous ayant attaqués dans nos retranchements et sous le feu de toutes nos batteries, doit avoir nécessairement éprouvé des pertes bien plus considérables. »

On le voit, sous la plume du vainqueur de Varsovie, la bataille n'est plus qu'une rencontre ; la retraite du prince Menschikoff est une conséquence de son plan de campagne, et les quatre mille quatre cents morts et blessés sont réduits des trois quarts.

La victoire de l'Alma produit en France une sensation profonde; chacun comprend que la patrie vient de reprendre son rang à la tête des nations, et devant la grandeur du résultat on oublie un instant ce qu'il nous a coûté. Au reste, la France et l'Empereur s'en souviendront en temps et lieu et, en attendant la part des morts, voici ce que leur reconnaissance accorde aux vivants : à grande gloire, grandes récompenses!

Par décrets des 14 et 21 octobre, les généraux et officiers dont les noms suivent sont promus aux grades de :

1re section du cadre de l'état-major général.

GÉNÉRAL DE DIVISION.

BOUAT, général de brigade, commandant la 2e brigade de la 2e division d'infanterie.

GÉNÉRAL DE BRIGADE.

BOURBAKI, colonel du 1er régiment de zouaves.

Corps expéditionnaire d'infanterie de marine.

CHEF DE BATAILLON.

SAVIGNY, capitaine adjudant-major.

CAPITAINES.

GAILLARD, lieutenant.
GRAEVE, id.
PETIT, id.

LIEUTENANTS.

THOMAS, sous-lieutenant.
DAVID, id.
DESCHARS, id.
AZAN, id.

SOUS-LIEUTENANTS.

BARNAUD, sergent-major.
BONIJOLY, id.
PONT, id.

Par décrets des 21 et 28 octobre, sont promus dans l'ordre impérial de la Légion d'honneur les officiers et sous-officiers dont les noms suivent :

GRANDS OFFICIERS.

CANROBERT, général de division, commandant en chef l'armée d'Orient.
BOSQUET, général de division.
FOREY, id.

COMMANDEURS.

État-major général.

THOMAS, général de brigade.
Comte de MONET, général de brigade.
D'AURELLE, id.

Intendance.

BLANCHOT, intendant militaire de l'armée.

Artillerie.

FORGEOT, colonel de la réserve.

Tirailleurs algériens.

WIMPFFEN, colonel.

7e régiment de ligne.

DE PECQUEULT DE LAVARANDE, colonel.

OFFICIERS.

État-major.

HENRY, chef d'escadron.
RENSON, id.

Intendance.

DE SEGANVILLE, sous-intendant de 2e classe.
PIRONNEAU, id.

Réserve d'artillerie.

ROUJOUX, lieutenant-colonel.

7e régiment d'artillerie.

HENRI BERTRAND, chef d'escadron.

11e régiment d'artillerie.

HUGUENET, chef d'escadron.

13e régiment d'artillerie.

CLAUDET, capitaine en 1er.

État-major du génie.

RICHER, chef de bataillon.
DE SAINT-LAURENT, id.
DUMAS, id.

1er régiment de zouaves.

BAROIS, chef de bataillon.

2e régiment de zouaves.

ADAM, chef de bataillon.

9e bataillon de chasseurs à pied.

NICOLAS, chef de bataillon.

Tirailleurs algériens.

MARTINEAU-DESCHENETS, chef de bataillon.

1er régiment de la légion étrangère.

NAYRAL, chef de bataillon.

Hors cadre.

D'ANGLARS, chef de bataillon détaché.

20e régiment d'infanterie de ligne.

MERMET, lieutenant-colonel.
COUÉ, chef de bataillon.

50e régiment d'infanterie de ligne.

DE CHABRON, chef de bataillon.

20e régiment d'infanterie légère.

COMPERAT, chef de bataillon.

Corps expéditionnaire d'infanterie de marine.

MERMIER, chef de bataillon.
LEPRINCE, capitaine.

CHEVALIERS.

État-major.

FAY, capitaine de 2e classe, aide de camp du général Bosquet.
LOYSEL, id., aide de camp du général Vinoy.

Artillerie.

MOULIN, capitaine-adjoint au commandant de l'artillerie de l'armée d'Orient.

4e régiment d'artillerie.

MASSOT, capitaine en 1er.
HURSTEL, lieutenant en 1er.

6e régiment d'artillerie.

DE BEAULAINCOURT, capitaine en 2e.

7e régiment d'artillerie.

LAGUILLAUMY, 1er canonnier.

8e régiment d'artillerie.

GUIMENET, lieutenant en 1er.
GRENOT, id. en 2e.
LOYAL, adjudant sous-officier.

9e régiment d'artillerie.

HENRIOT, maréchal-des-logis.

12e régiment d'artillerie.

BOBINOT-MARCY, capitaine en 1er.
ENCOIGNARD, maréchal-des-logis.

13e régiment d'artillerie.

DORLODOT, lieutenant en 1er.
BOUVIER, adjudant sous-officier.
PLICHON, maréchal-des-logis.
AMYOT, 1er canonnier.
CULPIN, id.

15e régiment d'artillerie.

DE VASSART, capitaine en 2e.

16e régiment d'artillerie.

AMAUDRIC DU CHAFFAUT, lieutenant en 1er.
VIALLET, 2e canonnier.

17e régiment d'artillerie.

JAUMARD, capitaine en 2e.
VAUDREY, lieutenant en 2e.
SEMMARTIN, maréchal-des-logis.

3e régiment du génie.

FOURCADE, capitaine en 1er.
THOUZELLIER, sergent.
BERNARD, id.
ARDOIN, id.

1er régiment de zouaves.

D'AUDEBARD, capitaine.
DORMOY, lieutenant.
DEVIGNE, sous-lieutenant.
PARSEVAL, sergent-major.
RICHARDOT, sergent.
LEBEAU, id.
SEGUY, id.

2e régiment de zouaves.

PRUVOST, capitaine adjudant-major.
LESCOP, capitaine.
OIZAN, lieutenant.
GUILLON, sous-lieut. porte-drapeau.
DE VERMONDANS, sous-lieutenant.
GESLAND, sergent chef des clairons.
WEIDEMBACH, sergent.
GOUNEAU-GARREAU, id.
GROS, zouave.
LALIGNE, id.

3e régiment de zouaves.

LETORS DE CRECY, capitaine adjudant-major.
LALANNE, capitaine.
MASQUELEZ, lieutenant.
DOUSSELIN, id.
SURBIN, sergent.
LOUBES, zouave.
SALOMON, id.
COMBES, id.
DORMOIS, zouave.

1er bataillon de chasseurs à pied.

BELLEVILLE, capitaine.
D'HUGUES, lieutenant.
COLIN, sergent.

9e bataillon de chasseurs à pied.

DUPLAT, lieutenant.
GADAY, id.
PONS, sergent.
ANCILLON, id.

19e bataillon de chasseurs à pied.

DUJARIC, capitaine.
BIGNON, lieutenant.

1er régiment de la légion étrangère.

VIEZ, lieutenant.
VEZU, sergent.

2e régiment de la légion étrangère.

ROBERT, capitaine.
APPEL, soldat.

4e régiment de chasseurs d'Afrique.

CHASTENET DE PUYSÉGUR, capitaine.
DE LOSTANGES, maréchal-des-logis.

7e régiment d'infanterie de ligne.

DE PARSEVAL-DESCHÊNES, capitaine adjudant-major.
FAVREAUX, lieutenant.

20e régiment d'infanterie de ligne.

GOFFARD, capitaine.
CHORGNON, lieutenant.
MARÉCHAL, sergent.

27e régiment d'infanterie de ligne.

VANHEULLE, capitaine adjudant-major.
PERIN, capitaine.

39e régiment d'infanterie de ligne.

GUISOLPHE, capitaine adjudant-major.
CLUZEL, capitaine.
BLUM, adjudant.

42e régiment d'infanterie de ligne.

BENOIT, sergent.

50e régiment d'infanterie de ligne.

ANGLADE, capitaine.

Favreau, lieutenant.

7e régiment d'infanterie légère.

Laxague, lieutenant.

20e régiment d'infanterie légère.

Parant, capitaine.

22e régiment d'infanterie légère.

Segonne, caporal.
Vallier, soldat.

Corps expéditionnaire d'infanterie de marine.

Domanec-Diégo, capitaine adjud.-maj.
Guillot, capitaine.
Gagné, id.
Ribert, lieutenant.
Neudot, id.
Martin des Pallières, sous-lieutenant.
Forest, sergent-major.

Service de santé.

Andrieu, médecin major de 2e classe.
Garrier, id.
Carion, aide-major de 1re classe.
Roustans, id. 2e id.

Par décrets des 21 et 30 octobre, la médaille militaire est conférée aux généraux, sous-officiers et soldats dont les noms suivent :

État-major.

S. A. I. le prince Napoléon, général de division, commandant la 3e division de l'armée d'Orient.

1er régiment d'artillerie.

Dupuech, 1er canonnier.

4e régiment d'artillerie.

Ribes, 1er canonnier.
Vacher, id.

7e régiment d'artillerie.

Andrès, adjudant sous-officier.
Adam, maréchal-des-logis.
Jacqueline, brigadier.
Varizat, 1er canonnier.

8e régiment d'artillerie.

Risseil, maréchal-des-logis.
Rickelinck, id.
Delamotte, brigadier.
Massé, artificier.
Laborde, 2e canonnier.

9e régiment d'artillerie.

Matha, maréchal-des-logis.
Oudin, 1er canonnier.

12e régiment d'artillerie.

Parant, brigadier.
Bourgeois, brigadier.
Vendrand, 1er canonnier.
Janin, 2e canonnier.

13e régiment d'artillerie.

Stahl, maréchal-des-logis.
Gaillot, 1er canonnier.
Lagoutte, id.
Vernoul, 2e canonnier.
Fillinger, id.

16e régiment d'artillerie.

Mosser, maréchal-des-logis.
Thinet, id.
Favoulet, 1er canonnier.
Ozon, 2e canonnier.

17e régiment d'artillerie.

Traber, 1er canonnier.
Allet-Coche, id.
Milleville, id.

1er régiment du génie.

Enaut, sergent.
Marin, caporal.

2e régiment du génie.

Stübert, sergent.

3e régiment du génie.

Chabbert, sergent.

1er régiment de zouaves.

MARILLIER, sergent-fourrier.
SAINT-HILAIRE, sergent.
CHAUSSIER, id.
PONTICO, id.
BOISEAU, caporal.
GERMA, id.
DUVAL, zouave.
BONGAIN, id.
LEMESLE, id.
PARMENTIER, id.

2e régiment de zouaves.

BASTIEN, sergent.
COTTAVOZ, id.
JULLIAN, id.
AUBER, caporal.
VERRES, zouave.
LAURANS, id.

3e régiment de zouaves.

BONNEFOY, sergent.
HIRCHMEYER, caporal.
LENÈS, zouave.
VEISSIÈRE DE LAGRAVE, zouave.
DECOMBES, id.
MUTHS, id.
PLÉE, id.
SOLAND, id.
JACOT, id.
STACCLIN, id.
BARDOU, clairon.

1er bataillon de chasseurs à pied.

ETIENNE, caporal.
RIOUDAT, chasseur.
GONACHON, id.
MIGNUCCI, id.

9e bataillon de chasseurs à pied.

BERNARD, caporal.
ACHEN, chasseur.
DEPARIS, id.
LOMBARDE, id.

1er régiment de la légion étrangère.

GOUBE, sergent-fourrier.
EFFELING, sergent.
RACT, caporal.
BRANDT, id.
DEWEVER, id.
HULTCH, grenadier.
ADAMS, id.
DURMACIER, id.
SCHMITT, id.

2e régiment de la légion étrangère.

JACOBS, sergent.
CARABACCA, grenadier.
FUCHS, voltigeur.
PEREZ, id.

Tirailleurs algériens.

KADDOUR, tirailleur.
DJELALI, id.
MOHAMED, id.
MAAMAR, id.

2e escadron du train des équipages.

VOINOT, brigadier.

Détachement de gendarmerie.

DELIBESSART, brigadier.
PÈNE, gendarme.
LASCOMBES, id.

Corps expéditionnaire d'infanterie de marine.

COATALEM, sergent-major.
CAMPI, sergent.
GIPOULOU, id.
OTTAVI, id.
JÉROME, id.
DUFOURNET, caporal.
PARPAILLON, soldat.
QUÉNEAU, id.
VÉDIG, id.

7e régiment d'infanterie de ligne.

TIERCY, sergent.
POURQUERY, id.
SALON, fusilier.
DIDIER, id.

20e régiment d'infanterie de ligne.

MARÉCHAL, sergent-fourrier.
BESSIN, sergent.

Maincent, caporal.
Jourdan, id.
Joubert, grenadier.
Gasquet, id.
Alfonsi, fusilier.
Antoni, id.

27e régiment d'infanterie de ligne.

Cauvé, sergent.
Ménager, id.
Meyer, caporal.
Clary, voltigeur.

39e régiment d'infanterie de ligne.

Schreiner, sergent.
Mairel, caporal.
Coué, id.

50e régiment d'infanterie de ligne.

Jod, soldat.
Pozzo-di-Borgo, soldat.
Poumirou, id.
Lagarde, id.
Periot, id.
Panse, id.

7e régiment d'infanterie légère.

Dewatin, sergent.
Baratte, id.
Guerbert, id.

20e régiment d'infanterie légère.

Lartigue, voltigeur.
Golvary, fusilier.
Carivène, id.

22e régiment d'infanterie légère.

Hurstel, carabinier.
Dijon, id.
Coupeau, id.
Saint-Germain, voltigeur.

On ne lira pas sans intérêt, nous l'espérons, divers épisodes de la bataille qui n'ont pu trouver place dans le récit d'ensemble et où se révèlent, dans toute leur énergie, le courage et l'entrain de nos soldats :

Un artilleur a les deux bras emportés; son capitaine le rencontre au moment où on le transfère à l'ambulance :

— Ah! mon pauvre garçon, dans quel état ils t'ont mis!

— C'est vrai, commandant, ils ne m'en ont même pas laissé un pour manger la soupe.

Un bataillon de zouaves s'aligne sur le bord de l'Alma pour protéger les ouvriers du génie qui préparent une route à l'artillerie. Les tirailleurs russes, embusqués dans les buissons et derrière les murs de l'autre rive, leur tuent beaucoup de monde :

— Eh! eh! fait observer un zouave, le commandant qui nous a dit : « Vous serez comme un mur de ce côté de la rivière! » Voilà qu'on lui ébrèche sa façade.

— Fallait y mettre, répond un autre, l'avis obligé : Défense de déposer ici aucune ordure.

Un voltigeur du 19e régiment d'infanterie de ligne dit au chirurgien qui vient de lui extirper une balle du haut de la cuisse et la lui montre :

— Major, donnez-la-moi ! les cosaques me l'ont prêtée, je la leur rendrai ; les bons comptes font les bons amis.

Un chasseur de Vincennes reçoit une balle dans le ventre et roule à terre, mais il se relève aussitôt, et portant la main à son gousset, pousse un effroyable juron.

— Ça te cuit? lui demande un camarade.

— Du tout ! c'est que ces maladroits-là ont aplati ma montre. Tiens, regarde, quel trou en rubis ! Les sauvages ! nos membres ne leur suffisent pas, faut encore qu'ils détériorent les effets....

Un instant avant que le général Thomas ne soit blessé, il dit à un grenadier :

— Eh bien, mon garçon, cela va commencer pour nous.

— Oui, mon général ! j'entends les violons qui s'accordent; seulement, faites excuse, mais il me semble que dans la contredanse vous aimez trop la figure du cavalier seul. On ne s'expose pas comme ça, nom d'un nom !

— Un officier doit s'exposer autant qu'il expose les autres, réplique le brave général Thomas.

— Possible, mais si le drap manque et qu'il ne reste que la doublure, ça fait une *ch'tite* (chétive) culotte.

Quand le maréchal de Saint-Arnaud va rejoindre les divisions sur le plateau, il trouve sur la première colline la route barrée par un amas de morts et de mourants.

— Nous les tenons ! nous les tenons ! râlent ces derniers en se soulevant et saluant leur commandant en chef. Puis, comme ils remarquent que celui-ci se détourne pour ne pas les fouler aux pieds de son cheval, ils se recouchent avec un magnifique stoïcisme et lui disent :

— Passez, passez, mon maréchal, c'est plus court par ici.

La veille de la bataille, le maréchal annonce au général Bosquet qu'il lui confie le mouvement tournant de l'aile droite, mouvement dont l'énergie rapide doit assurer le succès de la journée :

— Laissez-moi franchement écraser par l'armée russe, lui dit alors le général, afin qu'elle prononce son mouvement et dégage le centre ;

quelques forces que j'aie devant moi, je vous promets de tenir au moins une heure.

Dans une charge à la baïonnette, un enfant de Paris, voyant la vigoureuse résistance des russes, s'écrie en les lardant :

— Mais sauvez-vous donc, malheureux ! n'avez-vous jamais été au Cirque? l'étranger fuit toujours devant les français... Vous n'êtes pas à votre réplique, sauvez-vous donc.

Le maréchal a besoin d'un homme de bonne volonté pour porter un ordre, en l'absence de ses officiers d'ordonnance; un sergent de la ligne se présente :

— Allez, lui enjoint-il, et rapportez-moi la réponse le plus vite possible.

L'émissaire a à traverser un vaste espace découvert, que sillonnent incessamment les balles de l'ennemi; il part, accomplit sa mission et revient en rendre compte.

— Vous êtes blessé, monsieur? lui dit le maréchal en voyant sa tunique couverte de sang.

— Non, maréchal, je suis mort !.. et il s'affaisse à ses pieds.

Au début de l'engagement de la division du général Bosquet, les zouaves du colonel Tarbouriech, couchés dans un pli de terrain, regardent passer les boulets au-dessus de leurs têtes :

— Jolie partie de raquettes, dit l'un, mais je ne tiendrais pas à recevoir le volant.

— Bah ! réplique un camarade, de mauvais joueurs de boules ! ils dépassent le cochonnet.

Le soir de la bataille, le maréchal écrit son rapport à l'Empereur, puis, quand il a apposé son sceau, il dit à ses aides de camp :

— A présent, je puis mourir !.....

Le mot d'Épaminondas à Mantinée.

Et cet héroïsme se trouve également chez les anglais. Ainsi, les régiments d'highlanders ont à s'emparer d'un glacis traversé par une large coupure surchargée d'artillerie; ils y montent au pas cadencé, avec un imperturbable sang-froid. Les drapeaux des fusiliers sont troués, l'un de vingt et une et l'autre de vingt-quatre balles. Les deux porte-drapeaux, MM. Lindsey et Thistlethwarte, échappent miraculeusement à la mort. De toute cette garde, trois officiers seulement sortent du combat sains et saufs; les autres sont tués ou blessés.

L'armée anglaise traverse un vignoble; sans ralentir leur marche, sans cesser de combattre, les soldats et les officiers, dévorés par une soif ardente, cueillent des grappes et les mangent sous le feu de l'ennemi.

Sir Colin Campbell, commandant en chef de la garde écossaise, enjoint à ses highlanders de ne faire feu qu'à trente pas, et leur décharge emporte des rangs entiers de russes. L'héroïque patience qu'ils ont montrée, en avançant malgré la mitraille et en ne tirant qu'à la distance indiquée, attire l'attention de lord Raglan, qui vient féliciter leur chef :

— Que puis-je faire pour vous? lui dit-il en lui serrant la main.

— Milord, répond sir Colin Campbell, je ne vous demande qu'une grâce qui ne vous coûtera pas grand'chose. On m'a donné un chapeau de général fort beau, fort galonné, mais qui me semble bien lourd: laissez-moi, pour le reste de la campagne, reprendre le bonnet à plumes des montagnards écossais.

L'autorisation est sans peine accordée ; sir Colin jette son chapeau et se montre fièrement, coiffé de la toque nationale, à ses soldats enthousiasmés.

Les russes aussi sont grands devant la mort, ce qui fait de la bataille de l'Alma une véritable lutte épique, un vrai combat de géants.

Les lignes de tirailleurs de leur 33e régiment de ligne (troupes du Caucase arrivées le matin même d'Anapa) se fusillent avec nos zouaves à la distance de l'épaisseur d'un chétif mur de clôture.

Un officier du même régiment a son épée brisée à la garde d'un coup de crosse :

— Rends-toi, lui crie le chasseur qui le voit désarmé. Pour toute réponse, son adversaire lui applique un vigoureux soufflet. Le français recule de trois pas et lui plonge sa baïonnette dans la poitrine.

— Pardon et merci! murmure l'officier, mais je voulais mourir en soldat.

Nous compléterons ces détails par quelques extraits des nombreuses correspondances publiées en France et en Angleterre :

« Je viens de parcourir les bords de l'Alma. Il est impossible d'imaginer un terrain mieux disposé pour une guerre de tirailleurs : d'épais fourrés d'aulnes et de trembles, des vignes, des jardins entourés de murs épais, et à travers cette accumulation d'obstacles une tranchée à pic, de huit à dix mètres de large et de quatre à cinq de profondeur, au fond de laquelle coule l'Alma. On pouvait arrêter là toute une journée des soldats ordinaires, mais non des *Africains*. Je ne sais pas même si ces braves ont mis dix minutes à aborder et à traverser le ravin. »

« On ne saurait se faire une idée de la manière prodigieuse dont nos soldats combattent : habitués à la guerre d'Afrique, et attaquant avec une résolution inouïe, mais aussi avec une intelligence merveilleuse, sont-ils devant une batterie, preste!... vous les voyez s'éparpiller en tirailleurs et tuer au loin sans exposer une masse saisissable; de même devant les carrés ennemis; puis, s'il faut charger, quand ils ont jeté le désordre dans une colonne, vous les voyez former un bloc subit et charger à la baïonnette. Les braves anglais sont toujours ces colonnes de fer qui vont intrépidement se faire tuer sans se presser, sans reculer d'une semelle. Quand lord Raglan a vu nos divisions de droite escalader les murailles gigantesques de la falaise qui encaissaient la rivière, il applaudissait et s'écriait :

« — Oh ! ce ne sont pas des hommes, ce sont des tigres et des lions! »

« Les russes se sont battus avec un très-grand courage. L'honneur de la journée revient en grande partie à la 1re brigade de la 2e division, qui a eu à gravir la partie la plus difficile de la position, et qui, pendant un certain temps, a eu à soutenir, sous la protection de trois canons seulement, le feu de douze pièces ennemies. La conduite de cette brigade, dans cette circonstance critique, a été héroïque. Les vides que faisait chaque boulet étaient immédiatement comblés sans le moindre désordre dans les rangs. »

« Si les anglais avaient pu tourner plus complétement la droite des russes, ils eussent moins souffert, et peut-être eussent-ils fait davantage. Mais les troupes, emportées par leur ardeur, se sont précipitées en avant sur le front même des redoutes et les ont enlevées comme si elles eussent dédaigné de dévier d'un seul pouce du chemin qui conduisait le plus directement à la victoire. »

« Lorsque les zouaves de la division Bosquet parurent sur le plateau, les cosaques s'élancèrent sur eux en criant: *Turco, turco!* Abusés par le costume, ils croyaient avoir affaire aux ottomans, pour lesquels ils professent un mépris décidé. L'attaque vigoureuse de nos zouaves les détrompa vite et cruellement. »

« Le 39e a été cité comme s'étant fait remarquer d'une manière toute particulière ; c'est au point que le maréchal a dit à M. Forey : « Mais ce régiment a été long- » temps en Afrique ? — Non, lui fut-il répondu, il n'a pas fait campagne depuis » 1832. » Aussi le général Forey l'a-t-il mis à l'ordre de la division. »

« En voyant la division Bosquet escalader les hauteurs, le prince Menschikoff s'écriait : « Mais il faut que ces français soient fous ou soûls pour monter par là avec leur artillerie, et oser monter si vite que cela ! » Alors un autre russe, qui sait parler français, lui répond en latin : « Heu ! heu ! *in vino veritas!* »

« Les généraux français ont été plus braves, ils ont été téméraires, tous en tête. C'est bon pour une première action, ça enlève le soldat; mais ce serait fâcheux à l'avenir, parce qu'on pourrait bien se réveiller un beau jour sans généraux. Je me trouvais près de Canrobert et de M. Blanc quand ils ont été touchés. Les boulets, les biscaïens et les obus tournoyaient autour de nous, devant le bout du nez, aux pieds, partout. Un soldat de ma compagnie a été blessé à côté de moi, et une fois, par un mouvement instinctif, je me pris à vouloir chasser avec la main un fort biscaïen, qui avait frôlé ma guêtre de cuir, comme lorsqu'on veut chasser une mouche. Eh bien! pas un moment d'émotion; et, pendant que tous étaient couchés par ordre, je me suis relevé, voyant notre colonel et nos commandants à cheval, comme honteux d'avoir pris cette position : c'est alors que je voyais arriver ces projectiles à profusion. On ne comprend réellement pas que nous n'ayons pas été hachés tous en morceaux; et puis ces diables de soldats qui riaient de plus belle : on eût dit qu'ils avaient la conscience d'arriver vainqueurs. Il faut que ce sentiment ait dominé chez eux réellement pour qu'ils aient montré tant de sang-froid. On leur avait cependant dit que les russes n'étaient pas à dédaigner; que, bien au contraire, ils étaient solides et difficiles à abattre. »

Un dernier épisode a signalé la journée du 20 septembre : c'est la prise de la voiture du prince Menschikoff, celle-là même dans laquelle il se promenait à Péra, lors de son ambassade près du sultan :

Les batteries à cheval de la réserve se sont installées de manière à repousser les charges de cavalerie que l'ennemi pourrait effectuer dans le but d'assurer sa retraite. Tout à coup, une voiture attelée de trois chevaux, dont un en arbalète, tourne un mamelon à environ un kilomètre des pièces françaises et se dirige au galop sur elles; bientôt, reconnaissant l'uniforme de notre artillerie, le conducteur s'arrête et repart du même train dans une direction opposée, mais le commandant la Boussinière s'est mis à sa poursuite avec vingt servants, et il capture l'équipage à portée d'un escadron russe qui poursuit tranquillement sa route. Cinq personnes occupent la voiture; l'une d'elles, le général Korganoff, tue d'un coup de pistolet un canonnier; les camarades du mort lui ripostent par une décharge et une balle lui traverse les deux joues. Les chevaux, tenus en bride par les artilleurs, prennent le chemin du quartier général, où la voiture et les prisonniers sont remis au maréchal. On découvre dans un coffre le portefeuille du prince Menschikoff, et dans ce portefeuille sa correspondance. On y lit que le généralissime russe croyait tellement à l'inaccessibilité des trois collines de l'Alma qu'il demandait des vivres pour trois semaines. — Et en trois heures nos soldats l'avaient chassé de cette position.

D'un autre fait, on peut déduire l'aveugle confiance du prince et sa certitude de nous battre. Au même instant que son arrière-garde effectue son mouvement de retraite, plusieurs calèches remplies de dames et quelques amazones devancent les cosaques, reprenant en toute hâte le chemin de Sévastopol. Elles sont venues pour assister à notre défaite, et le spectacle n'a pas tenu les promesses de l'affiche. Un de nos obus ayant atteint des soldats de l'arrière-garde, ces Marphises moscovites, avec une intrépidité qui les honore, reviennent sur leurs pas et aident les blessés à monter dans leurs calèches, après quoi elles repartent au galop.

La journée du 21 septembre est employée au ravitaillement de l'armée, à l'enterrement des morts et à l'évacuation des blessés. Les russes reçoivent comme nos nationaux les soins des médecins et les honneurs funèbres. Pour le français, l'ennemi souffrant n'est plus qu'un frère à secourir. Voici en quels termes le brigadier général Rose, de l'armée anglaise, rend hommage à l'humanité de nos soldats :

« J'ai vu, sur le champ de bataille même, des soldats français donner des soins et de la nourriture aux blessés russes, et les brancards emporter côte à côte un russe et un français. »

Le premier mouvement de ces malheureux, à notre approche, est une manifestation d'effroi, mais ils se rassurent bientôt et acceptent avec docilité les adoucissements à leurs souffrances qu'on leur propose. Les agonisants meurent sans proférer une plainte. Les cadavres ont cette physionomie souriante que la mort, quand elle est instantanée, imprime d'ordinaire sur la face humaine. En certains endroits, ils sont tellement amoncelés qu'au lieu de leur creuser une fosse, on les recouvre simplement de terre. Un sac de campement ou une veste russe indique la nationalité de ceux qui reposent sous ces tombes. D'après les documents officiels, tel est le relevé exact des pertes de chacun à la bataille de l'Alma.

Chez les français : 3 officiers tués, 54 blessés; 253 sous-officiers et soldats tués, 1033 blessés. Total : 1343 tués ou hors de combat.

Chez les anglais : 26 officiers, 19 sergents, 2 tambours, 306 soldats tués; 73 officiers, 95 sergents, 17 tambours et 1427 soldats blessés;

2 tambours et 16 soldats ont disparu. — Total : 1983 tués ou hors de combat. En outre, la division anglaise a perdu 26 chevaux.

Chez les russes : 2,000 morts et plus de 4,000 blessés.—Total : 6,000 tués ou hors de combat. Ils ont laissé entre nos mains un millier de prisonniers, cinq mille fusils et dix mille sacs.

Généralement, on trouve au cou des cadavres russes des petites croix et des chaînes de métal. Plusieurs ont dans leurs sacs un exemplaire du Coran. Les soldats portent leur argent dans des bourses attachées à leur jarretière gauche. Tous les officiers russes, généraux compris, ont endossé la capote grossière du soldat, et c'est un hasard qui révèle aux anglais, parmi leurs prisonniers, la présence des majors généraux Korganoff et Schokanoff.

Nos marins et nos soldats transportent les blessés, les malades et les cholériques à bord du *Montezuma*, du *Panama*, du *Vulcain*, de l'*Albatros*, des *Andes*, du *Colomb* et de l'*Orénoque*, qui les emmènent à Constantinople; la traversée est horrible; sur un seul bâtiment, on jette à la mer cinquante hommes morts de leurs blessures ou du choléra, en quatre jours. Les 24, 25 et 26 septembre, on les transfère des navires aux hôpitaux de Péra et de Scutari, à l'aide de charrettes, d'arabas, de cacolets, de civières et de brancards réunis par les soins de Riza-Pacha, ministre de la guerre. Les registres des infirmiers mentionnent pour ces trois journées l'entrée à l'hôpital français de :

1,350	blessés français.
220	id. russes.
350	malades des trois nations.
1,920	

A l'hôpital anglais :

2,060	blessés anglais.
120	id. russes.
2,180	

Au nombre des blessés français internés à Péra, se trouvent trente et un officiers, parmi lesquels M. Coué, chef de bataillon, M. Mermet, lieutenant-colonel, M. Leblanc, sous-intendant militaire, et le général Thomas. La translation de ce dernier fait sensation à Constantinople. Les passants se découvrent sur son passage, les postes lui rendent les honneurs militaires, et Riza-Pacha et le grand vizir Méhémet-Pacha lui apportent la décoration du Medjidié de la part du sultan. Une mesure nécessaire, mais douloureuse, et surtout pour des gens déjà si cruellement frappés, a précédé le transbordement. Un pauvre matelot anglais la décrit en ces termes :

« Quand nous sommes arrivés à Scutari, les turcs nous ont enlevé nos bagages, par mesure sanitaire, et ils ont tout brûlé. Ils ne m'ont laissé que mon vieux fusil brisé et ce que j'avais sur le corps. Je ne regrette pas mon sac; mais il renfermait des objets qui m'étaient chers et qui m'avaient soutenu dans les périls de la guerre, de la maladie, et je puis dire de la faim. Ainsi, on m'a ôté, pour les détruire, la bourse que ma mère m'avait brodée et la Bible que ma sœur m'avait donnée avant mon départ; mais n'importe ! »

Nos soldats vivent d'intelligence avec les russes ; ils se rendent entre eux mille petits services. Ainsi un chasseur dont le pied est fracassé bourre sa pipe et celle d'un cosaque qui a le bras en échape, tandis que celui-ci va chercher des allumettes pour leur usage commun. Ainsi encore, sur les terrasses de l'hôpital, des invalides des deux nations mettent en pratique l'axiome : Union fait force ! et se complètent à deux une paire de bonnes jambes, ou bien, entre manchots, ils organisent, à quatre pour deux, des parties de piquet ; un tient les cartes et l'autre joue.

Pendant que nos pauvres blessés reçoivent les soins réclamés par leur position, leurs frères d'armes s'apprêtent à marcher en avant. Le maréchal aurait voulu, dès le 22, poursuivre les russes et les provoquer à un nouveau combat, mais les anglais, dont les ambulances sont plus peuplées que les nôtres et en même temps moins rapprochées de la mer, ne peuvent seconder ce désir.

Des déserteurs polonais arrivent au camp, et racontent que, dans la soirée du 20, l'armée russe s'est divisée en deux colonnes, dont l'une, commandée par le prince Menschikoff, a pris la direction de Backtchi-Séraï, tandis que l'autre marchait sur Belbeck. Ils ajoutent que, démoralisées et manquant de vivres, ces troupes ne disputeront ni le passage de la Katcha ni celui du Belbeck.

Le 23, à sept heures du matin, les alliés abandonnent les hauteurs de l'Alma et descendent dans une plaine où, à chaque pas, ils trouvent des traces du passage des russes; des cadavres, des sacs, des armes, divers outils, et principalement un nombre incroyable de jeux de cartes, éparpillés sur tous les sentiers. Le soldat russe est, en général, un joueur forcené et un partisan déclaré de la cartomancie; aussi est-il bien rare qu'il n'ait pas un vieux jeu de cartes au fond de son sac ; le sacrifice qu'en ont fait les soldats du prince Menschikoff prouve leur désordre moral : d'après leur superstitieuse croyance, les *panagias*, *szars* et *szarewitz* (carreaux, piques et trèfles) attirent les balles.

Après une étape de treize kilomètres, notre armée passe la Katcha, l'infanterie à un gué facile, l'artillerie et les ambulances sur un pont, et campe au sommet du plateau qui, de cette rivière, s'étend jusqu'au Belbeck. Le site est charmant et semble un ressouvenir de la terre édénique; partout des arbres chargés de fruits savoureux, des pelouses émaillées de fleurs aux vives nuances, des vignes mûries par le soleil, et, pour compléter le tableau, des myriades de lièvres qui, troublés dans leurs solitudes et ahuris par la brusque invasion de nos soldats, expirent sous la crosse des fusils et peuplent le garde-manger des escouades. Mais tant de charmes qu'ait cet immense jardin, il est vite oublié pour le spectacle qui surgit à l'horizon : c'est le profil des fortifications de Sévastopol, se découpant dans les rougeurs du couchant! Sévastopol, la Colchide de ces nouveaux Argonautes, la terre promise de ces autres Hébreux, la Jérusalem de la nouvelle croisade.

Les russes ont pillé, en passant, le village de Katcha; seule, l'église a été respectée; les popes qui la desservent réclament la protection de lord Raglan, et immédiatement un poste est installé près du monument. Au milieu du bivouac des zouaves se trouve un télégraphe dont ils fatiguent les bras toute la soirée, disant que Sévastopol doit désirer des nouvelles, et qu'il faut lui en donner.

Les flottes ont suivi l'évolution des troupes de terre, et sont venues mouiller en face de leur campement. Dans la soirée du 24, l'amiral

Hamelin se présente à la tente du maréchal et lui transmet la communication suivante :

Le 22, il a envoyé le capitaine La Roncière de Noury, avec *le Roland*, en reconnaissance devant Sévastopol. Cet officier a constaté qu'à l'entrée de la passe, entre les forts Alexandre et Constantin, étaient mouillés, enchaînés l'un à l'autre, cinq vaisseaux et deux frégates, savoir : *la Sainte-Trinité*, de 120 canons ; *le Rostislaff*, et *le Zagoodieh*, de 84 ; *l'Uriel* et *le Solitaire*, de 80, et les frégates *Sisepoli* et *Kolevka*, de 40. Tout d'abord, le capitaine La Roncière a cru que la flotte russe acceptait enfin le défi maintes fois répété des escadres alliées, mais il n'en était rien. Durant la nuit, les sept bâtiments toués en avant de l'estacade ont été dégréés ; l'on a transbordé leur mâture légère, leurs bouches à feu, tout leur matériel, en un mot, et, au soleil levant, ces navires ont successivement disparu sous les eaux, ne montrant, au-dessus des vagues, que leurs grands mâts, auxquels on avait cloué le sinistre pavillon noir. Plus de doute ! l'amiral Menschikoff a sacrifié la flotte pour sauver la ville ! Grâce à ces carcasses à fleur d'eau qui encombrent le chenal et ne laissent qu'à un seul navire le passage en zigzag, tout bâtiment arrivant du large sera obligé de ranger de très-près le fort Constantin et les batteries voisines, de manière à être haché par l'artillerie s'il veut forcer le passage. De plus, le capitaine La Roncière de Noury a remarqué qu'à l'est et à l'ouest des barres, huit vaisseaux amarrés, et fortement inclinés pour agrandir la portée de leur tir, devaient aisément balayer le nord de la rade.

Le maréchal se voit dans la nécessité de concerter avec lord Raglan un nouveau plan d'opérations. En effet, dans le premier projet d'attaque de Sévastopol, la flotte joue un grand rôle ; elle a mission, une fois le fort Constantin pris et les batteries légères de la partie nord enlevées, de donner dans le port en brisant les estacades, d'attaquer les batteries du sud, et d'offrir un concours assuré aux armées alliées dans le port même de Sévastopol. Le barrage de la rade frappe d'impuissance toutes ces mesures. Aussi, les commandants en chef des deux armées arrêtent-ils qu'ils tourneront la ville par l'est, s'empareront de Balaclava, et se jetteront dans le sud de Sévastopol, pour l'attaquer de ce côté. Les flottes sont chargées de convoyer, de la Katcha à Balaclava, l'artillerie de siége.

Avant que de lever l'ancre, l'amiral Dundas rassemble sur le transport *l'Adon* tous les blessés russes recueillis en route et les adresse au gouverneur d'Odessa avec cette lettre :

« J'ai l'honneur d'informer Votre Excellence que, par suite de la marche des armées alliées sur Sévastopol après la bataille de l'Alma, un certain nombre d'officiers et de soldats russes blessés ont été laissés sur les derrières, dans les petits villages voisins des lieux où ils sont tombés. A la requête de Son Excellence lord Raglan, j'en ai réuni autant que j'ai pu (environ trois cent quarante).

» En vue d'abréger les souffrances de ces braves soldats, qu'un long voyage en mer aurait nécessairement augmentées, je les ai envoyés à Odessa plutôt qu'à Constantinople.

» Le commandant Rogers, de la marine royale, les mène à Odessa sous pavillon parlementaire, et je crois que Votre Excellence, dans le même sentiment d'humanité, recevra ces hommes et les considérera comme non-combattants jusqu'à ce qu'ils soient régulièrement échangés. »

L'armée se met en marche, le 24, à neuf heures du matin, les anglais tenant la tête de la colonne ; on recommande aux hommes la plus grande diligence, l'intendant n'a plus que cinq jours de vivres, et l'on ne doit rallier les flottes qu'à Balaclava. La vallée du Belbeck déroule bientôt devant nos soldats ses perspectives enchantées ; de riantes villas surgissent du fond des bois comme de blanches apparitions ; de beaux jardins s'échelonnent sur la croupe des collines ; mais, à mesure qu'on approche, on reconnaît que les russes ont passé par là ; les puits sont remplis de chaux et de fumier, les villages incendiés, les maisons de plaisance dévastées. Néanmoins, nos troupiers croient devoir honorer ces dernières de leur visite : ils y font main basse sur tout ce qu'ils trouvent, et généralement le mobilier est riche.

La villa du général Bibikoff se distingue entre toutes par l'élégance de son architecture et le pittoresque de ses jardins ; c'est là que nous suivrons des zouaves et des chasseurs à pied, fraternellement associés pour leur œuvre d'exploration. Dans un boudoir, aussi somptueux que celui d'une actrice à la mode, un bouquet fraîchement cueilli couronne une potiche japonaise ; un numéro de *l'Illustration* est grand ouvert sur un guéridon ; nos soldats commencent par regarder *les images*, puis, tandis qu'un fringant sergent de chasseurs se mire dans l'énorme glace d'une psyché et convie son ami François aux charmes de cette récréation, l'ami François ronfle sur le velours d'un divan, que découd silencieusement un petit zouave; un autre tapote sur le piano l'air de : *Drinn, drinn;* le reste déménage les étagères encombrées de ces mille superfluités charmantes et fragiles inventées jadis pour les petits-Dunkerques de Trianon, et si justement remises à la mode par le goût actuel. Une seconde escouade de *chapardeurs* s'est dirigée vers les dépendances souterraines de l'édifice, et bientôt des bouteilles de toutes formes, des tonneaux de toutes provenances, remontent avec eux à la surface du sol. Les grands crûs de Hongrie, d'Espagne, du Cap, d'Italie, d'Allemagne et de France sont joyeusement fêtés; faute d'instruments nécessaires, on ne débouche pas les bouteilles, on les décoiffe à coups de briquet, et lorsque de tous ces vins généreux, il ne reste plus qu'un parfum éphémère, nos gais compagnons, sur un tas de flacons brisés et de barriques éventrées, plantent un écriteau ainsi conçu :

« Reçu du général Bibikoff pas mal de bouteilles dont nous lui rendrons la monnaie en canons.

» *Les Zouaves et les Chasseurs à pied français.* »

Voulant y voir clair pour rentrer au bivouac, la bande joyeuse n'imagine rien de mieux que d'incendier la villa, et c'est à la lueur des flammes qu'elle regagne son campement, les uns couverts d'ajustements de femme et dans un joli char à bancs du haut duquel ils s'égosillent à crier, comme les anciens conducteurs de coucous :

— Saint-Cloud ! Versailles ! encore un lapin !

les autres emportant au bout de leurs fusils quelque riche épave de la razzia. Les zouaves, notamment, véhiculent le mobilier complet d'un petit salon qu'ils vont offrir au maréchal, en souvenir de l'expédition de Crimée. Celui-ci choisit un joli guéridon en marqueterie et l'envoie à Constantinople à madame de Saint-Arnaud.

La seconde étape conduit l'armée au delà du Belbeck, qu'elle a franchi moitié à gué, moitié sur deux ponts, l'un de bois, l'autre en pierre, après avoir suivi la grande route d'Inkermann et de Sévastopol. Pour atteindre le chemin de Balaclava et commencer le mouvement tournant arrêté par les généraux en chef, il faut de ce point faire une pointe au sud-est; l'armée anglaise marche à l'avant-garde; la nôtre, divisée en deux colonnes, suit sous les ordres des généraux Canrobert et Forey.

Dans la nuit, l'état du maréchal s'est compliqué d'une attaque de choléra. S. A. I. le prince Napoléon et lord Raglan, qui lui rendent visite le matin, le trouvent au plus mal, malgré l'assurance d'un mieux sensible qu'il leur donne avec l'entêtement d'un malade qui veut se faire illusion. Voici en quels termes le général anglais rend compte de cette visite au duc de Newcastle :

« Je l'ai vu le 25; il souffrait beaucoup, et pensait qu'il était de son devoir de renoncer au commandement le lendemain matin. »

Au moment du départ, le maréchal s'obstine à monter à cheval, mais il chancelle et tombe dans les bras de ses aides de camp, qui le placent sur les coussins de la voiture du prince Menschikoff.

L'armée doit parcourir une vingtaine de kilomètres à travers les taillis, avec un seul chemin frayé et d'une largeur médiocre qu'on abandonne à l'artillerie et à la cavalerie. L'infanterie s'ouvre une route dans le bois même, obéissant à la boussole pour se diriger. Comme les anglais ont beaucoup de bagages, leur convoi, composé d'arabas traînés par des bœufs ou des buffles, met longtemps à défiler, et ce n'est qu'à midi que les clairons français sonnent la marche.

La 1re division de l'armée anglaise s'égare d'abord, et l'hésitation de ses mouvements condamne nos colonnes à une halte prolongée; mais après avoir tourné la montagne que dominent les phares d'Inkermann, les highlanders débouchent enfin des taillis auprès de l'établissement agricole connu sous le nom de *Kuthor-Mackensie* (ferme Mackensie). Des puits pleins d'eau fraîche se trouvent en ce lieu et sont largement fêtés par nos alliés. Soudain, les éclaireurs de la division signalent l'ennemi à quelque distance en avant; c'est l'extrême arrière-garde de l'armée du prince Menschikoff, qui, craignant de voir intercepter ses communications, a ravitaillé en grande hâte Sévastopol, et n'y laissant que huit bataillons de réserve, renforcés des marins de la flotte mis à terre, se reporte sur Backtchi-Séraï, où il espère recevoir des approvisionnements de Simphéropol et des renforts de Pérékop. Lord Raglan profite de la surprise des russes pour les faire charger par sa cavalerie. Après un court engagement, l'ennemi bat en retraite, abandonnant sur le terrain des morts et des blessés, quelques prisonniers, parmi lesquels figure un capitaine d'artillerie, vingt-cinq fourgons de munitions, vingt chariots de provisions, sans parler des bagages qui jonchent le sol sur une superficie de trois milles, dans la direction qu'ils ont suivie. Les anglais poursuivent leur route et vont bivouaquer sur les rives de la Tchernaïa.

Arrivé là, lord Raglan manifeste son inquiétude de ne pas rencontrer les flottes le lendemain au mouillage de Balaclava. Le lieutenant de marine Maxse, du vaisseau *l'Agamemnon*, lui propose d'aller porter une dépêche à sir Edmond Lyons et, malgré la difficulté du trajet, malgré les partis de cosaques qui sillonnent la contrée, il rejoint l'amiral et rapporte à lord Raglan la promesse que ses instructions seront suivies à la lettre.

Le 26 au matin, les troupes anglaises marchent sur Balaclava; un détachement russe, renfermé dans le vieux fort génois qui domine la ville, leur envoie quelques boulets et des obus; mais en voyant la division légère et une batterie d'artillerie à cheval occuper les collines de la droite et de la gauche, la garnison, à laquelle les tirailleurs anglais ont tué douze hommes, dépose les armes, et les notables ouvrent leurs portes et font acte de soumission en offrant sur un plat d'argent à lord Raglan les clefs de la ville, du pain, du sel, des fleurs et des fruits, naïfs emblèmes de la sainte hospitalité mieux appréciés aux anciens âges qu'à notre époque railleuse et sceptique.

Des lois sévères interdisent le pillage au soldat anglais, mais cette fois,

> La faim, l'occasion, l'herbe tendre, et, je pense,
> Quelque diable aussi le poussant,

il pénètre dans les habitations désertes, en déloge les meubles, y dépeuple les basses-cours et y met les caves à sec; se glisse dans les jardins, cueille les fruits et les légumes, si bien qu'on le rencontre en rase campagne dormant sur des lits de plume, ou assis sur un canapé et gravement occupé à contempler, dans le miroir d'une toilette à la duchesse, les ravages exercés par la fatigue dans l'économie de son placide facies. Lord Raglan dépêche deux compagnies de grenadiers pour rétablir l'ordre, et promet par une proclamation de protéger les habitants de Balaclava.

Les colonnes françaises, retardées, comme nous l'avons plus haut expliqué, n'arrivent qu'à la nuit à la ferme Mackensie, exténuées, abattues, et l'on décide qu'on installera là le bivouac plutôt que de prolonger sous un épais brouillard et dans la nuit l'étape pour descendre jusqu'à la Tchernaïa. Malheureusement, nos alliés ont tari les puits et les soldats en sont réduits à ce qui reste d'eau échauffée au fond de leurs bidons. La verve gauloise ne saurait manquer à baptiser ce néfaste endroit, aussi l'appelle-t-elle *le Camp de la soif*.

Pendant cette nuit, le colonel Tarbouriech, du 3e régiment de zouaves, succombe à une attaque de choléra, aggravée par les fatigues de la route. De son côté, le maréchal s'affaiblit de plus en plus; le docteur Cabrol, qui depuis si longtemps le dispute avec une héroïque opiniâtreté à la maladie, reconnaît l'impuissance de ses efforts et prévient le colonel Trochu que les souffrances du chef de l'armée française touchent à leur terme. L'aide de camp accepte la douloureuse mission qui lui est dévolue: il éclaire, non sans de délicats ménagements, le maréchal, et celui-ci mande immédiatement le général Canrobert, auquel il remet le commandement. Le lendemain, il adresse ses adieux aux troupes dans cette proclamation :

« Au quartier général, au bivouac de Menkendié, le 26 septembre 1854.

» Soldats !

» La Providence refuse à votre chef la satisfaction de continuer à vous conduire dans la voie glorieuse qui s'ouvre devant vous. Vaincu par une cruelle maladie avec laquelle il a lutté vainement, il envisage avec une profonde douleur, mais il saura remplir l'impérieux devoir que les circonstances lui imposent : celui de résigner le commandement dont une santé à jamais détruite ne lui permet plus de supporter le poids.

» Soldats, vous me plaindrez ! car le malheur qui me frappe est immense, irréparable et peut-être sans exemple.

» Je remets le commandement au général de division Canrobert, que, dans sa prévoyante sollicitude pour cette armée et pour les grands intérêts qu'elle représente, l'Empereur a investi des pouvoirs nécessaires par une lettre close que j'ai sous les yeux. C'est un adoucissement à ma douleur que d'avoir à déposer en de si dignes mains le drapeau que la France m'avait confié.

» Vous entourerez de vos respects, de votre confiance cet officier général, auquel une brillante carrière militaire et l'éclat des services rendus ont valu la notoriété la plus honorable dans le pays et dans l'armée. Il continuera la victoire d'Alma, et aura le bonheur que j'avais rêvé pour moi-même et que je lui envie de vous conduire à Sévastopol.

» *Maréchal* A. DE SAINT-ARNAUD. »

Certes, à nul homme il n'est donné de souffrir d'un coup plus rude ni d'une plus immense douleur ! Et déjà le maréchal de Villars en a fait l'amère expérience quand, après la prise de Pizighitone, vaincu par ses infirmités, il s'est désigné un successeur et est allé mourir de la fièvre à Turin, lui Villars, le vainqueur de Hochstett et de Malplaquet, le héros de Denain.

A quatre heures, le nouveau commandant en chef de l'armée ayant réuni les officiers généraux, leur a annoncé la retraite du maréchal et sa nomination, puis il s'est tourné vers le général Forey et a terminé son allocution par ces mots :

— Je regrette vivement que le choix de Sa Majesté n'ait pas appelé à ce commandement celui auquel il appartenait par droit d'ancienneté et qui l'eût si dignement rempli ; mais je sais les devoirs qu'impose à votre nouveau chef cette succession du passé, et j'y emploierai tout ce que Dieu m'a donné de forces et de courage, tout ce que j'ai dans le cœur de dévouement à la France et à l'Empereur.

L'émotion provoquée par ces chaleureuses paroles vibrait encore, lorsque le général Forey l'a plus violemment excitée par cette réponse pleine d'abnégation et de dignité :

— C'est avec une confiance absolue, général, que l'armée tout entière accueille son nouveau chef, celui que la volonté de l'empereur appelle à sa tête ; je suis le plus ancien général de division parmi tous ceux qui vous entourent, et c'est à ce titre que je viens vous dire de compter sur mon dévouement de soldat et de vieux camarade ; vous n'aurez pas dans toute l'armée de lieutenant plus soumis.

Un peu plus tard, cet ordre du jour, en confirmant au soldat la nomi-

42

nation du général Canrobert, adoucit l'amertume des regrets que lui a causés la nouvelle de la retraite du maréchal :

« SOLDATS DE L'ARMÉE D'ORIENT,

» Les graves circonstances dans lesquelles m'échoit l'insigne honneur d'être votre commandant en chef augmenteraient pour moi le poids de cette tâche, si le concours de tous ne m'était assuré au nom de la patrie, au nom de l'Empereur. Pénétrés, comme je suis, de la grandeur de la mission historique que nous accomplissons sur cette terre lointaine, vous y apporterez, chacun dans votre sphère et avec le dévouement le plus absolu, la part d'action qui m'est indispensable pour la mener à bonne fin.

» Encore quelques jours de souffrances et d'épreuves, et vous aurez fait tomber à vos pieds le boulevard menaçant du vaste empire qui naguère bravait l'Europe. Les succès que vous avez remportés sont les garants de ceux qui vous attendent; mais n'oubliez pas que l'intrépide maréchal qui fut notre général en chef les a préparés par sa persévérance à organiser la grande opération que nous exécutons et par la brillante victoire de l'Alma !...

» Au quartier-général de la Tchernaïa, le 26 septembre.

» CANROBERT. »

Mais avant ces faits qui se passent au bivouac de la Tchernaïa, il a fallu à nos soldats jeter des ponts sur cette même rivière, pour la traverser et aller établir leur camp général sur les coteaux, au-dessus de la route de Sévastopol. Durant cette opération, on a entendu la canonnade de Balaclava.

— Tiens, s'est écrié un artilleur, nos bons alliés ont plus de chance que nous, ils rencontrent les russes ; quant à ce qui est des enfants de Pantin et de sa banlieue, ceux-ci n'aiment pas leur façon de tremper la soupe et trouvent leur bouillon trop salé.

En arrivant au camp de la Tchernaïa, le maréchal est si faible qu'il ne peut descendre de voiture; les soldats se précipitent à sa rencontre et lui témoignent par leur empressement une respectueuse sympathie. L'illustre malade les salue, tend sa main aux zouaves; qui la baisent en pleurant et s'achemine vers Balaclava, où on lui a préparé ses logements dans une petite maison, au bord de la mer. C'est là qu'il attend *le Berthollet* pour retourner à Constantinople.

Le général Canrobert, sur son départ, — il va lever le camp et se rapprocher de Sévastopol, — lord Raglan et l'amiral Lyons viennent lui faire une dernière visite :

— Je me sens mieux, leur dit-il, les soins de ma femme me remettront, et je pourrai encore servir la France et l'Empereur.

Sa femme, la France et l'Empereur! ses trois affections!

En le quittant, les généraux essuient leurs larmes. Quel navrant spectacle aussi que cette agonie qui s'épuise en une lutte impuissante!....

Un de ses aides de camp demande alors au maréchal s'il désire un prêtre.

— Oui, qu'on appelle l'abbé Parabère, répond-il; puisque je ne puis mourir en soldat, je veux mourir en chrétien.

L'abbé Parabère arrive, mais en même temps que lui se présentent les matelots du *Berthollet,* qui ont réclamé l'honneur de porter le maréchal à leur bord; la pieuse cérémonie est donc retardée de quelques instants. Le malade repose sur un cadre de marine, avec un pavillon tricolore qui l'abrite du soleil; une compagnie de zouaves lui sert d'escorte; un nombreux état-major l'accompagne. Sur le passage du cortége, les soldats anglais se découvrent et s'inclinent. Une fois à bord, on installe le malade dans une cabine sur la dunette, et l'abbé Parabère lui administre l'extrême-onction. Jusqu'à la fin, le maréchal conserve sa lucidité d'esprit : à ceux qui pleurent silencieusement autour de son chevet, il adresse des encouragements et des consolations; par moments, il se recueille et prie; enfin, à quatre heures douze minutes, il se soulève seul, jette ce cri :

— L'Empereur!... ma pauvre Louise!...

et retombe, laissant à la terre un cadavre, à la postérité un nom de plus à inscrire dans ses annales.

La triste nouvelle se répand aussitôt parmi l'équipage; les matelots, tête nue, front baissé, passent en se signant devant la cabine et s'agenouillent un peu plus loin murmurant à demi-voix les prières pour les morts. A huit heures, *le Berthollet* mouille à Thérapia, dont le château est occupé par madame de Saint-Arnaud. Le général Yusuf, M. de Puységur, gendre du maréchal, et le docteur Cabrol se rendent près d'elle pour l'instruire du malheur qui vient de la frapper, et, pendant ce temps, le commandant Henry accompagne dans le canot major le corps à

Béikos, où il est déposé sous les voûtes de la chapelle de l'ambassade de France.

Le sultan fait offrir à madame de Saint-Arnaud, par ses ministres de la guerre et de la marine, de célébrer en grande pompe les obsèques de l'illustre mort, mais la maréchale remercie; elle ne veut qu'un service funèbre à la chapelle française, et il y est célébré en présence du chargé d'affaires, du personnel de l'ambassade, des officiers du feu maréchal, de l'ambassadeur d'Angleterre et de sa suite. Les pavillons des deux ambassades restent hissés en berne jusqu'au départ du cercueil sur *le Berthollet*, qui s'effectue le 4 octobre. Une foule nombreuse et recueillie se presse sur les rives du canal de Constantinople ; madame de Saint-Arnaud est dans une chaloupe turque conduite par vingt rameurs en grand deuil; la batterie de Yéni-Kéuï salue le bâtiment de dix-neuf coups de canon, tirés à deux minutes d'intervalle les uns des autres. Deux bateaux à vapeur portant le séraskier et le capitan-pacha naviguent sur les flancs du *Berthollet* ; leurs musiques jouent des marches funèbres ; quand le cortége passe devant le palais impérial, le sultan paraît sur le balcon et salue de la tête et de la main ; toutes les batteries de Constantinople échangent des salves, et le bâtiment mortuaire gagne la mer de Marmara, où les vapeurs ottomans cessent de l'accompagner.

Arrivée à Marseille le 11 octobre, la dépouille du maréchal est solennellement déposée dans les caveaux des Invalides, le 16. Ce même jour, l'Empereur, qui, au récit de l'agonie du commandant en chef de l'armée d'Orient, n'a pu retenir ses larmes et s'est écrié :

— Oui, je perds en lui un ami dévoué!

l'Empereur, disons-nous, écrit à madame de Saint-Arnaud cette lettre digne de lui, digne du mort dont elle glorifie la mémoire :

« Saint-Cloud, le 16 octobre 1854.

» Madame la Maréchale,

» Personne plus que moi ne partage, vous le savez, la douleur qui vous oppresse. Le maréchal s'était associé à ma cause le jour où, quittant l'Afrique pour prendre le portefeuille de la guerre, il concourait à rétablir l'ordre et l'autorité dans ce pays. Il a associé son nom aux gloires militaires de la France le jour où, se décidant à mettre le pied en Crimée, malgré de timides avis, il gagnait avec lord Raglan la bataille de l'Alma, et frayait à notre armée le chemin de Sévastopol.

» J'ai donc perdu en lui un ami dévoué dans les épreuves difficiles, comme la France a perdu en lui un soldat toujours prêt à la servir au moment du danger. Sans doute, tant de titres à la reconnaissance publique et à la mienne sont impuissants à adoucir une douleur comme la vôtre, et je me borne à vous assurer que je reporte sur vous et sur la famille du maréchal les sentiments qu'il m'avait inspirés.

» Recevez-en, madame la Maréchale, l'expression sincère,

» NAPOLÉON. »

Le lendemain, le Conseil d'État vote, à titre de récompense nationale, une pension de vingt mille francs à madame la maréchale de Saint-Arnaud.

Pendant que le pays témoigne sa reconnaissance à la famille du maréchal qui a doté ses fastes d'une victoire de plus, un épisode curieux, qui s'est passé à Constantinople quelques semaines avant, a en France des conséquences graves — dans le monde de la bourse. C'est quelque chose d'audacieux comme la nouvelle de la mort de Napoléon à Moscou propagée par Mallet, lors de sa conspiration, et acceptée par les fonctionnaires les plus haut placés, sans examen, sans réplique. Voici le fait :

Un steamer de la mer Noire descend le Bosphore, le 23 septembre, dans la soirée; il est pavoisé et illuminé; ses canons saluent de vingt et un coups le palais du sultan, et toutes les batteries des forts, comme un formidable écho, leur répondent. Attirée par les détonations, la foule s'amasse, on s'enquiert de la cause; une timide hypothèse est hasardée par un nouvelliste; passant de bouche en bouche, elle se dessine, prend un corps, devient une réalité, et bientôt, du château des Sept-Tours au Sérail, de Galata à Top-Kané, à Eyoub comme à Scutari, ce cri vole de groupe en groupe :

— Sévastopol est pris!

Illuminations, feux de joie, feux d'artifice s'allument sur toute la ligne du rivage, et le lendemain seulement on découvre que l'innocente cause de ces démonstrations a cru apporter la nouvelle de la victoire de l'Alma, ignorant qu'on l'a déjà reçue par *l'Orénoque.*

Un tartare envoyé en mission près d'Omer-Pacha et parti avant que, l'erreur ne soit reconnue, propage le faux bruit de poste en poste, si bien que *le Moniteur* publie, le 3 octobre, cette dépêche transmise par l'agence autrichienne de Bucharest à M. de Buol à Vienne, communiquée par celui-ci à M. de Bourqueney, qui l'a adressée à S. E. M. Drouyn de Lhuys :

« Aujourd'hui, à midi, est arrivé de Constantinople un tartare porteur de dépêches pour Omer Pacha. Comme ce dernier se trouve à Silistrie, les dépêches ont dû lui être envoyées. Ce tartare annonce la prise de Sévastopol. D'après ses rapports, dix-huit mille russes ont été tués et vingt-deux mille faits prisonniers. Le fort Constantin est détruit, et les autres forts avec deux cents canons ont été pris. Six vaisseaux de ligne russes ont été coulés. Le prince Menschikoff s'est retiré dans l'intérieur du port avec les autres vaisseaux, et a annoncé aux commandants des troupes assiégeantes qu'il ferait sauter tous ses autres bâtiments si l'attaque continuait. On lui a donné six heures de réflexion, en l'invitant à se rendre, au nom de l'humanité. »

La télégraphie privée enchérit sur la note de la feuille officielle, et durant quelques jours, la France célèbre la prise de Sévastopol ; mais enfin, deux dépêches placardées à la Bourse mettent fin à cette immense mystification.

Ces dépêches annoncent le passage du Belbeck par nos troupes et leur établissement à Balaclava, où nous allons les retrouver.

FIN DU PREMIER VOLUME.

TABLE DES MATIÈRES.

Pages

Paris, typ. Morris et comp., rue Amelot, 64.

62, Rue de Lancry, 62.

GUERRE D'ORIENT.

VICTOIRES ET CONQUÊTES

DES

ARMÉES ALLIÉES

OUVRAGE HONORÉ DE LA SOUSCRIPTION DE S. M. L'EMPEREUR NAPOLÉON III.

La guerre d'Orient a déjà donné naissance à plusieurs ouvrages qui, tous, ont reçu du lecteur un favorable accueil. Nous tenons d'autant plus à constater le fait, qu'aucune de ces publications n'émanait d'une pensée vraiment patriotique et ne répondait aux justes exigences de l'intérêt général.

En effet, chacun de ces livres enfantés par une ambitieuse spéculation s'est produit avec les vices inhérents à son origine: subdivisions multipliées sans raison, renseignements incomplets, bon marché illusoire; si bien que, pour posséder l'ensemble des opérations, on est obligé d'acheter plusieurs brochures grossies de pages oiseuses et où l'on cherche en vain certains détails indispensables.

Rien de pareil avec *les Victoires et Conquêtes des Armées Alliées.*

Sans nulle arrière-pensée de mercantilisme, les auteurs de la publication ne se sont proposé qu'un seul but, celui de populariser de la mansarde à l'atelier, du bivouac à la chaumière, les scènes diverses de la gigantesque épopée qui, nous vengeant des désastres de **1812**, est digne des plus belles années du premier Empire.

Nous remontons à l'origine du débat, et, après un résumé rapide de toutes les tentatives faites par la Russie contre l'intégrité du territoire turc, la guerre actuelle se déroule et est religieusement suivie pas à pas, depuis le cabinet du diplomate jusqu'à la tente du soldat. Aussi, n'ayons pas crainte de le dire, notre livre aura sur ceux qui l'ont précédé un double avantage : l'unité dans la pensée et la conscience dans l'exécution.

Le précis historique que nous offrons au public renferme des renseignements particuliers d'un haut intérêt, et dont nous garantissons l'exactitude. Il contient la liste nominative de toutes les promotions effectuées dans les divers corps, l'état complet des décorations accordées à ceux de nos officiers et soldats qui se sont particulièrement distingués, et enfin tous les faits individuels de nature à glorifier les héroïques Croisés de la civilisation et de la justice.

Grâce à cette ordonnance du travail, notre livre est le véritable Armorial de l'armée d'Orient, et a sa place marquée d'avance dans les archives de la famille.

La sollicitude apportée aux divers détails de l'œuvre eût cependant manqué son but en partie, si nous ne nous étions, en même temps, sérieusement préoccupés d'établir *les Victoires et Conquêtes des Armées Alliées* au meilleur marché possible ; mais nous n'avions garde d'oublier ce point important ; et si l'on considère que nous donnons pour 12 francs DEUX volumes in-8° jésus, de 400 pages chacun, illustrés de *trente* grands dessins tirés à part du texte, et pouvant rivaliser comme exécution matérielle avec les belles éditions du *Mémorial de Sainte-Hélène* et du *Napoléon en Égypte*, on reconnaîtra que, de ce côté encore, nous n'avons aucune concurrence à redouter.

L'administration voulant perpétuer le souvenir du grand fait d'armes qui a contribué à la conclusion de la paix, s'est imposé un sacrifice en faisant graver par M. *Desaide Roquelay*, graveur de S. M. l'Empereur Napoléon III, une médaille en bronze du plus grand module, représentant d'un côté S. M. l'Empereur, et de l'autre un trophée des quatre drapeaux des puissances alliées encadrant l'écusson sur lequel est gravée la date de la prise de Sébastopol.

Cette médaille est frappée à la Monnaie impériale, exprès et exclusivement pour nos souscripteurs.

Une magnifique carte de Crimée gravée sur acier accompagnera l'ouvrage.

Nous ne pousserons pas plus loin l'énumération de nos efforts pour mériter le suffrage du public ; nos livraisons plaideront plus éloquemment notre cause que nous ne saurions le faire.

Les Victoires et Conquêtes des Armées Alliées, embrassant tous les détails de l'expédition, jusques et y compris la décision du congrès actuel, formeront soixante livraisons in-octavo jésus, soit deux beaux volumes ; chaque livraison est accompagnée d'un grand dessin imprimé à part chez M. Best, le meilleur de nos imprimeurs xylographes.

Parmi les premiers dessins publiés, on trouvera les portraits en pied de S. M. l'Empereur Napoléon III, du maréchal Saint-Arnaud, de lord Raglan, etc., la mort du général de Lourmel, et des scènes les plus émouvantes de l'ouvrage, une séance des Conférences de Paris, et les costumes de campagne des armées française, anglaise, sarde, ottomane et russe, etc., etc.

CONDITIONS DE LA SOUSCRIPTION

PRIX DE LA LIVRAISON :

Paris, 20 centimes. *Province*, 25 centimes.

L'OUVRAGE COMPLET :

Paris, 12 francs. *Province*, 15 francs.

Il suffit pour être souscripteur et obtenir la médaille en bronze et la carte de Crimée à la 20e livraison, de remplir, signer et retourner à l'administration, rue de Lancry, 62, l'engagement ci-dessous.

Je soussigné déclare souscrire à l'ouvrage intitulé Victoires et Conquêtes des Armées alliées, *à raison de 20 centimes par livraison, rendu franco à mon domicile.*

SIGNATURE LISIBLE, ______________________

DOMICILE, ______________________

Paris. — Typ. Morris et comp., rue Amelot, 64.

www.ingramcontent.com/pod-product-compliance
Ingram Content Group UK Ltd.
Pitfield, Milton Keynes, MK11 3LW, UK
UKHW022327190726
13856UKWH00001B/249